城市轨道交通职业技能培训统编教材

# 城市轨道交通变电检修工

中国城市轨道交通协会　编

西南交通大学出版社
·成都·

图书在版编目（CIP）数据

城市轨道交通变电检修工 / 中国城市轨道交通协会编. 一成都：西南交通大学出版社，2018.7
ISBN 978-7-5643-6239-3

Ⅰ. ①城… Ⅱ. ①中… Ⅲ. ①城市铁路 – 轨道交通 – 变电所 – 检修 – 教材 Ⅳ. ①U239.5

中国版本图书馆 CIP 数据核字（2018）第 129728 号

城市轨道交通变电检修工 | 中国城市轨道交通协会　编 | 责任编辑　张文越
封面设计　何东琳设计工作室

印张：18.25　　字数：443 千
成品尺寸：185 mm × 260 mm
版次：2018 年 7 月第 1 版
印次：2018 年 7 月第 1 次
印刷：四川森林印务有限责任公司
书号：ISBN 978-7-5643-6239-3

出版发行：西南交通大学出版社
网址：http://www.xnjdcbs.com
地址：四川省成都市二环路北一段 111 号
西南交通大学创新大厦 21 楼
邮政编码：610031
发行部电话：028-87600564　028-87600533
定价：49.80 元

课件咨询电话：028-87600533

# 城市轨道交通职业技能培训统编教材

## 编委会

**参编单位**　西南交通大学

北京市地铁运营有限公司

上海申通地铁集团有限公司

广州地铁集团有限公司

深圳市地铁集团有限公司

重庆市轨道交通（集团）有限公司

中国城市轨道交通协会现代有轨电车分会

**主　　任**　包叙定

**副 主 任**　周晓勤　宋敏华　安小芬　谢正光　俞光耀

丁建隆　王　峙　林茂德　佘黎康

**委　　员**　肖中平　王春玲　杜晓红　朱　穆　曾　良

邓绍渝　姚汝龙

# 《城市轨道交通变电检修工》

## 编写人员


**主　编**　耿星洁（深圳市地铁集团有限公司）

梁　刚（深圳市地铁集团有限公司）

**副主编**　黄　可（深圳市地铁集团有限公司）

曾　良（深圳市地铁集团有限公司）

季　军（重庆市轨道交通（集团）有限公司）

李春杰（苏州高新有轨电车有限公司）

**主　审**　黄山山（广州地铁集团有限公司）

**参　编**　朱秋桓（深圳市地铁集团有限公司）

欧泽中（深圳市地铁集团有限公司）

王　鸿（深圳市地铁集团有限公司）

朱春源（深圳市地铁集团有限公司）

梁　焜（重庆市轨道交通（集团）有限公司）

欧阳飞刚（苏州高新有轨电车有限公司）

# 序

sequence

城市轨道交通职业技能培训统编教材终于同广大读者见面了。这套教材是城市轨道交通行业第一部技能人才培养的统编教材，填补了城市轨道交通行业的空白，满足了人才培训的急需，对于正处在大规模快速发展时期的城市轨道交通而言具有重要意义。

（一）

进入 21 世纪以来，得益于经济高速发展、城镇化快速推进、国家政策的规范和完善、实施装备国产化带来的建设成本下降和建设周期的缩短，我国城市轨道交通开始进入快速发展时期：21 世纪以来的头 15 年，每五年年均新建投运里程接连攀上 80 km、200 km、400 km；“十三五”期间的 2016 年迈过了 500 km，2017 年更是迈上 800 km 大台阶。到 2017 年年底，我国内地共有 34 个城市开通城市轨道交通，运营线路里程 5 033 km，客运量达到 180 亿人次，在建线路 6 200 多千米，62 个城市规划线路 7 300 多千米。运营、建设和规划城市轨道交通的城市之多、规模之大、线路之长，世界少有。

在城市轨道交通快速发展的同时，人才资源的问题始终困扰着该行业。其中既有人才供给不足的问题，又有人才能力欠缺的挑战。仅“十三五”期间，我国就预计五年需新增城市轨道交通从业人员 24 万人，而现有教育能力仅能满足一半左右。人才能力方面，我们面临的现实是：一方面，乘客提出人性化、个性化、多样化等更高的服务需求；另一方面，城市轨道交通发展提出网络化、智能化等更高的技术需求。这对从业者提出了全新的要求。因此，大力加强人才培养和储备，提供更多更优的管理人员、技术人员和生产人员，已经成为行业上下共同关注的重要课题。

值此城市轨道交通大发展之际、城市轨道交通人才紧缺之时，统编教材的出版可以说生逢其时，将拥有广阔的应用空间。

（二）

2015 年，国务院印发了《关于加快发展现代职业教育的决定》，将职业教育的重要性提升到了战略的高度。城市轨道交通技能型、操作型人才占整个人才队伍的 85%左右，是行业发展的基础性人才，是职业教育的主要对象。国家对职业教育的重视，为城市轨道交通人才培养提供了难得的机遇和环境。2017 年，国家发展和改革委员会、教育部、人力资源和社会保障部联合印发了《关于加强城市轨道交通人才建设的指导意见》，提出了加强城市轨道交通人才建设的总体思路和具体措施，是城市轨道交通人才队伍建设的纲领性、指导性文件，有力促进了行业人才培养工作的开展。中国城市轨道交通协会作为城市轨道交通行业唯一的国家一级协会，持续开展了行业人才培养的专题研究、规划制定、标准研制、师资培训等工作，夯实了工作基础，弥补了行业空白。这套教材就是协会人才培养工作的重要内容之一。北京、上海、广州、重庆、深圳等地的城市轨道交通业主单位，依据自身需求，建设了培训资源，摸索了工作体系，并培养了一批专业人才。北京交通大学、西南交通大学、广州城市轨道交通培训学院等教育机构纷纷设立城市轨道交通相关专业，以积极适应城市轨道交通快速发展的需要。

良好的政策环境和行业各方的高度重视，有效推动了城市轨道交通人才培养工作，也为统编教材的诞生奠定了坚实的基础。

（三）

这套统编教材由中国城市轨道交通协会组织，北京市地铁运营有限公司、上海申通地铁集团有限公司、广州地铁集团有限公司、重庆市轨道交通（集团）有限公司、深圳市地铁集团有限公司、苏州高新有轨电车有限公司等企业共同研究编制而成，最后由西南交通大学牵头统稿并出版，前后历时三年。这套教材立足实践，着眼行业，以各城市轨道交通企业优秀的专业岗位培训教材为蓝本，并广泛吸收高等院校、职业学校和培训机构的建议和意见，集各家之所长。

这套教材源于城市轨道交通一线实践，各项知识点、技能点的深度、难度、广度较好地匹配了企业的实际需求，具有较强的针对性。这套教材根据最新的国家技术标准和协会有关工种岗位标准编写内容，具有权威性、科学性、规范性。这套教材注重跟踪城市轨道交通最新发展趋势，内容包括了城市轨道交通新知识、新技术、新设备、新材料等方面的创新成果。这套教材针对技能型人才培养的特点，注重实践技能培养，做到了理论知识与技能训练一体化，能够有效满足初次上岗培训等的需要。

统编教材凝聚了编写组同志们的心血，是参编单位在协会统筹下，充分交流、分享、协同、共进的结果；是参编单位在协会大旗下，求同存异，在更高水平上实现规范统一的成果；是各家城市轨道交通企业人才培养优秀实践经验的凝练和总结。

最后，希望这套教材能够物尽其用，充分发挥好基础性、支撑性作用，促进城市轨道交通技能人才培养质量的提高，服务城市轨道交通持续健康发展。

包叙定

2018 年 5 月

# 前 言

PREFACE

供电系统是城市轨道交通体系的重要组成部分。变电检修工负责城市轨道交通供电系统中各项变配电设备的日常维护、检修和故障处理工作，对保障车站及列车的安全稳定、可靠供电、运行具有关键作用。

本教材结合中国城市轨道交通协会最新发布的《中国城市轨道交通协会职业技能标准——城市轨道交通变电检修工》的各项理论、技能要求编写，适用于中级及以下等级变电检修工对供电系统专业知识和操作技能的培训需要。

教材对供电系统的组成及运行方式等作了概述，介绍了供电系统中主要设备的结构、工作原理和运行、维护、检修方法，对变电设备的电气试验及继电保护知识进行了详细的讲解说明，还列举了设备常见故障处理的要点，及具体案例分析说明。教材在理论培训的基础上，充分结合了具体操作方法的展示和讲解，力求使理论与实操培训更加紧密地结合起来，达到通俗易懂的目的。

本教材由深圳市地铁集团有限公司主导编制，主要参编单位有重庆市轨道交通（集团）有限公司和苏州高新有轨电车有限公司；主审单位为广州地铁集团有限公司。本教材由耿星浩主编，参加编写的有黄可、朱秋桓、欧泽中、王鸿、朱春源、梁焜、欧阳飞刚。

书中难免存在错漏和不完善的地方，望广大读者特别是生产一线从事变电技术和维修工作的人员提出意见和建议，使本教材更适应现场的需要。

编 者

2018 年 5 月

# 目 录
CONTENTS

# 第一章　供电系统概述

【学习目标】

1. 了解供电系统的组成；
2. 熟悉供电系统变电所的分类及运行方式；
3. 了解供电系统中压环网系统的组成及设计要求；
4. 了解供电系统中直流牵引供电系统的组成及设计要求；
5. 熟悉供电系统中直流牵引供电系统的运行方式。

【知识要求与技能要求】

1. 掌握供电系统集中供电方式、分散供电方式及混合供电方式的区别；
2. 掌握主变电所、降压变电所、牵引降压混合变电所的功能和作用；
3. 掌握变电所主要设备的功能和作用；
4. 能绘制直流牵引供电系统的一次接线图。

## 第一节　供电系统的基本组成与运行方式

供电系统是为城市轨道交通运营提供所需电能的系统，它不仅为城市轨道交通电动列车提供牵引用电，而且还为城市轨道交通运营服务的其他设施提供电能，如照明、通风、空调、给排水、通信、信号、防灾报警、自动扶梯等。在城市轨道交通的运营中，供电一旦中断，不仅会造成城市轨道交通运输的瘫痪，而且还会危及乘客的生命、造成财产损失。因此，高度安全、可靠并且经济合理的电力供给是城市轨道交通正常运营的前提和重要保证。

### 一、供电系统的组成

供电电源一般取自城市电网，通过城市电网一次电力系统和城市轨道交通供电系统实现输送或变换，然后以适当的电压等级供给城市轨道交通的各类用电设备。

供电系统一般包括电源系统（主变电所或电源开闭所）、牵引供电系统、动力照明供电系统和电力监控 SCADA 系统。其中，牵引供电系统包括牵引变电所和牵引网，动力照明供电系统包括降压变电所和动力照明配电系统。

在我国，用电负荷根据重要程度可分为一级负荷、二级负荷和三级负荷。其中一级负荷应由两路独立电源供电，当任何一路电源发生故障中断供电时，另一路应能保证继续供电。在城市轨道交通供电系统中，牵引用电负荷为一级负荷，而动力照明等用电负荷根据实际情况可分为一级、二级或三级负荷。城市轨道交通的外部电源供电方案应根据供电公司线网规划和城市电网的具体情况进行规划设计，而不应局限在某一条线路上。根据实际情况的不同，外部电源方案可分为集中供电方式、分散供电方式和混合供电方式。

现我国大多数城市地铁多采用集中供电方式，而有轨电车一般采用分散供电方式或混合供电方式。

集中供电方式是指在线路的适当站位，根据总容量的要求设置主变电所，由发电厂或城市电网区域变电所以高压（常见的如 110 kV）向主变电所供电，经主变电所降压成中压（常见的如 35 kV 或 10 kV）向各车站变电所供电，结合各车站变电所进线形成中压环网，再由环网供沿线设置的牵引变电所，并降压整流为直流电（如 750 V 或 1 500 V），从而对电动列车供电。另外，各车站机电设备用电需由降压变电所降压为 AC380/220 V。为了便于城市轨道交通供电系统的统一管理，城市轨道交通供电系统目前较多地采用集中供电方式。这种供电方式的中压网络电压等级的确定，需要考虑用电容量、供电距离、城市当地电网现状及发展规划等因素。

分散供电方式是指不设置主变电所，而直接由城市电网区域变电所的 35 kV 或 10 kV 中压供电线路直接向城市轨道交通沿线设置的牵引变电所、降压变电所供电并形成环网。采用这种供电方式的前提是城市电网比较发达，并且在有关车站附近有符合可靠性要求的供电电源，其中压网络的电压等级应与城市电网相一致。分散供电方式可设置电源开闭所，并可与车站变电所合建。

混合供电方式，是以上两种方式的混合，即轨道交通线路的一部分采用集中供电方式，另一部分采用分散供电方式，但一般以集中供电方式为主、分散供电方式作为补充。

SCADA 系统是以计算机为基础的生产过程控制与调度自动化系统。它可以对现场的运行设备进行监视和控制，以实现数据采集，设备控制，测量，参数调节以及各类信号报警的遥信、遥测、遥调、遥控功能。

在电力系统中，SCADA 系统应用最为广泛，技术发展也最为成熟。它作为能量管理系统（EMS 系统）的一个最主要的子系统，有着信息完整、提高效率、正确掌握系统运行状态、加快决策、能帮助快速诊断出系统故障状态等优势，现已经成为电力调度不可缺少的工具。它对提高电网运行的可靠性、安全性与经济效益，减轻调度员的负担，实现电力调度自动化与现代化，提高调度的效率和水平等方面有着不可替代的作用。

## 二、变电所及其运行方式

### （一）变电所的分类

变电所是城市轨道交通供电系统的重要组成部分，一般在城市轨道交通沿线设置，其数量、容量及其在线路上的分布应综合考虑后计算确定。城市轨道交通的变电所可以建在地下，也可以建在地面。地下变电所不占用地上面积，但土建造价高；地面变电所占地面积大，但土建造价低。城市轨道交通的变电所（尤其是地下变电所）在防火方面都有一定的要求，其防火措施主要应从结构和建筑材料以及变电所电气设备本身的不燃性等方面来考虑。变电所应装设自动消防报警装置、防火门和防火墙等隔离设施和有效的灭火系统。

城市轨道交通供电系统一般设置三类变电所，即主变电所（分散式供电方式为电源开闭所）、降压变电所、牵引降压混合变电所。

主变电所是指采用集中供电方式时，接受城市电网 35 kV 及以上电压等级的电源，经其降压后以中压供给城市轨道交通牵引变电所和降压变电所。主变电所选址时要考虑其供电的半径，一般一条地铁线路需要 2 ~ 3 座主变电所。

降压变电所从主变电所（电源开闭所）获得电能并降压变成低压交流电，供给地铁动力照明等设备使用。当由其他变电所引入中压电源而独立设置降压变电所时，称为跟随式降压变电所。

牵引变电所从主变电所（电源开闭所）获得电能，经过降压和整流变成电动列车所需要的直流电。在既有牵引变电所又有降压变电所的站点，为了方便运行管理，降低工程造价，可将二者合并建成一座牵引及降压混合变电所，简称牵混所。由于每个车站都需要降压变电所，所以一般没有单独的牵引变电所。

### （二）变电所的运行方式

#### 1. 供电系统正常运行方式

（1）主变电所。主变电所电源侧（如 110 kV）通常采用单元接线或桥形接线，两路电源同时供电，互为备用。负荷侧（如 35 kV）通常采用单母线分段形式，设置分段母线联络断路器，正常运行时，分段断路器断开，两台主变压器分列运行，共同负担全站的全部负荷。某主变电所的电气主接线如图 1-1-1 所示。

（2）降压变电所。降压变电所高压侧为单母线分段，而除跟随式降压变电所外，0.4 kV 侧也为单母线分段。每个降压变电所或跟随式降压变电所均设两台动力变压器，分别负责向各变电所所在的半个车站及半个区间内的动力照明负荷供电。正常运行时，两台动力变压器分别运行，同时供电。

（3）牵引降压混合变电所。牵混所与降压变电所的主要差别就在于多了一套牵引供电设备。某牵引降压混合变电所的电气主接线如图 1-1-2 所示，35 kV 侧和 0.4 kV 均为单母线分段，和降压变电所没有差别。牵引部分有两台整流机组，接在同--段 35 kV 母线上，整流后的直流经正负极母线分配出去，正负极母线也没有分段。可以这么说，牵混所中的牵引部分其高压侧和直流侧均采用单母线接线形式。正常运行时，这两组牵引整流机组并列工作。

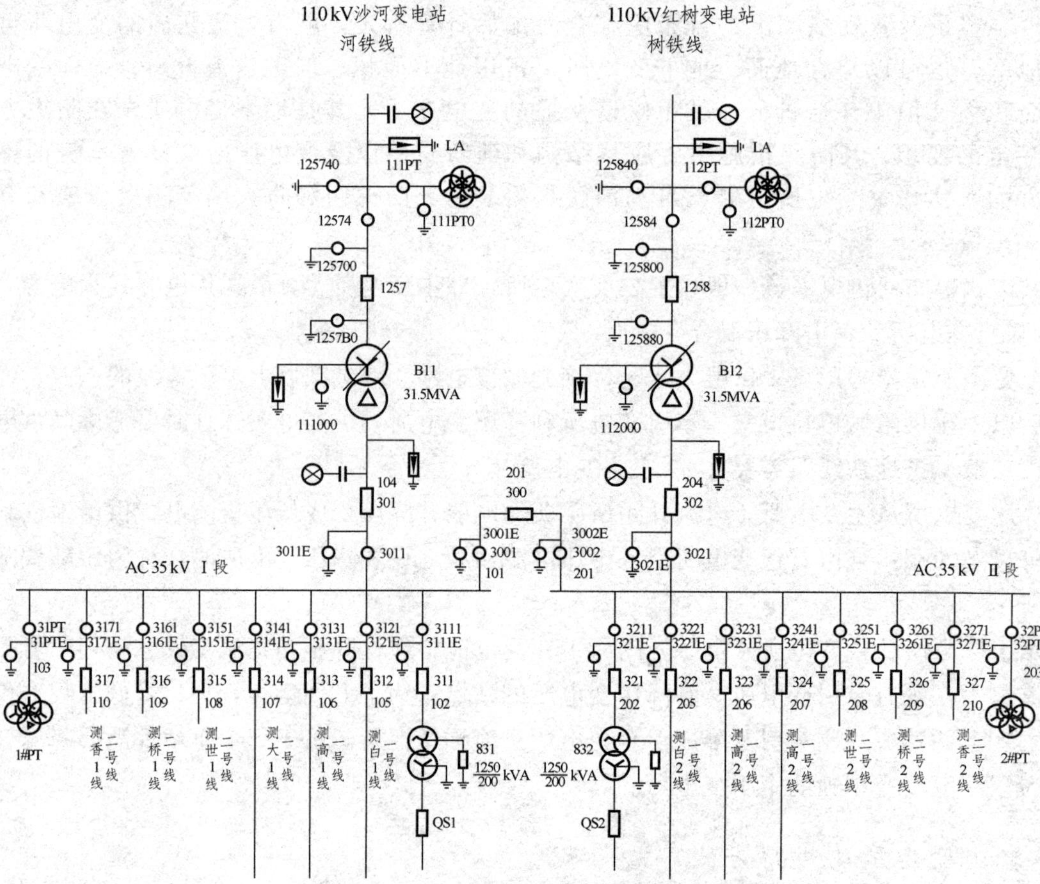


图 1-1-1 主变电所接线

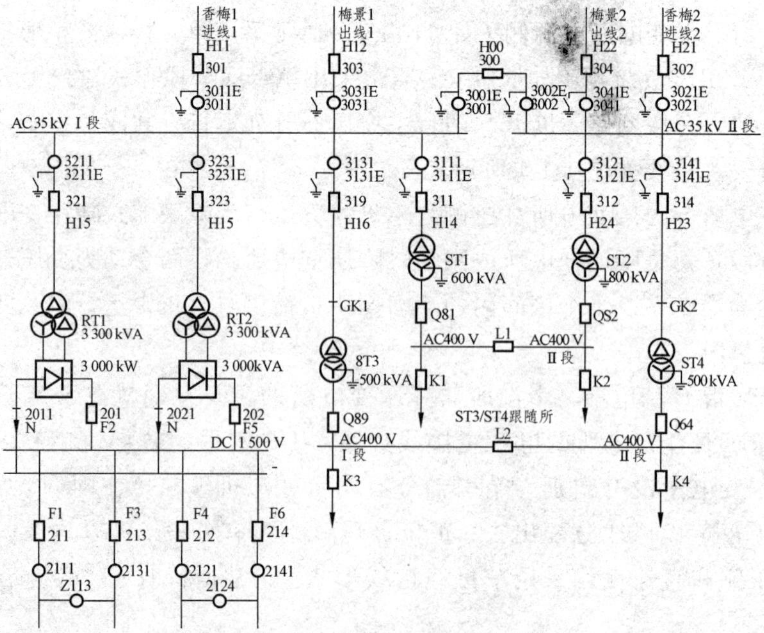


图 1-1-2 牵引降压变电所接线图

2．供电系统故障运行方式

故障运行方式的基本要求：

（1）当一座主变电所故障时，不考虑 35 kV 母线同时故障（包括环网电缆）。

（2）不考虑相邻两座牵引变电所同时故障。

（3）不考虑相邻两座变电所两路进线同时故障。

1）110 kV 进线故障

当主变电所的一路 110 kV 进线电缆故障时，该线路对应的主变压器退出运行。主变电所的 35 kV 母联断路器自投，切除主变电所供电区域内的三级负荷，另一台主变压器担负本所供电区域内的牵引负荷和一、二级动力、照明负荷用电。

2）主变电所内故障

当变电所的一台主变压器故障，故障主变压器退出运行，主变电所的 35 kV 母联断路器自投，切除主变电所供电区域内的三级负荷，另一台主变压器担负本所供电区域内的牵引负荷和一、二级动力、照明负荷用电。

3）主变电所解列时

当主变电所的两台主变压器故障或进线与变压器交叉故障时，故障主变电所退出运行，主变电所的 35 kV 母联断路器处于热备用状态，切除两座主变电所供电区域内的三级负荷，合上主变电所的联络开关，相邻主变电所承担全线供电区域内的牵引负荷和一、二级动力、照明负荷用电。

4）35 kV 环网电缆故障

主变电所与变电所间的 35 kV 环网电缆故障，切除故障电缆，故障电缆进线端所在变电所的 35 kV 母联断路器自动投入；

相邻变电所间任一回 35 kV 进线电源（电缆）故障，切除故障电源，故障电缆进线端所在变电所的 35 kV 母联断路器自动投入；

5）牵引变电所故障

① 当牵引变电所一台整流机组解列时，由另一台整流机组在允许过载的条件下继续运行（初期）。

② 顺序相邻的三座牵引变电所 A、B、C，当 B 牵引变电所解列退出运行时，通过 B 变电所的接触网越区隔离开关或本所直流母线，由 A、C 变电所实现大双边供电。合上 B 牵引变电所越区隔离开关前，本所直流快速断路器和 A、C 所两端供电区间的 4 个直流快速断路器需在分闸状态，由闭锁回路实现闭锁，控制中心发指令，由相邻牵引变电所越区供电。为了不停电，也可以仅将 B 牵引变电所解列退出，A、C 变电所实现大单边供电。

③ 当车辆段牵引变电所解列时，合上正线出入段线与车辆段出入库线联络处的电动隔离开关，由正线牵引变电所支援供电，两路来自正线的电源通过车辆段牵引变电所的馈线（车辆段出入库线专供回路）改为进线，解列牵引变电所整流机组的正、负极隔离开关应打开，回流通过单向导通装置（隔离开关闭合）回归正线。但车辆段变电所发生框架保护故障时，则支援供电存在问题。此时正线支援供电，只能通过接触网之间的联络隔离开关网上支援，合上段内专供出入库线与段内停车线电分段处设置的隔离开关，考虑两种方式支援供电是必要的。

当正线牵引变电所解列时，可由车辆段牵引变电所就近向正线牵引网支援供电，但该支援供电仅限于车辆段牵引变电所临近线路末端，才可能向相邻正线牵引网支援供电。

④ 直流馈线断路器故障，拉出故障断路器小车，用备用断路器小车代替故障断路器继续供电。

6）接触网或连接设备故障

接触网或连接设备故障时，在切除故障接触网供电区段后，相邻接触网供电区段采用单边供电方式。

7）降压变电所故障

降压变电所的一台变压器故障，切除三级负荷，0.4 kV 母线断路器自动投入，由另一台变压器担负本所供电区域内的一、二级动力、照明负荷用电。

## 第二节　交流中压环网系统

### 一、环网系统概述

地铁的外部电源，也即主变电所的高压系统，受地方供电系统控制，对于地铁而言是不可控因素。当高压系统发生故障时，中压环网系统的可靠性就成了地铁供电的关键因素。

交流中压环网系统有两大属性；一是电压等级，二是构成形式。交流中压环网系统不是供电系统中独立的子系统，但它却是地铁供电系统设计的核心内容。它涉及外部电源方案、主变电所的位置及数量、牵引变电所及降压变电所的位置与数量、牵引变电所与降压变电所的主接线等。

地铁的牵引供电和动力照明等用电是通过中压环网系统来先降压后供电的，地铁供电系统在获得电源之后，需要通过城市电网一次电力系统和地铁供电系统实现传输和变换，降压变压器提供适当电压等级的电能给地铁各类设备。通过中压电缆，纵向把上级主变电所和下级牵引变电所、降压变电所连接起来，横向把全线的各个牵引变电所、降压变电所连接起来，便形成了中压供电网络。

根据网络功能的不同，把为牵引变电所供电的中压供电网络，称为牵引网络；同样，把为降压变电所供电的中压供电网络称为动力照明网络。对于牵引与动力照明相对独立的网络，牵引供电网络与动力照明网络的电压等级可以相同，也可以不同。供电系统中的中压网络应按列车运行的远期通过能力设计，对于互为备用线路，一路退出运行时，另一路应能承担其一、二级负荷的供电，线路末端电压损失不宜超过 5%。

一个运行可靠、调度灵活的环网供电系统，一般要满足以下设计原则和技术条件：

（1）供电系统应满足经济、可靠、接线简单、运行灵活的要求。

（2）供电系统（含牵引供电）容量按远期高峰小时负荷设计，根据路网规划的设计可预留一定裕度。

（3）供电系统按一级负荷设计，即平时由两路互为备用的独立电源供电，以实现不间断供电。

（4）环网设备容量应满足远期最大高峰小时负荷的要求，并满足当一个主变电所发生故障时（不含中压母线故障），另一个主变电所能承担全线牵引负荷及全线动力照明一、二级负荷的供电。

（5）电缆载流量应满足最大高峰小时负荷的要求，同时当主变电所正常运行，环网中一条电缆故障时，应能保证城市轨道交通的正常运行。这里不考虑主变电所和环网电缆同时发生故障的情况，但要保证主变电所与一个牵引变电所同时发生故障时，系统能正常供电（三级负荷除外）。

配图 1-2-1 所示为某城市轨道交通工程采用集中供电方式时的中压环网系统中的一部分。

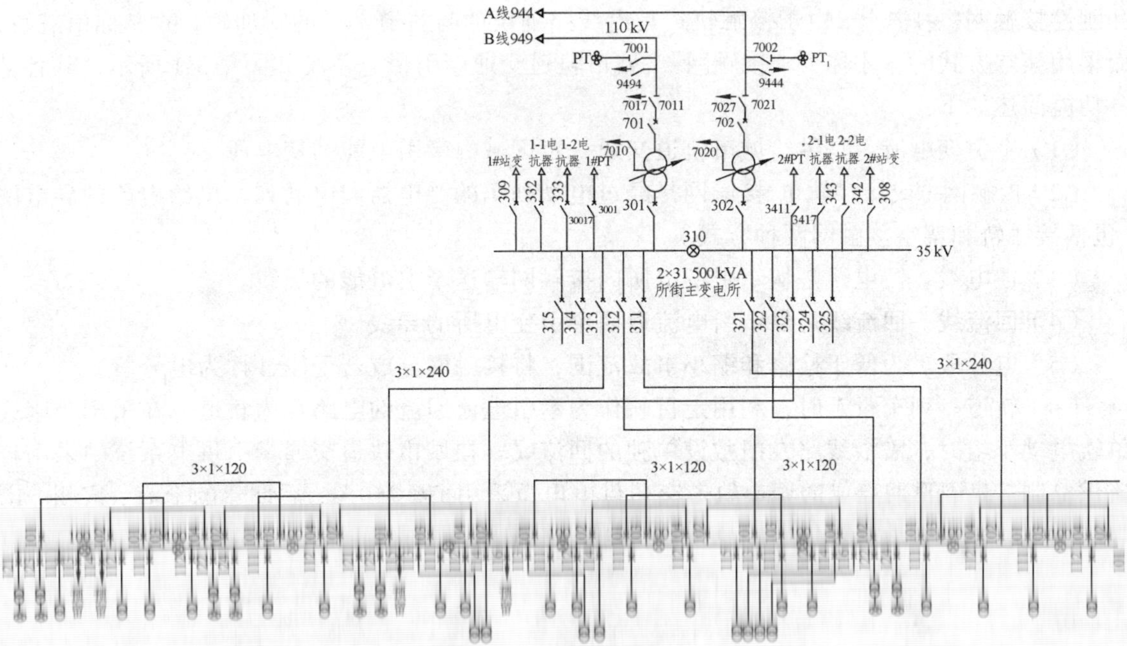


图 1-2-1　中压环网系统

## 二、环网电缆敷设

中压环网网络主要是指从主变电所至地铁车站变电所，以及地铁车站变电所之间联络的环网电缆，其作用是输送中压（35 kV）电源。

中压网络采用双电源回路。为保证供电可靠性，在条件允许情况下，双电源电缆分别沿上下线敷设，Ⅰ段母线的电源电缆走左线，Ⅱ段母线的电源电缆走右线。

（1）地下车站。地下车站电缆一般敷设在站台板下外沿或者站台板下通道内。

（2）地面和高架车站。地面和高架车站电缆敷设在线路外侧，采取过轨方案与车站变电所连接。

（3）隧道区间。对于单线隧道，根据车站布置形式确定敷设位置、尽量减少电缆过轨。对于双线隧道，电缆敷设在两侧隧道上部。

（4）高架桥区间。电缆敷设在线路外侧，电缆支架结合 H 型钢立柱固定。

（5）地面路基段。电缆敷设在电缆沟内，或者敷设在电缆槽内。

## 第三节 直流牵引供电系统

### 一、直流牵引供电系统组成

在城市轨道交通牵引供电系统中，电能从牵引变电所经馈电线、接触网输送给电动列车，再从电动列车经钢轨（也称轨道回路）、回流线流回牵引变电所。由馈电线、接触网、轨道回路及回流线组成的供电网络称为牵引网。牵引变电所和接触网是牵引供电系统的主要组成部分。

接触网按其结构可分为架空式和接触轨式，按其悬挂方式又可分为柔性（弹性）接触网和刚性接触网。习惯上，由于接触轨式是沿线路铺设的与轨道平行的附加轨，故又称第三轨；而采用架空方式时，才称为“接触网”。城市轨道交通牵引供电系统如图 1-3-1 所示，其各部分功能简述如下：

（1）牵引变电所。是供给城市轨道交通一定区域内牵引电能的变电所。

（2）接触网（或接触轨）。接触网是经过电动列车的受电器向电动列车供给电能的导电网（包括接触轨和架空接触网两种方式）。

（3）馈电线。馈电线是从牵引变电所向接触网输送牵引电能的导线。

（4）回流线。回流线是供牵引电流返回牵引变电所的导线。

（5）电分段。为便于检修和缩小事故范围，将接触网分成若干段，称为电分段。

（6）轨道。列车行走时，利用走行轨作为牵引电流回流的电路称为轨道。在采用跨座式单轨电动车组时，需沿线路专门敷设单独的回流线。在城市轨道交通牵引供电系统中采用直流供电制。我国早期建成的城市轨道交通供电电压采用 DC 750 V，后期建的上海、广州、南京、深圳等城市轨道交通供电电压采用 DC 1 500 V。

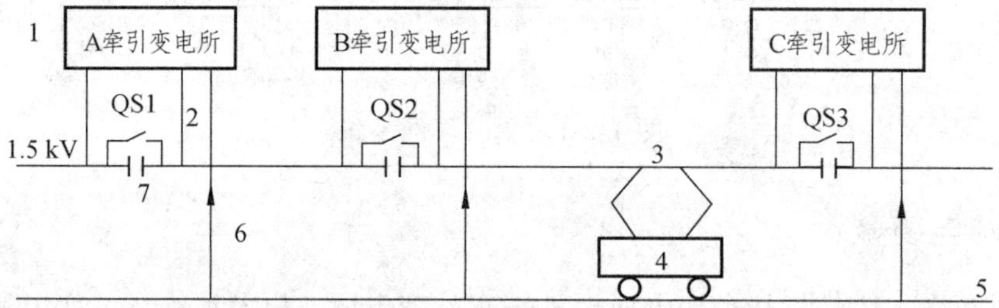


图 1-3-1 牵引供电系统

1—牵引变电所；2—馈电线；3—接触网（轨）；4—电动列车；5—钢轨；6—回流线；7—电分段

### 二、直流牵引供电系统要求

牵引变电所的数量、容量和设置的距离需要根据牵引计算和经济技术比较后确定。它们一般设置在城市轨道交通沿线的若干车站和车辆段附近。每个牵引变电所按照所需容量设置两组牵引整流机组并列运行，如果沿线任一牵引变电所发生故障解列，由两侧相邻的牵引变电所共同承担该区段的全部牵引负荷。

牵引变电所的容量和设置的距离一般需要考虑以下设计原则和技术条件：

（1）正线任一牵引变电所发生故障时，其相邻牵引变电所应采用越区供电方式，负担起该区段的全部牵引负荷，此负荷应满足远期高峰小时负荷。

（2）牵引变电所的数量及其在线路上的位置，应满足在故障情况下越区或单边供电时的接触网的电压水平。直流牵引供电系统的电压及其波动范围应符合表 1-3-1 的规定。

表 1-3-1　直流牵引供电系统电压值（V）

| 标称值 | 最高值 | 最低值 |
|---|---|---|
| 750 | 900 | 500 |
| 1 500 | 1 800 | 1 000 |

（3）在任何运行方式下，接触网最高电压不得高于规定要求的最高值；高峰负荷时，全线任一点的电压不得低于规定要求的最低值。

## 三、直流牵引供电运行方式

牵引变电所向接触网（或接触轨）供电的方式有两种，即单边供电和双边供电。在每个牵引变电所附近城市轨道交通接触网（或接触轨）由电分段进行电气隔离，分成两个供电分区，每个供电分区也称为一个供电臂。如果列车只从所在供电臂上的一个牵引变电所获得电能，这种供电方式称为单边供电；如果一个供电臂同时从相邻两个牵引变电所获得电能，则称为双边供电。

一般情况下，车辆段内采用单边供电方式，正线采用双边供电方式。在采用双边供电时，当某一牵引变电所发生故障退出运行时，该段接触网就变成了单边供电方式。如图 1-3-1 所示，正常运行时，列车以双边供电方式从 B 牵引变电所和 C 牵引变电所获得电能，越区隔离开关 QS1、QS2、QS3 断开；当 B 牵引变电所因故障退出运行时，越区隔离开关 QS2 合上，通过 QS2 由 A 牵引变电所和 C 牵引变电所进行大双边供电。正线上任何牵引变电所因故障退出运行时，均由相邻牵引变电所越区供电。在越区供电方式下，供电末端的接触网（或接触轨）电压较低，电能损耗较大。因此，根据情况要适当减少同时处在该供电区段的列车数目。另外，直流馈线保护整定时还需考虑大双边供电方式下的灵敏度。因此，越区供电只是在不得已的情况下短时采用的一种运行方式。

## 复习思考题

1. 城市轨道交通供电系统的外部电源方案可分为集中供电方式、分散供电方式和混合供电方式，其中集中供电方式是指什么？

2. 城市轨道交通供电系统的变电所可以建在地下，也可以建在地面。地下变电所和地面变电所各有什么特点？变电所防火有什么要求？

3. 一个运行可靠、调度灵活的环网供电系统，一般要满足哪些设计原则和技术条件？

4. 中压环网网络主要是指从主变电所至地铁车站变电所，以及地铁车站变电所之间联络的环网电缆，请问环网电缆的敷设原则有哪些？

5. 牵引变电所的容量和设置的距离一般需要考虑哪些设计原则和技术条件？

# 第二章　供电系统主要设备结构与原理

牵引供电系统是城市轨道交通供电系统的核心，它既变电，又供电。它将主变电所或城市电网中的中压交流电源，变为直流 1 500 V 后，经馈电线送至接触网，再经过受电弓进入地铁电动车组，作为驱动地铁电动车组牵引电机的电源。一旦牵引供电系统发生故障，将中断区间和车站的行车工作，影响全线的运营。为了保证牵引供电系统安全供电和城市轨道交通系统的正常运行，牵引供电系统需要配备 GIS 气体绝缘组合电器、直流开关柜、变压器、整流器、交直流屏及蓄电池等电气设备，本章节将对以上牵引供电系统的主要设备的结构与原理进行介绍。

【学习目标】

1. 了解供电系统主要设备的结构；
2. 熟悉供电系统主要设备的工作原理；
3. 了解供电系统主要设备的工作特点。

【知识要求与技能要求】

1. 掌握 GIS 气体绝缘组合电器的内部结构及其各元器件的作用和操作方法；
2. 掌握直流开关柜的分类及直流断路器的结构和操作方法；
3. 掌握变压器的结构、分类和工作原理；
4. 掌握整流器的结构、作用和工作原理；
5. 熟悉交直流屏及蓄电池的作用及工作原理；
6. 熟悉电力电缆的结构、作用和工作原理；
7. 熟悉杂散电流防护及接地装置的作用和工作原理；
8. 熟悉再生制动能量吸收装置的结构、分类和工作原理。

## 第一节　GIS 气体绝缘组合电器

### 一、GIS 气体绝缘组合电器概述

GIS 气体绝缘组合电器又称全封闭组合电器，它是以 $SF_6$ 气体作为绝缘和灭弧介质，以优质环网树脂绝缘子作支撑的一种新型成套高压电器。

从 1965 年世界上第一台 GIS 投运以来，GIS 已广泛应用到 72.5～800 kV 电压等级的电力系统中。我国自行研制的第一套 126 kV GIS 自 1973 年投入运行以来，特别是最近一二十年来，GIS 在电网中的应用越来越广泛。目前，我国新建的 500 kV 的变电站及不少新建的 110～220 kV 变电站都采用 GIS。

（1）GIS 与一般配电装置相比，具有以下优点：

① 缩小了配电装置的尺寸，减少了变配电站的占地面积和空间。

由 GIS 组成的变电所的占地面积和空间体积远比由常规电器组成的变电所小，电压等级越高，效果越显著。60 kV GIS 组成的变电站户内布置所占面积和体积，分别只有 60 kV 由常规电器组成的变电站户内布置所占面积和体积的 22% 和 25.4%；110 kV 时只有 7.6% 和 6.1%；220 kV 只有 3.7%～4% 和 1.8%～2.1%；500 kV GIS 变电站占地面积仅为常规变电站的 1.2%～2%。

因此，GIS 特别适合于变电站征地特别困难的场所，如水电站、变电所等。

② 运行可靠性高。

GIS 由于带电部分封闭在金属筒外壳内，故不会因污秽、潮湿、各种恶劣气候和小动物等造成接地和短路事故。$SF_6$ 气体为不燃的惰性气体，不会导致发生火灾，一般不会发生爆炸事故。因此，GIS 适用于污染严重的重工业区域和沿海盐污区域，如钢铁厂水泥厂、炼油厂等。

③ 维护工作量小，检修周期长，普通定为 10～20 年，安装工期短。

④ 由于封闭金属筒外壳的屏蔽作用，消除了无线电干扰、静电感应和噪声。

⑤ 抗震性能好，所以适宜用在高地震烈度地区。

（2）GIS 全封闭组合电器的缺点：

① GIS 组合电器前期投资较大，对工艺与材料要求较高，比分散式元件投资多 30%～40%。

② 需要有专门 $SF_6$ 气体系统的辅助设备。

③ GIS 组合电器一旦发生故障，后果要比普通敞开式变电所设备严重得多，这是因为元件密集度高，一个元件的故障可能使整套设备失效或损坏。而且，GIS 的检修所需的时间也要比常规设备长得多。

## 二、GIS 组合电器的结构

GIS 组合电器是把各种独立机构的元件，如母线、断路器、隔离开关、接地开关、电压及电流互感器、避雷器、电缆终端（或进出线套管）等一次元件，按电气主接线的要求依次连接，组合成一个整体，并且全部元件封闭在接地的金属（钢或铝）外壳中。壳体内充以 $SF_6$ 气体，作为绝缘和灭弧介质。由于内部气体压力较高，为提高机械强度多采用圆筒式结构，即所有电器元件都放置在圆筒形外壳中。元件的外壳在相互连接时再辅以一些过渡元件，如三通、弯头、伸缩节等，组成成套配电装置。

### （一）110 kV GIS 组合电器

如图 2-1-1 所示为 110 kV 单母线 GIS 组合电器结构示意图，图中主要设备如母线、高压断路器布置在下层或靠外侧，电流互感器、电压互感器、接地开关等轻型设备布置在上层。母线和断路器通过伸缩节头波纹管连接，以减少由温度和安装误差所引起的附加应力。组合电器装置外壳设有检查孔、窥测孔和其他辅助设备。这样，整个电气设备的布置比较紧凑，并对主要设备的支撑和检修也较方便。

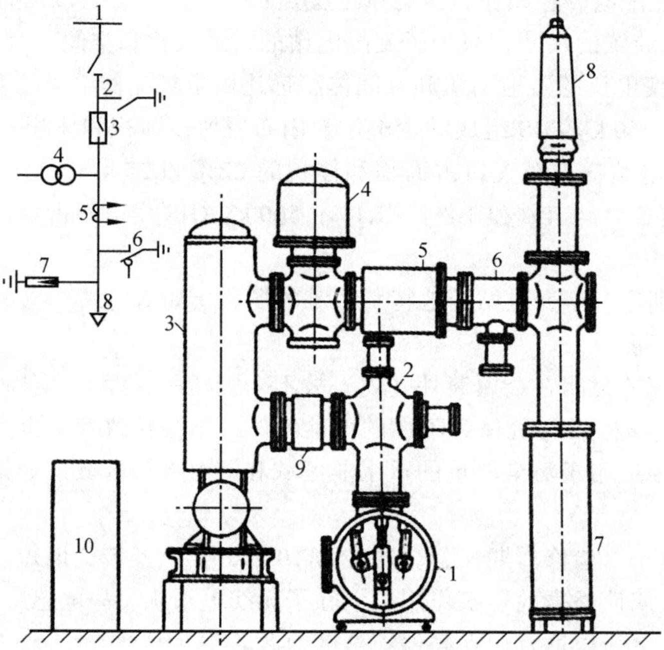


图 2-1-1　110 kV GIS 组合电器结构示意图

1—母线；2—隔离/接地开关；3—断路器；4—电压互感器；5—电流互感器
6—快速接点开关；7—避雷器；8—引线套管；9—波纹管；10—操作机构

现代重工电气有限公司的 110 kV GIS，其外形如图 2-1-2 所示。其主要构成包括：断路器、接地/隔离开关、电流互感器、电压互感器、避雷器及相连的导体和绝缘支撑件等，构成目前地铁系统主变电所常见的 110 kV 电气接线形式。这个组合电器还配备了控制柜，是监视、控制、测量一次主电路的二次设备。

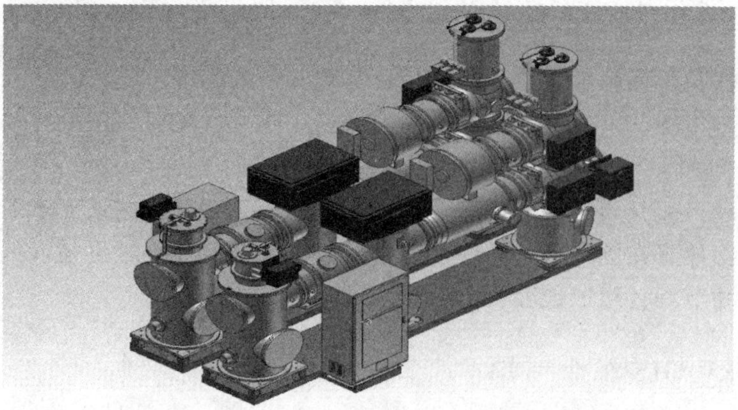

图 2-1-2　110 kV GIS 组合电器外形

下面以现代重工电气有限公司的 110 kV GIS 为例分述一下 GIS 组合电器中的主要电气设备。

1．断路器（126SP-K1 型）

126SP-K1 型式的断路器是一种高性能、大容量的压气和自能混合式断路器。该断路器利用了具有良好的绝缘和灭弧能力的 $SF_6$ 气体，因此提高了绝缘水平和开断能力。

（1）SF6 断路器的特点：

① 126SP-K1 型式断路器的额定短路开断电流达到 40 kA，开断容量大。

② 采用弹簧操动机构，体积小且重量轻。

③ 弹簧操动机构采用模块化设计，因此具备了高可靠性。

④ 高性能灭弧室及弹簧操动机构的使用使得操作功降低，噪音低。

⑤ 机构简单、零件少，易于维护。

（2）断路器的结构：

① 126SP-K1 型断路器的外形和结构见图 2-1-3，断路器由装于上部的弹簧操动机构和下部的断路器本体两大部分组成。该断路器结构简单，维修方便，操作可靠，机械寿命可达到 10 000 次以上。

图 2-1-3　断路器结构

② 断路器灭弧室的结构。

灭弧室的结构见图 2-1-4，主要由喷口 1、静弧触头 2、动弧触头 4、静主触头 3、动主触头 4 等组成。与传统的压气式灭弧室不同，126SP-K1 的灭弧室在压气室 7 的前部增加了一个膨胀室 6 用来吸收电弧产生的能量。压气室 7 和膨胀室 6 之间通过逆止阀 8 连通，压气室通过逆止阀 9 和外界 $SF_6$ 气体连接。

126SP-K1 断路器的灭弧原理分为大电流（短路电流）灭弧和小电流（负荷电流）灭弧两种方式。当弧触头分离时电弧产生的巨大能量加热膨胀室的 $SF_6$ 气体，膨胀室的气压迅速升高；当喷口的喉部打开时，膨胀室的高压 $SF_6$ 气体从喉部喷出灭弧。在这个过程中，压气室的气压升高打开下部的逆止阀泄出。

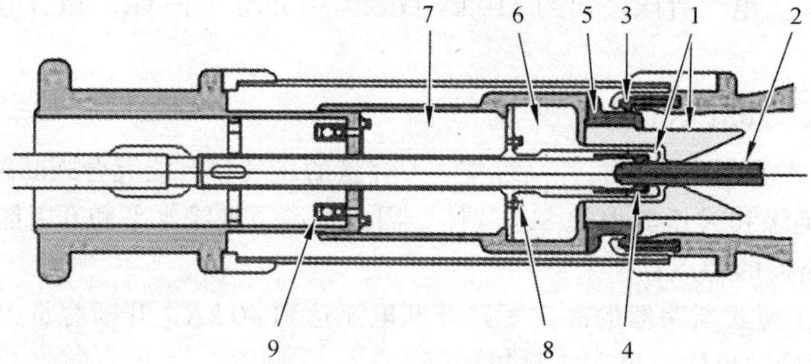


图 2-1-4　灭弧室结构

1—绝缘喷嘴；2—静弧触头；3—静主触头；4—动弧触头；5—动主触头；
6—膨胀室；7—压气室；8、9—逆止阀

2．三工位开关（126SP-3PS1 型）

（1）三工位开关结构。

126SP-3PS1 型三工位开关的内部结构见图 2-1-5。三工位开关实质上是隔离开关和接地开关的功能组合，两者共用一个操作机构、一个动触头和一个中间触头，可实现电气和机械联锁，防止误操作。中间的这个移动触头只能停留在三个位置：中间绝缘的位置、与隔离开关相连、与接地开关相连。该开关操作结构紧凑、精巧、操作简单，结构运行可靠性高，机械寿命可达 5 000 次以上。

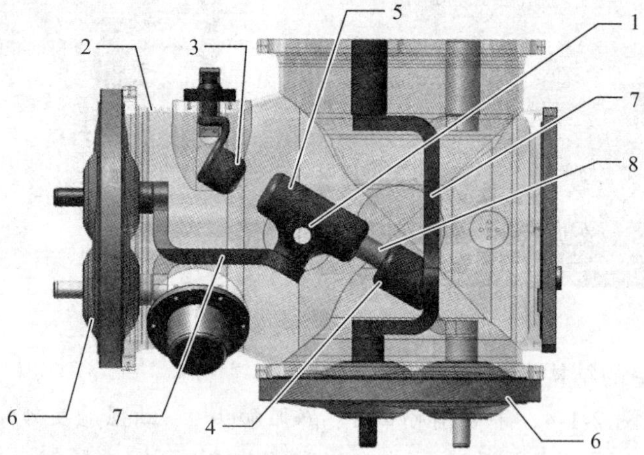


图 2-1-5　126SP-3PS1 三工位开关结构

1—电动操动机构；2—外壳；3—接地静触头；4—隔离静触头
5—中间触头；6—盆式绝缘子；7—主导体；8—动触头

（2）三工位的位置状态（图 2-6）。

接地开关/隔离开关共用一个壳体，共用一个操作机构，可电气、机械联锁，防止误操作

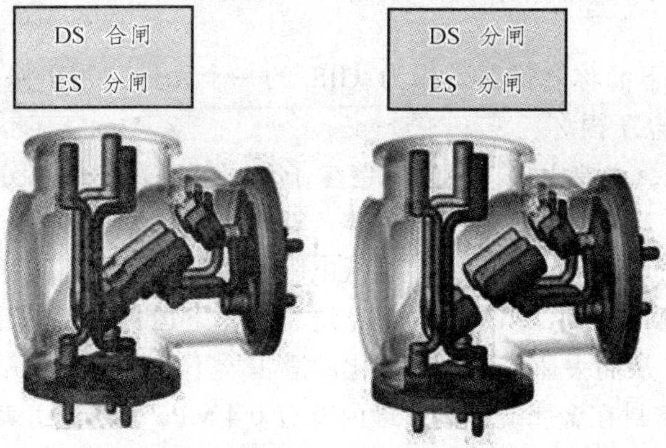


图 2-1-6　三工位位置状态

3．电流互感器

电流互感器采用套管式电流互感器结构，它一般安装在断路器旁边。电流互感器是变电站的测量和保护系统的信号来源之一。

电流互感器的结构见图 2-1-7，采用内装式结构，一次电流的导体 5 从电流互感器线圈 3 的中间穿过，互感器线圈 3 通过安装在壳体 1 上的支持座 8 进行固定，其二次线通过端子盒 7 引出。其结构属于环形铁芯型，它安装在断路器旁边。电流互感器一次绕组的绝缘材料是 $SF_6$ 气体，二次绕组的绝缘材料是聚酯薄膜，且抽头全部引出接至端子。

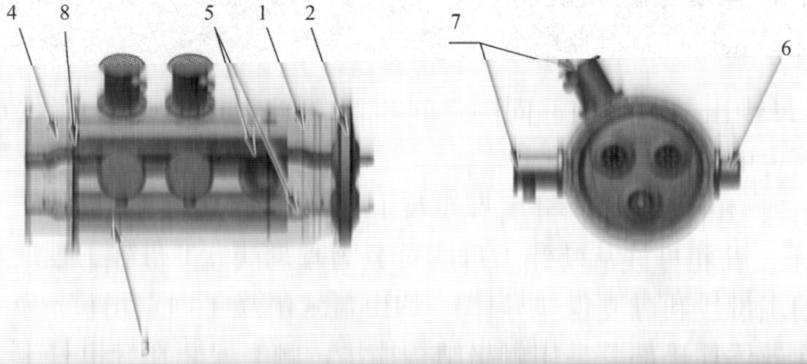


图 2-1-7　电流互感器的结构

1—壳体；2—盆式绝缘子；3—互感器线圈；4—SF6；5—导体；6—吸附剂；7—端子盒

4．电压互感器

电压互感器是 GIS 的一种元件，主要用于电力系统的计量、电压的测量和电压的保护一般安装在母线上或安装在进线部位。

电压互感器的结构见图 2-1-8，是由三台单相器身安装在同一壳体内的三相共体式电压互感器，每相的一次绕组“A”端为全绝缘结构（即盆式绝缘子上导电端），另一端作为接地端“N”，一次绕组和二次绕组绕制在同轴圆筒上，二次绕组端子和一次绕组的“N”端经环氧树脂接线板由壳体进入二次接线盒。接线盒内标有字母 L1、L2、L3，分别表示三个单相的接线端子组。接线端采用压紧式接线端子，方便可靠。电压互感器为电磁式结构，一次绕组的绝缘材料是 $SF_6$ 气体，二次绕组的绝缘材料是聚酯薄膜，安装在母线上或进线部位。

5．避雷器

126 kV 罐式氧化锌避雷器（以下简称避雷器）作为 GIS 的一个元件，用于保护 126 kV 电力系统免受大气过电压和操作过电压损坏。

氧化锌避雷器的结构见图 2-1-9，主要由罐体，盆式绝缘子、安装座及芯体部分组成，芯体是由氧化锌电阻片作为主要元件，罐体内部充以 $SF_6$ 气体，氧化锌电阻片具有良好的伏安特性，当系统出现大气过电压或操作过电压时，电阻片呈现低电阻，使避雷器的残压补限制在较低的水平；从而对电力设备提供可靠的保护，当避雷器在系统相电压下运行时，电阻片呈现高电阻，避雷器只流过 μA 级的电流，从而去掉了传统的碳化硅避雷器不可缺少的灭弧间隙，使避雷器结构大为简化，避雷器芯体密封在金属罐体内，罐内充有 0.4 MPa（20 °C）表压的 $SF_6$ 气体，由于 $SF_6$ 气体具有良好的电气绝缘特性，可大大缩小避雷器的相间距离，采用三相共罐式结构，使避雷器的有效占地空间比瓷套式避雷器大为减少，与 GIS 相连接十分方便。

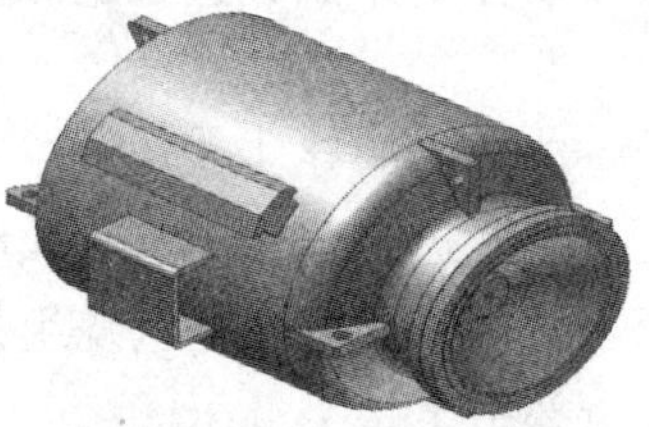

图 2-1-8　电压互感器的结构

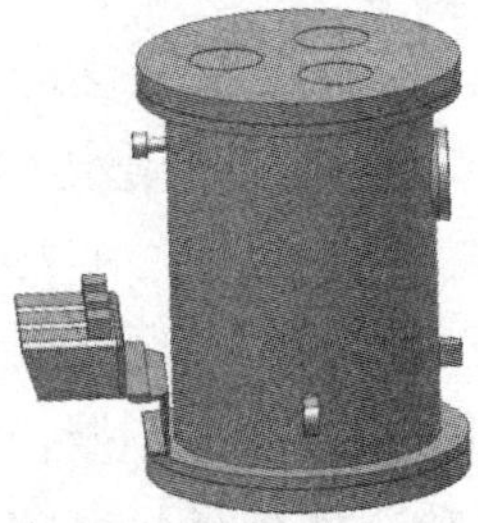

图 2-1-9　避雷器的结构

6．三相共箱母线

$SF_6$ 气体绝缘母线用于 GIS 内部间隔之间和各种元件间的连接，母线可通过连续额定电流及耐受动、热稳定电流。

在 126SP-1 系列 GIS 产品中，分支母线与主母线具有同样外形尺寸，三相共箱式母线结构如图 2-1-10 所示。共箱母线从功能上母线可分为直母线、T 母线、L 母线。在封闭母线内部的主导电回路的主母线和分支母线导体， 均由盆式绝缘子固定定位。为了吸收热胀冷缩变形和装配误差，在导体连接部分采用触指结构连接，触头安装在导电杆上。吸收各种误差和调节尺寸位移的波纹管一般和封闭母线连接。

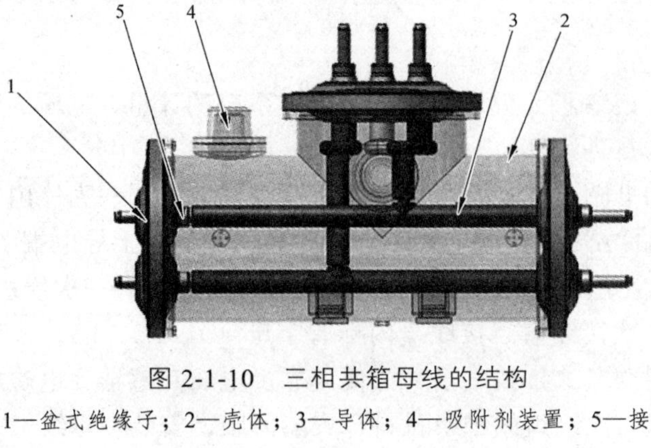


图 2-1-10　三相共箱母线的结构

1—盆式绝缘子；2—壳体；3—导体；4—吸附剂装置；5—接头

## （二）35 kV GIS 组合电器

35 kV GIS 组合电器主回路高压元件的三相集中安装在柜形密封壳体内，外部配装常规开关设备外壳，其结构外形如图 2-1-11 所示，该设备采用全金属进行封闭。外壳采用不锈钢板制成，柜体焊接采用先进的激光技术，绝缘材料采用抗氧化耐温升的材料，保证了设备气室具有极高的气密性。

图 2-1-11　35 kV GIS 外形图

### 1．35 kV GIS 组合电器的结构

35 kV GIS 分为母线室、断路器室、电缆室和二次接线及断路器操作机构室。这种 GIS 最大特点就是使用 $SF_6$ 气体绝缘，其绝缘性能好，令开关柜更为紧凑，体积小，更适合于城市轨道交通变电所这种由于受到环境限制的地方。

35 kV GIS 柜内结构如图 2-1-12 所示，基本配置有：真空断路器、三工位开关、传感器系统、智能控制和保护单元、电缆插座等。

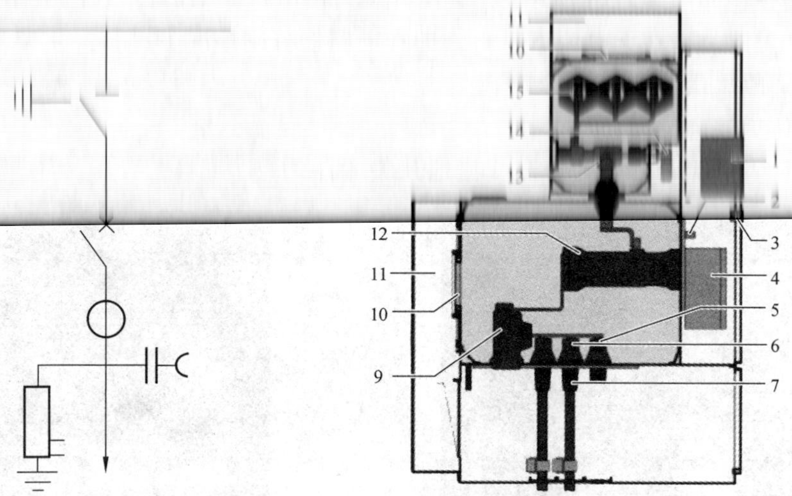


（a）接线图　　（b）GIS 柜内结构图

图 2-1-12　35 kV GIS 结构示意图

1—智能型控制/保护单元；2—压力传感器；3—电容分压装置测试接口；4—断路器操作结构；5—电缆和检验插座；6—电缆插座；7—插接式电缆头；9—组合式电流/电压传感器；10—压力释放盘；11—压力释放通道；12—断路器；13—三工位开关；14—三工位开关操作机构；15—主母线

35 kV GIS 柜的高压室分为上、下两个独立隔离的密封气室，内充 $SF_6$ 气体。上气室为三工位开关单元及主母线进出端，下气室为真空断路器单位、传感器及电缆进出端；主母线采用固定绝缘母线，装在柜的侧面；柜内前半部为操作机构和二次控制部分；柜体下部为电缆室，电流互感器安装在电缆室内；柜后有泄压装置，确保人身和防止事故的扩大。

2．35 kV GIS 绝缘气体密度

GIS 在绝缘气体的额定密度下运行。$SF_6$ 气体的额定运行压力为 1.3 Bar（绝对压力），报警压力为 1.2 Bar（绝对压力），最小可运行压力为 1.0 Bar（绝对压力，非正常运行），释放压力为 2.2 Bar（绝对压力）。额定运行压力下的气体密度为 7.89 g/dm$^3$，最小运行密度为 6.07 g/dm$^3$（一个大气压）。

3．35 kV GIS 主要元器件

1）断路器

断路器的结构如图 2-1-13 所示。断路器的三相极柱水平放置于断路器室内。为了便于检修，断路器的操作机构放置在气室外，通过气密套管与断路器极柱相连。主要功能如下：

① 分、合额定电流；

② 开断短路电流；

③ 与三工位开关配合进行接地操作。

接地功能将通过三工位开关和断路器来实现，此接地方式能提供可靠的接地功能。

2）三工位开关

三工位的结构如图 2-1-14 所示。三工位开关是由电机驱动的棒式开关，放置于母线室内。操作三工位开关时，需在无电流下进行，即在断路器分闸情况下进行。主要功能如下：

① 接通、隔离及接地；

② 中间位为隔离位置；

③ 极限位置（隔开开关“合”或接地开关“合”）。

图 2-1-13　断路器结构示意图

图 2-1-14　三工位开关结构示意图

## 第二节　直流开关柜

### 一、直流开关柜概述

直流开关柜是地铁交通直流供电系统的核心设备，安装在牵引变电所或者牵引降压混合变电所中，完成直流电能的控制与分配，实现对馈线、接触网或接触网轨等设备的测控、保护以及与上位监控设备的总线通信。

地铁变电所中的直流开关柜包括 750 V、1 500 V 两种电压等级。大多数地铁工程所需开关柜设备主要由以下 5 种柜体或箱体组成：进线柜、馈线柜、负极柜、端子柜及钢轨电位限制装置。本节以镇江大全赛雪龙牵引电气有限公司生产的 KMB 金属封闭式直流开关柜为例进行介绍，其外形如图 2-2-1 所示。

图 2-2-1　直流开关柜外形图

### 二、直流开关柜的基本结构

直流开关柜是一种空气绝缘、金属封闭式、户内成套的设备，由一系列标准化单元组成，如断路器（小车）室、母线室、低压室、电缆室等。

#### （一）断路器室

断路器室包含抽出式断路器小车、机械闭锁机构、小车导轨、小车接地触点等几部分，其中抽出式断路器小车上安装了直流断路器、分流器、线路测试装置、断路器控制装置等设备。

直流快速断路器安装在可以很方便拉出的小车上，如图 2-2-2 所示。该小车上的动触头与母线室的静触头可以实现一次主电路的断开或接通，同样可以利用航空抽头来断开或接通二次回路。直流断路器小车有三个位置，分别是工作位、试验位和隔离位。在“工作”位置，无论是一次电缆还是二次电缆都与相应的接口完全连接，并且断路器处于正常工作状态；在“试验”位置，一次电缆断开，并与相应的母排保持一个特定的安全距离，活门被关闭，只有二次回路仍然接通；在“隔离”位置，小车、断路器及其控制线路被完全从小车室中拉出来，所有线路均被切断。当断路器处于合闸位置时禁止断路器小车被移出“工作”位置，这是通过电气及机械互锁来实现的。

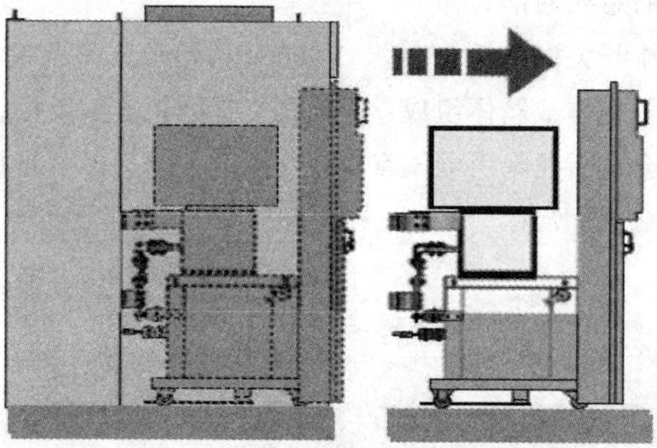

图 2-2-2　断路器小车拉出示意图

在直流开关柜的正面，位置指示器“ON”（红）或“OFF”（绿）表明了断路器的状态，如图 2-2-3 所示。在柜子正面既可以对直流断路器（HSCB）进行各种电气控制操作，也可进行小车分闸操作。

断路器小车在“工作”位置和“试验”位置的变换是通过一个机械机构实现的。当拔掉航空插头后，无需专用工具即可将断路器小车从柜体中抽出移开，使小车移出开关柜，移出开关柜后的断路器小车与开关柜失去所有联系（电路连接、机械联锁等）。

断路器室门是小车抽出（进入）断路器室的出入口，与小车位置联锁。当小车在“工作”位置或在“工作”位置和“试验”位置之间的中间位置时，门将被闭锁在关闭位；当断路器处于“试验”位置时，柜门可打开并可抽出小车（这里必须强调，只有当断路器处于分闸状态时，才可将小车拉出至柜体外部）。移出的小车再推入开关柜时，首先移动至“试验”位置，此时须关闭柜门才能旋转小车操作手柄移出小车，使之到达“工作”位置。

断路器室内还设置了一个自启动的活门，当小车处于“试验”位置时，后门关闭并闭锁，使直流断路器（HSCB）小车触头不能插入，防止活门因误操作而从柜前碰到断开的电缆室固定触头。

测量线路馈线电压的电压变送器装置安装在柜体的固定部分，与小车是分离状态，便于小车抽出时能继续保持测量。

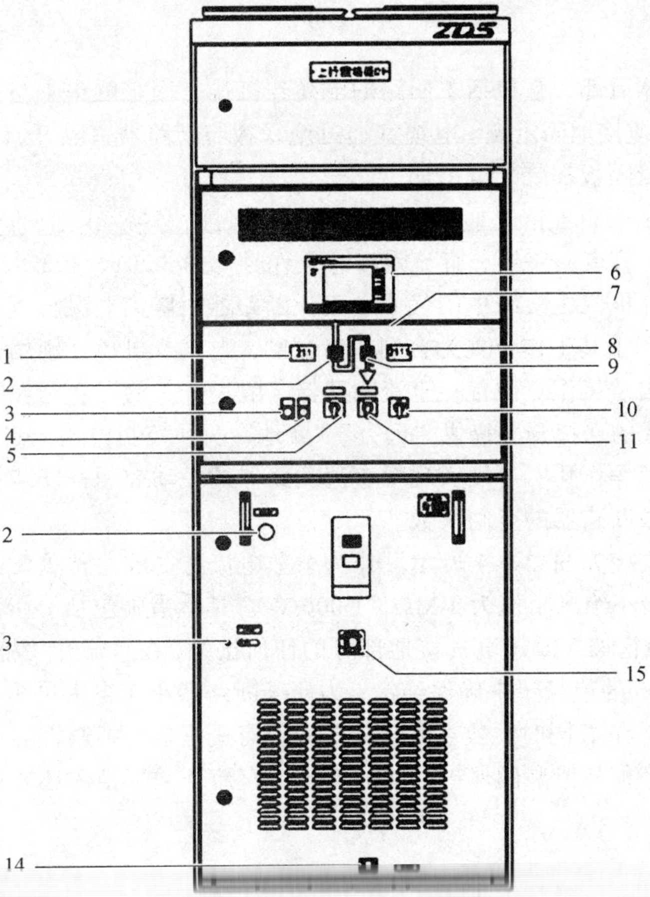


图 2-2-3　直流开关柜正面视图

1—直流断路器代号；2—直流断路器位置指示器；3—小车解锁按钮；4—故障复位按钮；
5—直流断路器分合闸控制开关；6—显示单位；7—正极母线；8—直流隔离开关代号；
9—直流隔离开关位置指示器；10—控制模式选择开关；11—直流隔开开关分合闸控制开关；
12—紧急分闸按钮；13—手柄解锁；14—机械解锁；15—手柄操作孔

（二）母线室

母线室位于柜体后部，母线室包含有与小车上部动触头相接触的静触头和母排。

母线室与断路器室之间用绝缘隔板隔开，为了方便维护人员进入母线室维护，绝缘隔板都配有手柄。

（三）低压室

低压室位于直流开关柜上部，安装有控制设备（二次系统，包括测量、控制电路等）。低于室有一个单独的隔离门，测量电路后面也安装有绝缘板，实现与 1 500 V（或 750 V）主电路的隔离，保护操作人员安全；低压室不包含任何潜在的主电路（无馈线电压/无负回流电压）；一次主回路电压总是通过适当的额定电压变换器与二次回路隔离；接地控制装置（分合闸控制开关等）安装在低压室门板上。

### （四）电缆室

电缆室位于柜体后部，它包括主回路的电缆连接排、固定触头（与可抽出的小车下部触头相接触）、馈线电缆接地固定点。电缆室通过绝缘板与断路器室隔开，为了方便维护人员进入电缆室维护，绝缘隔板都装配有手柄。

直流开关柜的正面布置情况如图 2-2-3 所示。通过断路器室门上的观察窗可清楚地看到断路器小车的位置。直流断路器、直流隔离开关代号（如“201、202、211、2111”等）是该断路器、隔离开关在电气主接线中的代号；直流断路器、隔离开关位置指示器“ON”（红）或“OFF”（绿）表明了其工作位置为合闸或者分闸；电气及机械互锁用来防止当断路器合闸时断路器小车被移出“工作”位置；直流断路器、隔离开关的分合闸控制开关可以实现就地电动控制；控制模式的选择开关提供“远方”“就地”两种控制模式；在“手柄解锁”允许的情况下，通过“手柄操作孔”可以实现对直流断路器的手动控制；安装在断路器小车上的脉冲计数器装置能记录断路器的合闸次数。

直流开关柜的安装如图 2-2-4 所示。作为杂散电流防护的一种重要措施，直流开关柜必须绝缘安装，推荐最小绝缘阻值为 1 MΩ（1 000 V）。具体措施包括：在将直流开关柜固定在地面期间，务必避免框架和属于电气接地部分的任何接触；在直流开关柜与变电所地坪之间，通过厚度为 2 ~ 5 mm 的绝缘垫来确保绝缘；为便于断路器小车自由进出柜体，绝缘垫一般伸出直流开关柜周围 2 cm；同时，若直流开关柜中设有避雷器，则避雷器应与大地或负极直流相连。此外，为保证框架泄漏的保护功能的实现，直流开关柜柜体还要通过一个低阻抗继电器接地。

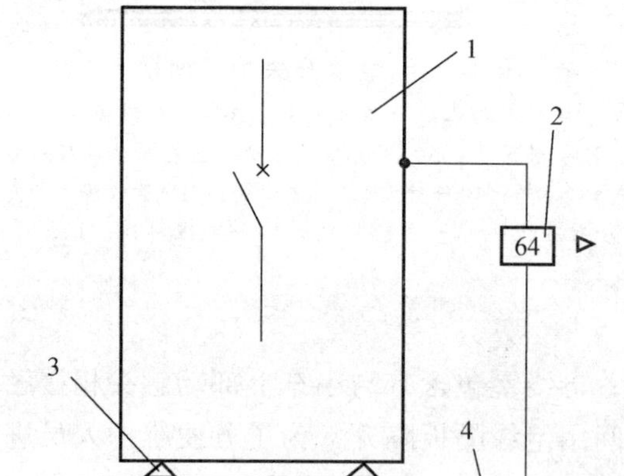


图 2-2-4　直流开关柜安装示意图

1—直流断路器代号；2—低阻抗继电器；3—对地绝缘；4—大地或接地网

各个直流开关柜的操作均须遵循已确定好的联锁关系进行。任何情况下隔离开关不能带负荷操作，由于负极柜中仅有隔离开关，因此通常情况下直流牵引侧送电先后顺序依次为负极柜、正极柜、交流断路器，最后是馈线柜，直流牵引侧停电顺序则相反。

## 三、直流断路器

断路器小车上安装的直流断路器，其外观如图 2-2-5 所示，结构如图 2-2-6 所示。它是一种双向、单极单元电器元件，采用了电磁吹弧、电动操作系统、直流瞬时过流脱扣、间接快速脱扣（用户可选项）和空气自然冷却方式等技术。间接脱扣器由一个线圈和一个电子控制装置组成，线圈固定在断路器上，电子控制装置（由放电电容和电子开关组成）单独安装。1 000 ~ 6 000 A 的断路器，其响应时间仅为几毫秒。

图 2-2-5　UR36/40 系列断路器

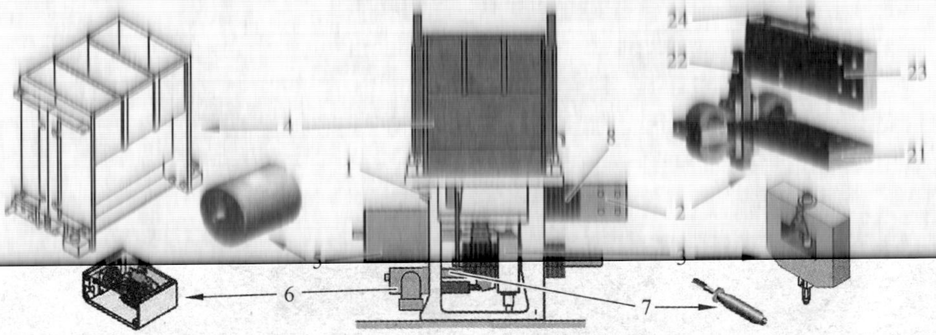


图 2-2-6　UR 系统断路器结构图

1—固定绝缘框架；2—一次回路；3—瞬时过流脱扣器；4—灭弧室；5—合闸装置和拨叉；6—带推杆（7）的辅助接点盒；7—冷却器；由一个下部连接排（21）、一个动触头（22）、一个上部连接排（23）、一个静触头（24）组成

### （一）直流电弧熄灭原理

与有自然过零点的交流电弧不同，直流电弧只能靠强制使电流为零来熄灭，在电弧能量不变的前提下，促使电弧电流接近于零，意味着必须提高电弧电压，使之高于断路器的工作电压。可以通过合理的措施迅速提高电弧电压，如在中、低压直流回路中使用电磁吹弧断路器，从而达到灭弧的目的。对高压直流回路，必须相应地降低电压和电流，对要求分闸更快

的断路器，通过加接 LC 谐振电路产生人工电流零点来灭弧，这需要非常精确和可靠的电子技术。

以瑞士赛雪龙公司生产的 UR 系统直流断路器为例，当断路器跳闸后，主回路磁场将动、静触头之间产生的电弧吹入灭弧室，灭弧室采用冷阴极设计，由许多相互绝缘的灭弧板（金属栅片）组成，一旦电弧进入灭弧室，就被金属栅片分裂为许多串联的小弧段。因为每两块灭弧板之间的电压降约为 40 V，所以总的电弧电压便大大增加（电弧电压取决于灭弧板的数量，一般不超过额定电压的 2 倍），电弧电流大大减少，从而使电弧得以迅速熄灭。燃烧的气体从上端逸出，并在位于金属灭弧板上部的绝缘板之间被强化去游离而熄灭。

鉴于直流电弧熄灭比较困难，应当尽量避免直流断路器盲目合闸。当直流断路器合闸送电时，必须预先进行线路测试，即首先通过线路测试装置对将要合闸送电的线路进行绝缘性能测试，绝缘合格，则给断路器送出合闸命令；绝缘测试不合格，则闭锁断路器，禁止合闸。当运行的线路跳闸后，禁止盲目重合闸，只有通过线路测试，确认短路清除，断路器才能自动重合闸。

### （二）直流断路器分合闸工作原理

直流断路器根据其维持合闸状态（合闸保持）原理及分闸控制原理的不同，分为电保持型（E 型）和磁保持（M 型）两种。直流断路器原理如图 2-2-7 所示。

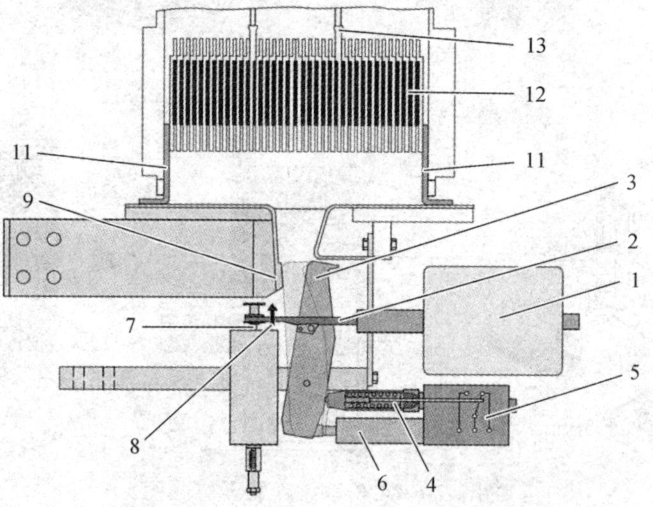


图 2-2-7　直流断路器 UR36 原理图

1—合闸装置；2—拨叉；3—动触头（主触头）；4—动推杆；5—辅助触头；6—止动器；7—过流释放杆；8—举起力；9—静触头（主触头）；10—灭弧室；11—角板；12、13—灭弧栅

#### 1．合　闸

如图 2-2-7 所示，当直流开关柜的二次系统接收到一个合闸脉冲，合闸装置 1 推动拔叉 2 使动触头 3 合上并且使动触头 3 压紧主触头 3 和 9。动触头 3 带动推杆 4 移动并使辅助触头 5 变位。合闸时的振动力会被止动器 6 所吸收。

2．合闸保持

一旦主触头合上，动触头压紧触头的压力将由合闸装置 1 提供。电保持型（E 型）断路器通过在合闸线圈所在的回路中串入电阻以使合闸电流降低 5%，该电流足以维持动触头压紧触头的合闸状态；磁保持型（M 型）断路器依靠永久电磁铁维持动触头压紧触头的合闸状态。

3．分　闸

断路器分闸可通过两种方式实现。

其一，通过安装于断路器本体上的大电流脱扣保护装置的过流脱扣命令。过流脱扣命令的实现方式是：某个电流超过了最大电流设定值，过流释放杆 7 产生一个向上的举动力 8 举起拔叉 2，从而释放动触头 3。

其二，常规分闸命令。实现方法是：电保持型（E 型）断路器是通过分闸命令切断合闸装置的保持电流；磁保持型（M 型）断路器是施加一个逆向脉冲电流（分闸电流是合闸电流的 20%）导致拔叉 2 缩回来，于是推杆 4 打开动触头 3 并使辅助触头 5 变位。产生在主触头间 3 和 9 的电弧通过角板 11 向上移动至灭弧室 10 内，并被灭弧栅 12 分割，电离气体在灭弧栅 13 间被中和，直流电弧熄灭。

## 第三节　变压器

变压器是一种根据电磁感应原理制成的、静止的、用来改变交流电压、传递电能的又能保持频率不变的电气设备，一般的变压器是由一个用硅钢片叠成的铁芯和绕在铁芯上的两个绕组构成，三者都是相互绝缘的，在电气上也没有任何的联系；通常把变压器与电源侧相连接的线圈叫初级线圈或一次绕组，与用电设备连接的副线圈叫次级线圈或二次绕组。电力变压器主要分为常用的油浸式和干式变压器，以及不常见的 $SF_6$ 气体变压器。一般由铁芯、线圈、冷却装置、保护装置、油箱、绝缘套管等部分组成。

### 一、油浸式主变压器

地铁系统内的主变压器主要是油浸式变压器，是将变压器的线圈和铁心浸泡在专用的变压器油中，可用于散热并使线圈与空气隔绝以防止空气中的湿气对变压器铁心造成腐蚀，同时起到一定的灭弧作用。

#### （一）单相变压器的工作原理

变压器主要由铁芯和绕组组成，前者构成磁路，后者构成电路，它是根据电磁感应原理工作的。图 2-3-1 中，在闭合的铁芯上，绕有两个互相绝缘的绕组，接入电源的一侧称一次侧绕组，输出电能的一侧称二次侧绕组。当交流电压 $\dot{U}_1$ 加到一次侧绕组后，有交流电流 $\dot{I}_1$ 通过该绕组，在铁芯中产生交流磁通 $\dot{\Phi}$ 。交变磁通穿过一次侧绕组，同时也穿过二次侧绕组，两个绕组上分别产生感应电势 $\dot{E}_1$ 和 $\dot{E}_2$。如果二次侧绕组与外电路的负荷接通，便有电流 $\dot{I}_2$ 流入负荷，即二次侧绕组有电能输出。

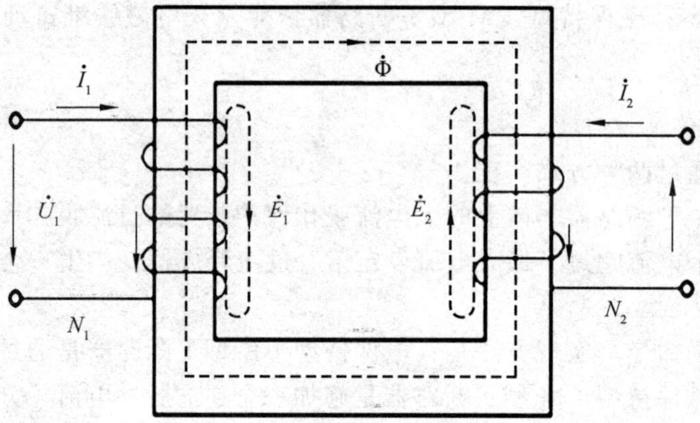


图 2-3-1　单相变压器原理图

根据电磁感应定律可以导出：

一次绕组感应电动势

$$E_1 = 4.44fN_1B_mS\times10^{-4} \tag{3-1}$$

二次绕组感应电动势

$$E_2 = 4.44fN_2B_mS\times10^{-4} \tag{3-2}$$

式中　$f$——电源频率，Hz；

$N_1$——一次绕组匝数，匝；

$N_2$——二次绕组匝数，匝；

$B_m$——铁芯中磁通密度的最大值；

$S$——铁芯截面积，$cm^2$。

由式（3-1）、式（3-2）得出 $\frac{E_1}{E_2}=\frac{N_1}{N_2}$。

即，变压器一、二次侧感应电动势之比等于一、二次侧绕组匝数之比。

由于变压器一、二次侧的漏电抗和电阻都比较小，可以忽略不计，因此，可近似地认为 $U_1=E_1$，$U_2=E_2$，于是

$$\frac{U_1}{U_2}=\frac{E_1}{E_2}=\frac{N_1}{N_2}=K \tag{3-3}$$

式中　$K$——变压器的变压比（变比）。

变压器一、二次绕组匝数不同将导致一、二次侧绕组的电压高低不等，匝数多的一侧电压高，匝数少的一侧电压低。

在一、二次绕组电流 $I_1$、$I_2$ 的作用下，铁芯中总的磁势为

$$\dot{I}_1 N_1 + \dot{I}_2 N_2 = \dot{I}_0 N_1 \quad (3\text{-}4)$$

式中　$I_0$——变压器的空载励磁电流。

由于 $I_0$ 比较小，其值可以忽略不计，因此（3-4）式可改写为

$$\dot{I}_1 N_1 = -\dot{I}_2 N_2 \quad (3\text{-}5)$$

取绝对值后有如下关系

$$\frac{I_1}{I_2} = \frac{N_2}{N_1} = \frac{1}{K}$$

由此可见，变压器一、二次电流之比与一、二次绕组的匝数成反比。

### （二）变压器参数

1．变压器型号

□ □ □ □－□ / □

- 高压绕组额定电压，kV
- 额定容量，kVA
- 设计序号
- L—铝绕组（铜绕组不表示）；Z—有载调压（无载调压不表示）；S—三绕组（双绕组不表示）
- 冷却方式：F—风冷式；W—水冷式；P—强迫油循环；D—强迫油导向循环
- 相数：D—单相；S—三相；O—自耦变压器（在型号首位表示降压，在型号末位表示升压）

在型号后可加注防护型代号，TH 为湿热型；TA 为干热型。

例如，SZ－31500/110 表示三相有载调压，额定容量为 31 500 kVA，高压绕组额定电压为 110 kV 电力变压器。

2．额定容量

指变压器在额定电压、额定电流下连续运行时，能输送的容量，其计算公式：

单相电力变压器

$$S_e = U_e I_e \times 10^{-3} \text{（kVA）}$$

三相电力变压器

$$S_e = \sqrt{3} U_e I_e \times 10^{-3} \text{（kVA）}$$

式中　$U_e$、$I_e$——变压器一次侧的额定电压、额定电流；

$S_e$——额定容量。

变压器按其额定容量可分为:小型变压器（1 600kVA）、中型变压器（1 600～6 300kVA）、大型变压器（8 000～63 000kVA）和特大型变压器（大于 63 000kVA）。

3．额定电压

指变压器长时间运行时所能承受的工作电压，一般以 kV 表示。

4．额定电流

指变压器在额定容量下，允许长期通过的线电流。

5．空载电流

主变压器一次绕组接入额定电压，二次绕组开路时，流过一次绕组的电流，称为空载电流 $I_0$，通常以其与额定电流 $I_e$ 之比的百分数表示，一般只有 1% ~ 5% $I_e$，大型变压器在 1% $I_e$ 以下。

6．空载损耗（铁损）

对应于变压器空载运行状态下，变压器产生的有功损耗，称为变压器的空载损耗 $P_0$。空载损耗由两部分组成，即空载电流 $I_0$ 流经一次绕组在其电阻 $R_1$ 上的有功损耗和磁通在铁芯中引起的损耗，由于 $I_0$ 很小，$I_0^2R_1$ 可以忽略不计。因此，空载损耗主要为铁芯中的损耗，故空载损耗又称为铁损。

铁损主要由磁滞损耗和涡流损耗两部分组成，另外还有漏磁通在铁芯夹件、油箱等构件中引起的涡流损耗，以及铁芯接缝处磁通分布不均所引起的损耗，统称附加铁损。这些损耗都和电源频率及磁通密度有关，因此除采用优质硅钢片（晶粒取向冷轧硅钢片）做铁芯外，还应在工艺上采用斜接缝，减少接缝数，用非磁性材料绑扎带代替夹紧螺栓等措施以降低总铁损。

7．负载损耗

当变压器一次绕组接到额定电压上，二次绕组接上负载时，在一、二次绕组内就有负载电流 $\dot{I}_2'$ 和 $\dot{I}_2$，变压器就进入负载运行状态。一次绕组内的负载电流 $\dot{I}_2'$ 和空载电流 $\dot{I}_0$ 合成一次电流 $\dot{I}_1$，表示为

$$\dot{I}_1 = \dot{I}_0 - \dot{I}_2'$$

$$\dot{I}_2' = \dot{I}_2 / K$$

式中 $K$——变压器的变比。

负载电流流过一、二次绕组时，在其导线内产生的电阻损耗，称为变压器的负载损耗。实际上的负载损耗还包括导线的涡流损耗、环流损耗、引线损耗等附加损耗。

变压器的额定负载损耗是指变压器绕组中通以额定电流时在一、二次绕组中产生的负载损耗，并将绕组直流电阻折算至 75 °C 时的损耗值。通常将低压绕组短路，高压绕组处于额定分接位置，施加额定频率的额定电流时，从电源吸取的有功功率即为额定负载损耗。

8．阻抗电压

指变压器二次绕组短路，一次绕组上所施加的电压，使一次绕组达到额定电流值时的电压与一次绕组额定电压的百分比值。

## （三）接线组别和应用

接线组别是用来表示变电器各侧绕组的连接方式及两侧相应的线电压之间的相位差。变压器的连接组别的表示方法是：大写字母表示一次侧（或原边）的接线方式，小写字母表示二次侧（或副边）的接线方式。Y（或 y）为星形接线，D（或 d）为三角形接线。数字采用时钟表示法，用来表示一、二次侧线电压的相位关系，一次侧线电压相量作为分针，固定指在时钟 12 点的位置，二次侧的线电压相量作为时针。例如 Y，d11 在变压器的连接组别中“Y”表示高压侧为星形接线；“d”表示低压侧为三角形接线。“11”表示变压器低压侧的线电压 $U_{ab}$ 滞后高压侧线电压 $U_{ab}$ 330°（或超前 30°）

变压器接线方式有 4 种基本连接形式：“Y，y”“D，y”“Y，d”和“D，d”。我国常用“Y，y”“D，y”和“Y，d”。由于 Y 连接时还有带中性线和不带中性线两种，不带中性线则不增加任何符号表示，带中性线则在字母 Y 后面加字母 n 表示。在变压器的联接组别中“Yn”表示一次侧为星形带中性线的接线。例如“Yn，d”：表示一次侧接线为星型带中性线的接线，二次侧为三角形接线。

在地铁供电系统中牵引变电站会有大量的谐波产生，考虑到抑制奇次谐波，在 35 kV 侧主变压器、整流变压器和中心降压变压器都是三角形接线，这样可以消除 3 的整倍数奇次谐波。因为 110 kV 是直接接地系统，在操作时为防止操作过电压和涌流需要将主变中性点接地，所以主变 110 kV 侧为星型接线。这样主变压器的接线组别一般为：Y，d 系列。中心降压变压器的 10 kV 侧为经电阻接地的小电流接地系统，所以中心降压变压器的接线组别一般为：D，y 系列。而牵引变压器为了适应 24 脉波直流的输出，其低压侧输出是两路，每台的两组低压绕组输出的相位差是 30°，这样构成 12 脉波整流变压器，每台在 35 kV 侧采用延边三角形接线各自移相 ± 7.5°，两台整流变压器就组成 24 脉波整流变压器。所以整流变压器的接线组别为：D，d + 7.5° 和 D，d − 7.5°。其中 D 为延边三角形接线。

采用这种变压器的目的，就是为了组成 12 脉波、24 脉波、48 脉波整流方式，增加整流波形的脉波数，脉波数越多，奇数低的谐波消去也越多。提高出现的电力谐波的次数和幅度，防止整流中出现的电力谐波向系统（电源侧）传送，保障自身和其他电力用户的电能质量。

只有用二台变压器联合接线，即将二个变压器的高压接在一起，低压也“对应”接在一起，才能完成提高脉波次数，降低谐波幅值和提高谐波次数的目的。

## （四）油浸式变压器结构

油浸式电力变压器主要由器身（铁芯、绕组等）、油箱、冷却装置、保护装置、出线套管、绝缘油等组成。在设计、制造和运行方面，油浸式变压器累积了丰富经验，比较可靠地运行于大多数场合，特别在大容量、超高压系统中，油浸式变压器得到了广泛的应用。油浸式电力变压器结构示意见图 2-3-2。

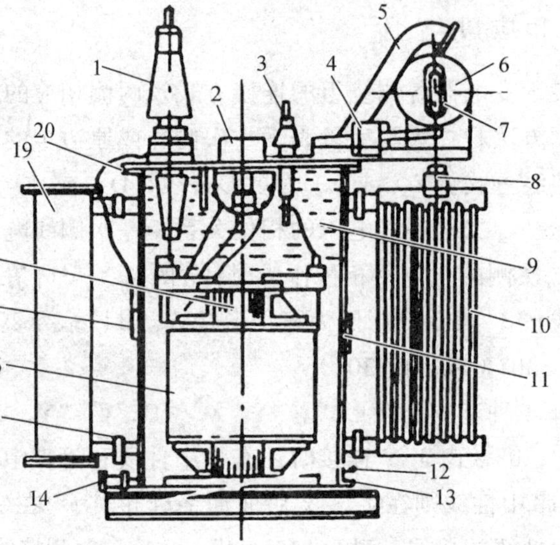


图 2-3-2　油浸式电力变压器结构示意图

1—高压套管；2—分接开关；3—低压套管；4—气体继电器；5—安全气道；6—储油柜；7—油位计；8—吸湿器；9—变压器油；10—散热器；11—铭牌；12—接地螺栓；13—油样活门；14—放油阀门；15—蝶阀；16—绕组；17—信号油温计；18—铁芯；19—净油器；20—油箱

1．铁　芯

铁芯是变压器最基本的组成部分之一。常采用的变压器铁芯结构有两种，内铁式（芯式）和外铁式（壳式），目前绝大多数变压器都是内铁式结构。内铁式是垂直放置的，铁芯截面多为分级圆柱式，绕组包围芯柱。外铁式是铁芯包围绕组、水平放置、铁芯截面为矩形，有旁轭。

铁芯材料要求导磁率高，磁滞、涡流损耗小，目前普遍使用的是 0.25 ~ 0.35 mm 厚的冷轧硅钢片，其表面经过绝缘漆处理，以降低和限制涡流损耗。一般冷轧硅钢片采用 45° 斜切硅钢片的叠装法，降低空载损耗，而且使变压器的噪声减小。

小容量变压器为简便起见，铁芯截面的形状一般做成方形或长方形，而大型变压器为了节省材料和充分利用空间，做成多级阶梯形，并在铁芯中设计了散热油道。

铁芯的夹紧装置是将导磁体组成整体的紧固结构。根据电压等级和容量的不同，目前夹紧结构主要采用两种方式，无孔绑扎、拉螺杆结构和无孔绑扎、拉板结构。这两种夹紧方式，取消了老式的加紧装置穿芯螺杆，芯柱部分由环氧无纬玻璃丝带绑扎，硅钢片不穿孔，既简化了工艺和减少了铁芯损耗，又消除了因穿芯螺杆绝缘损坏而导致铁芯多点接地的隐患。无孔绑扎、拉螺杆结构用于 10 ~ 35 kV 级 6 300 kVA 及以下中小型变压器铁芯上，无孔绑扎、拉板结构用于 110 kV 级 6 300 kVA 以上的大型变压器铁芯。

变压器在运行中或试验时，在铁芯或其他金属构件上由于静电感应将产生静电荷积累，出现悬浮电位，造成对地放电，威胁变压器的安全运行。因此，必须将铁芯及其所有金属构件（穿芯螺杆除外）可靠接地。由于铁芯叠片间的绝缘电阻较小，只需将铁芯和任意一片及金属构件经油箱接地即可。值得注意的是，铁芯只允许有一点接地，如果有两点或两点以上接地，则接地点之间可能形成闭合回路，产生环流，使铁芯局部过热，严重时会将铁芯局部烧坏。因此，对于不同夹紧结构的铁芯，采用不同的接地结构。图 2-3-3 是铁芯经油箱接地的结构图。

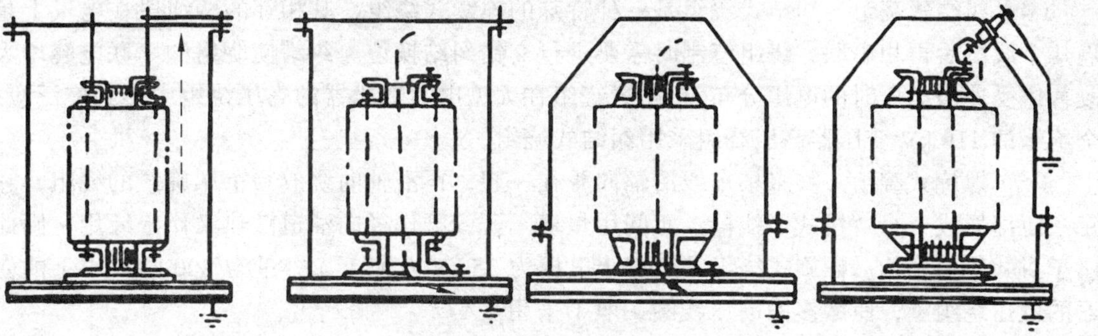

（a）有拉螺杆和吊螺杆　（b）只有拉螺杆　（c）上下夹件绝缘　（d）有拉板经套管引出接地

图 2-3-3　铁芯经油箱接地的结构

2．绕　组

绕组又称线圈，也是变压器的基本元件之一，用绝缘铜导线或铝导线绕制而成大容量变压器的绕组都用铜导线制成。绕组一般都绕成圆形，因为这种绕组有较好的机械性能，不易变形，节省铜线，同时也易于绕制。高低压绕组一般用同心式排列，即高压绕组在外面，低压绕组在里面。下面介绍几种主要的线圈形式：

（1）圆筒式绕组。圆筒式绕组可绕成单层、双层和多层的结构，见图 2-3-4，单层绕组多用于小容量变压器的低压绕组，多层绕组多用于小容量变压器的高压绕组。常用圆导线或扁导线绕制，各个线匝靠紧，顺着绕成一个螺旋形的圆筒，层间可留有供散热的油隙，但端部支撑的稳定性较差。圆筒式绕组一般适用于容量在 630 kVA 以下电压较低的变压器。

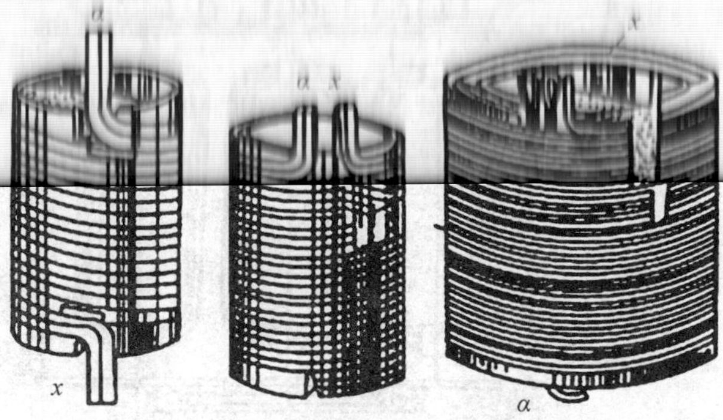


（a）单层的　（b）双层的　（c）多层的

图 2-3-4　圆筒式绕组结构图

（2）饼式绕组。饼式绕组由扁铜线盘绕而成，先在辐向绕成线饼，各个线饼再沿轴向排列组成，常做成双饼，使线段的起始端头和终了端头都在线圈的外侧，以便串联组成一个完整的绕组。

（3）连续式绕组。连续式绕组实际上属于饼式绕组，是由一根或多根导线绕制成连续的线段（线饼），在各个线段的过渡处进行导线换位，线段和线段之间的连接交替地在线圈的内侧和外侧，且都是由绕线导体本身自然连接。这种绕组机械强度高，散热性能好，适用于容量较大的变压器。缺点是制造要求高。

（4）纠结式绕组。纠结式绕组是一种特殊的连续式绕组，其相邻的两线段在电气上是间隔几个线段后再相串联，绕组绕制时需要进行交错纠结换位。纠结使绕组的串联电容增大，改善遭受冲击电压时的电压分布。纠结式绕组在大型电力变压器的高压绕组中得到广泛应用，全绝缘的 110 kV 变压器高压绕组采用纠结式绕组。

（5）螺旋式绕组。将多根扁线沿辐向叠在一起，再沿轴向绕成一个螺旋式的绕组，它的每一匝即形成一个“饼式”线段，匝间用垫块隔开，既作径向油道散热又作绝缘用，因此也属于饼式绕组结构。螺旋式绕组一般用于电压为 35 kV 及以下、容量为 800 kVA 以上的变压器的低压绕组上，匝数多的高压线圈一般不采用。

3．油　箱

油箱是油浸式变压器的外壳，器身放置在油箱内，箱内充满了变压器油。变压器油的作用是绝缘和散热。油箱按变压器容量大小，其结构基本上有以下两种形式。

1）吊芯式油箱

吊芯式油箱结构一般用于容量较小的变压器，如图 2-3-5 所示。箱壳用钢板焊接而成，变压器器身放在箱壳内。箱壳上焊有（或安装）散热器和净油器的连接法兰、吊耳、放油阀门、铭牌座等。油箱的上部箱盖可以打开，箱盖上开有安装各种附件的孔洞，靠箱沿四周许多螺丝与箱壳紧固在一起。变压器本体检查或检修时，可拆卸箱盖后，将器身整体吊出。

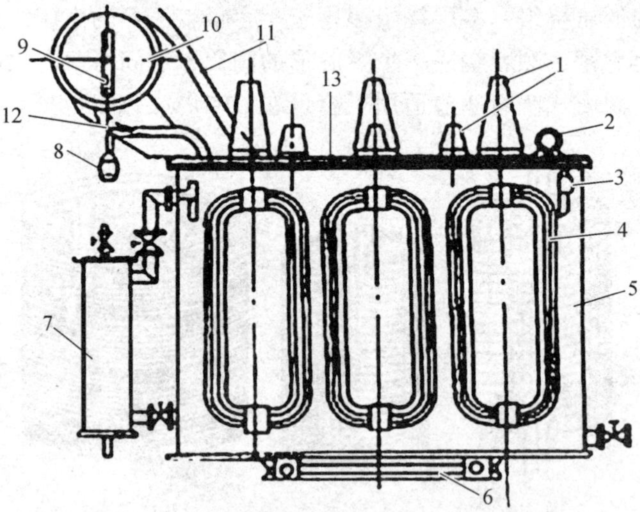


图 2-3-5　吊芯式油箱结构图

1—高、低压出线套管；2—箱盖吊环；3—吊攀；4—拆卸式散热器；5—箱壳；6—底座；7—净油器；8—吸湿器；9—油位计；10—油枕；11—安全气道；12—气体继电器；13—箱盖

2）吊罩式油箱

这种箱壳好像一只钟罩，如图 2-3-6 所示。吊罩式油箱分为上节油箱和下节油箱。在上节油箱的拱顶及箱壁上焊有安装各种附件的结构件，下节油箱上布置有器身定位件、放油阀门管接头、

密封胶条护框、吊轴及吊轴槽钢、小车底板、接地螺栓等。当器身要进行检查或检修时，只要拆去箱沿四周的紧固螺丝，吊起外面钟罩形状的箱壳，即上节油箱，器身便全部暴露在空气中。目前这种油箱结构在大型电力变压器中得到广泛应用。

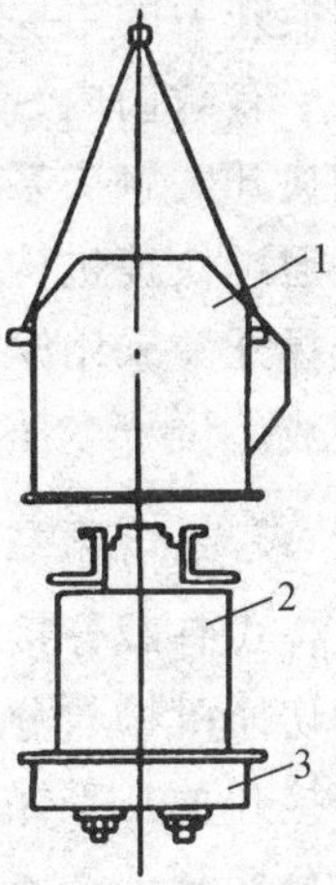

图 2-3-6　吊芯式油箱结构图

1—钟罩式箱壳（上节油箱）；2—器身；3—下节油箱

## （五）分接开关

电力系统正常运行时，必须控制电压的波动，电压波动范围一般规定不得超过额定电压值的 ± 5%。为了保证电压波动在一定范围内，就必须进行调压。调压方式分为无载调压和有载调压两种，相应的分接开关有无载分接开关和有载分接开关。无载分接开关是在变压器没有电压的情况通过手动切换分接开关来改变变压器绕组的匝数，由此调节变压器的电压。分接开关的操动机构可以装在变压器箱盖上或油箱的侧壁。有载分接开关是在变压器不中断负载的情况下，通过改变变压比来调整变压器的电压。有载分接开关就其结构形式可以简单分为复合式和组合式。

### 1．组合式有载分接开关

组合式有载分接开关由切换开关和分接选择器组成，并由安装在变压器箱壁上的电动机构经垂直传动轴、散齿轮和水平传动轴传动。切换开关主要由快速机构（弹簧储能释放）、切换负荷电流的切换机构、过渡电阻器和油室构成。分接选择器主要由级进传动机构、选择分接头的触头系统、扩大调压级数的转换选择器构成。电动机构主要由齿轮传动机构、分接位置控制和指示机构、伞齿轮箱和传动轴构成。MR 公司的 M 型有载分接开关，国产的 ZY1、CM 型有载分接开关都属于组合式有载分接开关。

以 M 型有载分接开关为例，其外形结构如图 2-3-7 所示。分接开关借助开关头安装于变压器箱盖上。

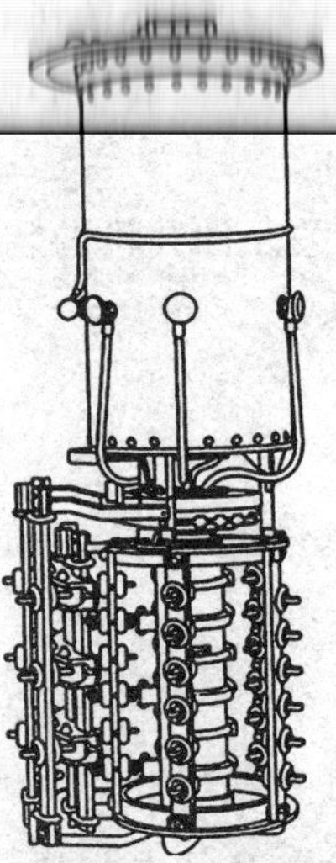
图 2-3-7　M 型有载分接开关外形结构

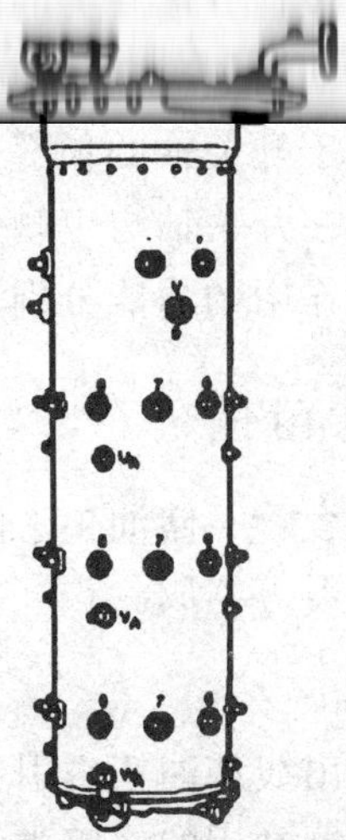
图 2-3-8　V 型有载分接开关外形结构

切换开关的主要组成部分是开关头、切换开关芯子、切换开关油室、分接选择器。切换开关位于有载筒内，由筒底齿轮和选择开关形成机械上的联系，但在油路上不通，可带电切换。切换开关触头系统采用双电阻过渡，并联双断口“尾推补偿”对开式接触。切换开关的动作是通过快速机构来实现的，快速机构采用枪机释放原理。

选择开关采用笼形套轴结构，由带有定触头的绝缘板条、传动管、桥式触头及上、下法兰等组成。位于变压器本体内，不带电翻档。

2．复合式有载分接开关

复合式有载分接开关把切换开关和分接选择器的功能合而为一，因此，结构上是把切换开关的切换机构与分接选择器触头系统合并，形成选择开关的切换机构，其他部件与组合式有载分接开关几乎保持不变。MR 公司的 V 型有载分接开关，国产的 FY 型、CV 型、SYXZ 型有载分接开关都属于复合式有载分接开关。

以 V 型有载分接开关为例，外形结构如图 2-3-8 所示，V 型有载分接开关的主要部分有开关头、油室、齿轮机构和开关芯子。

开关头的功用是将分接开关安装到变压器箱盖上，上面装有连接储油柜连管的管接头和油室放油的吸油管管接头。开关头用盖板封住，盖板设计成具有压力释放阀功能。带传动轴的上齿轮盒也装在盖板上。管接头和上齿轮盒都可以调转方向。

油室是由玻璃纤维补强聚酯制成的绝缘筒。筒的上端安装开关头，下端有筒底封闭。转换选择器和选择开关的定触头分别沿绝缘筒的不同高度安装在筒的内壁上，并连接到筒壁外表面的接线端子。

沿外部端子四周具有特殊设计的屏蔽环，改善了静电场的分布，提高了雷电冲击耐压和工频耐压水平。

驱动选择开关轴和转换选择器的齿轮机构装在开关头内的机构底板上，它包括弹簧储能机构、操动选择开关的逐级机构和操动位置指示器和转换选择器的另一套逐级机构。逐级齿轮机构有自锁功能。经受高机械强度的所有零件都经过表面热处理。齿轮机构无须维修。

分接开关芯子包括分接开关的整个动触头系统（选择开关和转换选择器的触头支座）。

开关轴上端借助销子离合器连接到齿轮机构。其下端定位于筒底中心的轴承中。转换选择器的触头支架位于开关轴的顶部，可以和开关轴分开转动。

开关元件安装在开关轴与定触头相应的高度上。每个开关元件并排的装有三个滚柱触头，它们在分接变换动作中的功能分别是通断触头或过渡弧触头。

### （六）变压器附件

变电器附件由套管、储油柜、防爆装置、冷却装置、气体继电器、净油器、油位计、油温测量装置及吸湿器等组成。

1．套　管

套管是绕组引出线从油箱内引致油箱外的绝缘支撑元件，使引线对地绝缘，并起到固定引线的作用。变压器常用的套管类型有瓷绝缘套管、充油式套管和电容式套管三种形式。充油式套管由于外形尺寸大，技术落后，已被淘汰。

1）瓷绝缘套管

瓷绝缘套管主要用于 35 kV 及以下的电压等级，按其结构分为对夹式、导杆式和穿缆式三种，见图 2-3-9 所示。按使用场所要求又分为普通型和加强型两种。不同电压等级，其基本结构都是相同的，只是瓷套的瓷裙个数有所差别，电压高的裙数多。在套管最下部一个磁裙与固定台之间喷涂金属，以降低电场强度，防止放电。

2）电容式套管

电容式套管以绝缘烧制的电容芯子作主绝缘，由于其性能优良，外形尺寸小，质量轻，因此在 110 kV 及以上高压出线广泛使用。电容型套管分胶纸电容式和油纸电容式两种（见图 2-3-10 所示）。

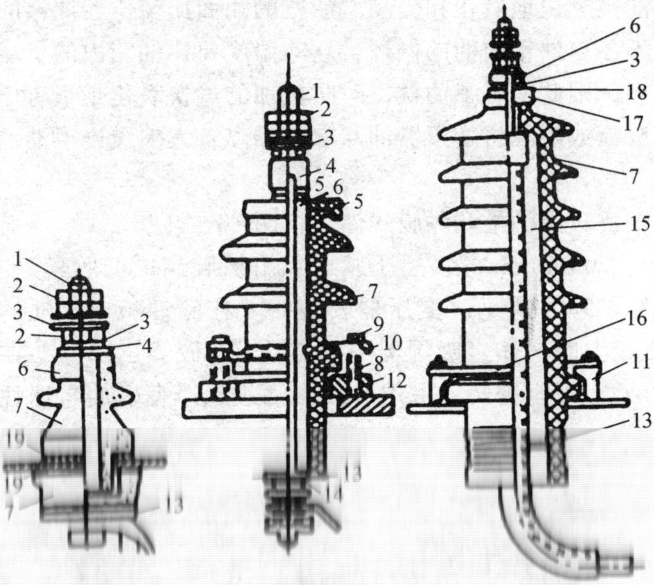

（a）对夹式　（b）导杆式　（c）穿缆式

图 2-3-9　瓷绝缘套管

1—导电杆；2、9—螺帽；3—垫圈；4—铜杆；5—衬垫；6—瓷盖；7—瓷伞；8—螺杆；10—夹持法兰；11—压圈；12—钢板；13—绝缘垫圈

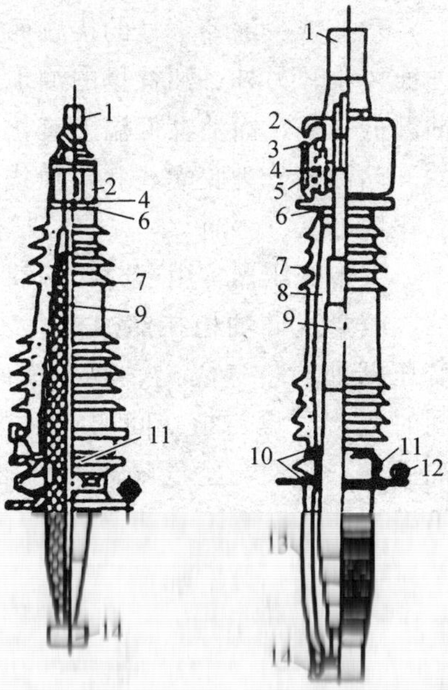

（a）油纸电容式　（b）胶纸电容式

图 2-3-10　电容式套管

1—接线端子；2—均压罩；3—压圈；4—导管及弹簧；5—储油柜；6—密封垫圈；7—上瓷套；8—绝缘泊；9—电容芯子

（1）胶纸电容式。胶纸电容式套管的电容芯子由 0.05 ~ 0.07 mm 厚的电缆纸上单面涂酚醛树脂或环氧树脂后与铝箔一起加温加压交错卷制在导电铜管上，经加热固化、外表加工和浸漆处理，再配上储油柜、上瓷套、安装法兰、尾部均压球、接线端子等，充以绝缘油构成。胶纸电容芯子有很高的电气绝缘性能，可直接用于干燥清洁的室内。

（2）油纸电容式。油纸电容式套管的电容芯子为 0.08 ~ 0.12 mm 厚，经真空干燥处理，除去内部空气与水分，并用变压器油浸渍，因而成为具有耐电强度较高的油纸复合绝缘。套管的瓷套仅起着外部绝缘及保护内部绝缘不受外界大气的侵蚀作用。为了确保套管的密封，油纸电容式套管具有上、下瓷套，用强力弹簧通过导管将上下瓷套压紧，连接处用耐油橡皮圈密封。套管内绝缘油与变压器本体油和大气隔绝，具有防潮能力强、绝缘强度高、油质稳定、体积小、重量轻、安装方便等特点。套管的储油柜为全密封式的结构，避免了大气的侵蚀，为避免温度增高时油体积膨胀而造成套管内压力过大，在储油柜上部留有一定的空间，起缓冲作用。

2．储油柜

储油柜又称油枕，是一种油保护装置，安装于变压器油箱上部，用弯曲联管与变压器油箱连接，其容积一般为总油量的10%左右。储油柜主要有以下两个作用：

（1）变压器在运行中由于油温变化（降低）或长期渗漏油使油位下降，严重时会使铁芯和绕组露在空气中，这样影响器身的散热和绝缘。油枕的作用就是用储存的备用油，及时调节油位的变化，确保可靠散热和器身绝缘水平。

（2）减少油和空气的接触面，防止油被过快地氧化和受潮。油枕的油面比变压器油箱的油面要小，另外，油枕里的油平常几乎不参与油箱内油的循环，它的温度要比油箱内的上层油温低得多，而油在低温下氧化过程较慢，因此，有了油枕，对防止油的过快氧化是很有用的。储油柜分为胶囊式和隔膜式两种，胶囊或隔膜将变压器油与空气隔离，大大缓慢了油的老化速度。

大型变压器常用密封式储油柜，有胶囊式储油柜和隔膜式储油柜两种结构。

胶囊式储油柜在储油柜内装设一个由 0.06 mm 的多层丁腈或氯酊橡胶制成的胶囊，使变压器油与空气隔离，其结构原理如图 2-3-11 所示。变压器安装时，在储油柜内注油的同时应将胶囊与柜壁间的空气排尽，胶囊内腔气体经吸湿器与大气连通，胶囊下部浮贴在油面上，使油与空气隔离并可胀缩。为了实现全密封，采用小胶囊油表，油表内油与油枕不通。

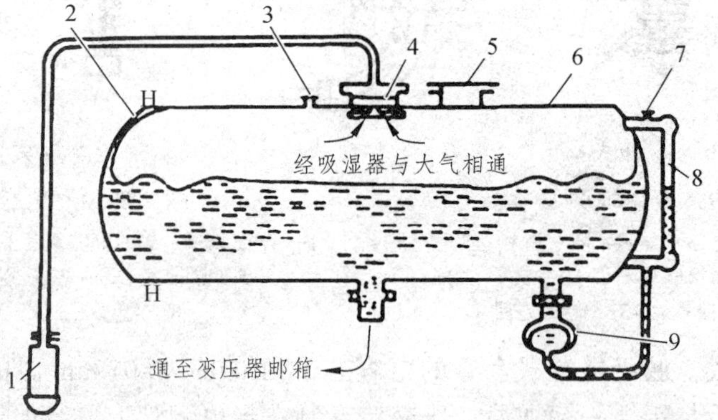


图 2-3-11　胶囊式储油柜结构原理

1—吸湿器；2—胶囊；3—放气塞；4—胶囊压板；5—安装手孔；6—储油柜本体；7—油位计注油及呼吸塞；8—油位计（与储油柜不通）；9—油位计胶囊

隔膜式储油柜由两个半圆壳组成，两半圆壳之间压装着一个半圆式耐油尼龙橡胶隔膜，隔膜周边固定在柜沿上，隔膜浮在油面上，将油面与空气隔开。在隔膜上安有连杆，随着油面的升降而浮动，并由连杆操作油位计。隔膜式储油柜的结构如图 2-3-12 所示。

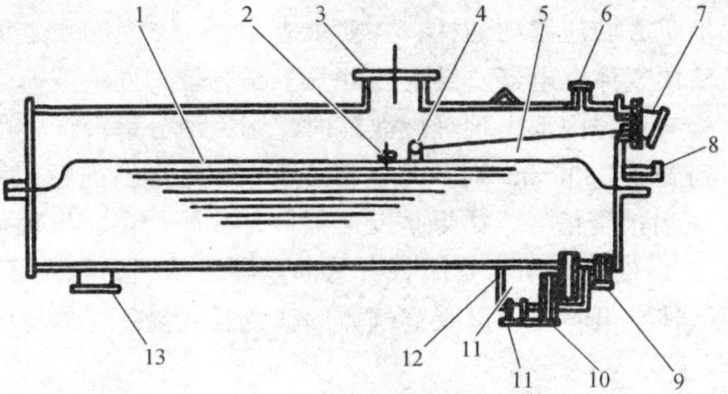


图 2-3-12　隔膜式储油柜结构图

1—隔膜；2—放气嘴；3—视察孔；4—支架；5—连杆；6—接吸湿器管接头；7—油位计；
8—放水塞；9—加油管接头；10—放气管接头；11—气体继电器管接头；
12—集气室；13—集气盒油位计；14—集污盒

3．防爆装置

防爆装置安装在电力变压器的油箱盖上，当变压器内部发生故障时，油箱内部产生的高压力使防爆装置释放，从而保护了变压器。

采用防爆管作为释放压力的保护装置，当变压器内部发生故障时，其内部压力迅速增加，当压力达到一定值时，防爆膜被冲破，将油分解出的气体及油压及时排出，避免器身及外壳的变形。

采用压力释放阀作为释放压力的保护装置，当变压器内部发生故障时，变压器油大量气化，油箱内压力急剧上升。当压力达到释放阀的开启压力时，膜盘被顶开，将油气压力释放，同时机械信号杆被顶出，表示事故。当接有电气信号，则锁板带动动合触点，接通跳闸或信号回路。当油箱压力降到关闭压力时，膜盘在弹簧的压力下恢复原位，防止变压器油外溢。机械信号杆要手动按下复位，并推动复位把手将电气信号触点复位。

压力释放阀与防爆管相比，具有开启压力误差小、延迟时间短、控制精度高，且能重复动作使用等优点，故得到普遍推广应用。

4．冷却装置

散热器、潜油泵、风扇等都是冷却装置。散热器可以分为自冷、风冷式散热器、强油循环风冷却器、强油水冷却器等。自冷式散热器是靠热油经散热器自然对流冷却，由于片式散热器的散热效率最高，被大量采用。在油冷却循环系统中加入潜油泵，可提高油流循环速度，增加散热效果。散热器通风用风扇装置由三相鼠笼式电动机和风扇组成，每个散热器上一般装设两只风扇。

5．气体继电器

气体继电器又称瓦斯继电器，装设于变压器油箱与油枕之间的连管上，是变压器的主要保护设施，它可以反映变压器内部的各种故障及异常运行情况，如油面降低，空气进入本体。气体继电器动作原理见图 2-3-13。

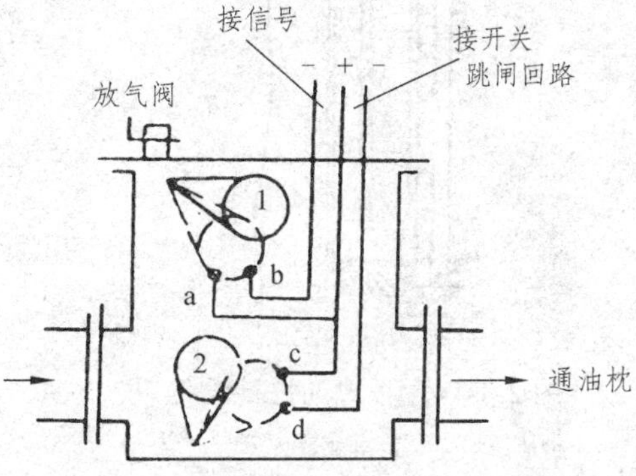


图 2-3-13　气体继电器动作原理图

1—开口杯；2—浮杯

气体继电器上的箭头方向应指向油枕，并要求有 1%～1.5% 的安装坡度，以保证变压器内部的气体能顺利地流向气体继电器。继电器外壳上镶有带刻度的玻璃，用以指示其中充入气体的数量（$cm^3$）。当变压器内部出现轻微故障时，则因油分解而产生的气体聚积于继电器上部，当气体总量达到 250～300 $cm^3$ 时，开口杯 1 下沉，继电器内轻瓦斯触点接通（接通信号回路的触点 a、b）发出报警信号，如果是变压器内部故障严重，出现强烈的油气流，冲动继电器内挡板（浮杯 2），使重瓦斯触点闭合，将断路器跳闸回路触点 c、d 接通，切断变压器电源。另外，利用气体继电器还可以观察气体的颜色及数量，并取气样。

6．净油器

净油器是一个充满吸附剂（硅胶或活性氧化铝）的容器，它安装在变压器油箱的侧壁或强油冷却器的下部。油流经净油器时，油中的水分、杂质、游离酸、氧化物等被吸附剂吸收，使油质维持清洁，延长变压器油的使用寿命。

7．油位计

油位计又称为油表或油标，用来监视变压器的油位变化。油位计上标出相当于温度为 －30 °C、＋20 °C 和＋40 °C 的三个油面线标志。常用的油位计有板式、管式、磁力式。

板式油位计结构简单，不易损坏，但油位标志不明显，在侧面无法观察油位，因此适用于小型电力变压器的储油柜上和充油套管的储油柜上，目前已逐步淘汰，其结构如图 2-3-14 所示。

管式油位计用于胶囊密封式储油柜，见图 2-3-15 所示，玻璃管 7 内放一只红色浮球 6，从它浮在管内的位置，可以观察出油面的高度。玻璃管 7 系用上下压盖 5、8 紧固在上下油表座 4、11 之间，利用螺栓将下座固定在储袖柜端盖上。向外旋出螺纹塞子 10，即可堵塞油位表和储油柜之间的通路，更换玻璃管。其优点是结构简单，油面直观清晰，缺点是玻璃管易损坏，且管内的油受日光直射，易老化。

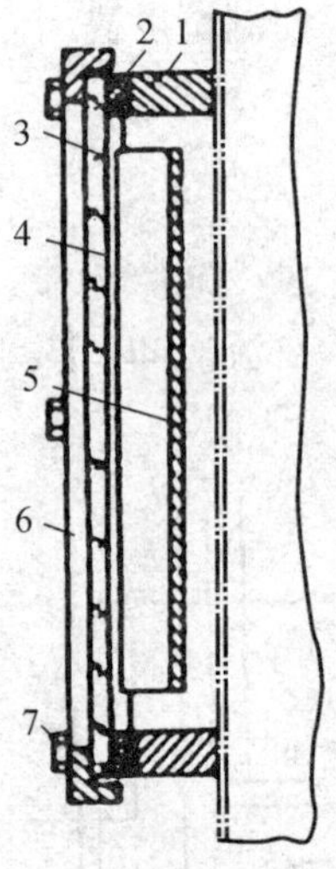


图 2-3-14　板式油位计结构

1—法兰；2—密封垫圈；3—衬垫；
4—玻璃板；5—反光镜；
6—外罩（压罩）；7—螺栓

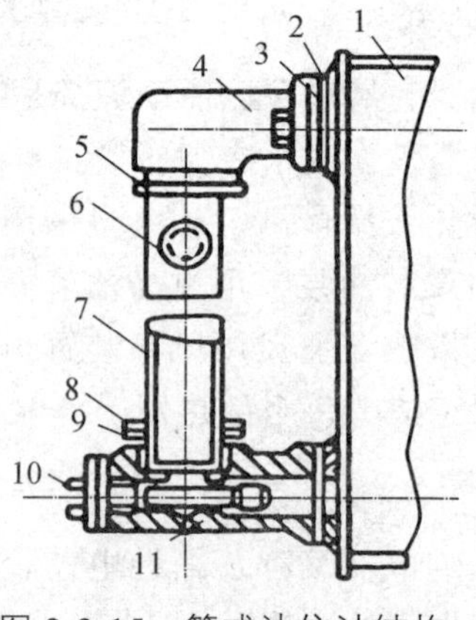


图 2-3-15　管式油位计结构

1—储油柜；2—法兰；3—脚垫；4—上油表座；
5—压盖；6—红色浮球；7—玻璃管；8—压盖；
9—胶垫；10—螺纹塞子；11—下油表座

磁力式油位计用于隔膜式储油柜，当储油柜内的油位升高或降低时，隔膜随之升降，通过连杆带动油位计齿轮和伞齿轮，使与齿轮同轴的主动磁钢转动，并依靠磁力作用，带动从动磁钢相应转动，从而使与从动磁钢同轴的指针在表盘上指示出油位来。

8．油温测量装置

温度计用于监视变压器的上层油温，小型变压器可用水银温度计直接插入温度计管座里进行测温监视，大中型电力变压器应装设信号温度计及远方测温装置。

9．吸湿器

又称呼吸器，通常与储油柜配合使用，内部充有吸附剂（硅胶或活性氧化铝），下部带有盛油器，用以过滤、清除空气中的杂质和水分。当硅胶由蓝色变为淡红色时，表明吸附剂已经受潮，必须更换或干燥。

初次使用时，必须拧下下罩，拆除密封圈（运输、储存时用），按下罩上油面线注入变压器油后，再将下罩拧上，并检查玻璃筒两端密封良好后即可投入使用。

10．油浸式变压器绝缘结构

变压器的绝缘在运行中应能承受三种电压，即长期的工作电压，短时的内部过电压和外部过电压。不同电压等级的变压器都规定了相应的绝缘水平。

变压器的绝缘分为主绝缘和纵绝缘两大部分。主绝缘是指绕组之间，绕组对铁芯、油箱等接地部分，引线对铁芯、油箱以及分接开关对铁芯、油箱的绝缘。纵绝缘是指同一电压等级的一个绕组匝间、层间、绕组对静电屏之间的绝缘。

变压器的绝缘结构分为全绝缘和分级绝缘两种，全绝缘结构指变压器中性点部分的绝缘水平与绕组端部的绝缘水平相同；分级绝缘又称半绝缘，指变压器绕组中性点部分的绝缘水平比绕组端部的绝缘水平低的一种绝缘结构。分级绝缘变压器主要用于 110 kV 及以上中性点直接接地系统中。

## 二、干式变压器

干式变压器广泛用于局部照明、高层建筑、机场，码头 CNC 机械设备等场所，简单地说干式变压器就是指铁芯和绕组不浸渍在绝缘油中的变压器。冷却方式分为自然空气冷却（AN）和强迫空气冷却（AF）。自然空冷时，变压器可在额定容量下长期连续运行。强迫风冷时，变压器输出容量可提高 50%。适用于断续过负荷运行，或应急事故过负荷运行；由于过负荷时负载损耗和阻抗电压增幅较大，处于非经济运行状态，故不应使其处于长时间连续过负荷运行。地铁系统内常用干式变压器有：动力变压器、整流变压器及接地变压器这三类。

### （一）干式变压器的分类及特点

目前世界上的干式变压器主要有环氧树脂浇注式与浸渍式两大类型。在耐受抗短路能力、绝缘水平、节能降耗、抗恶劣环境和免维护等方面，树脂浇注干式变压器具有明显优势，国内干式变压器普遍采用环氧树脂浇注式。下面重点介绍环氧树脂浇注式变压器的特点。

环氧树脂浇注式干式变压器具有油浸式变压器无法比拟的优点。

（1）绝缘强度高：浇注用环氧树脂具有 18 ~ 22 kV/mm 的绝缘击穿场强，且与电压等级相同的油浸式变压器具有大致相同的雷电冲击强度。

（2）抗短路能力强：由于树脂的材料特性，加之绕组是整体浇注，经加热固化成型后成为一个刚体，所以机械强度很高，经突发短路试验证明，浇注式变压器因短路而损坏的极少。

（3）防灾性能突出：环氧树脂难燃、阻燃并能自行熄灭，不致引发爆炸等二次火灾。

（4）环境性能优越：环氧树脂是化学上极其稳定的一种材料，防潮、防尘，即使在大气污秽等恶劣环境下也能可靠运行，甚至可在 100% 湿度下正常运行，停运后无需干燥预热即可再次投运。可以在恶劣的环境下运行，是环氧浇注式干变较之浸渍式干变的突出优点之一。

（5）维护工作量很小：由于有了完善的温控、温显系统，目前环氧浇注式干变的日常运行维护工作量很小，从而可以大大减轻运行人员的负担，并降低运行费用。

（6）运行损耗低，运行效率高，噪声低。

（7）体积小、重量轻，安装调试方便。

（8）不需吊芯检修，节约占地面积，相应节省土建投资。

缺点是树脂绝缘缺陷和损伤的不可恢复性和不可修复性，一般在制作过程中产生缺陷，在运行过程中产生损伤。

## （二）环氧树脂浇注式干式变压器的结构（图 2-3-16）

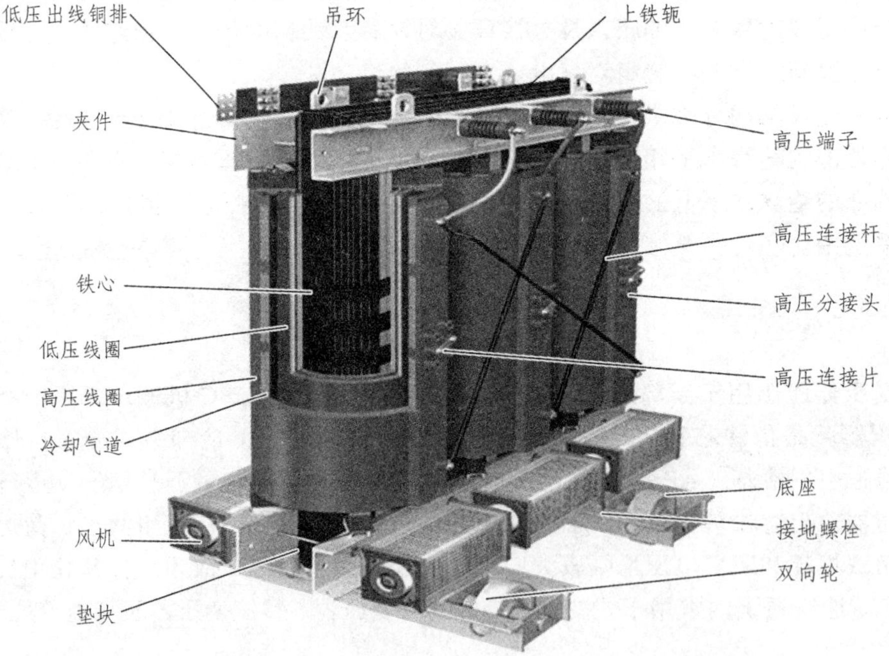


图 2-3-16　环氧树脂浇注式干式变压器的结构

## （三）环氧树脂浇注式干式变压器的绝缘构成

### 1．固体绝缘

环氧树脂浇注式干式变压器的固体绝缘由浇注树脂加树脂浸渍材料（如玻璃纤维、薄膜等）组成。主要有绕组内部绝缘（如匝绝缘）、分段层式绕组的段间绝缘以及绕组和引线间的绝缘等部分，都采用固体绝缘。固体绝缘最严重缺陷的是在浇注件中出现空穴或运行中出现开裂而引起局部放电，从而引起绝缘的长期老化以致击穿。

2．复合绝缘

主要有高、低压绕组间的绝缘、高压绕组对铁芯的绝缘（对地绝缘）以及高压绕组与高压绕组间的绝缘（相间绝缘）等部分为复合绝缘。

3．沿面绝缘

沿面绝缘指浇注绕组表面的端子之间，以及浇注绕组与支持绝缘间的表面之间的绝缘。沿面绝缘的主要问题是沿面放电，这时表面的污秽以及吸潮对其都有较大的影响。

### （四）常用干式变压器特点

1．制　造

SC（B）型环氧浇注干式变压器，其高压绕组外层，以网格玻璃纤维，在高真空状态下浇注环氧树脂，经固化后形成一密封的整体。绕组具有很好的电气和机械性能。在短路和温度冷热变化情况下，由于网格纤维作用免除绕组开裂之忧，并可防止化学物质腐蚀，不易受潮。低压绕组由铜箔绕制，层间采用 F 级半固化绝缘材料，绕组外层用玻璃纤维增强树脂包封。经固化后，形成一坚实的刚体，铜箔绕组与高压绕组安匝平衡处于最佳状态，大大降低了轴向短路电动力，增强其抗短路能力。

其铁芯采用晶粒取向优质硅钢片叠装而成。全斜结构，绕组与铁芯采用弹性固定，可降低空载损耗和噪声。

2．结　构

高压绕组直接绕在低压绕组上，导线采用 H 级绝缘（极限温度可达 180 °C）漆包铜线，高压绕组层间以及外层均采用浸润树脂的玻璃纤维丝缠绕。由于玻璃纤维含量高达 80%，缠绕时加进的玻璃纤维直接与交叉束绕的有机结合，经固化后，绕组整体十分坚固，径向、轴向的机械强度均十分高，抗短路能力强，高低温度下冲击稳定性极佳，防止热膨胀系数差异而造成开裂。高压绕组可按散热需要设置单个或多个外轴向冷却气道。

3．材　料

其铁芯采用晶粒取向优质硅钢片叠装成阶梯状，具有极佳的空间利用率和较低的空载损耗值。心柱与轭接缝 45° 交接使磁通方向与晶粒取向一致。铁轭不冲孔，消除了螺杆与铁轭相通而引起铁芯多点接地的危险。在绕组与上、下铁芯夹件之间设置缓冲弹性垫块，以降低变压器的噪声。

## 三、气体绝缘变压器

气体绝缘变压器（图 2-3-17）是以 $SF_6$ 气体作为绝缘介质变压器，其英文名称为 Gas Insulator Transformers，简称 GIT。

图 2-3-17　气体绝缘变压器外形图

$SF_6$ 气体具有优秀的绝缘特性、不燃性和良好的环保性能，它可以在变压器中代替变压器油。日本从 1967 年生产出第一台 $SF_6$ 绝缘变压器后，由于 $SF_6$ 绝缘变压器在不燃性、绝缘性及安全性方面的优势，为其日后广泛的应用打下了基础。

### （一）$SF_6$ 气体绝缘变压器特点

（1）环境污染小。

① 电磁污染：$SF_6$ 气体绝缘变压器属于 50 Hz 低频设备，故电磁污染极小。

② 噪声污染：由于气体密度比变压器油的密度低，因此对声的传播较弱，变压器本身产生的噪声传递到外部的声强较小；采用独特的气体变压器设计结构，降低噪声（如：采用合理的防震垫布置）；由于气体变压器的噪声较低，加上安装位置较封闭，故完全适用于闹市区和人口较密集的居民区，不会影响其日常生活。

③ 气体污染：气体变压器采用特殊的装配工艺及试验手段，保证变压器气体年渗漏率小于 0.5%，同时当变压器产生故障时，有突发压力继电器的保护，保证变压器内 $SF_6$ 气体不会泄漏到空气中，因此对人居环境无影响。

（2）过负荷能力强。

① 气体变压器与绕组发热部位接触的绝缘材料，如线圈撑条（玻璃纤维材料）、电磁线绝缘（PET 材料）、线圈饼间垫块均采用绝缘等级为 E 级（耐热 120 °C）耐热绝缘材料。

② 虽然绝缘材料采用了 E 级耐热等级绝缘材料，但气体顶层和绕组温度的设计值较低（按 A 级绝缘材料设计），因此较油浸式变压器过负荷能力更强。

③ 如果现场需要增容的情况下，由于气体变散热器的灵活布置比油浸变压器更方便，可以在不改变本体变压器布局的情况下通过改变片散的布局增加过负荷能力。

（3）$SF_6$ 气体特性。

$SF_6$ 气体是无色、无味、五毒且不易燃烧的气体。$SF_6$ 分子很容易吸附自由电子，形成负离子，具有较强的负电性。但在一定电场下，这些离子很难积累足够的能量导致气体电离。同时因为气体中的自由电子减少，还降低了这些电子容易使气体被击穿的危害。因此，$SF_6$

气体也具有良好的绝缘性能。

（4）$SF_6$ 气体绝缘变压器火灾的危险性。

$SF_6$ 气体不易燃的化学特性，使得 $SF_6$ 气体绝缘变压器在变压器一旦发生故障时，不会爆炸并且不起火燃烧，无火灾危害。而油浸变压器在发生故障时，容易引起变压器油的剧烈分解，产生大量气体，有爆炸和燃烧的危险。

图 2-3-18　油浸式变压器着火

（5）与传统的油浸式变压器相比，$SF_6$ 气体绝缘变压器不须储油柜、油枕、基础油池及地下储油罐等附属设施。

（6）$SF_6$ 气体绝缘变压器散热设备的布置图 2-3-19 比较灵活。

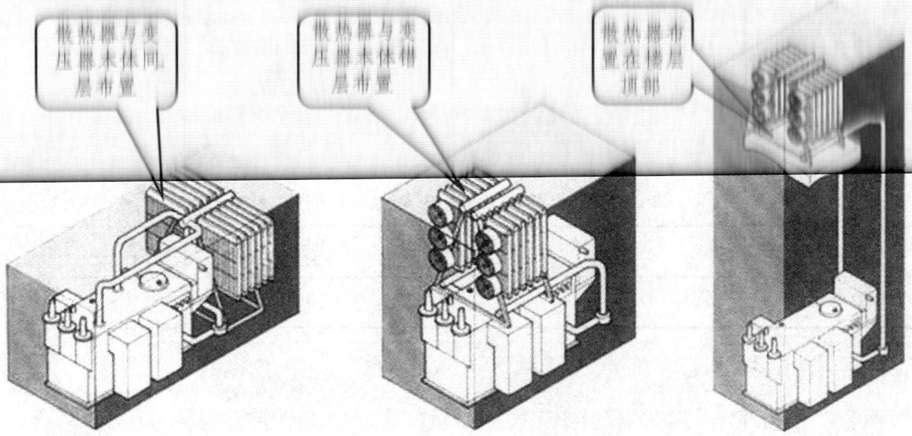


图 2-3-19　$SF_6$ 气体绝缘变压器散热设备的布置

$SF_6$ 气体的密度约为矿物油的 1/60，因此，$SF_6$ 气体绝缘变压器可以因地制宜的布置其散热系统，如图 2-3-19 所示。

（7）各种灵活的连接方式

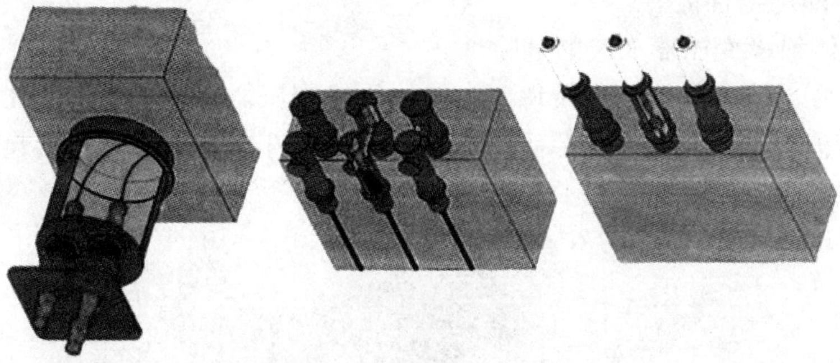


图 2-3-20　SF6 气体绝缘变压器多种连接方式

## （二）$SF_6$ 气体绝缘变压器与油浸变压器结构、特点比较

表 2-3-1　$SF_6$ 气体绝缘变压器与油浸变压器结构、特点比较

| 序号 | 项目 | $SF_6$ 气体绝缘变压器 | 油浸变压器 | 备注 |
|---|---|---|---|---|
| 1 | 介质 | $SF_6$ | 变压器油 | $SF_6$ 气体的密度为变压器油的 1/60 |
| 2 | 绝缘材料等级 | E 级 | A 级 | |
| 3 | 冷却方式 | GNAN/GDAF | ONAN/ONAF | $SF_6$ 热容量小 |
| 4 | 散热器布置 | 1F、2F…（跃层） | 1F（同层高度） | $SF_6$ 密度低 |
| 5 | 油枕 | 不需要 | 需要 | |
| 6 | 消防设施 | 不需要 | 需要 | |
| 7 | 地下储油设施 | 不需要 | 需要 | |
| 8 | 故障信号 | 温度计、密度计 | 温度计、气体继电器 | |
| 9 | 压力释放 | 冲击压力继电器 | 压力释放器 | |
| 10 | 箱体 | 压力容器 | 一般容器 | |
| 11 | 环保 | 良 | 差 | |
| 12 | 防爆 | 良 | 差 | |
| 13 | 维护保养 | 良 | 一般 | |

# 第四节　整流器

整流器是将交流电能转换成直流电能的重要设备。其作用是将环网电缆 35 kV AC（或 AC 10 kV）电压降压为交流 1 180 V，再整流输出直流 1 500 V（有轨电车一般为直流 750 V），

经输电网上电动隔离开关给接触网供电，实现直流牵引。地铁每座牵引变电所一般都配置有2台整流器。由于地铁牵引负载是较为典型的冲击负载，所以对整流器来说要求有一定的过载能力，过载能力符合负载等级Ⅵ的要求，即100%额定输出电流连续；150%额定输出电流2 h；300%额定输出电流1 min。牵引变电所1 500 V直流母线为单母线接线形式，2台整流器并列运行。

图2-4-1　整流器外形图

## 一、整流电路

我们把交流电到直流电的变换称为整流，整流器中实现电能形式转换的元件是硅整流二极管。能把交流电变换为直流电的电路称为整流电路。

### （一）二极管的单向导电性

硅整流管核心是PN结，PN结具有单向导电性。当P极电位高于N极电位，加正电压时，空穴或电子形成电子流，电流由P极流向N极处于正向导通，此时，PN结的阻值很小，可以忽略。当P极电位等于或小于N极电位时，空穴或电子形成的电子流消失，PN结形成高阻态反向截止。电子流开始流动时的电压称为二极管的门槛电压，随着P级电位的升高，电流的数值也随之增大。

在反向电压的作用下，PN结有极少的电子在外加电场的作用下由N极向P极流动，称之为反向漏电流。当反向电压增加到一定数值时，电子在外加电场的作用下溢出数量增加，最后形成很大的反向电流，称之为反向击穿。击穿后的二极管PN结结片烧坏，不再具有单向导电的性能，正、反向均能导电。

## （二）单相桥式整流电路及其直流输出波形

如图 2-4-2，单相桥式整流电路由四个二极管组成。当 $U_2$ 为上正下负时，电源由 $U_2$+经 $D_1$、$R$、$D_3$、$U_2$-形成回路。$D_2$、$D_4$ 受反压截止，电阻上流过的电流波形与电压波形一致，为正半周的正弦波。当 $U_2$ 为上负下正时，即交流电的负半周时，$U_2$+经 $D_2$、$R$、$D_4$ 形成回路，$D_1$、$D_3$ 受反压截止，电阻上流过的电流波形与电压波形一致，为正半周的正弦波。这样通过四个二极管就可以将交流电变换成脉动的直流电。

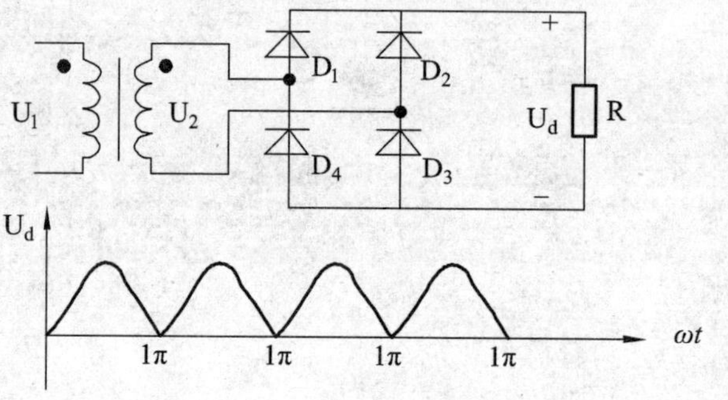


图 2-4-2　桥式整流电路及其输出波形

## （三）三相桥式整流电路

从单相桥式整流电路可以看出，其输出的直流电压脉动很大，与直流电的波形要求相差甚远，为了改善直流脉动系数，一般采用三相整流或增加滤波装置。

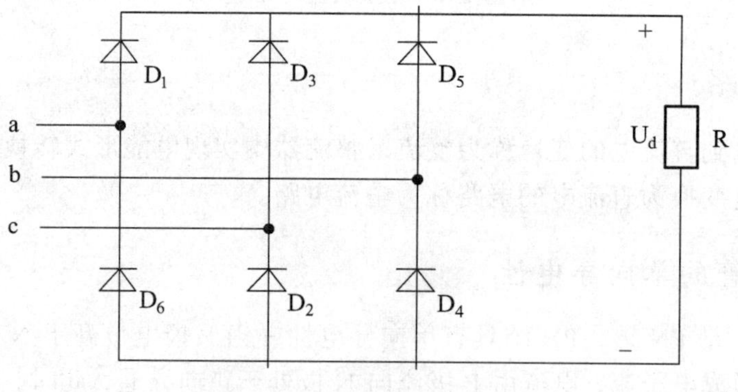


图 2-4-3　三相桥式整流电路

三相桥式整流电路如图 2-4-3 所示，由六个二极管组成，三个阴极相连的 $D_1$、$D_3$、$D_5$ 称为共阴组，三个阳极相连的 $D_2$、$D_4$、$D_6$ 成为共阳组，R 为负载电阻，整流二极管利用交流电线电压的交变，实现自然换相，将三相交流电变换成六脉波脉动直流电。三相桥式整流电压输出波形如图 2-4-4 所示。

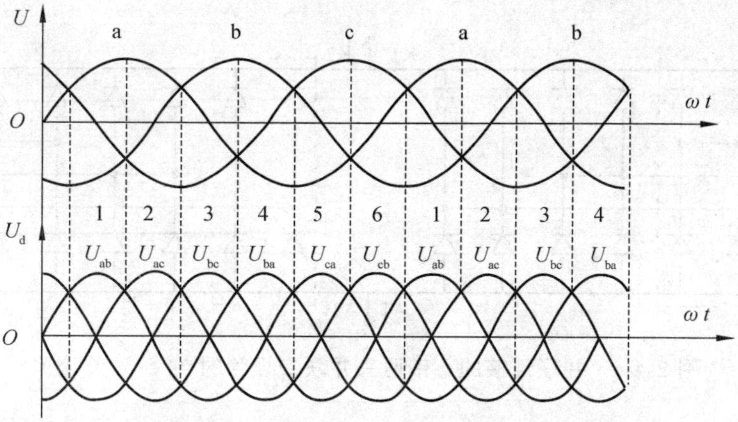


图 2-4-4　三相桥式整流电路输出波形

## （四）十二相、二十四相整流电路

我们知道利用变压器接线组别的不同，可以获得不同相序的线电压。整流变压器两组高低压绕组分别为△/△接法和△/Y 接法，二组低压绕组之间相位差 30° 引入整流器，2 个三相桥式整流电路并联组成 12 脉波整流。图 2-4-5 显示了 12 脉冲整流器并联连接的基本排列，在阴极和阳极侧每相至少有一只二极管，12 脉波整流器的二极管最少为 12 个。

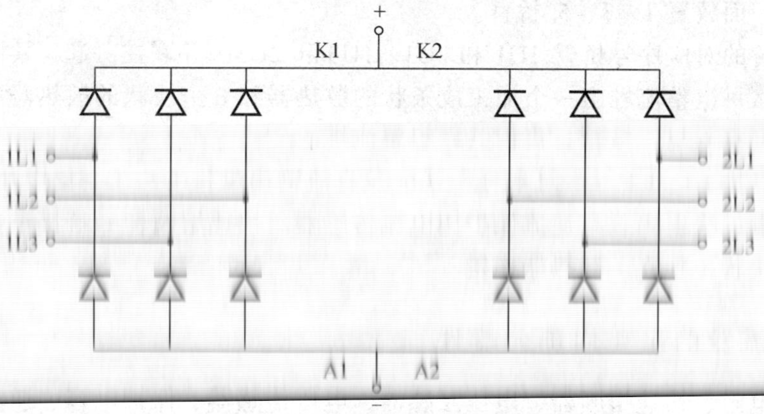


图 2-4-5　12 脉波整流器并联连接基本排列

两台并联的整流变压器的网侧绕组用延长三角形接线，一台整流变压器移相+7.5°，另一台整流变压器移相－7.5°，二台整流器并联便组成 24 脉波整流。

大容量高电压的整流设备对整流二极管都有特殊的要求。当遇到整流电压较高，二极管的反向耐压无法承受时，采用二极管的串联方式连接，要求串联的二极管的反向电压平均分配，提高承受反向电压的能力。当遇到电流较大的情况，采用二极管的并联连接，要求并联的二极管的通态电流应平均分配，以提高整流器的负载能力。地铁牵引采用的整流器是用二极管并联的方式来提高负载能力，整流电路每个桥臂有 2 个或 3 个正向峰值压降值相近的平板压接式整流管并联，以获得相近的电流分配。整个整流电路共有 24 个面接触平板式环氧封装的整流二极管，如图 2-4-6 所示。

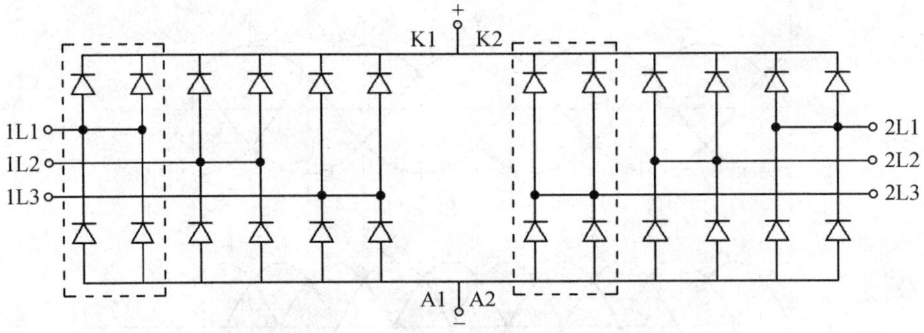


图 2-4-6　并联连接的，带两只并联二极管的 24 脉波整流器

## 二、整流器柜结构

### （一）整流器概述

整流柜采用 1 200 mm×1 200 mm×2 300 mm（宽×深×高）的 GGD 金属屏柜。柜体无焊接，全部采用不锈钢螺栓联接。在柜体的前后门下部开有进气网孔，上部设有散热通风孔，两侧封盖。柜体经电镀锌处理，防腐性强，表面静电塑料喷粉。两个三相整流桥分别装于屏柜的上下部分，从前后开门可以清楚看到垂直排列的三列元件分上下两部分。前门一面放置 4、6、2 桥臂，后门一面放置 1、3、5 桥臂。

两个三相桥的对应序号桥臂 1U1 和 2U1、1U3 和 2U3…并联在一起，共阳极或共阴极组成一组整流堆，每组整流堆由一个加工成条状的散热器和 6 个块状的散热器压装上二极管组成，每组整流堆有 6 只二极管，每柜共六组整流堆。

交流汇流母排 L1、L2、L3、L4、L5、L6 及直流输出母排 L+、L－集中在屏柜的下方进、出线。每桥臂铜母线上串装有逆流保护用电流传感器。快速熔断器一端接至交流母排上，另一端用铜排与块状（独立）散热器连接。

### （二）整流器的主要内部元器件

（1）压敏电阻、快速熔断器、电压互感器、电压传感器、保护电容、逆流传感器等如图 2-4-7～图 2-4-12 所示。

图 2-4-7　压敏电阻

图 2-4-8　快速熔断器

图 2-4-9　电压互感器

图 2-4-10　电压传感器

图 2-4-11　保护电容

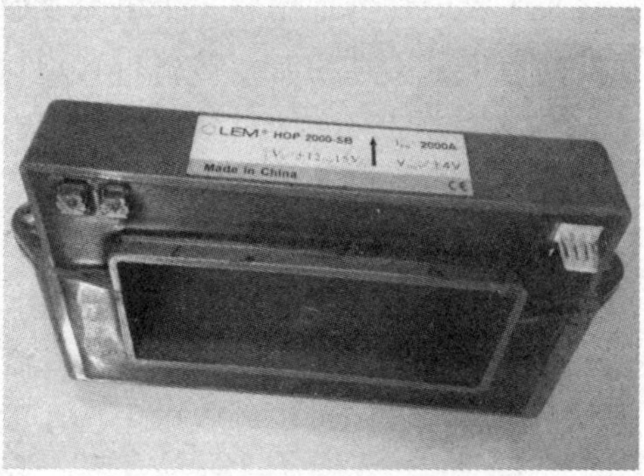


图 2-4-12　逆流传感器

## 三、整流器的保护

### （一）内部短路保护

每个二极管支路均串有快速熔断器进行保护。当发生内部短路时，熔断器熔断，给出信号用于报警或跳闸，并且熔断器上具有明显熔断标志。

当一个桥臂内有一个熔断器熔断、或不同桥臂同时各有一个熔断器熔断时，发出报警信号。当一个桥臂内同时有两个熔断器熔断时，发出跳闸信号。

### （二）交流侧过电压保护

在交流侧装设氧化锌压敏电阻，将过电压抑制在 2 倍以下，防止因过电压损坏二极管。为防止氧化锌压敏电阻击穿短路，回路中串有特种熔断器“TRD”，它可快速断开击穿支路。

### （三）直流侧过电压保护

在直流侧装设 RC 过电压抑制回路和放电回路，防止直流快速断路器开合时产生操作过电压损坏二极管，并在输出端并联压敏电阻，抑制残余过电压，同样压敏电阻串有特种熔断器“TRD”。

### （四）换相过电压保护

为防止换相过电压损坏二极管，对于二极管整流电路，直流侧并联的过电压保护电阻电容可兼有换相过电压保护的作用。

### （五）温度保护

在整流器预侧温度最高的元器件的散热器上设置温度继电器，用于监视元件散热器的温度。当整流器测试点的温度超过报警设定值时，发出报警信号；当整流器测试点的温度超过跳闸设定值时，发出跳闸信号。

### （六）逆流保护

在每个整流桥臂上串联一个电流互感器，用于内部短路的逆流后备保护。即二极管击穿，快速熔断器失效不动作时，检测桥臂逆流，并给出跳闸信号。

## 四、整流器柜二次回路设置

### （一）控制与信号回路

整流器设置故障显示装置，显示整流器的故障状态：整流桥逆流；桥臂快速熔断器熔断；散热器超温、以及辅助电源失电。

### （二）二极管故障跳闸控制回路

整流器同一整流桥臂的两个二极管故障时，发出跳闸信号，通过硬接点和 RS485 通信接口在屏面和远方显示故障信号。

### （三）整流器温度报警跳闸指示回路

当整流器测试点的温度超过设定值时，发出报警或跳闸信号，通过硬接点和 RS485 通信接口在屏面当地和远方显示故障信号。

# 第五节　交直流屏及蓄电池

## 一、所用电交直流系统

### （一）直流系统的组成

直流电源主要由充电装置、蓄电池、馈线屏三大部分组成，直流电源应可靠地安全供电，在发生事故情况下保证不间断的供电，同时为供电设备提供控制、保护、通信和应急照明电源。为了使直流电源能正常工作，还设置了辅助设备，如直流绝缘监视、蓄电池电压监视等。

1．直流充电装置

它主要有充电装置模块、浮充机模块、充电控制模块、替代浮充机自动替换电路、输出电路等构成，其功能是将交流电转换成直流电。在这个过程中直流充电装置的电压输出要求平稳、可调、可靠，满足蓄电池在不同充电阶段对电流、电压的不同要求。且直流电压波纹在规定的要求范围内。目前使用的充电装置主要有磁饱和充电装置、移相式充电装置、高频开关电源。其中磁饱和充电装置已较少使用，高频开关电源在直流系统中的使用正日益普及。它在自动控制方面大量使用计算机技术，与监控器一起组成一个自动化监视和控制更高的系统。

正常运行时由浮充机对控制母线供电和对蓄电池进行长期浮充电，当需要对蓄电池充电时由充电机进行，如果充电机故障浮充机可以自动替换。整个充电过程是由恒流源工作状态转为恒压源工作状态，再转为均衡充电状态，最后转为长期浮充电状态。这些转换充电控制模块全程自动控制，中间只要有一个环节故障就会发出报警。

2．蓄电池

它的作用是储存电能，平时处于浮充状态，变电站全部失电时，能够对直流控制母线供电和应急照明提供电能。蓄电池主要分成酸性和碱性两大类。在电力系统直流电源中，阀控式密封铅酸蓄电池占绝大多数。主要是因为它的性价比高、运行维护简单。

3．馈线屏

馈线屏结构与直流控制母线结构、馈线保护、直流供电方式有关，对馈线屏要求是运行可靠，平面布置简单明了，电源走向一目了然，负载名称清晰准确。直流电源负极不直接接地，避免当绝缘不良时构成寄生回路，造成保护误动和电源短路。也避免了一次电网系统大电流接地时对直流电源的高压反击。

4．辅助设备

主要有交流Ⅰ/Ⅱ路进线自切装置、直流系统绝缘监视器、蓄电池监视器、蓄电池活化装置、数据通信和监控报警装置、仪器仪表显示器等组成。

（二）变电所交直流自用电系统

1．牵引、降压变电所交流自用电系统

交流自用电系统采用单母线分段接线形式，由 0.4 kV 低压开关柜两段母线分别引入相互独立的两路电源，作为交流自用电系统的进线电源。有Ⅰ/Ⅱ段自切功能，正常运行时Ⅰ段为主供，Ⅱ段备用。交流自用电的负荷种类主要有：35 kV、10 kV 开关和触网开关柜内的加热器，牵引、降压变的温度控制仪电源、中央信号屏、所内动力箱、所内照明、钢轨电位限制装置和变压器风机等。

2．牵引、降压变电所直流所用电系统

每个车站设两套直流装置，分别为其所在车站及区间事故照明供电，同时还负责向降压变电所和牵引变电所提供变电所内设备所需的正常及事故情况下的操作及控制电源。

直流自用电系统由充电装置和蓄电池两部分组成，正常运行时，蓄电池进行浮充电，充电装置负责全所直流负荷。

直流所用电系统为 DC 220 V 或 DC 110 V，由充电装置、蓄电池、馈出回路组成，蓄电池的计算容量应满足交流失电后变电所内事故负荷连续工作一小时、车站事故照明和区间事故照明负荷连续工作一小时。

放电后蓄电池的容量应满足变电所内断路器合闸所需容量。

直流所用电的负荷种类主要有：35 kV、10 kV、0.4 kV 开关柜的控制和保护电源，触网开关和直流高速开关的控制和保护电源，中央信号屏和事故照明电源。

### （三）所用电交直流系统主要设备工作原理

1．交直流屏系统原理

交直流屏系统主要由交流配电单元、充电模块、直流馈电、集中监控单元、绝缘监测单元、降压单元和蓄电池组等部分组成。图 2-5-1 为交直流屏系统原理框图。

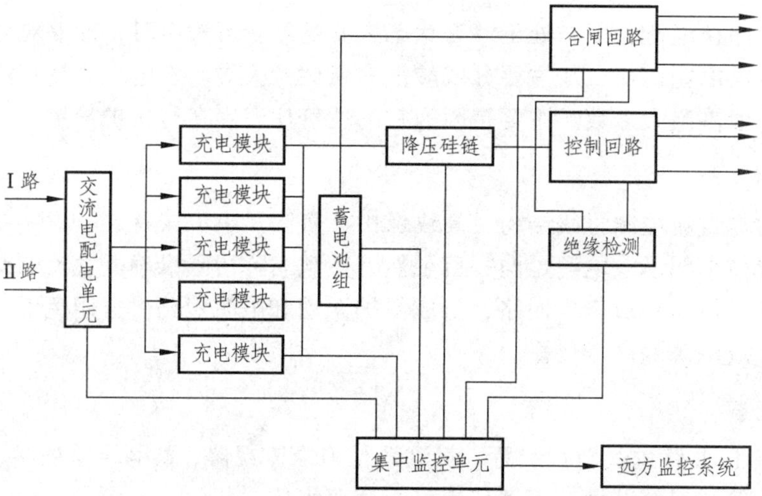


图 2-5-1　交直流屏系统原理框图

两路交流输入经交流配电单元互投后选择其中一路交流输入提供给充电模块；充电模块输出稳定的直流电源，一方面对蓄电池组补充充电和提供合闸输出，另外通过降压单元提供控制输出，为负载提供正常的工作电流；绝缘监测单元可在线监测直流母线和各支路的对地绝缘状况；集中监控单元可实现对交流配电单元、充电模块、直流馈电、绝缘监测单元、直流母线和蓄电池组等运行参数的采集与各单元的控制和管理，并可通过远程接口接受后台操作员的监控。

2．高频开关电源技术

开关电源的基本电路框图如图 2-5-2 所示。开关电源的基本电路包括两部分，一是主电路，是指从交流电网输入到直流输出的全过程，它完成功率转换任务；二是控制电路，通过为主电路变换器提供的激励信号控制主电路工作，实现稳压。

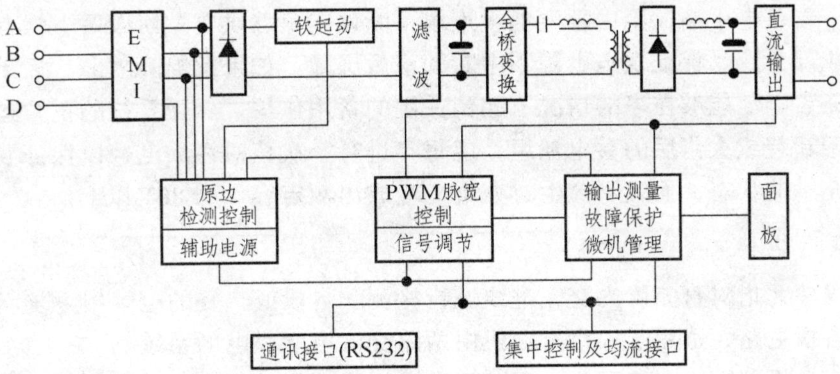


图 2-5-2　开关电源的基本电路框图

3．智能监控系统

监控系统是整个直流系统的控制、管理中心；监控系统的主要任务是：对系统中各功能单元和蓄电池进行长期自动监测、获取系统中的各种运行参数和状态、根据测量数据及运行状态实时进行处理，并以此为依据对系统进行控制，实现电源系统的全自动精确管理，从而提高电源系统的可靠性，保证其工作的连续性、安全性和可靠性。

交直流电源系统设计要求只提供遥测、遥信功能，所以本装置与后台通信的通信口设置为 RS485 通信方式。若要使系统具有遥控、遥调功能，应将与后台通信的通信口设置为 RS232 通信方式。 监控系统基本配置由主监控、交流监控单元、直流监控单元、开关量 I/O 单元、电池巡检单元、绝缘支路检测单元组成。系统参数具有掉电保护功能，监控掉电后系统设置及控制参数不会丢失。

4．传统绝缘监测仪检测原理

绝缘监测仪主机检测正负直流母线的对地电压，通过对地电压计算出正负母线对地绝缘电阻。当绝缘电阻低于设定的报警值时，自动启动支路巡检功能。传统绝缘监测仪工作原理框图见图 2-5-3。

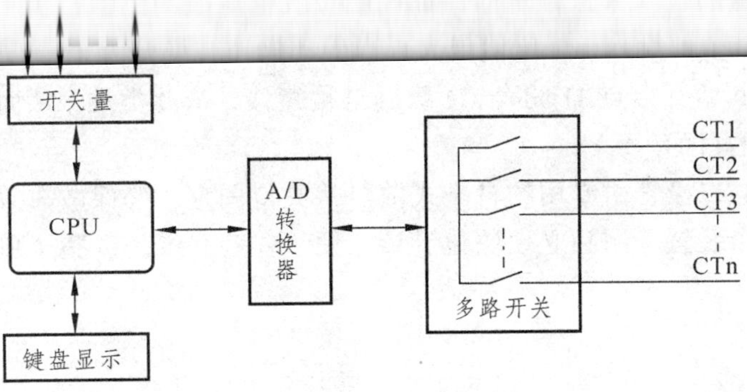


图 2-5-3　传统绝缘监测仪原理图

5．蓄电池放电仪

蓄电池组作为直流系统的备用电源，其地位极其重要。正常工作时，由市电经整流后供给负载用电。若市电中断，则由蓄电池组连续不断地向负载供电。所以蓄电池是整个供电系统的重要组成部分，是保证供电电源不中断的最后屏障。如果此屏障故障，后果不堪设想。

为了保证蓄电池能够在事故情况下起到关键的备用作用，保证系统的正常运行，根据有关规定，对于新装或大修后的蓄电池组，应每年进行一次核对性放电，以保证要使蓄电池经常处于充分充满的状态，而又不产生过充电，应放出额定容量的80%以上。

6．交流进线单元

交流进线单元指对直流屏内交流进线进行检测、自投或自复的电气/机械连锁装置。图4为双路交流自投电路，适用于一组充电机由两路交流电源供电的系统。

双路交流自投回路由交流配电单元，两个交流接触器（1CJ、2CJ）组成。交流配电单元为双路交流自投的检测及控制组件，接触器为执行组件。交流配电单元上设有转换开关QK、两路电源的指示灯和交流故障告警信号输出的空接点。转换开关QK有4个挡位，旋转手柄旋至不同挡位可实现如下功能：

“退出”位：两个交流接触器均断开，关断两路交流输入。

“1#交流”或“2#交流”位：手动选择1#或2#交流投入作为充电机的输入电源。

“互投”位：双路交流的自动互投位，当任一路交流故障时，均可自动将另一路交流投入，以保证充电机交流电源的可靠性。

7．降压装置

对于108只蓄电池（110 kV系统）或18只蓄电池（35 kV系统）来说，当系统正常工作时，充电机对蓄电池的均/浮充电压通常会高于控制母线允许的波动电压范围，采用多级硅调压装置串接在充电机输出（或蓄电池）与控制母线之间，使调压装置的输出电压满足控制母线的要求。

降压硅链由多只大功率硅整流二极管串接而成，利用PN结基本恒定的正向压降，通过改变串入电路的PN结数量来获得适当的压降。正常运行时将转换开关置于“自动”挡位，装置处于自动调压状态，这时调压装置实时检测控制母线电压，并与设定值进行比较，根据比较结果，控制硅链的投入级数，从而保证控制母线电压波动范围；当手动操作转换开关至“0”位时，所有硅链全部投入，降压值最大；当手动操作转换开关至“1”位时，执行继电器J1线圈带电，驱动其常开接点J1闭合，1级硅链被短接，依此类推，从而达到根据需要手动调节控制母线电压的目的。

硅链中大功率硅二极管由专用的自冷式散热片夹持固定，确保散热效果，适于大电流下连续可靠工作。整个装置采用独立模块化设计，便于安装和维护，整个单元一般安装在屏内顶部，便于散热。

## 二、蓄电池

### （一）蓄电池定义

可以再充电并反复使用的电池，称为蓄电池或二次电池。它的工作原理和原电池一样，但这种电池应有很好的可逆性，放电时消耗的活性物质在充电时得以恢复。蓄电池放电时是化学能转化为电能的过程，而充电时是电能转化为化学能的过程，因此它是一种化学能—电能互相转化的储能设备。

### （二）电池的分类

1. 原电池：也称一次电池，其活性物质用尽后不能用充电的方法使之恢复，只能放弃。

2. 蓄电池（图 2-5-4）：也称二次电池，其活性物质用尽后能够用充电的方法使之恢复，因此电池得以再生。因为能够储存电能，故称蓄电池。

图 2-5-4 蓄电池实物图

3. 储备电池：这类电池中的某一类重要组成与电池其他组成分开，这时自放电排除，故电池可以长期保存。需要用时，用以不同方法加以“激活”。

4. 燃料电池：将燃料如氢气、甲醇、一氧化碳等和氧化剂如氧气，分别作为电池两极的活性物质保存在电池的本体之外。当反应物连续通入电池本体时，电池就可连续放电，故此类电池也成为连续电池。

### （三）电化学基本概念简介

1．导体

能够传导电流的物体称为导体。电化学的理论和产生都离不开导体。

凡依靠电子流动传导电流的导体称为第一类导体，如金属、碳、金属化合物等。另外，半导体也属第一类导体。它们都有各自的物理性能参数：电阻率、温度系数、密度、熔点、膨胀系数等。

凡依靠离子移动来传导电流的导体，称为第二类导体。或称离子导体。这类导体包括电解质溶液和熔融态电解质，同样也有各自的物理性能。

2．离子导体导电的特点

在电解质的水溶液中同时存在着带正电荷的离子和带负电荷的离子，它们不是自由状态的电子。但它们可以在电场的作用下，阳离子朝电解槽的阴极方向移动。这种现象称为电迁移。这种电迁移的方向与一类导体内电荷流动方向一致，这就形成了离子导体的导电性能。

3．电化学反应

离子导体在导电的同时，除由于电阻的存在有热效应外，还经常伴随化学反应。单独的离子导体不能完成导电任务，必须有电子导体（第一类导体）相连接。

电解槽内有两石墨电极，$CuSO_4$为电解液溶液。与直流电源负极相连的石墨为阴极，接受外电源提供的电子，但该电子不能直接进入溶液传导电流。溶液中的$Cu^{2+}$在外电场的作用下朝阴极运动，并从第一类导体石墨上接受电子，即$Cu^{2+}+2e^- + O_2 \rightarrow Cu + O_2$，发生还原反应。这时电子在第二类导体上的阴极面上消失，同时铜离子减少，金属铜产生。

在此区的溶液中出现多余的 $SO_4^{2-}$ 向右边的石墨电极移动，并将电子传给电极，即$SO_4^{2-} -2e^- + H_2 \rightarrow H_2SO_4$（其中氧气和氢气是电解水产生的），发生氧化反应。这样，通过离子导体在两类导体界面上发生的氧化还原反应，把电子由左面的石墨电极上输送到右边石墨电极上。两类导体界面上就必然有电子得失的氧化还原过程，分别而同时发生。将这种两类导体界面上有电子参加的化学反应称为电极反应或电化学反应。

某些电解质如$Na_2SO_4$、KCl 等与其他电解质同时存在，在一定电势范围内也可能只起传导电流的作用，而本身不发生电化学反应，这种电解质称为支持电解质或局外惰性电解质。

### （四）蓄电池的电特性

1．主要蓄电池体系的电动势

电动势是电池在理论上输出能量大小的度量之一。如果其他条件相同，电动势愈高的电池，理论上能输出的能量就愈大，使用价值就愈高。为了简明区分电池的系列（体系），使用标称电压。它是电压的近似值，或者说是在规定条件下电池工作的标准电压。不同系列的标称电压为：铅酸蓄电池 2.0 V；碱性蓄电池 1.2 V；锌银蓄电池 1.5 V；镍氢蓄电池 1.2 V。

2．开路电压

电池在开路状态下的端电压成为开路电压。电池的开路电压等于组成电池的正极的混合电势与负极混合电势之差。电池的开路电压数值上接近电池的电动势。

3．工作电压

工作电压是指电池接通负荷后放电过程中显示的电压。电压随放电时间变化的曲线，称放电曲线。

4．终止电压

又叫放电终止电压，蓄电池放电低于这一规定的电压时，电池就不能正常工作，如果继续放电可能会造成蓄电池永久损坏。

5．电池容量

电池在一定的放电条件下所能输出的电能量称为电池的容量。以符号 C 表示。常用单位：安倍小时，简称安时（A · h）或毫安时（mA · h）。电池的容量可分为：理论容量（又叫计算容量，是由电极里含有活性物质的量决定的）、实际容量（是指电池在一定的条件下所能输出的电量，它等于放电电流与放电时间的乘积）、额定容量（又叫标称容量，是指在制造厂规定的条件下，蓄电池能保证的最低容量）。

6．电池内阻

电流通过电池内部受到的阻力，使电池的电压降低，此阻力称为电池的内阻。它与其他电源内阻不同，电池的内阻不是常数，这是因为活性物质的组成和温度在放电过程中随时间变化而不断变化。各种规格和型号的蓄电池内阻各不相同，一般来说大型电池内阻较小。在低电流放电时，内阻对电池性能影响不显著；但在高电流放电时，电池全内阻明显增大，电压降损失可达数百毫伏。

电池的内阻包括欧姆内阻和极化内阻，二者之和为电池的全内阻。

内阻的存在，使电池放电时的端电压低于电池电动势电压，充电时端电压高于电池电动势和开路电压。

欧姆电阻遵守欧姆定律，极化电阻随电流密度增加而对数增大。

（五）蓄电池的工作状态

一般有四种工作状态：初充电状态、浮充电状态、均充电状态、核对性放电状态。

1．初充电状态

此工作状态只是在使用传统蓄电池时，对蓄电池进行初充电的一种工作状态。初充电时，首先将微机监控单元均充电压设定值设置到所需初充电电压，手动启动均充电状态，对蓄电池进行初充电，充电完毕后，再将均充电压设定值设回到所需均充电压值。

2．浮充电状态

系统正常长期工作状态为浮充电状态。浮充电压一般取 2.23 ~ 2.28 V 乘上电池节数。

3．均充电状态

均充是在系统交流输入失电、蓄电池较大容量放电后，进行快速补充充电而采用的一种运行方式，同时也作为消除长期浮充电状态运行的蓄电池差异而采用的一种运行方式。均充电压一般取 2.30 ~ 2.35 V 乘上电池节数。

4．核对性放电状态

蓄电池在长期运行一定时间后，按相关运行维护规程，应对其进行核对容量充放电试验。

浮充电状态、均充电状态是系统经常工作状态，此时蓄电池接于系统直流母线运行。通过微机监控单元自动按运行曲线控制或人为操作微机监控单元前面板，可以实现两种工作状态的转换。

### （六）蓄电池的充电

1．恒流充电

用调整整流装置输出电流大小的办法来实现充电电流自始至终恒定不变。数量较多的电池串连组最适合于这种方法，若有落后电池其容量也易于恢复。这种方法宜用小电流长时间对电池充电。这种充电方式不足之处是：对蓄电池而言开始充电阶段充电机输出电电流相对不足，而在充电后期充电电流又相对过大，整个充电时间长，析出气体多，对极板冲击大，能耗高，充电效率不超过 66%。免维护蓄电池不宜使用此种方法。鉴于这样的缺点，除非蓄电池需要长时间小电流进行活化充电外，已经较少使用，这种充电方法的时间一般在 15 小时以上。为了弥补这一缺陷，恒流充电通常是分段恒流充电，以避免充电后期电流过大的缺点，在充电后期把电流减小。此法也叫递减电流充电法。

2．恒压充电

充电机以恒定电压输出对每只电池进行充电，在充电初期电流相当大，随着充电进行，充电电流会逐渐减小，到充电终期只有很小的电流通过。这样在充电过程中就不必调整电流，此法较简单。由于充电电流自动减小，因此充电过程中析气量较小，充电时间短，耗能低，充电效率可达 80% 多。如充电电压选择恰当，可在 8 小时内完成充电。此法缺点是：① 在充电初期，对于放电过深的蓄电池，充电电流就会很大，这不仅危及充电装置安全，蓄电池也因过流而受到损伤；② 如果充电电压选择过低，后期充电电流又会过小，导致充电时间过长，不适合串联数量多的电池组充电；③ 充电过程中对于蓄电池端电压的一致性很难补偿，落后的电池完全充电很难完成。恒压充电一般用在电池组电压较低的场合。

3．限流恒压

此法是在充电机输出端子于蓄电池之间串接一限流电阻。充电初期当电流大时，其上的电压降也大，从而减小了充电电压；充电后期电流小时，电阻上的电压降也很小，充电设备输出电压降损失就小。这样就自动调节了充电电流，使之不超过某个限度，充电初期的电流得到了控制。此法可以弥补恒压充电的缺陷。

4．快速充电

此法是通过专用的充电设备提供脉冲电流和负脉冲输送给电池，并随着充电时间的延续，电池有一个瞬间的大电流放电（称为负脉冲），使电极去极化。此法可以在短时间内将蓄电池充足电。既不用恒流大电流，也不用较高的恒定电压，这样可以避免蓄电池很快升温，损伤电极和浪费电能。也不会充电时间极不产生大量的气体和不发热，达到了缩短充电时间的目的。

5．智能充电

利用智能化技术，动态跟踪电池的实际状态和可接受充电电流的大小，不断测量蓄电池端口 $dU/dt$ 的变化，使充电机的输出始终符合蓄电池的充电曲线。充电电流从自始至终处在电池可接受的充电电流曲线附近，如图对于铅酸蓄电池，在后期 $dU/dt$ 很小。于是充电完全，$dU/dt$ 就愈小，只要确定了 $dU/dt$ 值，充电深度就基本确定。这样来判断终止的条件是比较科学的，既不会过充也不会欠充。在恒压限流的充电技术中，后期采用 $dU/dt$，可以克服恒压限流易于产生落后的电池的缺点。

6．均衡充电（均充模式）

尽管蓄电池的全组电池都处在同样的条件下运行，但出于蓄电池内部情况的种种差别，总会产生一些落后的蓄电池。对此，用采用均衡充电的方法来消除电池之间的差别，以达到全组电池的均衡。均衡充电实际使用小电流进行 1 ~ 3 h 的过充电，所以均衡充电不能经常频繁进行。当然均衡充电不只限于上述情况，当出现以下情况时也要进行均衡充电：① 浮充机退出运行，蓄电池组担负直流负荷；② 由于某种原因迫使蓄电池组以较大电流放电；③ 放电后未能及时进行充电；④ 发现个别电池电压、电解液密度偏低，全组电池产生差别时；⑤ 电池维护上的定期充电、放电的周期延长后，再实行定期放电之前。

7．补充充电及初充电

当蓄电池搁置一段时间后，会有一点的自放电，此时需要进行适当的补充充电。对于新蓄电池，在投入使用前要按使用说明书的规定加入电解液，进行小电流长时间的初充电。

## 第六节　电力电缆

电力电缆是用于传输和分配电能的电缆，电力电缆常用于城市地下电网、发电站引出线路、工矿企业内部供电及过江海水下输电线。在电力线路中，电缆所占比重正逐渐增加。电力电缆是在电力系统的主干线路中用以传输和分配大功率电能的电缆产品，包括 1 ~ 500 kV 以及以上各种电压等级，各种绝缘的电力电缆。

### 一、电缆结构和分类

#### （一）电力电缆的分类

1. 按电压等级分

按电压等级可分为中、低压电力电缆（35 kV 及以下）、高压电缆（110 kV 以上）、超高压电缆（275 ~ 800 kV）以及特高压电缆（1 000 kV 及以上）。

2. 按电缆导电线芯截面分

共 19 种规格。

3. 按电缆芯数分

单芯、双芯、三芯、四芯。

4. 按传输电能的形式分

直流电缆和交流电缆。

5. 按特殊需求分

有输送大容量电能的电缆、阻燃电缆和光纤复合电缆等。

6. 按电缆绝缘材料和结构分

有纸绝缘电缆、挤包绝缘电缆和压力电缆三大类。

## （二）电缆结构及几种电缆介绍

1. 电缆的型号以字母和数字为代号组合表示（表 2-6-1）。

表 2-6-1 带电导体裸露部分相间及对地最小距离

| 类别 | 导体 | 绝缘 | 内护层 | 外护层 | 其他 |
|---|---|---|---|---|---|
| 电力电缆（不表示）<br>控制电缆－K<br>信号电缆－P<br>绝缘电缆－B<br>绝缘软线－R<br>移动式软电缆－Y<br>市内电话电缆－H | T－铜线（一般省略）<br>L－铝线 | Z－纸绝缘<br>X－橡胶绝缘<br>（X）D－丁基橡胶<br>（X）B－乙丙橡胶<br>V－聚氯乙烯<br>Y－聚乙烯<br>YJ－交联聚乙烯 | Q－铅包<br>L－铝包<br>H－橡套<br>（H）F－非燃性橡套<br>V－聚氯乙烯护套<br>Y－聚乙烯护套 | 第 1 个数字：<br>－铠装层<br>0 无<br>2 双钢带<br>3 细圆钢带<br>4 粗圆钢带<br>第 2 个数字：<br>－外被层<br>0 无<br>1 纤维绕包<br>2 聚氯乙稀套<br>3 聚乙烯套 | D－不滴流<br>F－分相金属护套<br>P－屏蔽 |

电缆主要由导体、绝缘层、保护层、屏蔽层等组成。导体可以由铜导线或铝导线组成，由实心导体和绞线压制导线组成，由圆形或扇形导体组成，由单导体和三导体组成。绝缘层是最容易发生故障的部位，所以采用多种绝缘方法以提高电缆的安全性、经济性。保护层由护套（铅或铝）、衬垫、填料、铠装层、外被层等组成，使绝缘层避免受到潮气、水分、外力等的损伤。在中、高压电缆中屏蔽层是必须的，它的作用是防止由电晕形成的损坏；限制介质场进入电缆或导体绝缘内侧；给出对称的场强，平滑电压强度；减少感应电压；增加对人的安全性。屏蔽层可以由半导体带、薄铜带等组成，屏蔽必须接地。

2. 常用电缆介绍

（1）ZRA-GJYJAV-B/1 500 V 轨道交通用交联聚乙烯绝缘低烟低卤阻燃直流电缆。

ZRA-GJYJAV-B 直流电缆结构如图 2-6-1。导体采用多股圆形铜线绞合压紧型，绝缘采用交联聚乙烯材料，绝缘标称厚度为 2.0 mm。该电缆属于防水型电缆，具有径向和纵向阻水的防水层，防水层采用 0.2 mm 厚的阻水带重叠绕包；加 1.5 mm 厚的挤出型 PE 内套，组成综合防水结构。

金属屏蔽采用重叠绕包的软铜带，内衬层采用挤包形式。防鼠铠装采用无卤低烟阻燃带+铜带+无卤低烟阻燃带重叠绕包组成，具有良好的阻燃性和防鼠咬功能，铜带厚度为

0.12 mm。护套采用低烟低卤阻燃 PVC 护套材料挤出外护层，不仅具有优良的低烟、低卤、阻燃性能，还具有良好的抗日照、紫外线、老化等性能。

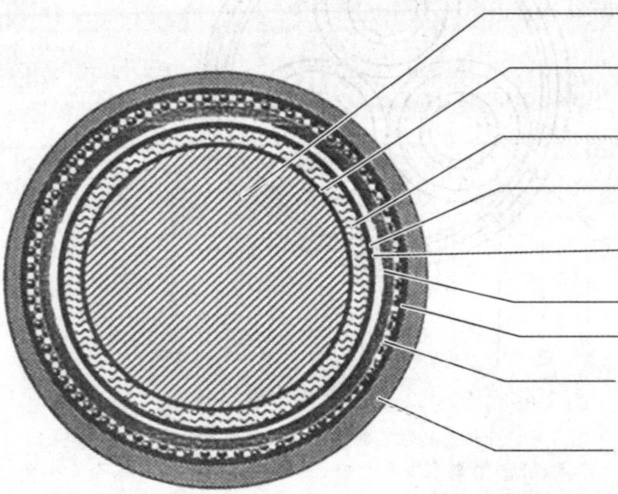


图 2-6-1　ZRA-GJYJAV-B 直流电缆结构图

（2）WDZB-YJE63（阻燃 B 类）26/35 kV 单芯交联聚乙烯绝缘低烟低卤阻燃交流电缆。

WDZB-YJE63 单芯交联聚乙烯绝缘低烟低卤阻燃交流电缆结构如图 2-6-2。导体采用多股圆形铜线绞合压紧型，导体表面有均匀挤包的交联型半导体层作为导体屏蔽层。绝缘采用交联聚乙烯材料，绝缘标称厚度 10.5 mm，绝缘表面有均匀挤包的交联型半导体层作为绝缘屏蔽层。金属屏蔽采用重叠绕包的软铜带，铜带标称厚度≥0.12 mm。纵包屏蔽铝带与护套黏结成一体，形成综合护套，采用一层重叠绕包的厚度 0.12 mm 的非磁性金属材料铠装，具有良好的阻燃性和防鼠咬功能，护套采用低烟低卤阻燃护套材料。

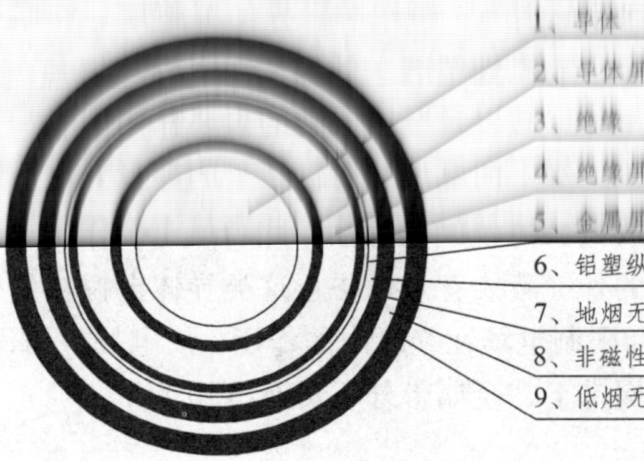


图 2-6-2　WDZB-YJE63 单芯交联电缆结构图

（3）YJV22 三芯交联聚乙烯绝缘钢带铠装聚氯乙烯护套交流电缆。

YJV22 三芯交联聚乙烯绝缘钢带铠装聚氯乙烯护套交流电缆结构如图 2-6-3。导体采用多股圆形铜线绞合压紧型，导体表面有均匀挤包的交联型半导体层作为导体屏蔽层。绝缘采用交联聚乙烯材料，绝缘表面有均匀挤包的交联型半导体层作为绝缘屏蔽层。金属屏蔽采用重叠绕包的软铜带。保护层由护套、铠装层、内护套、包带、填料等组成，采用一层重叠绕包的钢带铠装，护套采用 PVC 材料。

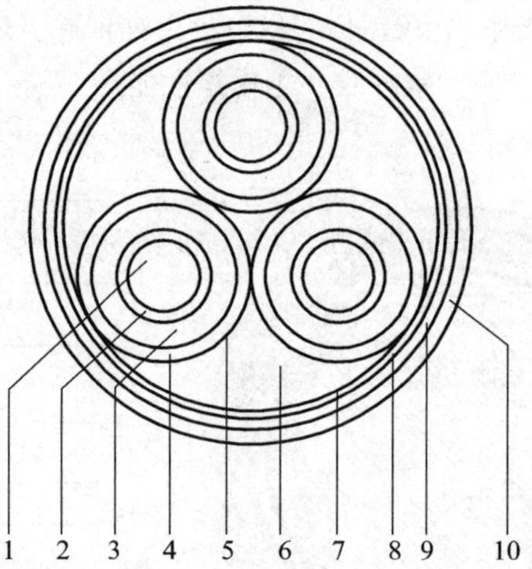


图 2-6-3　YJV22 三芯交联电缆结构图

1—导体；2—内半导电屏蔽；3—交联聚乙烯绝缘；4—外半导电屏蔽；5—软铜带；6—填充；7—包带；8—聚氯乙烯内护套；9—钢带；10—聚氯乙烯护套

3．35 kV 交联电缆结构及主要作用

交联聚乙烯电力电缆应用于 35 kV 环网电缆，属于地铁供电系统的一次设备。

交联电缆适用于工频交流电压 500 kV 及以下的输配电线路中，是将聚乙烯材料分子链从线型结构转变为体型结构（三维网状结构）后作为绝缘的一种挤包绝缘电缆。

XLPE（交联聚乙烯）即通过物理或化学方法将 PE 进行交联，因 PE 耐热性低，力学性能差，耐龟裂性差，且由于其结构为结晶与无定型相并存，在生产、运行过程中由于温度和应力的变化在界面上产生缺陷而引发树枝化放电，故目前在我国电力电缆中 PE（聚乙烯）料仅用来做电缆护套料。XLPE 可大大提高其击穿和耐热性能，保持 PE 原有的优点。

35 kV 交联电缆结构从里到外分别为：铜线芯、导体屏蔽层、交联聚乙烯绝缘屏蔽层、绝缘屏蔽层、金属屏蔽、内护套、非磁性铠装、低烟无卤阻燃外护套。

下面简单说明导体屏蔽、绝缘屏蔽以及金属屏蔽的主要作用。

（1）导体屏蔽作用：可均化绝缘上的电场分布，减少因导丝效应所增加的导体表面最大场强。防止气隙、提高耐局部放电、树枝放电特性，此乃最主要作用。

（2）绝缘屏蔽作用：电缆的外屏蔽能有效地防止这类导体电树枝的引发。

（3）金属屏蔽作用：加强和限制电场在绝缘内的作用，使电场方向沿绝缘半径方向。（金属屏蔽带接地、电场终止在金属带上，金属带外不再有电场）

## 二、电缆接地方式及敷设要求

### （一）110 kV、35 kV 电缆的接地方式

110 kV、35 kV 高压电缆多为单芯电缆，单芯电缆在通电运行时，在屏蔽层会形成感应电压，如果两端的屏蔽同时接地，在屏蔽层与大地之间形成回路，会产生感应电流，这样电缆屏蔽层会发热，损耗大量的电能，影响线路的正常运行。为了避免这种现象的发生，通常

采用一端接地的方式，当线路很长时还可以采用中点接地和交叉互联等方式。

电力安规程规定：35 kV 及以下电压等级的电缆都采用两端接地方式，这是因为这些电缆大多数是三芯电缆，在正常运行中，流过三个线芯的电流总和为零，在铝包或金属屏蔽层外基本上没有磁链，这样，在铝包或金属屏蔽层两端就基本上没有感应电压，所以两端接地后不会有感应电流流过铝包或金属屏蔽层。

当电压超过 35 kV 时，大多数采用单芯电缆。单芯电缆的线芯与金属屏蔽的关系，可看作一个变压器的初级绕组。当单芯电缆线芯通过电流时就会有磁力线交链铝包或金属屏蔽层，使它的两端出现感应电压。感应电压的大小与电缆线路的长度和流过导体的电流成正比。电缆很长时，护套上的感应电压叠加起来可危及人身安全。在线路发生短路故障、遭受操作过电压或雷电冲击时，屏蔽上会形成很高的感应电压，甚至可能击穿护套绝缘。

此时，如果仍将铝包或金属屏蔽层两端三相互联接地，则铝包或金属屏蔽层将会出现很大的环流，其值可达线芯电流的 50%-95%，形成损耗，使铝包或金属屏蔽层发热。这不仅浪费了大量电能，而且降低了电缆的载流量，并加速了电缆绝缘老化，因此单芯电缆不应两端接地。（个别情况如短电缆或轻载运行时，方可将铝包或金属屏蔽层两端三相互联接地。）

然而，当铝包或金属屏蔽层有一端不接地后，将带来了下列问题：当雷电流或过电压波沿线芯流动时，电缆铝包或金属屏蔽层不接地端会出现很高的冲击电压；在系统发生短路时，短路电流流经线芯时，电缆铝包或金属屏蔽层不接地端也会出现较高的工频感应电压，在电缆外护层绝缘不能承受这种过电压的作用而损坏时，将导致出现多点接地，形成环流。

因此，在采用一端互联接地时，必须采取措施限制护层上的过电压，安装时应根据线路的不同情况，按照经济合理的原则在铝包或金属屏蔽层的一定位置采用特殊的连接和接地方式，并同时装设护层保护器，以防止电缆护层绝缘被击穿。

电缆运行规程规定，单芯电缆金属护套感应电压不得超过 50 V。对于较长的电缆线路，应用绝缘接头将金属护套分隔成多段，使每段的感应电压限制在小于 50 V 的安全范围以内。通常将三段长度相等或基本相等的电缆组成一个换位段，其中有两套绝缘接头，每套绝缘接头的绝缘隔板两侧不同相的金属护套用交叉跨越法相互连接。为了减少电缆线路的损耗，提高电缆的输送容量，高压单芯电缆的金属护套，一般均采取交叉互联或单点互联方式。

### （二）110 kV、35 kV 电缆的敷设要求

（1）采用电缆支架敷设时，最上层为中压电缆，下面为直流电缆，然后是低压电缆，最后为控制电缆、接地电缆、纵差光纤电缆。每层电缆之间的距离满足敷设的便利和电磁兼容的原则。

（2）中压电缆中间接头不宜设在车站站台板下。

（3）单洞单线隧道内的电力电缆和控制电缆宜设在沿行车方向的左侧，一般 35 kV 电缆还应呈“品”字形摆放；单洞双线隧道内的电力电缆和控制电缆宜设在隧道两侧。

（4）地面线路的电力电缆和控制电缆宜设在电缆沟内。

（5）电缆穿越轨道时，宜采用轨道下穿管敷设，也可采用刚性固定方式沿隧道顶部敷

（6）电缆支架应有可靠的连接和接地。

（7）电缆的固定：在转变、接头、终端应设不少于 1 处的刚性固定；交流电力电缆的刚性固定，宜采用铝合金等不构成磁性闭合回路的夹具；其他固定方式用尼龙扎带。

# 第七节　杂散电流防护及接地装置

## 一、杂散电流防护

### （一）杂散电流的产生与危害

1．杂散电流的形成

在直流牵引供电系统中，接触网与牵引变电站的正极连接，走行轨兼作负回流线，与牵引变电站的负极连接。在地铁运营时，走行轨中流过电流，在走行轨自身电阻上形成对地的一个电位分布，使走行轨中的一部分电流通过过渡电阻（走行轨与排流网之间过渡电阻和排流网与主体结构钢筋的过渡电阻，见图 2-7-1，图 2-7-2），向道床、主体结构钢筋泄漏，流入大地。再由大地流回走行轨回到牵引变电站的负极。泄漏到道床及主体结构钢筋的电流就叫作杂散电流，又称迷流。

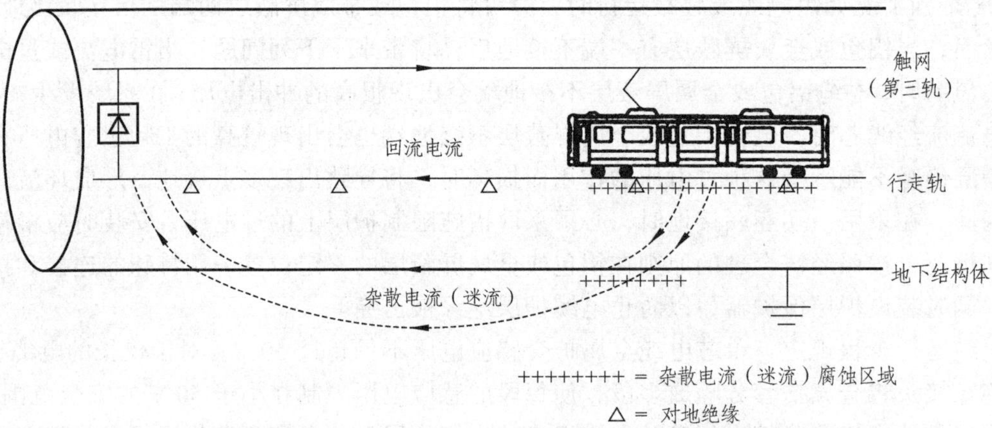


图 2-7-1 （隧道）直流牵引系统回流示意图

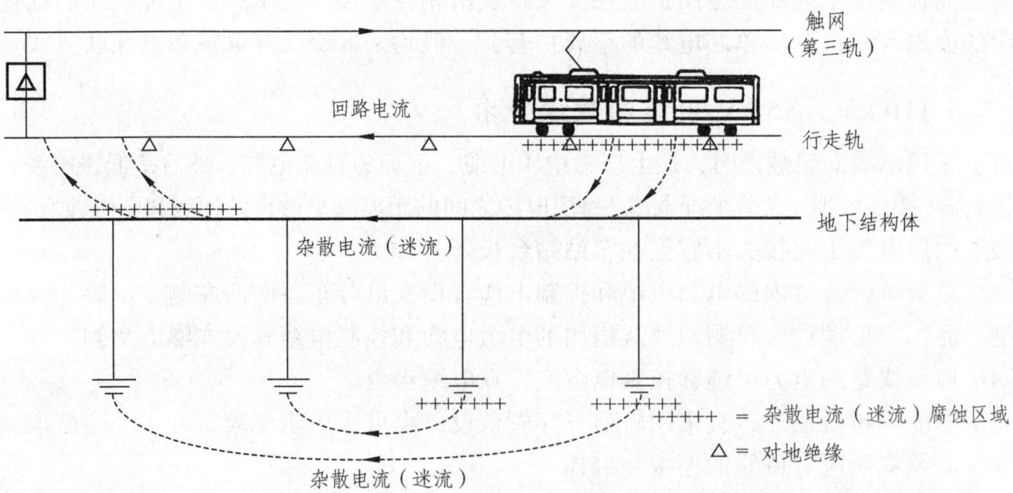


图 2-7-2 （高架）直流牵引系统回流示意图

2．杂散电流的危害

杂散电流在流出主体结构钢筋和其他金属管线处会产生电化学腐蚀，见图 2-7-3。尤其地铁运行若干年后，钢轨与道床之间的绝缘扣件老化或者外表有污渍，使钢轨与排流网之间的过渡电阻变小，导致杂散电流逐渐增大，日积月累，造成比较严重的腐蚀。当电动列车所在处附近的杂散电流从走行轨流向金属体时，使金属体对地电位形成阴极区。在变电所附近，杂散电流从金属体流回走行轨和变电所，金属体对地电位形成阳极区。在阳极区，杂散电流从金属体流出的地方将出现电解现象，这种电解现象导致金属体被腐蚀。轨道交通系统内部和附近的金属管线、各种地下电缆的金属铠装层或金属结构件，在电腐蚀的长期作用下，将受到严重的损坏。影响到设备的正常使用。

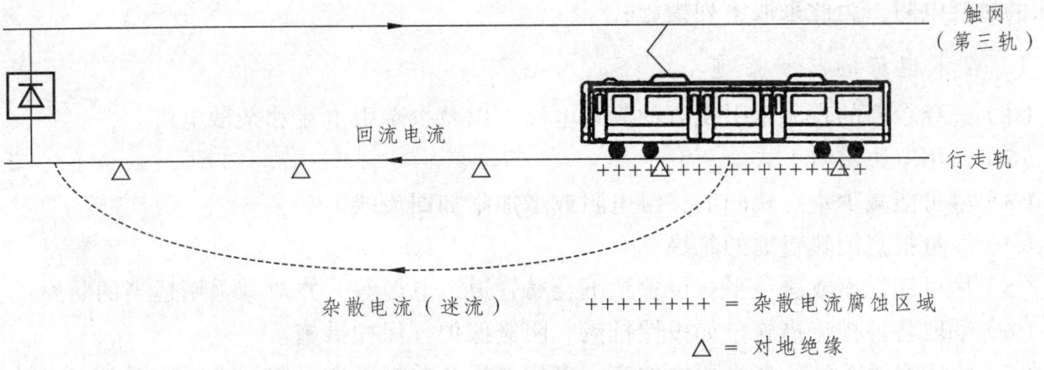


图 2-7-3 （地面）直流牵引系统回流示意图

若杂散电流流入电气接地装置又将引起过高的接地电位，使某些设备无法正常工作。由此可知，杂散电流及其影响是亟需重视的专门问题。

（二）减少杂散电流的方法

从杂散电流产生的原因，可以得到治理的方向，即按照“堵和排”的思路。

1．“堵”

包含两层意思：一是减少杂散电流量，可通过适当限制供电区段长度，减小供电区段内的负荷和钢轨电位，设置钢轨均流线和钢轨电位限制器也可降低钢轨电位。直流供电设备和回流钢轨采用绝缘安装，从而减少杂散电流。

二是钢轨道与地绝缘越好，杂散电流也就越小，为此在钢轨道与混凝土轨枕之间、紧固用螺栓与混凝土轨枕之间、扣件与混凝土轨枕之间采取绝缘，要求每公里轨道对杂散电流收集网的泄漏电阻值大于 15 Ω。

对于车辆段钢轨对道床的泄漏电阻较低，杂散电流较大的区段，设置单向导通装置，限制杂散电流的扩散。

对隧道内的金属管线和其他金属设施采取材质选择和对地绝缘等措施，限制杂散电流向其泄漏。

2．“排”

即设置杂散电流收集网，逐层屏蔽。利用杂散电流的首次经过的通路——道床内的结构钢筋，将钢筋良好连通形成第一道屏蔽网，防止杂散电流向道床外部漏泄；利用隧道结构钢筋连通形成第二道屏蔽网，既保护自身受到腐蚀，又防止杂散电流向隧道外部漏泄，避免危及市政公共设施。另外在牵引变电所内设置排流装置，构成排流通路。

### （三）轨道交通防护杂散电流的技术措施

牵引回流系统主要由钢轨，负回流线、上下行均流线等组成。理论和工程实践都已证明：抑制杂散电流首先要保持牵引回流回路的畅通，减小回路电阻：同时应设法尽量加大钢轨与道床的过渡电阻。为此采取下列措施：

1．杂散电流的防护措施

（1）选择较高的直流牵引供电的额定电压，以减少牵引电流和杂散电流。

（2）采用双边供电方式。

（3）尽可能减少走行轨间的接触电阻或增加附加回流线。

（4）尽量提高钢轨对地的绝缘。

（5）尽可能远离或避免平行设置地下金属管道、电缆等，并对其采用适当的防腐措施。

（6）采取各种排流措施，如极性排流、阴极保护等保护措施。

（7）轨道交通车站、变电所内的交、直流高压开关柜、变压器、动力照明箱、电动机、水泵、直流 1 500 V 牵引用变压器、直流柜、整流设备、车站电缆桥架，自动扶梯等全都采用绝缘法进行安装（与主体钢筋绝缘），以上设备均单独从接地排引绝缘接地线，进行接地保护，严禁将主体结构钢筋作接地线，进行接地保护。

（8）接地极和引入车站、变电所接地线应与车站、变电所等建筑物的主体结构钢筋绝缘，并需对每个引入点结构孔洞进行绝缘和防水处理。

（9）每个轨道交通车站只能有一个接地点，接地极材料应选择应考虑耐腐蚀的性能要求。

2．地面段及车辆段杂散电流防护措施

（1）地面段轨道采用带绝缘扣件的混凝土轨枕。

（2）为减少回流走行轨的电阻，一般采用长走行轨。

（3）所有通向地面的金属管道和电缆等，均加装绝缘管和绝缘接头。

（4）与地面轨道（直流牵引用回流走行轨）平行埋设的金属管道，进行防腐处理和绝缘处理，并应离轨道 3 ~ 5 m 铺设。

（5）车辆段内检修库房屋金属构件和轨道要构成电气连接，并接地（接地电阻 0.5 Ω）同时库内外轨道要绝缘分段。

（6）由轨道交通区间至敞开段的回流轨道，由正线进入车辆段的轨道和车辆段至正线的轨道要进行绝缘分段。

3．隧道区间杂散电流防护措施

（1）采用长走行轨，减少回流走行轨阻抗。

（2）轨道与混凝土轨枕间，紧固用螺栓与混凝土轨枕间，扣件与混凝土轨枕间采用加强绝缘的措施。

（3）在道床内，用钢筋纵、横向焊成迷流收集网。收集网绝对不能与主体钢筋相连。

### （四）设备对杂散电流的防护措施

上述种种技术措施能使杂散电流大大减小，但仍旧免不了有一小部分杂散电流从混凝土道床流到隧道结构内的金属导体上，若不采取措施，这部分杂散电流会使金属导体产生腐蚀。因此，还必须对各种设备采取减少杂散电流防腐蚀的措施。

1．采用排流柜

排流柜是收集地铁杂散电流的设备。主要由隔离二极管、分流器、隔离开关、电流表等元件组成。排流柜接于牵引站 1 500 V 直流负极与大地集流网之间。二极管起了限制电流方向的作用，使电流方向始终是由排流网流向牵引站的直流母线。这样就起了收集散失电流的目的，也就是排走了流入大地的电流。

分流器与电流表的量程相匹配，直观地反映了回流的数值及排流设备的工作情况。

排流网是由纵横交错按一定距离间隔由金属件构成的立体网，安装于道床的下方，从走行轨同流走失的电流大量能通过排流网流回牵引站的负母线。

2．动力、照明配电管线的防护

地铁的动力、照明配管全部采用阻燃 PVC 管，从而避免杂散电流对保护管的电腐蚀。

3．车站给排水管道的防护

（1）进入车站的所有给排水管道在进入车站前应加入一段 2 m 长绝缘管进行绝缘隔离，绝缘管设在车站外侧，离主体结构 150 mm。

（2）出地铁区间的给排水管道应加一段长度 2 m 的 UPVC 塑料绝缘管后，才能引出地面，绝缘管应设在干燥和易于查看检修的地点。

（3）从水泵接出的水管在水泵处加装一段短绝缘管，使水管系统与水泵—电动机组在电气上绝缘。

（4）区间隧道的给排水管在电气上要连通．并且在有变电所的车站将水管两端接至接地极。

（5）穿越道床的给排水管用 UPVC 塑料绝缘管。

### （五）杂散电流的监测

在轨道交通的沿线设置了专田的防蚀监测点进行杂散电流的监测，并定期对监测点进行检查维护。

1．杂散电流监测系统的建立

（1）监测系统一般由参比电极、测量端子、传感器、传输信号电缆、数据处理单元等组成。主要元件的功能有：

① 参比电极：埋入土壤或混凝土中。为测量的电参数提供一个稳定、统一的基准电位。

一般采用 $Cu/CuSO_4$ 参比电极和氧化钼电极，为了能相互对照，也可再设置一 Zn 电极。

② 智能传感器：由单片机为核心的智能数据采集装置，并有一定的存储容量。

③ 数据处理单元：收集传感器信号，并通过信号输出口将信号输送至变电所综合自动化上位机。

（2）监测点位置的确定。

① 根据对走行轨阴阳极区的分析，监测点应设于整流站的附近和供电区段中点。

② 根据对迷流的普遍检测要求，监测点应沿线路均匀分布；

③ 为管理和维护方便，监测点应设于沿线车站，监测点首先应设于每个车站两端，并根据区间长短在区间设置 1 ~ 2 处。

2. 杂散电流监测装置

在监测点处，上下行道床上各设两个参比电极，侧墙设两个参比电极，并穿越洞壁打入土壤，穿越部位应做好防水处理. 将参比电极以及道床，隧道洞体、走行轨测量端子通过测量导线引入当地接线盒的传感器，测量信号再经测试电缆引入车站变电所内的数据处理单元。该单元一方面具备当地测量功能，以便移动测试装置随时检测；另一方面具备测量信号传输功能，将信息通过上位机进入远动系统向控制中心传送。CD-I 型监测点接线盒是一种常见的杂散电流监测装置。

## 二、接地装置

### （一）接地及其分类

将电力系统或电气装置的某一部分经接地线连接到接地体称为“接地”。电力系统用的接地按作用不同可分为以下几类：

1. 工作接地

是为了保证电力系统正常运行所需要的接地。例如中性点直接接地系统中的变压器中性点接地，其作用是稳定电网对地电位，从而可使对地绝缘性降低。

2. 保护接地

保护接地也叫安全接地，是为了人身安全而设置的接地，电气装置的金属外壳、配电装置的构架和线路杆塔等不带电的金属部分，由于绝缘损坏有可能带电，为防止其危及人身和设备的安全，将其与接地体相连接。

3. 防雷接地

这是为了让强大的雷电流安全导入地中，避免雷电流流过时引起高的电位，如避雷针、避雷线以及避雷器等接地。

4. 防静电接地

防静电接地是为了消除静电危险而设置的接地，由于摩擦而产生静电荷聚集到一定数量会发生静电放电而引起爆炸，因此它们的外壳必须接地，电力变压器中的铁芯接地即属此种接地。

### （二）接地装置

变电站的接地装置与电力系统的安全运行密切相关，接地装置还关系到某些继电保护装置的正确动作。

直接与土壤接触，用以与大地作为一定流散电阻的电气连接的金属导体或导电组称为接地体，通常由金属管制成。

接地体与电气装置的接地部分间的金属连线称为接地线。

接地线和接地体总称接地装置。它是电气设备安装和运行的一个组成部分，优先利用自然接地体，即利用地下金属构件、金属管道等作为接地体，当不能满足要求时，再安装人工接地体，即按照设计规范要求埋设的金属接地极。

### （三）接地电流和接地电阻

从带电体流入大地中的电流，称为接地电流。接地电流有正常工作接地电流和故障接地电流，正常工作接地电流是指正常工作中通过接地装置流入地下的电流，故障接地电流是指出现接地故障时的接地电流。

接地电阻是指电流经过接地体进入大地并向周围扩散时所遇到的电阻。大地具有一定的电阻率，如果有电流流过时，则大地各处就具有不同的电位。电流经接地体注入大地后，它以电流场的形式向四处扩散，离接地点愈远，半球形的散流面积愈大，地中的电流密度就愈小，因此可认为在较远处（15 ~ 20 m 以外），单位扩散距离的电阻及地中电流密度已接近零，该处电位已为零电位。接地点处的电位 $U_m$ 与接地电流 $I$ 的比值定义为该点的接地电阻 $R$，$R = U_m/I$。接地电阻主要取决于接地装置的结构、尺寸、埋入地下的深度及当地的土壤电阻率。因金属接地体的电阻率远小于土壤电阻率，故接地体本身的电阻在接地电阻中可以忽略不计。

### （四）电气装置接地的一般规定

（1）变电站内电气装置的下列金属部分均应接地或与 PEN 线相接：

① 变压器的金属底座和外壳；

② 电气设备的传动装置；

③ 配电装置的金属构架以及靠近带电部分的金属遮栏和金属门；

④ 配电、控制、保护用的屏（柜、箱）等的金属框架和底座；

⑤ 交、直流电力电缆的接头盒、终端头和膨胀器的金属外壳，电缆的金属护层、可触及的电缆金属保护管和穿线的钢管；

⑥ 电缆桥架、支架和井架；

⑦ 封闭母线的外壳及其他裸露的金属部分；

⑧ 六氟化硫封闭式组合电器和箱式变电站的金属箱体；

⑨ 控制电缆的金属护层。

（2）低压电气设备地面上外露的铜和铝接地线的最小截面应符合表 2-7-1 的规定。

表 2-7-1　低压电气设备地面上外露的铜和铝接地线的最小截面

| 名 称 | 明敷的裸导体 | 绝缘导体 | 电缆的接地芯或与相线包在同一保护外壳内的多芯导线的接地芯 |
|---|---|---|---|
| 铜/$mm^2$ | 4 | 1.5 | 1 |
| 铝/$mm^2$ | 6 | 2.5 | 1.5 |

（3）接地装置宜采用钢材。接地装置的导体截面应符合热稳定和机械强度的要求，但不应小于表 2-7-2 所列规格。110 kV 及以上变电所或腐蚀性较强场所的接地装置应采用热镀锌钢材，或适当加大截面。

表 2-7-2　钢接地体和接地线的最小规格

| 材料 \ 规格 \ 使用条件 | | 地上 | | 地下 | |
|---|---|---|---|---|---|
| | | 室内 | 室外 | 交流电流回路 | 直流电流回路 |
| 圆钢直径/mm | | 6 | 8 | 10 | 12 |
| 扁钢 | 截面/$mm^2$ | 60 | 100 | 100 | 100 |
| | 厚度/mm | 3 | 4 | 4 | 6 |
| 角钢厚度/mm | | 2 | 2.5 | 4 | 6 |
| 钢管管壁厚度/mm | | 2.5 | 2.5 | 3.5 | 4.5 |

（4）在地下不得采用裸铝导体作为接地体或接地线。

（5）蛇皮管、管道保温层的金属外皮或护网，以及电缆铅皮等不得作为接地线。

### （五）手携式和移动式电气设备的接地

（1）手携式电气设备应用专用芯线接地，严禁利用其他用电设备的 PEN 线接地；PEN 线和接地线应分别与接地装置相连接。

（2）手携式电气设备的接地线应采用软铜绞线，其截面不小于 1.5 $mm^2$。

（3）由固定的电源或由移动式发电设备供电的移动式机械的金属外壳或底座，应和这些供电电源的接地装置有金属的连接；在中性点不接地的电网中，可在移动式机械附近装设接地装置，以代替敷设接地线，并应首先利用附近的自然接地体。

## 第八节　再生制动能量吸收装置

近年来，为了解决日益严重的城市拥堵问题，我国各大城市都在大力发展城市轨道交通建设。城市轨道交通作为一种城市公共交通工具，列车在运行中既要频繁地启动加速，又需要频繁地制动减速，直至靠站停车。在正常情况下，约在 2 min 就要经历一次从起动到制动的过程。因此，城市轨道交通列车制动的可靠性和可控性对列车运行的安全性和停站的准确性具有很重要的意义。

城市轨道交通一般分布在城市市区内，线路较短且车站布置相对较密，列车在运行过程中需要经常的启动及制动。由于列车在制动时，会向牵引电网回馈电能，致使牵引电网电压升高，对供电系统设备的稳定性及安全性产生不利影响，所以为了降低电压，维持牵引电网电压的稳定，传统方式是在车辆上安装能量消耗装置将制动能量吸收并消耗，但是这种方式会增加车辆负荷，同时会导致地下车站及隧道内温度升高。

为了减少车载设备，抑制地下隧道内温度的升高，目前国内外城市轨道交通更多地采用在运营线上牵引变电所内设置吸收设备即再生制动能量吸收装置，来吸收制动能量，以维持电网电压稳定。

## 一、再生制动能量吸收装置分类

再生制动能量吸收装置主要有两种类型，一是电阻型，即再生制动产生的电能通过电阻吸收，转化为热能的形式消耗。二是电阻-逆变混合型，即再生制动产生的电能通过逆变转换为 400 V 交流电供给交流侧负载使用，当逆变单元达到最大输出功率，而能量仍未完全消耗掉，则剩余的能量通过电阻部分以热能的形式消耗，来维持线网电压恒定。

电阻吸收方式是曾经应用得比较普遍的类型。该方式控制简单、工作可靠、应用成熟、吸收组件组合方便；采用斩波调阻控制系统实现对电网恒压调节，有较地控制了车辆再生制动时可能引起的制动过电压；但是，由于电阻吸收是将再生能量消耗，所以，再生能源没有充分利用。现目前采用得比较多的是电阻-逆变混合吸收的模式，将再生能量逆变成 400 V 电能回馈至 400 V 电网系统，实现了节能，同时考虑到 400 V 电网的容量，在大的再生能量吸收时，逆变吸收不了，就利用电阻吸收，确保车辆再生制动的安全稳定。而且该类型设备投资较小，性价比高。

## 二、再生制动能量吸收装置类型

牵引变电所再生制动能量吸收设备是城市轨道交通供电控制系统的重要组成部分，对抑制地铁洞内温升、减少车载设备、减小车辆维修量带来了较大的便利。随着再生能量利用技术的不断发展，常见的再生制动能量吸收装置主要包括电容储能型、飞轮储能型、电阻吸收型、逆变吸收型和电阻-逆变混合吸收型 5 种类型。

### （一）电容储能型

电容储能型主要采用 IGBT 逆变器将列车的再生制动能量吸收到大容量电容器组中，当供电区间内有列车起动、加速需要取流时，该装置将所储存的电能释放出去进行再利用。该装置具有储能和稳压 2 种工作模式，并可以自动切换。

北京地铁 5 号线以及欧洲的马德里和法兰克福的轨道交通都安装了该类装置。

## （二）飞轮储能型

飞轮储能型是利用飞轮的惯量将能量储存起来。它通过对变电所直流空载电压、母线电压的跟踪判断，确定是否有列车在再生制动且再生制动电能不能完全被本车辅助设备和相邻车辆吸收。当判断变电所附近列车有再生制动电能需要吸收时，飞轮加速转动，将电能转换成动能储存；当判断变电所附近有列车启动牵引用电时，飞轮转速降低，飞轮吸收系统将飞轮电机转换成发电机运行，把储存的惯性动能转成电能反馈至电网。该方式由于一个飞轮在一个制动时间内只能吸收 200 kW 的电能，如果要吸收近 2 000 kW 的电能，则所需飞轮将为 10 组，造成投资较大，该装置除具有电能吸收功能外还具有稳压功能，通过设置运行状态，可在牵引网电压较高时吸收电能、在电压较低时释放电能，稳定电压。

目前，只有英国 UPI 公司有成熟的飞轮储能型装置产品，并在英国、香港电力系统、纽约部分地铁、香港巴士公司有应用。国内某大学实验室也曾研制出类似的小功率产品，但飞轮的寿命和转速、功率均无法满足工程应用需要。

## （三）电阻吸收型

电阻吸收型主要采用多相 IGBT 斩波器和吸收电阻配合的恒压吸收方式，根据再生制动时直流母线电压的变化状态调节斩波器的导通比，从而改变吸收功率，将直流电压恒定在某一设定值的范围内，并将制动能量消耗在吸收电阻上，其原理如图 2-8-1 所示。

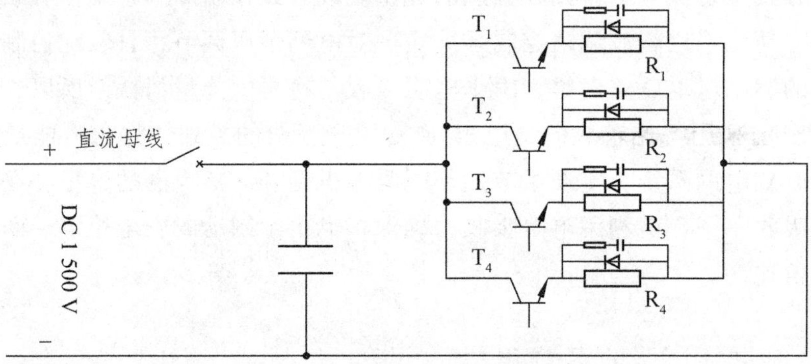


图 2-8-1　电阻吸收装置原理图

制动能量消耗在吸收电阻上产生的热能可以用风冷，将热量排出洞外，也可以采用水冷，用循环水进行冷却，热水可以作为其他用途，但要解决好绝缘问题。

目前，重庆轨道交通二号线（较新线）采用的就是由湖南湘潭市恒信电气有限公司研制生产的电阻吸收再生制动装置，并在天津地铁 1 号线、北京首都机场线、广州地铁四号线工程中都有使用。

## （四）逆变吸收型

逆变吸收装置则是利用电力电子器件构成逆变器，将直流电逆变成工频 380 V 交流电与车站内 380 V 电网并网，消耗在站内电梯、通风、照明等用电设施上。当车辆再生制动经判断由吸收设备吸收其能量时，通过电子并网装置与站内 380 V 电网并网：当车辆再生制动完毕，通过电子并网装置与站内 380 V 电网自动切除。

该装置在日本轨道交通中应用较多，日本日立和德国西门子公司均有生产该产品的业绩。目前，国内厂家正在开发研制，但还没有成熟产品，国内城市轨道交通尚无应用业绩。

但随着再生制动应用技术的不断发展，现已有了中压能馈吸收装置，即再生制动的能量通过逆变、升压直接回馈到 10（35）kV 供电电网，来稳定直流牵引网电压，抑制其超过标准允许值，保障列车再生制动功能的发挥。同时该中压能馈吸收装置还具备无功补偿功能。

### （五）电阻-逆变混合吸收型

电阻-逆变混合吸收装置是在电阻吸收基础上增加逆变吸收装置，混合吸收装置主要由开关及滤波环节、电阻吸收单元和逆变吸收单元等组成；用电设备主要为车站 400 V 系统。具体原理及控制关系将在后文作详细阐述。目前，在重庆轨道交通三号线采用的就是电阻-逆变混合吸收装置，其原理如图 2-8-2 所示。

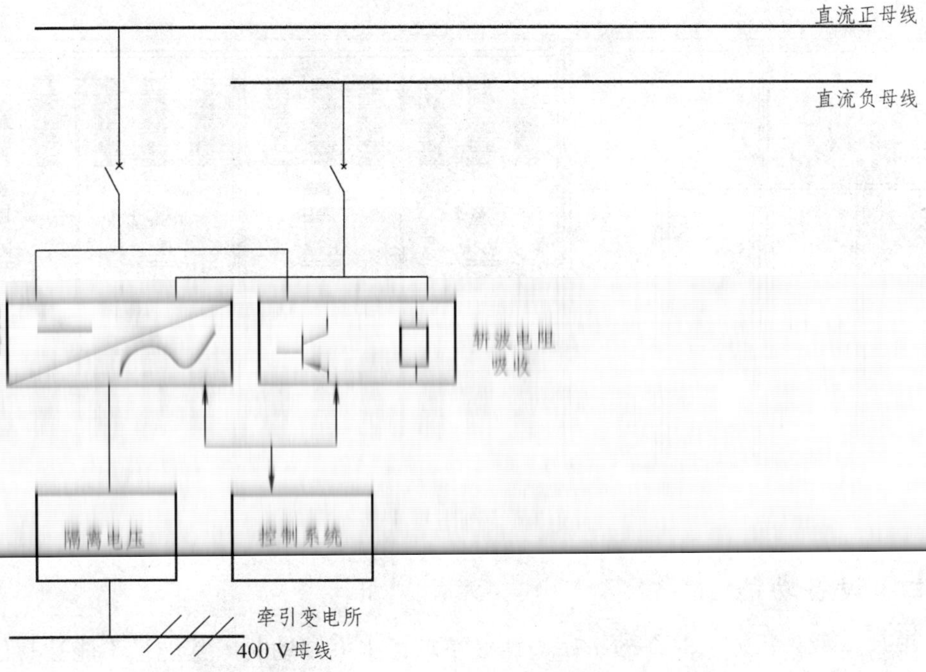


图 2-8-2　电阻-逆变吸收装置示意图

## 三、再生制动能量吸收装置设备功能

### （一）设备简介

以 HXXXS-NB 系列再生制动装置为例，该设备由开关柜、斩波柜、逆变柜、电阻柜四部分组成，安装于室内干燥地方，或室外具有防护设施的地方，设备平面布置如图 2-8-3、图 2-8-4 所示。

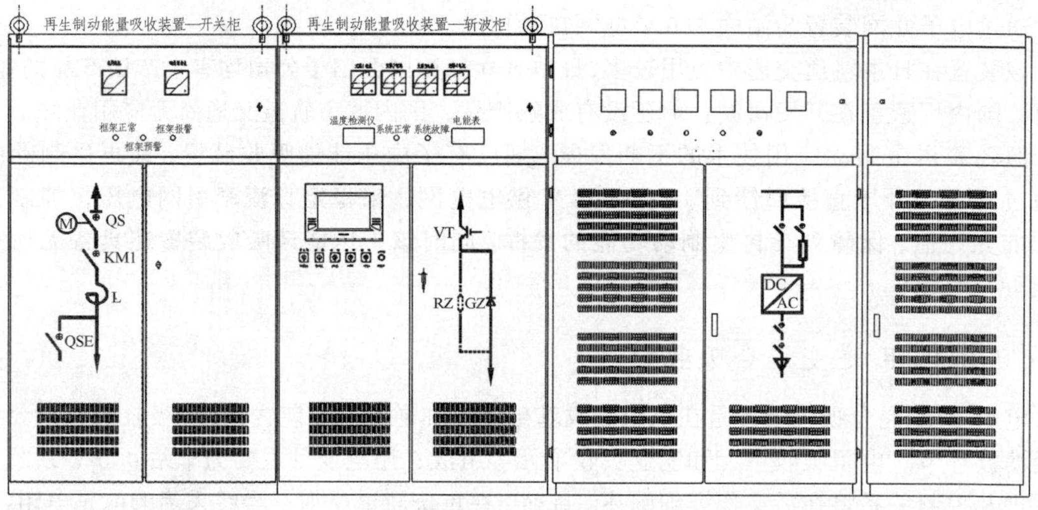


图 2-8-3 电控柜平面布置图

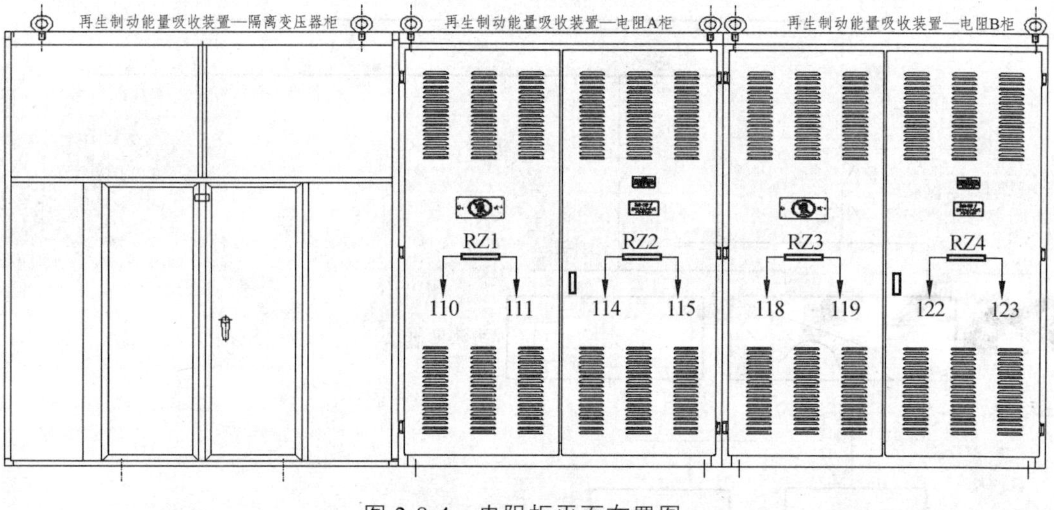


图 2-8-4 电阻柜平面布置图

## （二）设备功能

再生制动吸收装置（混合型）作为在线车辆再生电制动时，其能量不能被其他用电设备或车辆消耗时，通过线网由逆变吸收装置，根据吸收功率的大小自动调节导通比，将直流侧线网能量转换为交流电供给交流侧负载使用。当逆变单元达到最大输出功率，而制动车辆的能量仍未完全消耗掉，通过线网由电阻部分以热能的形式消耗剩余能量，维持线网电压恒定。

吸收装置在车辆处于启动、加速、惰行、停站或线网无车辆运行时，不得投入工作。

## （三）装置特点

现目前机车用制动能量吸收装置，以高可靠性、易操作、高性能为设计目标，满足用户对于机车回馈能量吸收的需要。

再生制动能量回馈吸收装置采用新型 IGBT 功率器件，上位机控制，安装调试方便；功率电路模块化设计，维护简单；高压主回路与控制器之间为多路光纤连接，安全可靠；完整的故障监测电路、故障数据上传功能；优异的性能/价格比。装置的技术参数如表 2-8-1 所示。

表 2-8-1　再生制动能量吸收装置技术参数

| | | |
|---|---|---|
| 基本性能 | 分辨率 | 最大输出电流的 1/1 000 |
| | 效率 | 额定输出时>95% |
| | 功率因数 | >0.95 |
| | 输出电流谐波（THD%） | <5% |
| | 控制电源输入 | DC 220 V |
| | 防护等级 | IP23 |
| 显示 | 灯指示（LED） | 运行指示、控制电源指示、故障指示 |
| | 机械表指示 | 输出侧电压、直流侧电压、输出电流 |
| | 计量装置 | 电度表 |
| 保护功能 | | 过流、过压、欠压、温度 |
| 环境 | 使用场所 | 室内，海拔 1 000 m 以下，没有腐蚀或导电性气体、灰尘、直射阳光 |
| | 环境温度/湿度 | －10～40 °C/20～90%RH |
| | 振动 | 5.0 m/s²（0.5 g 以下） |
| | 贮存温度 | －20～65 °C（适用运输短时间的保存） |
| 冷却方式 | | 自然冷却 |
| 外形尺寸（L×W×H）/mm | | 1 500×1 300×2 300 |
| 质量（kg） | | 2 500 |

## 四、再生制动能量吸收装置工作原理及特点

### （一）系统结构组成（图 2-8-5）

电阻-逆变混合型再生制动能量吸收装置系统是采用斩波调阻、逆变控制系统实现对电网恒压调节及制动能量的吸收。整个装置是利用 IGBT 逆变器将再生能量逆变成 400 V 三相交流电能回馈至牵引变电所 400 V 配电系统，实现电能再利用；同时，考虑到 400 V 配电系统的容量有限，在再生能量较大、超过一定安全容量的情况下，利用电阻吸收超过的那部分能量，确保车辆制动的安全稳定和 400 V 配电系统的安全。

逆变吸收装置能保证在线路上有列车在进行电制动、且制动时产生的再生能量不能被相邻的取流列车吸收时，首先逆变吸收装置应能可靠地将再生能量吸收掉；如果逆变不能完全吸收再生制动能量时，逆变吸收保持其最大吸收，多余的再生能量由电阻吸收。禁止在整流机组处于牵引供电工作状态时，吸收装置误投入。设备具有合理地判断、确定制动电阻装置的导通和关断电压。

图 2-8-5　系统外观图

在线路上只有处于制动的列车、无取流列车的情况下，直流供电系统的表现特征为：在吸收装置未导通之前直流系统电压急剧升高、系统中无电流。因此，逆变吸收装置是否导通的条件是根据测量出的交流侧电压与直流侧空载电压的对应关系进行判断。

当直流电压高于判断电压时开始逆变吸收能量，当直流电压低于判断电压吸收装置停止工作。

混合逆变装置的逆变部分将制动再生能量逆变为与 400 V 电网电压同频、同相的交流电送回牵引变电所 400 V 电网，供 400 V 配电系统设备使用；电阻部分吸收的能量则转变成热量散发。

装置直流侧与直流 1 500 V 母线相连，交流侧与牵引变电所交流 400 V 低压配电系统相连，分为电阻吸收和逆变吸收两大部分，包括开关柜、斩波柜、逆变柜、隔离变压器柜和电阻柜。

### （二）工作原理［以电阻-逆变混合型（图 2-8-6）为例］

#### 1．再生制动能量吸收装置功能简介

隔离开关柜主要具有执行制动能量消耗装置与电网接通或分离，电网滤波，系统故障保护功能，由电动隔离开关、直流接触器、滤波电容和滤波电抗器等组成。开关柜设有门联锁，装置投入后，若柜门未关好时，系统自动切除。

斩波柜主要实现制动能量消耗装置自动转换及检测等功能，由电流传感器、电压传感器、电源模块、IGBT 斩波器、上位机及微机控制装置（下位机）等组成，每一支路 IGBT 斩波器具有控制其开通或关断、差相工作及电流检测功能。电压传感器检测电网电压变化并将电压值传至微机控制装置来判断再生制动能量逆变吸收还是电阻吸收。斩波柜采用电力电子器件 IGBT 作为开关组件，响应速度快，并具有过流、过压和短路等保护。

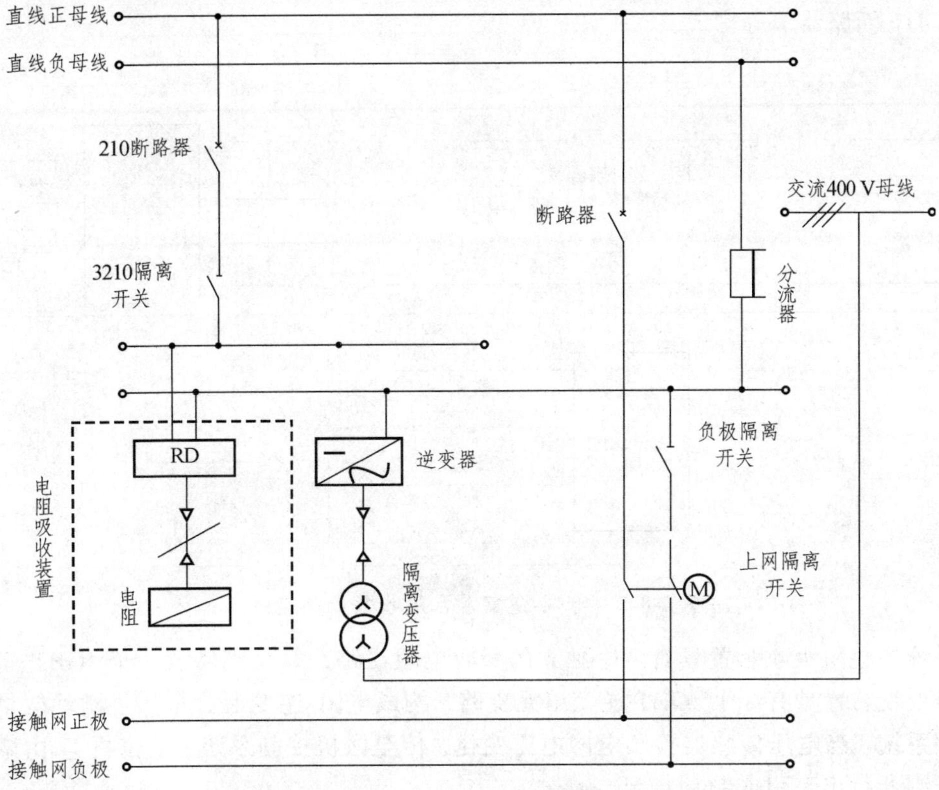


图 2-8-6　电阻-逆变混合吸收装置接线示意图

微机控制装置设置了温度检测功能，在电阻吸收过程中，检测吸收电阻柜空气出口温度、斩波器各热管温度，当发现某一环节温度过高，控制系统将自动降低吸收功率，限制温度继续上升，直至关闭系统工作，保证吸收装置在无人监守的情况下自动安全运行。

逆变柜主要实现制动能量逆变吸收、能量逆变回馈、逆变故障监测及数据上传等功能，由直流接触器、8 个 IGBT 逆变单元、滤波电容、平衡电阻、平衡电抗器、PLC 模块、电源模块及交流接触器等组成。逆变装置具有过流、超温、过压、欠压保护功能。其输出频率能自动跟踪现场电网频率，同时能够时时显示回馈电网的各相电流数值和电量。控制方式为电压外环、电流内环双闭环控制的直接电流控制方法，保证控制系统的可靠性。

为了逆变器与电网的安全，同时匹配逆变器输出电压与电网电压，在逆变器输出侧与 400 V 配电系统之间设置隔离变压器，兼作隔离和变压作用。

电阻柜内安装由串并联方式组成的支路吸收电阻，吸收电阻将吸收的电能转换为热能散发到空气中，实现制动能量的吸收和消耗。正常情况下，由逆变装置对制动能量进行吸收，当逆变装置无法完全吸收制动能量时，自动投入电阻吸收多余的制动能量；在逆变器故障的情况下，电阻部分能自动增大吸收功率的范围，最大程度地维持线网电压的稳定。

2．再生制动能量吸收装置系统工作原理

电阻-逆变混合型再生制动能量吸收装置主电路原理如图 2-8-7 所示。主电路由电动隔离开关（QS）、线路接触器（KM1）、滤波装置、IGBT 斩波器、吸收电阻（R1、R2）、逆变直流接触器（KM21）、IGBT 逆变器、逆变交流接触器（KM10）、隔离变压器、逆变吸收回馈断路器（410 断路器）等构成。

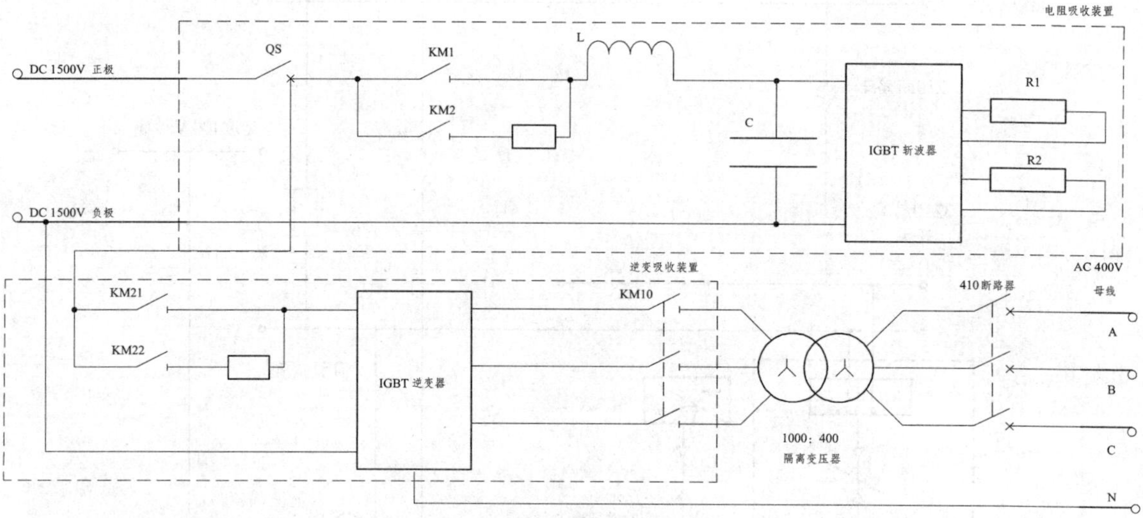


图 2-8-7　电阻-逆变混合吸收装置结构图

本系统中电阻吸收装置具有两个独立的吸收电阻支路，每个支路由一个 IGBT 斩波器控制，逆变吸收装置具有 8 个 IGBT 逆变单元支路，构成电阻-逆变混合型再生制动能量吸收装置的控制系统。当电压传感器检测电网电压变化，传至微机控制系统（下位机），由微机控制系统综合判断得出牵引或制动状况。

微机控制系统根据电网电压的大小来判断逆变或者电阻吸收装置是否工作。当电网电压达到 1 400 V，微机控制系统首先合上电阻吸收装置预充接触器（KM2），给滤波电容充电，充电完后断开预充接触器（KM2），合上线路接触器（KM1），然后合上逆变吸收装置预充接触器（KM22），再过 10 s 后断开 KM22，合上逆变直流、交流接触器（KM21、KM10），此时完成整个吸收装置投入工作前的准备。此后微机控制系统将自动检测电网电压值和吸收电压值，根据各个传感器检测信号综合判断线上是否有列车处于再生制动状态。一旦确认列车处于再生制动状态并需要吸收能量时，系统设置了二个级别判断电压值，当电网电压升到第一级别判断电压（1680V）时，系统首先投入逆变吸收装置；逆变转换成 AC 400 V 电压，馈送至牵引变电所 AC 400 V 母线并向变电所 400 V 配电系统用电负荷供电，将再生能量消耗在用电设备上。一旦逆变吸收消耗不了该能量，将引起电网电压进一步的上升。当电网电压升到第二级别判断电压（1 780 V）时，电阻斩波器立即投入工作，电阻吸收装置将再生制动能量消耗，稳定电网电压不再上升，确保列车充分有效制动。

## 复习思考题

1. 什么叫 GIS 组合电器？
2. 直流断路器灭弧原理是什么？
3. 型号 SZ-31500/110 表示的是一台怎样的变压器？
4. 整流器通常设置有哪些保护？

5. 蓄电池的电池容量是指什么？
6. 35 kV 交联电缆结构从里到外分别是什么？
7. 杂散电流监测系统一般由哪些部分组成？
8. 再生制动吸收装置（混合型）系统工作主要原理是什么？

# 第三章　供电系统运行及管理

【学习目标】

1. 了解变电所安全规范；
2. 掌握变电设备的巡视方法；
3. 熟练变电设备的倒闸操作；
4. 熟悉供电设备事故处理的流程和方法。

【知识要求与技能要求】

1. 掌握安全组织措施和安全技术措施；
2. 掌握变压器、整流机组、高压开关柜、直流开关柜的巡视方法和要点；
3. 掌握变电所内各屏柜的巡视方法和要点；
4. 熟悉倒闸操作的方法和原则；
5. 掌握供电设备事故处理的原则和要求。

## 第一节　安全规范

### 一、作业要求

#### （一）工作人员

（1）经医师鉴定，无妨碍工作的病症（体格检查至少每两年一次）。

（2）具备必要的安全生产知识和技能，从事电气作业的人员应掌握触电急救等救护法。

（3）具备必要的电气知识和业务技能，熟悉电气设备及其系统。

#### （二）作业现场

（1）作业现场的生产条件、安全设施、作业机具和安全工器具等应符合国家或行业标准规定的要求，安全工器具和劳动防护用品在使用前应确认合格、齐备。

（2）经常有人工作的场所及施工车辆上宜配备急救箱，存放急救用品，并应指定专人检查、补充或更换。

### （三）作业措施

（1）在电气设备上工作中应有保证安全的制度措施，可包含工作申请、工作布置、书面安全要求、工作许可、工作监护，以及工作间断、转移和终结等工作程序。

（2）在电气设备上进行全部停电或部分停电工作时，应向设备运行维护单位提出停电申请，由调度机构管辖的需事先向调度机构提出停电申请，同意后方可安排检修工作。

（3）在检修工作前应进行工作布置，明确工作地点、工作任务、工作负责人、作业环境、工作方案和书面安全要求，以及工作班成员的任务分工。

### （四）其他要求

（1）作业人员应被告知其作业现场存在的危险因素和防范措施。

（2）在发现直接危及人身安全的紧急情况时，现场负责人有权停止作业并组织人员撤离作业现场。

## 二、安全组织措施

### （一）一般要求

（1）安全组织措施作为保证安全的制度措施之一，包括工作票、工作的许可、监护、间断、转移和终结等。工作票签发人、工作负责人（监护人）工作许可人、专责监护人和工作班成员在整个作业流程中应履行各自的安全职责。

（2）工作票是准许在电气设备上工作的书面安全要求之一，可包含编号、工作地点、工作内容、计划工作时间、工作许可时间、工作总结时间、停电范围和安全措施，以及工作票签发人、工作许可人、工作负责人和工作班成员等内容。

（3）除需填用工作票的工作外其他可采用口头或电话命令方式。

### （二）工作票种类

（1）需要高压设备停电、部分停电或做安全措施的工作，填用电气第一种工作票。

（2）大于表 3-1-1 安全距离的相关场所和带电设备外壳上的工作以及不可能触及带电设备导电部分的工作，填用电气第二种工作票。

（3）带电作业或与带电设备距离小于表 3-1-1 规定的安全距离但按带电作业方式开展的不停电工作，填用电气带电作业工作票。

（4）事故紧急抢修工作使用紧急抢修单或工作票。非连续进行的事故修复工作应使用工作票。

表 3-1-1 设备不停电时的安全距离

| 电压等级/kV | 安全距离/m |
|---|---|
| 10 及以下 | 0.70 |
| 20、35 | 1.00 |
| 66、110 | 1.50 |
| 220 | 3.00 |
| 330 | 4.00 |
| 500 | 5.00 |
| 750 | 7.20 |
| 1 000 | 8.70 |
| ±50 及以下 | 1.50 |
| ±500 | 6.00 |
| ±660 | 8.40 |
| ±800 | 9.30 |

注：① 表中未列电压等级按高一档电压等级安全距离。
② 13.8 kV 执行 10 kV 的安全距离。
③ 750 kV 数据按海拔 2 000 m 校正，其他等级数据按海拔 1 000 m 校正。

## （三）工作票的填用

（1）工作票应使用统一的票面格式。

（2）若以下设备同时停、送电，可填用一张电气第一种工作票：

① 属于同一电压等级、位于同一平面场所，工作中不会触及带电导体的几个电气连接部分；

② 一台变压器停电检修，其断路器也配合检修；

③ 全站停电。

（3）在同一变电站内在几个电气连接部分上依次进行的同一电压等级、同一类型的不停电工作，可填用一张电气第二种工作票。

（4）在同一变电站内，依次进行的同一电压等级、同一类型的带电工作，可填用一张电气带电作业工作票。

（5）工作票由设备运行维护单位签发或由经设备运行维护单位审核合格并批准的其他单位签发。承发包工程中，工作票可实行双方签发形式。

（6）工作票一份交工作负责人，另一份交工作许可人。

（7）一个工作负责人不能同时执行两张及以上工作票。

（8）持线路工作票进入变电站进行架空线路、电缆等工作，应得到变电站工作许可人许可后方可开始工作。

（9）同时停送电的检修工作填用一张工作票，开工前完成工作票内的全部安全措施。如检修工作无法同时完成，剩余的检修工作应填用新的工作票。

（10）变更工作班成员或工作负责人时，应履行变更手续。

（11）在工作票停电范围内增加工作任务时，若无需变更安全措施范围，应由工作负责人征得工作票签发人和工作许可人同意，在原工作票上增填工作项目；若需变更或增设安全措施，应填用新的工作票。

（12）电气第一种工作票、电气第二种工作票和电气带电作业工作票的有效时间，以批准的检修计划工作时间为限，延期应办理手续。

### （四）工作票所列人员的安全责任

1．工作票签发人

（1）确认工作必要性和安全性；

（2）确认工作票上所填安全措施正确、完备；

（3）确认所派工作负责人和工作班人员适当和充足。

2．工作负责人（监护人）

（1）正确、安全地组织工作；

（2）确认工作票所列安全措施正确、完备，符合现场实际条件，必要时予以补充；

（3）工作前向工作班全体成员告知危险点，督促、监护工作班成员执行现场安全措施和技术措施。

3．工作许可人

（1）确认工作票所列安全措施正确完备，符合现场条件；

（2）确认工作现场布置的安全措施完善，确认检修设备无突然来电的危险；

（3）对工作票所列内容有疑问，也应向工作票签发人询问清楚，必要时应要求补充。

4．专责监护人

（1）明确被监护人员和监护范围；

（2）工作前对被监护人员交待安全措施，告知危险点和安全注意事项；

（3）监督被监护人员执行本标准和现场安全措施，及时纠正不安全行为。

5．工作班成员

（1）熟悉工作内容、工作流程，掌握安全措施，明确工作中的危险点，并履行确认手续；

（2）遵守安全规章制度、技术规程和劳动纪律，执行安全规程和实施现场安全措施；

（3）正确使用安全工器具和劳动防护用品。

### （五）工作许可

（1）工作许可人在完成施工现场的安全措施后，还应完成以下手续：

① 会同工作负责人到现场再次检查所做的安全措施；

② 对工作负责人指明带电设备的位置和注意事项；

③ 会同工作负责人在工作票上分别确认、签名。

（2）工作许可后，工作负责人、工作许可人任何一方不得擅自变更安全措施。

（3）带电作业工作负责人在带电作业工作开始前，应与设备运行维护单位或值班调度员联系并履行有关许可手续，带电作业结束后应及时汇报。

### （六）工作监护

（1）工作许可后，工作负责人、专责监护人应向工作班成员交待工作内容和现场安全措施。工作班成员履行确认手续后方可开始工作。

（2）工作负责人、专责监护人应始终在工作现场，对工作班成员进行监护。工作负责人在全部停电时，可以参加工作班工作；在部分停电时，只有在安全措施可靠，人员集中在一个工作地点，不致误碰有电部分的情况下，方可参加工作。

（3）工作票签发人或工作负责人，应根据现场的安全条件、施工范围、工作需要等具体情况，增设专责监护人并确定被监护的人员。

### （七）工作间断、转移和终结

（1）工作间断时，工作班人员应从工作现场撤出，所有安全措施保持不变，隔日复工时，应得到工作许可人的许可，且工作负责人应重新检查安全措施。工作人员应在工作负责人或专责监护人的带领下进入工作地点。

（2）在工作间断期间，若有紧急需要，运行人员可在工作票未交回的情况下合闸送电，但应先通知工作负责人，在得到工作班全体人员已经离开工作地点、可送电的答复，并采取必要措施后方可执行。

（3）检修工作结束以前，若需将设备试加工作电压，应按以下要求进行：

① 全体工作人员撤离工作地点；

② 收回该系统的所有工作票，拆除临时遮栏、接地线和标示牌，恢复常设遮栏；

③ 应在工作负责人和运行人员进行全面检查无误后，由运行人员进行加压试验。

（4）在同一电气连接部分用同一工作票依次在几个工作地点转移工作时，工作负责人应向工作人员交待带电范围、安全措施和注意事项。

（5）全部工作完毕后，工作负责人应向运行人员交待所修项目状况、试验结果、发现的问题和未处理的问题等，并与运行人员共同检查设备状况、状态，在工作票上填明工作结束时间。经双方签名后，表示工作票终结。

## 三、安全技术措施

### （一）一般要求

（1）在电气设备上工作，应有停电、验电、装设接地线、悬挂标示牌和装设遮拦（围栏）等保证安全的技术措施。

（2）在电气设备上工作，保证安全的技术措施由运行人员或有操作资格的人员执行。

（3）工作中所使用的绝缘安全工器具应满足要求。

## （二）停电

（1）符合下列情况之一的设备应停电：

① 检修设备；

② 与工作人员在工作中的距离小于表 3-1-2 规定的设备；

③ 工作人员与 35 kV 及以下设备的距离大于表 3-1-2 规定的安全距离，但小于表 3-1-1 规定的安全距离，同时又无绝缘隔板、安全遮栏等措施的设备；

④ 带电部分邻近工作人员，且无可靠安全措施的设备；

⑤ 其他需要停电的设备。

表 3-1-2　人员工作中与设备带电部分的安全距离

| 电压等级/kV | 安全距离/m |
|---|---|
| 10 及以下 | 0.35 |
| 20、35 | 0.60 |
| 66、110 | 1.50 |
| 220 | 3.00 |
| 330 | 4.00 |
| 500 | 5.00 |
| 750 | 8.00 |
| 1000 | 9.50 |
| ±50 及以下 | 1.50 |
| ±500 | 6.80 |
| ±660 | 9.00 |
| ±800 | 10.10 |

注：① 表中未列电压等级按高一档电压等级安全距离。
② 13.8 kV 执行 10 kV 的安全距离。
③ 750 kV 数据是按海拔 2 000 m 校正的，其他等级数据按海拔 1 000 m 校正

（2）停电设备的各端应有明显的断开点，或应有能反映设备运行状态的电气和机械等指示，不应在只经断路器断开电源的设备上工作。

（3）应断开停电设备各侧断路器、隔离开关的控制电源和合闸能源，闭锁隔离开关的操作机构。

（4）高压开关柜的手车开关应拉至“试验”或“检修”位置。

## （三）验电

（1）直接验电应使用相应电压等级的验电器在设备的接地处逐项验电。验电前，验电器应先在有电设备上确证验电器良好。在恶劣气象条件时对户外设备及其他无法验电的设备，可间接验电。330 kV 及以上的电气设备可采用间接验电方法验电。

（2）高压验电应戴绝缘手套，人体应与被验电设备的距离应符合表 3-1-2 的安全距离要求。

## （四）接地

（1）装设接地线不宜单人进行。

（2）人体不准碰触未接地的导线。

（3）当验明设备确已无电压后，应立即将检修设备接地（装设接地线或合接地刀闸）并三相短路。电缆及电容器接地前应逐相充分放电，星形接线电容器的中性点应接地。

（4）可能送电至停电设备的各侧都应接地。

（5）装、拆接地线的导体端应使用绝缘棒，人体不应碰触接地线。

（6）不应用缠绕的方法进行接地或短路。

（7）接地线采用三相短路式接地线，若使用分相式接地线时，应设置三项合一的接地线。

（8）成套接地线应由有透明护套的多股软铜线和专用线夹组成，接地线截面不得小于 25 $mm^2$，并应满足装设地点短路电流的要求。

（9）装设接地线时，应先装接地端，后装接导体端，接地线应接触良好，连接应可靠。拆除接地线的顺序与此相反。

（10）在配电装置上，接地线应装在该装置导电部分的适当部位。

（11）已装设接地线发生摆动，其与带电部分的距离不符合安全距离要求时，应采取相应措施。

（12）在门型构架的线路侧停电检修，如工作地点与所装接地线或接地刀闸的距离小于 10 m，工作地点虽在接地线外侧也可不另装接地线。

（13）在高压回路上工作，需要拆除部分接地线应征得运行人员或值班调度员的许可。工作完毕后立即恢复。

（14）因平行或邻近带电设备导致检修设备可能产生感应电压时，应加装接地线或使用个人保安线。

## （五）悬挂标示牌和装设遮栏

（1）在一经合闸即可送电到工作地点的隔离开关的操作把手上，应悬挂“禁止合闸，有人工作！”或“禁止合闸，线路有人工作！”的标示牌。

（2）在计算机显示屏上操作的隔离开关操作处应设置“禁止合闸，有人工作！”或“禁止合闸，线路有人工作！”的标记。

（3）部分停电的工作，工作人员与未停电设备安全距离不符合表 3-1-1 规定时应装设临时遮拦，其与带电部分的距离应符合表 3-1-2 的规定。临时遮栏应装设牢固，并悬挂“止步，高压危险！”的标示牌。35 kV 及以下设备可用与带电部分直接接触的绝缘隔板代替临时遮拦。

（4）在室内高压设备上工作，应在工作地点两旁及对侧运行设备间隔的遮栏上和禁止通行的过道遮栏上悬挂“止步，高压危险！”的标示牌。

（5）高压开关柜内手车开关拉至“检修”位置时，隔离带电部位的挡板封闭后不应开启，并设置“止步，高压危险！”的标示牌。

（6）在室外高压设备上工作，应在工作地点四周装设遮栏，遮栏上悬挂适当数量朝向里面的“止步，高压危险！”标示牌，遮拦出入口要围至邻近道路旁边，并设有“从此出入！”的标示牌。

（7）若室外只有个别地点设备带电可在其四周装设全封闭围栏，围栏上悬挂适当数量朝向外面的“止步，高压危险！”标示牌。

（8）在工作地点设置“在此工作！”的标示牌。

（9）室外构架上工作，应在工作地点邻近带电部分的横梁上，悬挂“止步，高压危险！”标示牌。在工作人员上下的铁架或梯子上，应悬挂“从此上下！”的标示牌。在邻近其他可能误登的带电构架上，应悬挂“禁止攀登，高压危险！”的标示牌。

（10）工作人员不应擅自移动或拆除遮栏、标示牌。

## 第二节　运行管理规程和制度

为加强城市轨道交通供电系统的运行管理工作，其管理部门除具备国家、行业颁发的有关规程、制度、标准、规定、导则、条例外，还必须根据具体情况制定实际可行、具操作性的管理制度，以便各级人员有章可循，并便于积累资料和进行事故分析，提高各级人员的技术管理水平。

### 一、变电所管理规程

根据供电生产的特点和长期的实践经验，供电部门科学地总结和制定了一套保证电力系统安全运行的规程和管理制度。但由于各供电单位设备配置不同，各变电所现场接线方式不同以及运行方式的不断变化，现场会出现各种不同的运行情况。对运行人员，要求不仅熟悉各种设备的构造、性能和工作原理，还应熟悉系统的连接方式和各种保护的配置情况，熟悉设备的操作和故障处理办法，能熟练处理各种异常情况。因此，还必须在各种生产场所分别制定适应本场所设备具体情况的运行规程——现场运行规程，例如《××变电所现场运行规程》等。以下重点介绍变电所《现场运行规程》的编制、修订和执行中的注意事项。

现场规程的编制应在新变电所投运前完成，投运满一年时定稿。运行中设备更换时，应及时修改规程。变电所扩建时，除应补充新装设备的内容，还应对涉及原运行部分的条文予以修改。

#### （一）现场运行规程的编制依据

现场运行规程的编制和修订的主要依据有以下几个方面：

（1）供电行业中已成文的各种电气设备运行规程、安全工作规程和运行管理规程；

（2）本变电所一次主接线、保护配置等设计资料；

（3）本变电所各种设备技术性能、使用说明等制造厂家资料；
（4）调度部门制定的调度规程；
（5）本单位运行实践经验。

### （二）现场运行规程的内容

现场运行规程一般应包括下列内容：
（1）各级运行人员及运行管理人员的岗位职责；
（2）主要设备的性能、特点、正常和极限运行参数；
（3）设备和建筑物在运行中检查巡视、维护、调整的要点及注意事项；
（4）设备的操作程序；
（5）设备异常及事故情况的判断、处理和注意事项；
（6）有关安全作业、消防方面的规定：

电气设备的正常运行巡视，倒闸操作和事故处理是运行工作的主要内容。变电所的现场运行规程不论采用什么编写形式，都必须突出这方面的内容。

### （三）现场运行规程的修订

现场规程的修订过程是学习和深入体会规程精神实质的过程。除了扩建和更改工程完工后应组织对现场规程进行修改、补充外，正常运行的变电所也应定期组织对现场规程进行修订。修改、补充的根据，一般来自下列资料：
（1）运行分析报告中发现原规程的错漏或不足之处；
（2）反事故演习中发现的规程中不够明确的条款；
（3）事故分析中发现的错漏之处。

## 二、变电所运行管理制度

规程制度是生产实践经验的总结，是有效组织生产和建立正常生产秩序的保证。

运行规程是一种技术规程，技术规程是靠人员去贯彻实施的。因此，还必须建立相应的管理规程或管理制度，去制约人员在工作中的行为，以保证技术规程的正确执行。变电所运行岗位除了要认真执行现场规程外，还必须遵守各项管理制度。

### （一）值班制度

虽然实现无人值班后，大部分设备具备“四遥”功能，但由于考虑经济的原因还有一部分设备，如大部分低压开关、部分隔离开关，还需就地操作和定期巡视，而且变电所还需安全保卫，因此，无人值班的管理模式之一是有人值守，无人值班。

（1）变电所值班人员应接受电力调度的统一指挥，保证安全、可靠、不间断地供电。

（2）变电所值班人员按规定的班制轮流值班，不得任意调换、替班、换班，值班人员应有独立工作及组织能力。

（3）值班人员当班时应做到：

①“五熟”“三能”。

② 正确执行电力调度命令，按规定进行倒闸、办理工作票并做好安全措施，参加有关的验收工作。

③ 按规定及时、正确地填写各种运行记录和报表。

④ 按规定巡视设备。当发现设备缺陷、异常现象，或发生事故时，应尽力妥善地处理，并按信息反馈渠道及时报告有关部门。

⑤ 严格执行有关规章、制度、细则、命令及指示。

⑥ 管好仪表、工具、安全用具、备品、钥匙及图纸、资料。

⑦ 保持所内清洁卫生，搞好文明生产。保养维护好消防用具和器材，做好变电所防火防盗工作。

⑧ 值班人员应坚守岗位，不得擅离职守，严禁从事与值班无关的活动。班前和班中不准饮酒，保持清醒头脑。

⑨ 控制室应保持安静。非当班人员及检修人员未经许可不准进入控制室、高压室和设备区。其他人员入所须按有关规定办理手续。

### （二）交、接班制度

（1）交、接班必须按照规定的时间严肃、认真地进行。接班人员未到，交班人员不得离岗，超过规定时间仍未到时，应报告所长或上级领导，直至作出安排。

（2）交、接班前，交班的值班负责人应组织交班人员进行本班工作小结，提前做好室内外卫生及交班准备工作。

（3）交、接班内容由交班负责人介绍，交、接班人员共同巡视检查。其内容如下：

① 设备在交班时的运行方式，前一班的倒闸情况。

② 前一班发生的事故和所发现的设备异常以及处理情况。

③ 断路器跳闸情况，继电保护及自动、远动装置的运行及动作情况。

④ 设备变更和检修情况，尚未结束工作票的检修设备，尚未拆除的接地线的地点、数目，以及尚未恢复的熔断器等。

⑤ 各种记录是否齐全，所记内容是否符合实际情况及有关规定。

⑥ 仪表、工具、安全用具、备品、钥匙及图纸、资料等是否齐全、完好。

⑦ 上级布置的工作任务和其他交接事项。

（4）交、接班时应避免倒闸操作和办理工作票。如遇有重要或紧急倒闸操作以及处理事故等特殊情况，不得进行交、接班或暂停交、接班，只有倒闸完毕或处理事故告一段落时，经电力调度和接班负责人同意后方可进行或恢复交、接班。在交、接班当中发生事故或设备出现异常时，虽暂停交、接班，但接班人员应主动协助处理。

（5）交、接班双方一致认为交、接无问题后方可办理交接手续。即由接班负责人签字并宣告交、接班工作结束，然后转由接班人员开始执行值班任务。

（6）接班后，新接班的值班负责人应向电力调度报告交、接班情况，并根据设备运行、检修以及气候变化等情况，向本班人员提出运行中的注意事项和事故预想等。

### （三）巡视制度

（1）变电所值班或巡检人员应对变电所全部电气设备及其附属设施按运行规程的规定，进行巡视检查。

（2）巡检周期：

① 有人值班变电所除交接班检查外，每日需进行巡视检查。

② 无人值班变电所每周至少对变电所进行巡视检查。

③ 暗光检查按每周一次进行。

④ 对新投入及大修后的设备或遇异常气候时需对变电所进行特殊巡检。

（3）巡视内容：

① 交接班、全面巡视：全部设备的全部项目。

② 熄灯巡视：各种设备的绝缘件和电器连接部有无放电或发热。

③ 特殊巡视：异常气候时有无绝缘破损、裂纹和放电，重点设备的零部件及连接、油色、声响和气味。

（4）巡视应做到：

① 巡检人员要精力集中，认真仔细，充分发挥眼、耳、鼻、手的作用，分析设备运行是否正常。

② 巡检人员必须按指定内容和指定路线巡视，以防漏巡。

③ 巡检人员要认真做好巡检记录，发现设备缺陷要及时上报，巡检人员对所作记录负完全责任。

④ 允许单独巡视高压设备，但巡检人员不得进入常设遮栏或进行任何工作。

⑤ 巡检人员应做好变电所的卫生清洁工作。

⑥ 巡检结束，巡检人员需将设备运行情况向电调汇报。

### （四）缺陷管理制度

设备缺陷管理制度是要求全面掌握设备的健康状态，以便及时发现设备缺陷，认真分析产生的原因，并予于尽快消除。掌握设备的运行规律，保证设备处于良好的技术状态，努力做到防患于未然，是确保设备安全运行的重要环节，也是科学安排设备检修、校验和试验工作的重要依据。

按对供电安全构成的威胁程度，缺陷分为严重缺陷和一般缺陷。严重缺陷是指对人身和设备有严重威胁，若不及时处理有可能造成事故的缺陷。一般缺陷是指对运行虽有影响，但尚能安全运行的缺陷。有关人员发现缺陷后，无论消除与否运行值班人员均应在运行日志和缺陷记录簿中做好记录，并向有关领导汇报。

（1）发现设备严重缺陷，值班人员或巡检人员应立即向电调和供电中心汇报，供电中心应及时组织检修人员消除。

（2）发现一般设备缺陷，值班人员（或巡检人员）应及时向工班负责人汇报，由工班负责人记录在案，并组织处理或列入正常维修计划进行处理。

（3）值班人员（或巡检人员）应加强设备缺陷的监视，在交接班时应详细交代。

（4）工班负责人应经常查阅设备缺陷记录，了解设备缺陷内容和处理情况，对未消除者应尽快安排处理。

（5）对于消除严重设备缺陷有困难时，应及时与上级管理或供电部门联系，请求支援，以避免更大损失。

### （五）运行分析制度

定期地进行运行分析是提高供电质量、保证安全运行的重要技术组织措施。运行分析应包括下述内容：

（1）岗位分析：包括检查分析工作票、作业命令记录、倒间操作记录及各项制度执行情况；统计倒闸操作正确率、办理工作票正确率、违章率；对发生违章的班组和个人找出原因并提出改进措施。此项分析一般每月或至少每季进行一次。

（2）计量分析：包括分析负荷情况；统计负荷率，最大小时功率、平均小时功率；统计受电量、供电量、自用电量、主变压器损耗、功率因数，并分析判断电能电量与实际负荷是否相符；核算主变压器是否经济运行，以决定单台或多台并联运行等。一般每日抄表后进行一次日分析，每周或至少每半月进行一次阶段分析。

（3）检修分析：包括分析检修计划完成情况，对未完成或延长检修期限的原因做出说明，统计每台（屏）设备定期检修消耗的材料和工时；统计每月维护检修所消耗的材料费用。

（4）设备运行分析：对电气设备、继电保护、自动、远动装置和仪表等的运行情况、事故、故障、缺陷、异常等进行的分析。具体做法是根据有关记录对投入运行以来，以及当时出现的现象、有关的操作、处理的措施、恢复的情况等进行统计、分析（评价），从中总结经验教训，以便有针对性地加强检修或进行技术改造。变电所进行的专项设备运行分析一般有下列几种。

① 主变压器运行分析：内容包括主变压器每月的最高及最低油温、最大和最小温升、过负荷情况、投运时间、投切次数、承受穿越性短路电流次数等。

② 主断路器运行分析：内容包括累计跳闸次数、解体修后跳闸次数、每次跳闸时的短路电流、电压值、气压或真空度变化情况，以及断路器本身拒动、误动次数及原因等。

③ 电容补偿装置运行分析：内容包括投切次数、投运时间、投运效果等。

④ 继电保护、自动、远动装置运行分析：内容包括撤出运行的次数、时间和原因；动作的次数和原因；拒动、误动的次数及原因；核算动作正确率等。

设备完好是变电所安全运行的重要前提。在运行中除应搞好日常维护、检修外，还应于每年年底对电气设备进行设备鉴定。设备鉴定就是根据设备在鉴定当时的现状，以及在运行、检修中发现的缺陷处理情况，并结合本周期的预防性试验结果进行综合分析后，对设备质量进行的一次等级评定。本年度新建或大修的设备还可结合竣工验收时对质量评定的结果来评定。除已封存的或已列入年度大修计划但尚未检修的设备可不作鉴定外，其他所有设备（包括已安装的或替修用的备用设备）均应进行整定，一并统计。

设备鉴定是供电部门全面质量管理的重要组成部分，它采取边鉴定边整治的原则。通过鉴定可全面掌握设备质量，为拟订下一年度的设备检修计划和技术组织措施提供可靠的依据。

设备鉴定后的质量等级分为优良、合格、不合格三种。

（1）优良设备：要求技术状况全面良好，即预防性试验项目全部合格，可测量的技术数据均在标准范围之内，全部项目达到中修的质量标准，外观整洁，技术资料（铭牌、技术履历簿、历年试验报告、每年大、中、小修记录以及鉴定记录、历年事故、故障、缺陷和异常的记录）齐全。对于能电保护及自动、远动装置等二次设备还应有与现场设备相符的图纸。

（2）合格设备：要求预防性试验项目全部合格，主要技术数据在标准范围之内，主要项目达到中修的质量标准，次要项目达到小修的质量标准。

（3）不合格设备：是指预防性试验项目或主要技术数据有一项不合格，或者预防性试验超过规定周期 10% 仍未试验者，或其他项目有一项不符合小修质量标准者。

优良设备与合格设备统称为完好设备。设备完好率=完好设备数/参加鉴定设备数。

鉴定时发现的设备缺陷应填入设备缺陷分析表，并进行汇总分析，提出整修改善措施。对鉴定中发现的缺陷已在鉴定期间处理者，可按整修后的质量评定。

## 第三节　变电设备的日常巡视

### 一、巡视的一般要求

变电所设备运行中的巡视检查是维护设备正常运行、保证安全可靠供电的有效措施。通过巡视检查可以监视变电所设备的运行状态，及时发现缺陷，并采取相应的措施进行维护和检修，防止事故的发生和扩大。各种巡视后，巡视人员均应在运行日志上做好记录，发现的设备缺陷和异常现象应填入设备缺陷记录，并及时做出判断，采取临时处置措施，确保安全运行。变电所设备的巡视检查是变电所运行必要的一项制度，也是运行人员的主要职责。对变电所设备的巡视检查的一般要求如下：

#### （一）巡视检查的基本要求

（1）巡视检查要按规定的线路进行。合理的巡视路线是巡视作业程序化、标准化的必要条件之一，巡视路线是根据电气设备的布置状况确定的，路径应尽量短且避免交叉和重复，路径内应包括应巡检的全部设备。

（2）值班员巡视高压设备时，必需严格遵守《变电所安全工作规程》的规定。不论设备带电与否，人与带电部位的距离不应小于表 3-3-1 所规定的安全距离。

表 3-3-1　人与带电部位的安全距离

| 电压等级 | 无防护栅 | 有防护栅 |
|---|---|---|
| 110 kV | 1 500 mm | 1 000 mm |
| 35 kV | 1 000 mm | 600 mm |
| DC 1 500 V 及以下 | 700 mm | 350 mm |

（3）巡视人员应做到人到、心到、位置到，看、听、嗅相结合。

（4）遇有恶劣天气，如大风、暴雨、大雾、冰雹、雪、霜时，对户外设备应进行特殊巡视：

① 重点检查绝缘件有无破损、裂纹和放电现象，基础、支柱、房屋有无下沉和倾斜，室外端子排、电缆沟和屋顶有无漏水和积水等状况。

② 雷电后应立即巡视，重点检查绝缘件有无破损、裂纹和放电现象，避雷针尖有无熔化现象，避雷器动作记录器是否动作等。

③ 狂风后，需重点检查设备和母线上有无杂物悬挂及断线等情况。

④ 当气温发生剧烈变化（骤热、骤冷）时应加强巡视，重点检查充油设备油面有无渗、漏油；充气设备有无漏气，气压有无严重下降；各连接部有无松动、过热等情况。

（5）设备新安装或大修后应进行特巡。特别是对变压器、断路器，在 24 h 内每 2 h 巡视 1 次。

（6）断路器自动跳闸后应对有关设备进行全面巡视。

（7）当出现较大的电压波动、接地信号、过负荷运行或设备异常时，均应增加班中巡视。

（8）负荷高峰特别是超负荷和高温天气时，要特殊巡视。

### （二）巡视检查的基本方法

电气设备在运行中运行人员是不太可能携带各种仪器仪表进行日常测量，因而，眼、耳、鼻和手等感官仍然是主要的检查手段。

（1）目测检查法。所谓目测检查法就是用眼睛来检查看得见的设备部位，通过设备的外观变化来发现异常情况。一般来说，破裂、变形（膨胀、收缩、弯曲）、松动、漏油漏气、污秽、腐蚀、磨损、变色（接头发热、烧焦、硅胶变色、油变黑）、冒烟、产生火花、有杂质异物、不正常的动作等外观现象往往反映了设备的异常情况，因此，可通过目测观察作出初步分析判断。可以说，变电所的电气设备几乎均可采用目测法进行外观的巡视检查。所以，目测法是巡视检查中最常用的方法之一。

（2）耳听判断法。虽然变电所的设备相对来说大多都是静止的，但许多的设备都会由于交流电的作用产生振动并会发出各种声音。这些声音是运行设备所特有的，也可以说是一种表示设备运行状态的特征。如果我们仔细听这种声音，并熟练掌握声音特点，就能通过它的高低节奏、音色变化、音量的强弱来判断设备是否运行正常。为了能更准确地掌握设备发出的声音，有时要借助于器械，如听音棒等。

（3）鼻嗅判断法。人类嗅觉所能辨别的气味因人而异，千差万别，但电气设备的绝缘材料过热产生的气味大多数正常人都能嗅到并辨别。气味是自然而然被感觉到的，如果值班员和其他人员进入变电所检查设备，嗅到设备过热或绝缘材料被烧焦产生的气味时，值班人员应着手进行深入检查，检查是否有冒烟的地方，有无变色的部位，听一听是否有放电的声音等，直到查找出原因为止。嗅气味是发现电气设备某些异常和缺陷的比较有效的方法。

（4）触试检查法。在巡视检查的整个过程中经常会用到手。用手触试检查是判断设备的部分缺陷和故障的一种必需的方法，但用手触试检查带电设备是绝对禁止的。运行中的变压器、消弧线圈的中性点接地装置，必须视为带电设备，在没有可靠的安全措施时，也禁止用手触试。对不带电且外壳接地良好的设备及其附件等，检查其温度或温差可用手触试，但应与带电设备保持安全距离。对于二次设备（如继电器等）发热、振动等也可用手触试检查。

（5）用仪器检测的方法。目前，检测技术发展较快，测试仪器种类较多，使用这些测试仪器时，应认真阅读说明书，掌握测试要领和安全注意事项。在电气设备事故中，由于绝缘物受热老化而引起的事故较多。因此，准确地掌握运行中的电气设备各部位的温度变化是非常重要的。设备的过热大部分在停电时表现不出来，只有在带电运行时才会出现，况且有些设备发热初期，不伴随出现变色、变形，也不产生异常声音和气味等，在这种情况下，如果只依靠人的感觉来判断设备是否正常是比较困难的。为了尽早、尽快地发现设备的过热，应尽可能地使用仪器仪表定期或不定期地测量运行中的设备温度，尤其是高温天气、高峰负荷时是测温的重点。

常用的测温方法：

① 设备易发热的部位贴示温蜡片，黄、绿、红三种示温片的熔点分别为 60 °C、70 °C、80 °C。

② 设备上涂示温漆或涂料。

③ 用红外线测温仪。

前两种方法的优点是简便易行，但也存在一些缺点。它的主要缺点是不能和周围温度做比较；腊片贴的时间长了易脱落；涂料和漆可长期使用，但受阳光照射会引起变色，变色后不易分辨清楚；不能发现设备发热初期的微热及温差等。

红外测温仪是一种高灵敏度的热敏感应辐射元件，检测由被测物发射出的红外线而进行测温的仪表。能正确地测出运行设备的发热部位及发热程度。利用红外测温技术检查电气设备的方法是近几年兴起的新技术，它能够快速、准确、方便和安全地测量带电设备的温度，能够在设备故障初期阶段就能检测和诊断问题，使维护检修人员在故障发生前能够采用补救措施，同时不需要停电导致生产停顿，而且红外测温技术特别适合测量在大负载情况下测量设备温度，当设备是带轻电力负荷时反而不能准确测量设备的某些发热点。现在越来越多的供电管理部门利用红外测温技术作为预防性维护检修的一部分工作，因此，建议定期采用红外测温技术对电气设备进行检查。

表 3-3-2　电气设备的最高允许温度参考值

<table>
<tr><th colspan="2">被测部位</th><th>最高允许温/°C</th><th colspan="2">被测部位</th><th>最高允许温度/°C</th></tr>
<tr><td rowspan="2">油浸变压器</td><td>接线端子</td><td>75</td><td rowspan="2">隔离开关</td><td>接头处</td><td>65</td></tr>
<tr><td>本体</td><td>90</td><td>接线端子</td><td>75</td></tr>
<tr><td rowspan="2">母线接头</td><td>硬铜线</td><td>75</td><td rowspan="2">互感器</td><td>接线端子</td><td>75</td></tr>
<tr><td>硬铝线</td><td>70</td><td>本体</td><td>90</td></tr>
<tr><td rowspan="2">断路器</td><td>接线端子</td><td>75</td><td rowspan="2">电容器</td><td>接线端子</td><td>75</td></tr>
<tr><td>机械结构部分</td><td>110</td><td>本体</td><td>90</td></tr>
</table>

实际上，测温的目的是在运行设备发热部位尚未达到表 3-3-2 的最高允许温度之前，尽

快发现发热的异常状态，以便采取相应的措施。为此，当经过测温得到设备实际温度后，必须了解设备在测温时所带的负荷情况，与该设备历年的温度记录资料及同等条件下同类设备温度作比较，并与各类电气设备的最高允许温度比较，然后进行综合分析，作出表 3-3-3 的判断，制订处理意见。

表 3-3-3 设备经测温后的判断

| 设备发热程度 | 判断 |
|---|---|
| 几乎没有温升，各相几乎没有温差 | 正常 |
| 有少许温升，且各相间有一定温差 | 注意 |
| 温度超过最高允许温度，或即使温度未超过最高允许温度，但各相温差极大 | 危险 |

注：经判断属于“注意”范围的设备应加强检查巡视，并在定期检修时安排处理；属于“危险”范围的设备，应立即报告调度和有关领导进行停电处理。

## 二、油浸式电力变压器的运行和巡视检查

### （一）一般运行条件

（1）无载调压变压器在额定值 1 ± 5% 范围内改换分接头位置运行时，其额定容量不变。有载调压变压器各分接头位置的容量应按制造厂商的规定运行。

（2）为防止变压器绕组过热，油浸式变压器最高顶层油温一般不应超过表 3-3-4 的规定。为防止变压器油质加速劣化，自然循环冷却变压器顶层油温一般不宜经常超过 85 °C。

（3）两台变压器并列运行的条件：

① 绕组接线组别相同。

② 一、二次侧电压分别对应相等。

③ 阻抗电压值相等。对于一、二次侧电压比（其允许差不应超过 ± 5%）和阻抗电压值（其允许相差不应超过 10%）稍有差别的变压器，在任何一台都满足“不同负载状态运行规定”都不会过负荷的情况下，可以并列运行。容量比超过 3 : 1 的变压器，一般不予并列运行。经改进结构或改变冷却方式的变压器，必要时应通过温升试验确定其负载能力。

表 3-3-4 油浸式变压器顶层油温一般限值（V）

| 冷却方式 | 冷却介质最高温度/°C | 最高顶层油温/°C |
|---|---|---|
| 自然循环自冷、风冷 | 40 | 95 |
| 强迫油循环风冷 | 40 | 85 |
| 强迫油循环水冷 | 30 | 70 |

④ 变压器的负载能力不是以铭牌额定值为限值，而是以热老化的观点作为指导原则。

### （二）冷却器的运行方式

（1）油浸风冷变压器在风扇停止工作时允许的负载和运行时间，应遵守制造厂商规定，其中油浸风冷变压器，当上层油温不超过 65 °C，允许不开风扇带额定负载运行。

（2）强迫循环变压器运行时，必须投入冷却器，并根据负载的情况确定冷却器投入的台数，在空载和轻载时不应投入过多冷却器。

（3）强迫油循环冷却器，必须有两路电源且可自动切换。为提高风冷自动切换。为提高风冷自动装置的运行可靠性，要求对风冷电源及冷却器的自动切换功能定期进行试验。

（4）强迫油循环风冷式变压器运行中，当冷却系统（指油泵、风扇、电源等）发生故障，冷却器全部停止工作，允许在额定负荷下运行 20 min。20 min 后顶层油温尚未达到 75 °C，则允许继续运行到顶层油温上升至 75 °C。但切除全部冷却装置后变压的最长运行时间在任何情况下不得超过 1 h。

## （三）温度监视

### 1．油温监视

变压器在运行中产生的铜损和铁损都转换成热量，使变压器的铁芯、线圈发热，油温升高。这些热量通过变压器的冷却媒介（空气或油）由散热装置散发到变压器外面的空气中。在一定负荷时，当变压器内部单位时间内所产生的热量等于散发出去的热量时，达到热平衡稳定状态，变压器的温度就不再升高。

变压器设计时，各部分的允许温度主要是根据变压器的容量和选用的绝缘材料，在一定温度限度内的使用寿命来确定的。变压器运行时的绕组和铁芯所产生的热量在向外传导过程中，各部分的温度差别很大。绕组的温度最高，其次是铁芯的温度，再次是绝缘油的温度，油的上部温度高于下部温度。变压器运行时允许温度是按上层油温来检查的。

例如采用 A 级绝缘材料的变压器，绝缘材料极限工作温度为 105 °C。当变压器环境空气温度为 + 40 °C 时，一般绕组的平均温度比油温高 10 °C，此时变压器的上层油温为 95 °C，这就是变压油温的极限最高温度，而在正常情况下，为保护变压器油不致过度氧化，上层油温应不超过 85 °C。

对于风冷却的变压器，正常运行中是否开风扇，可参照表 3-3-5 进行。

表 3-3-5　变压器的负荷、上层油温与是否应启动风扇的规定

| 序 | 变压器上层油温 | 变压器额定容量的负荷百分比 | 是否在开风扇 | 备注 |
|---|---|---|---|---|
| 1 | 55 °C 以下 | 100% | 不开 | 冬季应考虑温升在 55 °C 以下 |
| 2 | 55 ~ 85 °C | 70% 以下 | 不开 | |
| 3 | 55 ~ 85 °C | 70% ~ 100% | 开 | |

注：此表在周围空气温度为 40 °C 及以下时适用。

如出现表 3-3-5 中的第三种情况而不能开启风扇时，应视为变压器过负荷，需向调度报告，并加强上层油温监视，必要时应转移或控制负荷。

根据变压器设计和运行经验，变压器线圈若连续维持在 95 °C 时，可以保证变压器具有经济上的合理寿命，大约为 20 年。影响这个寿命的主要原因是温度。根据世界各国对变压器的运用情况和多次试验，当变压器的线圈温度每超过允许温度 8 °C，则变压器的寿命减少一半；变压器的油温 85 °C 时，油的氧化速度加快、试验表明，油温在 85 °C 基础上温度每

增加 10 °C，氧化过程增加一倍。油的氧化过程，实质上就是油的老化过程，油老化后就要变质，其绝缘性能和冷却效果都要降低，因此要严格控制油温。

2．温升监视

监视变压器油温的同时还要监视其温升，温升用变压器温度与周围空气的差值表示。由于变压器的绕组和铁芯生产的热量要靠周围的介质（油或空气）进行传导而散发，它们的传导都有速度和时间问题，而且变压器内部传导的能力与周围空气变化并不是正比的关系。当变压外壳温度很低时,变压器外壳的散热能力大大增加而变压器内部的散热能力却提高很少。

变压运行时绕组的温度是通过上层油温间接测量的。如果上层油温和温升两项参数中任何一项超过了允许值，都说明变压器绕组的温度已经超过限度，这样不仅对绕组的绝缘强度和寿命产生很大影响，而且使绕组的电阻增加，使其损耗也逐级增大。因此我国对变压器的使用条件规定：最高气温为 + 40 °C，最高日平均温度为 + 30 °C，最高年平均温度为 20 °C，最低气温为 – 30 °C，海拔高度不超过 1 000 m，并且规定了变压器的允许温升，即

允许温升 = 允许温度 – 40 °C（周围空气最高温度）

变压器额定负荷时的温升见表 3-5-6。

表 3-3-6　变压器允许温升

| 变压器的部位 | 温升限值/°C | 测量方法 |
|---|---|---|
| 线圈 A 级绝缘油浸自冷或循环（非导向） | 65 | 电阻法 |
| 上层油 | 55 | 温度计法 |

因此，在监视变压器上层油温的同时还要监视其温升，只有上层油的油温和温升均不超过允许值时，才能保证变压器的安全运行。此外，负荷相同时，变压器的温升大致相同，值班员应注意积累各种环境温度下正常运行的油温和温升资料，以便判断变压器是否正常运行。

（四）油质监视

油浸式变压器其箱体内是用变压器油作为绝缘和散热介质。变压器油是从石油中制取的，是易流动的液体，它能够充满变压器内各部件之间的任何空隙，将空气排出，避免了部件因与空气接触受潮而引起的绝缘降低，另外由于变压器油的绝缘强度比空气大，从而增加了变压器内线圈与铁芯之间、绕组与绕组之间，线圈与油箱之间的绝缘强度。

变压器油在箱体内还可以使变压器的绕组和铁芯得到冷却，因为变压器运行中，靠近绕组与铁芯的油受热后，温度升高，体积膨胀，比重减小而上升至箱体上部，经冷却装置冷却后，再进入变压器油箱的底部，从而形成油的循环。这样，在油的循环过程中，将热量通过冷却装置散发到变压器以外，从而使绕组和铁芯得到冷却。另外，变压器油能对变压器内的绝缘材料、金属构件起浸渍和封闭作用，能保持它们原有的物理和化学性能以及防腐作用，再则变压器油也对电弧有熄灭作用。

综上所述变压器油对变压器经济、安全运行起着重要作用，但是在变压器的运行中由于外界原因往往使变压器油变质（劣化），降低或失去它应有的安全作用。使变压器油劣化的主

要原因有受潮、氧化和杂质等几个方面。

变压器在运行中由于负荷和环境温度的变化，引起变压器油的膨胀和收缩，变压器的油枕上层的空气和外界空气通过呼吸器相互流通，从而造成有湿度的空气与变压器油接触，使油受潮造成油内含有水分，这不仅降低了油的绝缘强度，增加介质损失值，而且油内的水分还对变压器内的铜铁物体加速氧化使油中产生大量的沉淀物。就一般情况而言，受潮的油比干燥的油劣化速度要快 2 ~ 3 倍。因此，运行人员在监视变压运行时要特别注意呼吸器中硅胶是否失效（宝石蓝色变为粉红色），对失效的干燥剂应及时更换以防止变压器油受潮。

除空气中的潮气对油有很大影响外，空气中的氧气危害也很大。油被空气氧化后，生成各种酸性氧化物，该物质造成油的劣化，降低油的绝缘强度。

油的劣化速度主要决定于温度。试验证明，油氧化的起始温度是 60 ~ 70 °C，在此温度下，油几乎很少发生变质；当温度达到 120 °C 时氧化强烈。当温度达到 160 °C 时，氧化最强烈。

因此，如何使变压器油经济、合理地运行，延长它的使用寿命，主要取决于变压器散热、防潮及防氧化 3 个因素，对运行中的变压器油和备用变压器油，要按规定进行监视，并采取一定的保护措施，定期对变压器油进行取样试验。这项工作的程序是由运行检修人员负责抽样，化验人员进行试验。按规程规定对电压等级为 35 kV 以上变压器每年至少作一次取样简化试验；对电压在 35 kV 以下变压器每两年至少取样作一次简化试验；对大修的变压器每次大修后均应作一次简化试验；对简化试验中的电气绝缘强度试验，则在每两次简化试验之间，至少应再做一次试验。除上述规定外，当变压器出现短路故障或加油后，亦需取样对变压器油进行化验分析。

### （五）运行中的一般巡视检查项目

#### 1. 外部目测检查

1）引线、桩头

检查变压器套管桩头、引线或结合处应无松动、松股和断股现象，铜铝过渡线卡应无过热而产生变色现象。

2）套管

（1）外表应清洁、无明显污垢、无破损现象。

（2）法兰应无生锈、裂纹、无电场不均匀而发出的放电声。

3）油位、油色检查

（1）注油套管内的油位应保持正常。

（2）变压器本体油位及有载调压开关油位应在标准油位线范围内，本体油枕油位、有载调压开关油枕油位要求在其结构、高度相同情况下，油位高度也应相同。

（3）气候突然变化气温相差比较大时，应注意加强油位检查，尤其是套管油位。

（4）不带密封隔膜的变压器，油标中的油和其本体的油是连通的，所以在油色检查时可观察油标中油色的变化。一般正常油色为透明微黄色，若油色变成红棕色，甚至发黑时，则应怀疑油质已经劣化，应对油进行简化分析。

4）渗漏油检查

通常，渗漏油的部位主要有以下几个部位，在巡视检查中应特别注意，并要加以判断是确实渗漏还是检修遗漏的油迹。

（1）套管升高座、电流互感器小绝缘子引出的桩头处及所有套管引线处桩头、法兰。

（2）瓦斯继电器及连接管道处。

（3）潜油泵接线盒、观察窗、连接法兰、连接螺纹紧固件、胶垫处。

（4）冷却器散热器。

（5）全部连接通路的蝶阀。

（6）净油器、冷却器的油通路连接处。

（7）全部放气塞处。

（8）全部密封部位胶垫处。

5）防爆装置检查

（1）检查压力释放阀应密封良好，有信号装置的导线完整无损。

（2）安全气道（防爆管）装置玻璃应完好无破裂，有观察窗的无积水现象，防爆管菱形网完整。

6）温度检查

（1）检查测温装置所指示的数值在规定允许的范围之内。

（2）检查周围环境温度，油温与表计、热电偶测温装置等应一致。

7）呼吸器的检查

（1）呼吸器油封应通畅，呼吸应正常。

（2）呼吸器硅胶变色不应超过 2/3，如超过则应更换。

8）瓦斯继电器检查

从观察窗检查内腔机构正常，器身及接线端子盒应严密无进水。

9）冷却器检查

（1）油流继电器动作指示正常，玻璃腔内应密封，内无积水现象。

（2）风扇无反转、卡住，电机应无停转现象，电源线瓷接头包扎好并应叉开，无浸水、脏污、碰线等现象，潜油泵运行无异状。

（3）整个冷却器无异常振动、应平稳运行。

（4）冷却器分控制箱及电缆进线应密封无受潮现象及杂物。

10）接地线检查

外壳接地线应无锈蚀现象，如有则应清除之，排油道畅通。

2．耳听法检查

变压器正常运行中应发出连续均匀的“嗡嗡”声，及附属设备发出的均匀振动声属于正常声，一般均不大于 85 dB。若听到有不同于正常声音的异常响声，如：

（1）不连续、较大的“嗡嗡”声；

（2）油箱内油的特殊翻滚声或啪啪放电声；

（3）瓷件表面电晕或电场不均的外部放电声；

（4）转动电机轴承磨损或轴承钢球碎裂等尖锐声响；

（5）其他紧固件零部件的松动而发出的共鸣声。

应首先判别异声的部位，辨清是变压器外部引起的还是内部产生的，可以用听音金属棒仔细分辨。

3．嗅觉法的检查

变压器故障及各部如高压导电部位连接部分，低压电源接线端子，套管，冷却器系统包括电机、导线、瓷接头、控制箱内接触器、热继电器等由于松动或氧化引起接触不良，仔细分辨。

4．感觉触试法的检查

用手摸方法来比较设备外壳的温度，在相似情况下是否温度相差过大，振动是否过于剧烈。然后再与仪表对照分析。有时发热部位因发热严重，热量辐射使周围的空气温度升高，人靠近热源脸部就会有热的感觉，此时需要仔细查找发热部位。此法只限于安全部位的发热检查。

## （六）运行中的变压器特殊巡视检查

（1）大风、大雾、大雪、雷雨后和气温突变的异常天气，应对变压器进行特殊巡视检查。注意引线的摆动情况，瓦斯继电器盖子防雨罩及端子盖应盖好。

（2）大雾、毛毛雨、小雪天时，检查套管、绝缘子应无严重电晕闪络和放电等现象。

（3）大雪天检查引线接头处的积雪，观察溶雪速度及有无冒气以判断是否过热。检查变压器顶盖、油位至套管连线间有无积雪、挂冰情况。油位计、温度计、瓦斯继电器应无积雪覆盖情况。

（4）雷雨后，检查变压器各侧避雷器记数器情况，检查套管应无破损、裂纹及放电痕迹。

（5）夜巡时，应注意引线接头处，线卡应无过热、发红及严重放电等。

（6）超额定值运行期间，加强检查负载电流、运行时间、顶层油温。

（7）当变压器瓦斯继电器发信号时，应对变压器外部及瓦斯继电器内的气体检查。

## （七）运行中变压器有载分接头开关的巡视检查

（1）操作计数器应正常，与动作记录一致。

（2）电压表指示应在变压器规定的调压范围内。

（3）调压挡位指示灯与机械指示器的挡位应正确一致。

（4）操作箱应密封无受潮进水现象。

## （八）运行中的变压器巡视周期

（1）变压器在正常运行情况下的巡视检查按规定执行。

（2）在大风、大雾、大雪、雷雨后以及气候突变或特殊过负荷等异常情况的巡视次数应适当增加。

（3）新投运或大修后的变压器，在投运后一周内，每班巡视检查的次数也应适当增加，甚至试运行 24 h 内要经常巡视。

### （九）变压器的投运和停运

（1）对新投运的变压器、长期停用或大修后的变压器，在投运前，需按《电气设备预防性试验规程》进行必要的试验。

（2）值班人员应仔细检查，确认变压器及其保护装置在良好状态，具备带电运行条件。并注意外部有无异物，临时接地线是否已拆除，分接开关位置是否正确，各阀门开闭是否正确。变压器在低温投运时应防止呼吸器因结冰被堵。

（3）运用中的备用变压器应随时可以投入运行，长期停运者应定期充电。

（4）变压器投运和停运的操作程序应在现场规程中规定，并须遵守下列各项：

① 强油循环变压器投运时应逐台投入冷却器，并按负载情况控制投入冷却器的台数；水冷却器应先启动油泵，再开启水系统；停电操作先停水后停油泵；冬季停运时将冷却器中的水放尽。

② 变压器的充电应在有保护装置的电源侧用断路器操作，停运时应先停负载侧，后停电源侧。

③ 在无断路器时，可用隔离开关投切 110 kV 及以下且电流不超过 2 A 的空载变压器。

（5）新投运的变压器必须在额定电压下做冲击合闸试验，冲击 5 次；大修或更换绕组后的变压器，其冲击合闸次数为 3 次。

（6）对于 110 kV 及以下的变压器，在新装、大修、事故检修或换油后，在施加电压前静止时间不应少于 24 h。

装有储油柜的变压器，带电前应排尽套管升高座、散热器及净油器等上部的残留空气。对强油循环变压器应开启油泵，使油循环一定时间后将气排尽。开泵时变压器各侧绕组均应接地，防止油流静电危及操作人员的安全。

（7）在 110 kV 及以上中性点有效接地系统中，投运或停运变压器的操作，中性点必须先接地。投入后可按系统需要决定中性点是否断开。

## 三、干式电力变压器的运行和巡视检查

由于干式变压器具有无油化的特点，对于一定电压等级和一定容量的变压器，特别是地下变电所等安全防火等级要求较高的场合，干式变压器得到了越来越广泛的应用。

干式变压器一般有浸渍式、气体绝缘式和包封绕组式。由于包封绕组干式变压器其线圈不易受潮，维护方便，体积较小，目前城市轨道交通变电所使用的干式变压器主要为包封绕组式。

### （一）干式变压器的运行

#### 1．使用条件

（1）环境温度不高于 40 °C，海拔不超过 1 000 m。若环境温度高于 40 °C 或海拔超过

1 000 m 时，应按国标的有关规定作适当调整。

（2）对于防护等级为 IP00 的无外壳的变压器，应在变压器的周围安装隔离栏栅，以防止误碰变压器。在城市轨道交通变电所中使用的保护等级一般为 IP20，即外壳可防止大于 12mm 的固体异物进入。

（3）冷却方式有空气自冷（AN）和强迫风冷（AF）两种。对空气自冷（AN）和强迫风冷（AF）的变压器，均需保证变压器有良好的通风能力，当变压器安装在地下室或其他通风能力较差的环境时，需增设散热通风装置，通风量按每 1 kW 损耗（$P_0+P_k$）需选取 2～4 $m^3/min$ 风量。

2．温控、温显系统

温控系统示意图如图 3-3-1 所示。温控系统由温度控制和预埋在低压线圈上端部的 Pt 测温元件构成，可对变压器线圈的热点温度进行测量与控制。由于过载运行或故障引起的变压器线圈温度过高，温度控制器即发出报警信号。当温度进一步升高至严重程度，温度控制器即发出跳闸信号，强行断开变压器受电侧电源。当采用强迫风冷系统（AF）时，则由温度控制器控制冷却风机的投入和切除。

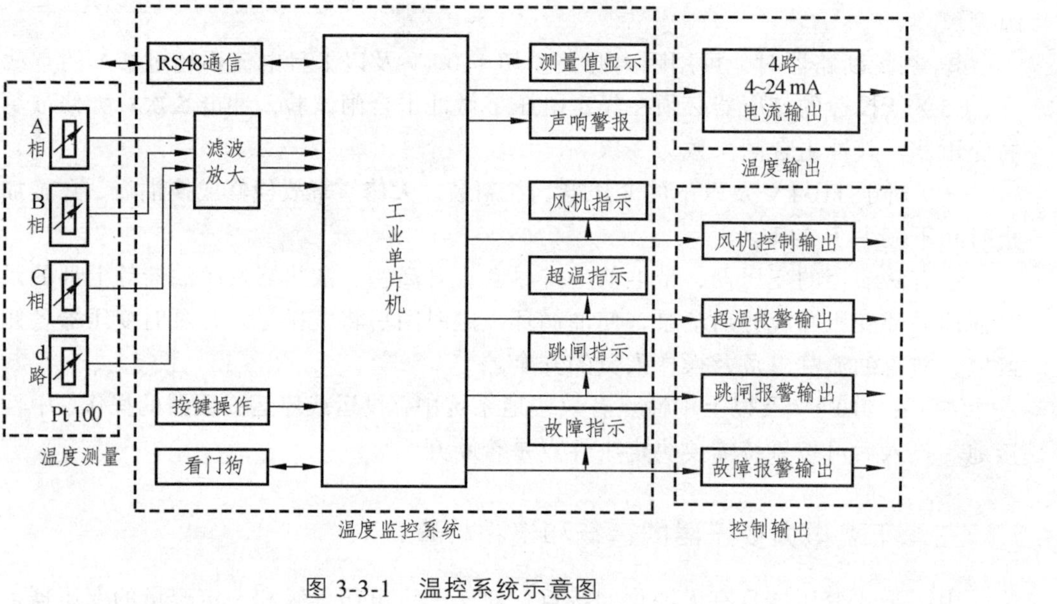


图 3-3-1 温控系统示意图

3．温升及过载能力

对于干式变压器的寿命，《干式电力变压器负载导则》指出干式变压器的寿命与绝缘因热老化引起的损坏有关，并对干式变压器的负载能力计算做出一定的规定：即正常预期寿命是额定负载电流和绕组绝缘额定热点温度的函数；把绕组热点温度的增加与绝缘损坏率的增加联系起来；对于因负载周期、负载电流及环境温度变化而引起的绕组热点温度变化应规定计算方法，以计算绕组热点温度变化对变压器绝缘热老化的影响。

对于不同绝缘耐热等级干式变压器在额定使用条件下的温升见表 3-3-7。

表 3-3-7　不同绝缘耐热等级干式变压器在额定使用条件下的温升限值

| 绝缘等级 | 绝缘系统的温度等级/°C | 绕组热点温度/°C | | 额定电流下绕组平均温升限值/K |
|---|---|---|---|---|
| | | 额定值 | 最高允许值 | |
| A | 105 | 95 | 140 | 60 |
| E | 120 | 110 | 155 | 75 |
| B | 130 | 120 | 165 | 80 |
| F | 155 | 145 | 190 | 100 |
| H | 180 | 175 | 220 | 125 |
| C | 220 | 210 | 250 | 150 |

干式变压器事故过负荷的允许数值和时间应遵循制造厂商的规定。若无制造厂商的规定资料时，可参考表 3-3-8。对于 SC 系列环氧树脂浇注绝缘干式电力变压器的过负荷能力曲线如图 3-3-2 所示。

表 3-3-8　非气体绝缘的干式变压器在事故情况下允许的最大短时过载时间

| 过载/% | 20 | 30 | 40 | 50 | 60 |
|---|---|---|---|---|---|
| 允许时间/min | 60 | 45 | 32 | 18 | 5 |

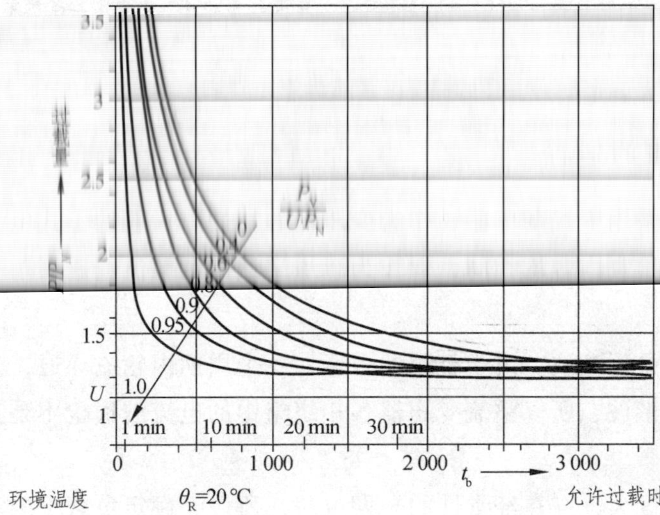


图 3-3-2　SC 系列环氧树脂浇注绝缘干式电力变压器的过负荷能力曲线

## （二）巡视检查

（1）设备安装牢固，无倾斜、外壳无严重锈蚀、接地良好，基础、支架应无严重破损剥落。

（2）变压器本体是否清洁，是否放电，是否有凝露水珠。

（3）电气连接部分应连接牢固，接触良好。

（4）设备的音响正常，无异味。

（5）变压器室通风良好。

（6）通过温控箱检查变压器运行温度。

## 四、整流机组的运行和巡视检查

整流机组是牵引变电所的重要设备，它包括整流变压器和整流器组，每座牵引变电所中设置两套整流机组，通过整流机组获得机车牵引所需的直流电压。为了获得大功率的整流、减小谐波分量、减少工程占地面积，一般采用 24 脉波整流机组。整流机组原理图如图 3-3-3 所示。

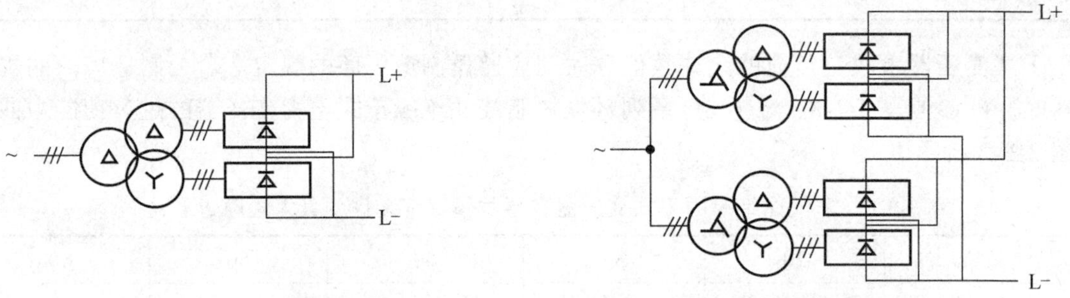


（a）

整流变压器的二组低压绕组之间相差 30° 引入整流器。整流器由两个三相桥式整流电路并联组成 12 脉波整流

（b）

整流变压器的高压侧绕组采用延边三角形，一台整流变压器移相 + 7.5°，另一台整流变压器移相 − 7.5°，两台整流器组成 24 脉波整流。

图 3-3-3　整流机组原理图

### （一）整流机组的运行

整流变压器一般采用干式变压器，作为变压器的特性与一般的干式电力变压器的使用条件、温控温显系统及检查内容均相同，但作为轨道交通用的整流变压器与一般的干式电力变压器不同点在于：

（1）电流波形不是正弦波。由于整流器各臂在一个周期内轮流导通，流经整流臂的电流波形为断续的近似矩形波，所以整流变压器各相绕组中的电流波形也不是正弦波，其谐波分量较丰富。

（2）负载变化幅度大，存在经常性的短期过载，所以，额定负载下的温升限值取得低。

（3）阀侧由于接接触网，短路故障机会多，因此，要求抗短路能力强，阻抗大。

基于以上的特点，整流变压器绝缘耐热等级的温升，除遵循《干式电力变压器负载导则》外，对于整流机组的负载要求较高，国标中规定：整流机组负载等级为Ⅵ级，即整流变压器和整流器均需满足：100% 额定负荷——连续；150% 额定负荷——2 h；300%额定负荷——1 min；并且整流机组应满足规定的负荷曲线图，如图 3-3-4 所示。

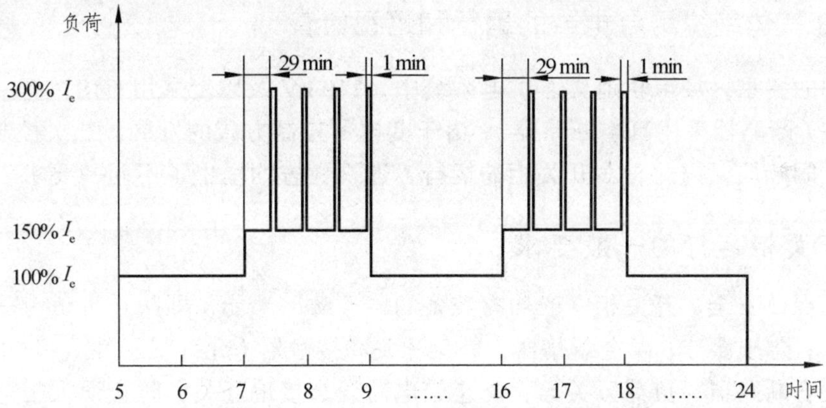


图 3-3-4　整流机组负荷曲线图

## （二）整流机组的巡视检查

对于整流变压器的巡视检查项目，除注意监视负载情况外，与一般的干式电力变压器相同。整流机组故障报警内容和故障位置见表 3-3-9。整流器组的巡视检查项目为：

（1）检查散热器散热是否正常。

（2）RC 回路工作正常，吸收装置的电阻、电容运行正常，无过热、膨胀、放电痕迹。

（3）故障显示模块指示正常，熔断器指示有无熔断显示。

（4）绝缘子无积尘，无破损，无裂纹。

（5）外壳无严重锈蚀，绝缘安装的绝缘垫无破损、表面无脏污。

（6）电气连接紧固，接触良好，大电流母排无过热发黑现象。

表 3-3-9　ZQA-××/1500 型整流器组故障报警内容和位置

| 序号 | 面板故障显示 | 故障显示的意义 | 故障发生的位置 |
|---|---|---|---|
| 1 | $1U_1 \sim 1U_6$ | 快速熔断器报警 | $1U_1 \sim 1U_6$ 桥臂，具体位置需查看所在桥臂快速熔断器的红色翻牌显示 |
| | $2U_1 \sim 2U_6$ | | $2U_1 \sim 2U_6$，具体位置需查看所在桥臂快速熔断器的红色翻牌显示 |
| 2 | $W_1$ | 桥臂条形散热器超温报警 | $1U_1$、$2U_1$ 桥臂 |
| | $W_2$ | | $1U_2$、$2U_2$ 桥臂 |
| | $W_3$ | | $1U_3$、$2U_3$ 桥臂 |
| | $W_4$ | | $1U_4$、$2U_4$ 桥臂 |
| | $W_5$ | | $1U_5$、$2U_5$ 桥臂 |
| | $W_6$ | | $1U_6$、$2U_6$ 桥臂 |
| 3 | $DL_1$ | 整流桥逆流保护动作 | 对应 $L_1 \sim L_3$ 进线的 1# 整流桥故障 |
| | $DL_2$ | | 对应 $L_4 \sim L_6$ 进线的 1# 整流桥故障 |

## 五、GIS 气体绝缘组合电器的运行和巡视检查

根据不同的要求，城市轨道交通供电系统中，110 kV 及以上采用 GIS，而中压开关柜采用 AIS 或 GIS（断路器采用真空断路器）。由于变电所控制方式的发展，二次控制、保护设备逐渐均下放至间隔层，因此，对开关柜的运行、巡视检查均提出了不同的要求。

### （一）开关柜运行的一般要求

（1）为了保证安全，开关柜一般均有完备的“五防”功能，即防止带负荷分、合隔离开关和隔离插头；防止误分、误合断路器，负荷开关和接触器（允许提示性）；防止接地开关在合闸位置时关合断路器、负荷开关等；防止带电时误合接地开关；防止误入带电间隔。正常运行时，需保证各联锁装置投入使用，电磁锁、机械锁、带电显示装置等防电气误操作的闭锁装置正常。

（2）对于 GIS 需对 $SF_6$ 的压力、品质给予足够的重视。$SF_6$ 气体的水分允许含量最高允许值见表 3-3-10。为了防止凝露，充入 GIS 的新气在额定密度下其露点不应超过 – 5 °C。

表 2-3-10　GIS 中 $SF_6$ 气体含水量允许值（20 °C 时）

| 隔室 | 有电弧分解物的隔室 | 无电弧分解物的隔室 |
|---|---|---|
| 交接验收值 | $\leqslant 150\times10^{-6}$ | $\leqslant 250\times10^{-6}$ |
| 运行值 | $\leqslant 300\times10^{-6}$ | $\leqslant 500\times10^{-6}$ |

（3）对开关柜内各主元件，如断路器、负荷开关、熔断器、隔离开关、接地开关、避雷器、互感器等仍需按各自特性进行巡视检查。

（4）各测控、保护装置除各自运行良好外，还需保证与 SCADA 系统通信正常。

### （二）高压开关柜巡视的一般检查项目

（1）设备安装牢固，无倾斜、外壳无严重锈蚀、接地良好，基础、支架应无严重破损剥落。

（3）$SF_6$ 气体压力检查。检查各间隔气室的 $SF_6$ 气压表的显示是否在正常范围。

（4）操作机构检查。检查液压操作机构、气动操作机构的压力表的显示是否在正常范围，以判断是否有漏油、漏气现象；弹簧操作机构的储能弹簧是否在储能位置。检查操作机构是否有锈蚀，传动装置是否有脱位、变形现象。

（5）正常运行时“当地/远方”控制选择应在“远方”位。

（6）正常运行时相关的联锁不应解锁，电磁锁、机械锁、带电显示装置正常。

（7）检查各测控、保护装置运行是否正常，有无异常的信号显示或弹出告警栏。

（8）检查开关柜外壳接地部分是否良好。

（9）检查 $SF_6$ 气压防爆装置是否良好，正常巡视时勿在防爆膜附近长时间停留。

（10）检查各类中间继电器、接触器运行是否正常。

（11）检查用于防潮、防凝露的加热器工作是否正常。

## 六、直流开关柜的运行和巡视检查

直流开关柜是指牵引供电系统中的进线柜、馈线柜、负极柜、钢轨电位限制装置。

直流开关柜一般要求为户内型开关柜，具有标准防护等级的金属封闭式结构。对于带断路器小车的进线柜和馈线柜的结构形式，有的将控制、保护、测量部件均安装在断路器小车上；而另外一种是将控制、保护、测量部件与断路器小车完全分开，控制、保护、测量部件安装在低压小室中。

在直流牵引供电系统中，为了减少杂散电流对金属管线的腐蚀，进线柜、馈线柜、负极柜、整流器柜采用绝缘安装，其外壳不是单独直接接地，其外壳通过电缆集中后与接地母排连接实现单点接地。现以镇江大全赛雪龙的开关柜为例介绍运行和巡视检查要求：

### （一）运行和操作要求

#### 1．联锁、联动

为了运行安全，开关柜的不同元件之间设联锁。对主回路来说，必须遵守下列规定：

（1）在工作位置时，辅助回路若未接通，断路器不能合闸。

（2）只有断路器处于分闸位置时，隔离插头才能打开或闭合，断路器小车才能拉出或推入。断路器在运行、试验位置时才能分合闸；断路器处于合闸位置时，不能将断路器小车从其所在的运行、试验位置抽出。

（3）当断路器小车在运行位置时，控制电缆插头不能拔出；当控制电缆插头在断开位置时，断路器小车不能推到运行位置；在控制电缆插头未拔出前断路器小车不能从开关柜内抽出。

（4）绝缘活门用以防止误操作，隔离主回路带电部分，保证检修人员工作安全。

（5）负极柜中手动隔离开关与对应的直流进线柜中的断路器和交流中压断路器之间实行联锁，只有当对应直流进线柜中的断路器和交流中压断路器同时处于分闸位置时，负极柜手动隔离开关才能操作，只有当负极柜手动隔离开关处于合闸位置时，直流进线断路器才能合闸。

（6）只有当主回路隔室的元件不带电的情况下，断路器小车室的门和后背板才允许开启，门背板可使用挂锁锁定。

（7）直流进线断路器与对应的交流中压断路器之间设有联动功能。

#### 2．直流开关柜操作要求

（1）直流断路器小车的三个位置“运行位”“试验位”“拉出位”，每次操作均需在明确的位置。拉出或推入需平稳无冲击。

（2）当需拉出断路器小车时，需先逆时针转动联锁杆 45°，然后进行拉出操作至“试验位”，再拉出约 10 cm 后解开小车上的控制线，最后拉出至所需的位置。

（3）需推入断路器小车时，需先重新逆时针转动联锁杆 45°，方能推入小车，重新接上控制线，听到“喀”声后，推入小车使开关处于工作状态。推入时若感觉有异常大的阻力，此时，不可盲目大力推，需查明原因，以免撞坏测试触头孔座和绝缘挡板等部件。

（4）操作负极刀闸时，须使用绝缘操作杆。

（5）断路器合闸运行时，禁止碰连锁杆，以免跳闸。在紧急情况下，机械连锁杆可作为紧急脱扣用。

### （二）巡视和检查项目

（1）柜体完好，无严重锈蚀，门锁好。

（2）表计指示正常，旋钮于“远动”位。

（3）检查各测控、保护装置运行是否正常，有无异常的信号显示或弹出告警栏。

（4）二次端子连接紧固，整齐。

（5）负极柜内电缆接头紧固，刀闸接触良好，分合完全到位；分合闸指示正确。

## 七、控制、保护及自动装置的运行和巡视检查

### （一）控制、保护及自动装置的运行

（1）运行中，继电保护及自动装置不能任意投入、退出和变更原来的整定，应遵照电力调度员的命令执行，在投入前必须对其回路进行周密的检查：

① 该回路无人工作，工作票已结束、收回；

② 继电器外壳盖好；

③ 保护定值符合规定数值；

④ 二次回路拆开的线头已恢复。

若需投入继电保护和自动装置时，应先投入交流电源（如电压或电流回路等），后送上直流电源。此后应检查保护装置工作是否正常，信号灯及表计是否正确，然后加入信号连接片；若需将保护投入跳闸位置或将自动装置投入运行位，需用高内阻直流电压表或万用表测定连接片两端无电压后，方能投入连接片。继电保护和自动装置退出时的操作顺序与上述相反。

（2）继电保护装置的运行过程中，发现异常现象时，应加强监视并立即向主管部门报告。

（3）断路器自动跳闸后，应检查保护动作情况并查明原因，若是继电器动作或临时性故障可进行试送电。试送电前，应将保护装置所有信号全部复归。

（4）运行人员对保护装置的操作，一般只允许接通或断开压板，切换转换开关，及卸装保险等工作。不得对接线端子排上接点做改换连接工作。

（5）在二次回路上做的一切工作，都必须应遵守《电力安全工作规程　发电厂和变电站电气部分》（GB 26860—2011）的有关规定，并持有与现场设备相符的图纸作检修依据。

（6）值班员带电清扫二次回路时，使用的清洁工具应干燥，金属部分应包好绝缘，工作时应将手表摘下（特别是金属表带的手表），应穿长袖工作服，带线手套，工作时必须小心谨慎，不应用力抽打，以免损坏设备元件或弄断线头及防止元件振动而误动。不得用压缩空气吹尘的方法，以免灰尘吹入仪器仪表或其他设备内部。

### （二）控制、保护及自动装置的巡视检查

（1）各保护模块显示数据正常，各断路器位置信号显示与断路器实际位置一致。

（2）远方/当地开关在指定位置。

（3）检查各类指示仪表是否正确、无误。

（4）通信管理、GPS 同步时钟等装置运行正常。

（5）检查压板及转换开关的位置是否与运行状态和要求一致。

（6）熔断器、端子排二次线等无松动。

（7）各标识标记清晰正确。

## 八、变电所直流自用电系统的运行和巡视检查

变电所的直流自用电系统包括蓄电池、充电机装置（下称“充电机”）两大部分。由于阀控式密封铅酸蓄电池（下称“阀控蓄电池”）具有无需添加蒸馏水、调整酸液比重等维护工作及无酸雾等优点，具有“免维护”功能，近年来应用越来越广泛。由于高频开关电源型充电机结合脉宽调制（PWM）技术的应用，使其纹波系数小、稳流和稳压精度高，近年来广泛地与充放电要求高的阀控蓄电池综合使用。为满足综合自动化系统的要求，充电机中通常还配置有微机监控装置和微机绝缘监测仪。

### （一）充电机的运行监视

（1）输入的三相交流电压不应超过额定值的 ± 10%，运行中需检查三相交流输入的切换装置正常。

（2）直流母线电压不应超过额定值的 ± 10%，否则需调整硅链的降压值。

（3）检查充电机音响是否正常，无异味，外壳、绝缘件应清洁、无发热。

（4）检查各保护信号是否正常，绝缘状态是否良好。

（5）微机监控器是根据直流电源装置中蓄电池组的端电压值，充电装置的交流输入电压值，直流输出电流值和电压值等数据来进行控制的。运行人员可通过微机的键盘或按钮来整定和修改运行参数。

（6）微机监控器直流电源装置一旦投入运行，只有通过显示按钮来检查各项参数，若均正常，就不能随意动改整定参数。

（7）微机监控器若在运行中控制不灵，可重新修改程序和重新整定，若都达不到需要的运行方式，就启动手动操作，调整到需要的运行方式，并将微机监控器退出运行，交专业人员检查修复后再投入运行。

（8）微机监控器对蓄电池有自动充电功能，即微机监控器能控制充电机自动进行恒流限压充电→恒压充电→浮充电→进入正常运行状态。

（9）微机监控器对蓄电池还有自动定期充电功能，即根据整定时间，微机监控器控制充电机定期自动地对蓄电池组进行均衡充电，确保蓄电池组随时具有额定的容量。对阀控蓄电池而言，一般设置为 1 个月进行一次自动定期充电。

（10）由于充电机中的整流元件的过载、过热能力差，运行中应注意充电机内各元件的温

升，保持通风及散热良好。

（11）当直流输出电流超出整定的限流值时，充电机具有限流功能，限流值整定范围为直流输出额定值的50%～105%。当母线或出线支路上发生短路时，应具有短路保护功能，短路电流整定值为额定电流的115%。

（12）充电装置具有过流、过压、欠压、绝缘监察、交流失压、交流缺相等保护及声光报警的功能。继电保护整定值在没有特殊说明时一般按表3-3-11执行。

表3-3-11 继电保护整定值

| 名 称 | 额定值 | |
|---|---|---|
| | 额定直流电压110 V系统 | 额定直流电压220V系统 |
| 过电压继电器 | 不大于121 V | 不大于242 V |
| 欠电压继电器 | 不小于99 V | 不小于198 V |
| 直流绝缘监察继电器 | 不小于7 kΩ | 不小于25 kΩ |

## （二）绝缘监视

直流自用电系统发生一点接地时，虽不会引起危害，但必须及时消除，否则再发生另一点接地时可能会使控制、信号、保护装置误动作，因此，运行中应经常检查绝缘监察装置的绝缘指示和信号显示情况。直流用电各部分的绝缘电阻要求见表3-3-12。

电气回路及小母线绝缘电阻一般随装置试验时一起测量，只有在查找绝缘电阻降低或接地故障时才分别测量，并根据表3-3-11的标准判断故障点，蓄电池组每半年应单独测量一次。

表3-3-12 直流自用电系统的绝缘电阻值

| 序 号 | 名 称 | 绝缘电阻/MΩ |
|---|---|---|
| 1 | 单一电气回路 | 1.0 |
| 2 | 全部电气回路 | 0.5 |
| 3 | 直流小母线 | 10 |
| 4 | 110 V蓄电池组 | 0.1 |
| 5 | 220 V蓄电池组 | 0.2 |

## （三）蓄电池的运行和巡视检查

为保证蓄电池有足够的容量，变电所通常采用浮充电运行方式。正常运行时，蓄电池组与光电机并联工作，由充电机向经常性的直流负荷供电，并向蓄电池组浮充电，以补充蓄电池组自放电和因短时大负荷及事故时直流负荷所损失的容量。

### 1．直流负荷电流及其测量

经常性的直流负荷电流包括运行时必须接入的信号、继电保护和自动装置所用的负荷；短时负荷包括直流操作回路继跳、合闸线圈所用的负荷；事故时的直流负荷包括交流失电时的事故照明和信号、继电保护和自动装置所用的负荷。

正常运行时经常性直流负荷基本是不变的，只有在改变运行方式或因检修需要停用某些电气设备，其信号、继电保护和自动装置退出运行时才会发生变化。所以在运行中，经常性直流负荷一经测定后，不必再经常监视，而只在其有可能发生变化时才进行测量，以便调整充电机的工作电流。

2．蓄电池的浮充电

不恰当的电池浮充电压将影响电池寿命及容量。如果浮充电压过高，浮充电流将随之上升，导致电池栅板反应（腐蚀）加速，电池寿命缩短；浮充电压过低，电池工作在欠充状态，导致硫酸铅的堆积，电池容量下降，电池寿命缩短。正常运行时，充电机的工作电流为经常性直流负荷电流与蓄电池组浮充电流之和。由于前者基本不变，故调整充电机的工作电流即调整了蓄电池组的浮充电流。

蓄电池浮充电时的浮充电压和浮充电流应按厂家要求调整。无厂家资料时，一般可按以下要求操作使用。

（1）对于阀控蓄电池组，浮充电压值宜控制为（2.23～2.28）V*N、均衡充电电压值宜控制为（2.30～2.35）V*N。在正常的浮充操作中，不需要限制充电电流。当蓄电池上的充电电压恒定时，充电电流是由蓄电池的充电状态（内阻）确定的。蓄电池在满充之前，充电流一直随其内阻在变化，直到蓄电池满充后，充电电流才稳定在一个数值上。稳压充电状态下，当蓄电池的浮充电流不再减小且连续 3h 稳定时，可认为该蓄电池已经满充。

（2）阀控蓄电池组的浮充电压温度补偿。阀控蓄电池组在浮充电时不能忽视蓄电池温度的因素．蓄电池在 25 °C 时浮充电压为 2.25～2.30 V/单体，阀控蓄电池温度偏离 25 °C 时，电池的自放电率、内阻、容量、电解液黏度都会变化，所以必须对阀控蓄电池浮充电压进行温度补偿。对浮充电压进行温度补偿时，应该考虑下面因素：如果阀控蓄电池的环境温度保持恒定，可按照温度补偿系数来修正充电机输出的浮充电压；如果阀控蓄电池的环境温度未知或不定时（如：日/夜、冬/夏），则要求充电装置能够自动按照补偿系数进行修正。温度补偿以 25 °C 为准，温度每升高 1 °C，降低浮充电压 0.005 V；温度每降低 1 °C，升高浮充电压 0.005 V。

3．环境温度对阀控蓄电池的影响

阀控蓄电池的额定容量和寿命都是对于 25 °C 而言的，环境温度低于 25 °C 时，蓄电池容量减小，寿命延长；环境温度高于 25 °C 时，蓄电池容量增加，寿命减短。阀控蓄电池长期在高温下使用时，其内部会产生多余的气体，蓄电池内部气压升高，引起排气阀开启，造成电解液损失。在使用过程中需注意以下两点：

（1）阀控蓄电池充足电时，电解液冰点为－70 °C，而放完电后，电解液冰点仅为－5 °C，所以在低温下使用或存储电池，一定要注意。

（2）当使用环境温度高于 25 °C 时，阀控蓄电池栅板反应（腐蚀）加速，会引起蓄电池寿命缩短，使用环境温度每升高 10 °C，蓄电池寿命减半，故蓄电池使用温度不应过高。高于 40 °C 时，有热失控的危险。

4. 阀控蓄电池组的巡视检查

（1）监视端电压值，浮充电压、电流值。

（2）每周测量 1 次电池的电压值。

（3）检查蓄电池组的绝缘是否良好。

（4）检查蓄电池的外壳是否有变形，是否过热。

（5）检查是否有漏液和腐蚀现象，极柱与安全阀周围是否有酸雾溢出。

（6）检查蓄电池的运行环境温度，当长时间超过 35 °C 时，需尽快采取降温措施。

### （四）蓄电池使用维护注意事项

（1）清除蓄电池表面的灰尘时忌用干布，尤其是合成纤维织物海绵或鸡毛掸，以防止静电引起爆炸。

（2）不允许在蓄电池上部放置金属工具。拧紧螺母时，注意不得将金属工具同时接触蓄电池的正、负极柱，以免短路烧伤。

（3）不允许借助于极柱吊起电池。

（4）在使用中，若有漏液和“爬碱”现象，会引起绝缘不良，或碳酸盐引起导电不良。因此应经常保持蓄电池清洁。

（5）蓄电池的塑料外壳，严禁用汽油、苯、丙酮等有机溶剂擦拭。可使用清水进行擦拭。为防锈，可在金属极柱处涂薄薄的一层防锈油或中性凡士林。

# 第四节　变电设备的倒闸操作

## 一、倒闸操作的概念及一般规定

### （一）倒闸操作的概念

电气设备有多种不同的运行状态，要将电气设备由一种运行状态转变到另一种运行状态，就需要进行一系列的倒闸操作。所谓改变运行状态，就是拉开或合上某些断路器和隔离开关，包括断开或投入相应的直流回路；改变继电保护和自动装置的定值或运行状态，临时接地线等。倒闸操作主要是指为适应供电系统运行方式改变的需要，而必须进行的拉、合断路器、隔离开关、高压熔断器等（以下简称为一次设备）的操作。为适应一次设备运行状态的改变，继电保护及自动装置（以下简称二次设备）运行状态亦应作相应的改变，如继电器保护装置的投入或退出、保护定值的调整等。为了保证上述操作正确无误地进行，要求在操作过程中进行必要的检查。

### （二）倒闸操作的一般规定

（1）倒闸操作须有值班负责人的命令（工作票或口头命令）。属电力调度管辖的设备，倒闸操作则须有电力调度的命令。电力调度的命令应由值班员受令，在复诵无误后电力调度给出命令编号和批准时间，上述命令授受双方均要认真记录并复诵，如有疑问须问清后才可执行。

非电力调度管辖的设备，受令人倒闸完毕后应将倒闸时间、原因和操作人、监护人姓名记入单独的倒闸操作命令记录簿中。

（2）一次设备的倒闸操作以及单独进行继电保护及自动装置的投切操作，一般应分记于两个倒闸操作命令记录簿中。

（3）倒闸作业要按操作卡或倒闸表进行。

（4）一个变电所一次只能下达一个命令，一个命令只有一个倒闸操作（即一张操作卡或一张倒闸表上的倒闸操作）。

（5）倒闸操作人、监护人均应穿绝缘靴、戴安全帽、操作人还应戴绝缘手套。在拆装高压熔断器时操作人还应戴防护镜。操作人在倒闸操作时要做到坚定、迅速。

（6）倒闸操作期间严禁做与操作无关的其他事，以便精力集中，确保安全。

（7）遇有危及人身或设备安全的紧急情况，值班人员可先行断开有关的断路器和隔离开关，然后再报告电力调度，但合闸时必须有电力调度或值班负责人的命令才能进行。

（8）雷电天气时禁止进行室外高压设备的就地倒闸操作。

## 二、电气设备的运用状态

运行中的电气设备，系指全部带电或一部分带电以及一经操作即带有电压的电气设备。所谓一经操作即带有电压的电气设备，是指现场停用或备用的电气设备，它们的电气连接部分和带电部分之间只用断路器或隔离开关断开，并无拆除部分，一经合闸即带有电压。因此运行中的电气设备具体指的是现场运行、备用和停电的设备。如电气设备某一部分已从电气连接部分拆下，并已拆离原来的安装位置而远离带电部分，则就不属于运行中的电气设备。现场中全部带有电压的设备即处于运行状态，而其中一部分带有电压或一经操作才带有电压的设备是处于备用状态或停用状态以及检修状态。

电气设备的运用状态有运行状态、热备用状态、冷备用状态和检修状态。

### （一）运行状态

电气设备的运行状态，是指断路器和隔离开关都在合闸位置，将电源至受电端间的电路接通（包括辅助设备如仪表、变压器、避雷器等）。

### （二）热备用状态

电气设备的热备用状态，是指断路器在断开位置，而隔离开关仍在合闸位置，其特点是断路器一经操作即接通电源。

### （三）冷备用状态

电气设备的冷备用状态，是指设备的断路器及隔离开关均在断开位置。其显著特点是该设备（如断路器）与其他带电部分之间有明显的断开点。设备的冷备用根据工作性质分为断路器冷备用与线路冷备用等。现分别叙述如下：

（1）“断路器冷备用”时，接在断路器上的电压互感器及所用变压器的高低压熔断器应取下，高压侧隔离开关应拉开，如高压侧无法断开，则拉开低压侧隔离开关。线路上的电压互感器、所用变压器、高压隔离开关不拉开和低压熔断器不取下。

（2）“线路冷备用”时，接在线路上的电压互感器、所用变压器高低压熔断器一律取下，高压侧隔离开关应拉开，如高压侧无法断开，则应断开低压侧。

（3）“电压互感器与避雷器”的冷备用，当其与高压隔离开关及低压熔断器隔离后，即处于冷备用状态，无高压隔离开关的电压互感器，当低压侧熔断器取下后即可处于冷备用状态。

（4）母线从运行或检修转为冷备用应包括母线电压互感器。

### （四）检修状态

电气设备的检修状态，是指设备的断路器和隔离开关均已断开，检修设备（如断路器）两侧装设了保护接地线（或合上接地隔离开关），并悬挂了工作标示牌，安装了临时遮栏，该设备即处于检修状态。装设临时遮栏的目的是将工作场所与带电设备区域隔离，限制工作人员的活动范围，以防在工作中因疏忽而误碰带电部分。检修应根据工作性质分为断路器检修和线路检修等。

（1）断路器检修是指设备的断路器与两侧隔离开关均拉开，断路器的操作电源及合闸电源断开，在断路器两侧装设了保护接地线或合上接地隔离开关，并做好安全措施。检修的断路器若与两侧隔离开关之间接有仪表变压器（或变压器），则该仪表变压器的隔离开关拉开或取下高低压熔丝，高压侧无法断开时则取下低压熔丝，如有母差保护、母差电流互感器回路应拆开并短路接地（二次回路应作相应的调整）。

（2）“线路检修”是指线路断路器及其两侧隔离开关拉开，并在线路出线端挂好接地线（或合上线路接地隔离开关）。如有线路仪表变压器（或变压器），应将其隔离开关拉开或取下高低熔断器。

（3）变压器检修亦可分为断路器或变压器检修。挂接地线或合上接地隔离开关的地点应分别在断路器两侧或变压器各侧。

（4）母线检修状态是指该母线从冷备用转为检修，即在冷备用母线上挂好接地线（合上母线接地隔离开关）。

① 母线由检修转为冷备用，是指拆除该母线的接地线（或拉开母线接地隔离开关），应包括母线电压互感器也转为冷备用。

② 母线从冷备用转为运行，是指有任一路电源断路器处于热备用状态，一经合闸，该母线即可带电，包括母线电压互感器转为运行状态。凡不符合上述状态的操作，调度员在发布操作命令时必须明确提出要求，以便正确执行倒闸操作。

## 三、倒闸操作的要求、要领和注意事项

### （一）倒闸操作的要求

1．对变电运行操作人员的要求

（1）值班人员必须经过安全教育、技术培训，熟悉业务和有关的规章、规程规范制度，经考试合格、相关部门批准、公布值班资格（正、副值）名单后方可承担一般操作和复杂操作，接受调度命令，进行实际操作或监护工作。每年值班人员要进行一次考试复查，不符合值班资格者要降职使用。

（2）值班人员如调到其他主接线、保护配置变化较大的变电所工作时，也必须履行考试及批准手读。

（3）新进值班人员必须经过安全教育、技术培训，考试合格，方可担任实习值班员，如要进行操作，必须在监护人、操作人双重监护下才能进行操作。

（4）值班人员若因故离岗三个月后，必须复习规章、规程规范制度，经考试、考问合格后，方可担任原来的工作。

（5）倒闸操作时，不能单凭记忆，而应在仔细地检查了应操作设备的名称编号后，才能进行操作。

（6）倒闸操作时，不要仅依赖监护，而应对操作内容做到心中有数，否则，操作中会出问题。

（7）在进行操作期间，不要做与操作无关的交谈或工作。

（8）处理事故时，不要惊慌失措，否则，会扩大事故或发生人身伤亡事故。

（9）装设接地线之前，必须认真检查该设备是否确已无电。在验明设备确无电压后，应立即装设接地线（或合上接地隔离开关）。

2．对电气设备要求

（1）现场一次、二次设备要有明显的标志，包括名称、编号、铭牌、转动方向、切换位置指示及区别电气相别的颜色。

（2）要有合格的工具、安全用具和设施（包括放置接地线的专用装置）等。

3．对管理方面的要求

（1）要有与现场设备标示和方式相符合的一次系统模拟图、二次回路的原理图和展开图。

（2）除事故处理外，操作时应有确切的调度命令和合格的操作票。

（3）要求使用统一的、确切的操作术语。

### （二）倒闸操作的技术要领

为防止误操作事故，《变电所安全工作规程》作了具体规定：停电拉闸操作必须按照断路器、负荷侧隔离开关、母线侧隔离开关顺序依次操作，送电合闸顺序与此相反。严防带负荷拉开隔离开关，这是倒闸操作最重要的基本原则。

实际上整个倒闸操作的技术原则也是围绕着“不能带负荷拉隔离开关”及保证人身设备

安全、缩小事故范围而制定的。在了解倒闸操作的基本规律与技术原则的基础上，应掌握好电气设备的操作技术要领。

1．隔离开关操作技术要领

（1）在手动合隔离开关时必须迅速果断，以求操作正确性为主，但在合到底时不能用力过猛，以防合过头及损坏支持绝缘子。在合隔离开关时如发生弧光或误合时，则应将隔离开关迅速合上。隔离开关一经合上，不得再行拉开，因为带负荷拉开隔离开关会使弧光扩大，使设备损坏更加严重，这时只能用断路器切断该回路后，才允许将误合的隔离开关拉开。旁路母联隔离开关的操作只能在旁路断路器断开的情况下进行。

（2）隔离开关经操作后，必须检查其开、合的位置；合时查三相刀片接触良好，拉开时三相断开角度符合要求。因为有时由于操动机构发生故障或调整得不当，可能出现操作后未全拉开和未全合上的不一致现象。

2．断路器操作技术要领

（1）一般情况下，凡电动合闸的断路器，不应手动合闸。

（2）电动操作断路器时，扳动控制开关（按钮）不要用力过猛，以防损坏控制开关，也不要返回太快，以防时间短，断路器来不及合闸。

（3）断路器操作后，应检查与其有关的信号及测量仪表的指示，从而判别断路器动作的正确性。但不能仅从信号灯及测量仪表的指示来判断断路器实际的分、合闸位置。

① 断路器合闸前，应确认继电保护已按规定投入。

② 断路器合闸后应检查：相关合闸指示灯亮，机械指示应在合闸位置；此回路的电流表、功率表及计量表是否启动，如不启动应查明原因；弹簧操作机构，在合闸的后应检查弹簧是否压紧。

③ 断路器分闸后的检查：相关分合闸指示灯亮，机械指示应在分闸位置；计量表应停走，电流表、功率表指针回到零位。

④ 当断路器切断故障电流次数达到现场规程规定时，应停用其重合闸；断路器因有缺陷而不能跳闸时，应改为非自动；若断路器有明显故障，应尽快停用。

（4）设备停电操作前，终端线路应先检查负荷是否到零。并列运行的线路在一条线路停电前应考虑有关定值的调整，并注意在一条线路断开后另一条线是否过负荷，如有疑问，应向调度员问清后再行操作。

（5）设备停电时应先拉断路器再拉隔离开关。

（6）设备送电应先合隔离开关再合断路器。断路器合闸前继电保护必须已按规定投入。有重合闸的线路，应检查重合闸装置是否良好。

（7）操作变压器断路器时，停电操作应先拉开负荷侧断路器，后拉电源侧断路器。送电时操作顺序相反。三绕组变压器：送电时先送高压侧、次送中压侧、后送低压侧，停电操作顺序相反。

（8）断路器检修前必须拉开操作熔断器和合闸熔断器，并拉开弹簧储能电源开关或熔断器。

3．装、拆接地线操作

（1）装接地线应先接地端，装设接地线前必须在停电设备上验明确已无电压，然后挂上接地线。挂接地线时，应戴绝缘手套。在设备上挂接地线时应先接靠近人身的那一相，然后再接其他两相。拆除接地线时顺序相反。

（2）验电前必须检查验电器本身是否良好。对电容器、双回路架空线路、电缆线路接地前必须先充分放电后再验电接地。

（3）接地线应有编号，并存放在固定的地点，存放的位置也应编号以便对号入座。使用时应注明接地设备的名称。

① 操作票上应填写接地线编号，在模拟图板上亦应有相应的接地线标志和编号。

② 拆除接地线后必须放回固定地点、做好记录，更正模拟图板。交接班时必须交待清楚接地线的使用情况。

4．倒闸操作的有关要求

（1）倒闸操作前，必须了解系统的运行方式、继电保护及自动装置等情况，并应考虑电源及负荷的合理分布以及系统运行的情况。

（2）在电气设备送电前必须检查有关工作票、安全措施拆除情况，如：拉开接地隔离开关或拆除接地线及警告牌和临时遮栏，恢复常设遮栏，对必要的设备测量绝缘电阻。在测量绝缘电阻时必须隔离电源、进行放电。此外还应检查断路器、隔离开关均在断开位置。工作票全部收回，办理好工作票终结手续，汇报调度，等待送电。

（3）倒闸操作前应考虑继电保护及自动装置整定值的调整，以适应新的运行方式的需要，防止因继电保护及自动装置误动作或拒动而造成事故。

① 电压互感器二次负载的切换。

② 所用变压器电源的切换。

③ 直流电源的切换。

④ 交流电源、电压回路和直流回路的切换。

⑤ 根据一次接线，调整二次跳闸回路（例如继电保护及自动装置改接和联跳断路器的调整等）。

⑥ 断路器停役，二次回路工作需将电流互感器短接退出，以及断路器停役时根据现场规程决定断路器失灵保护停用。

⑦ 现场规程规定的二次回路需作调整的其他有关内容。

（4）备用电源自动投入装置、重合闸装置必须在所属设备停运前退出运行，在所属主设备送电后投入运行。

（5）在倒闸操作过程中应注意分析表计指示。如倒母线时应注意电源分布的功率平衡，并尽量减少母联断路器电流，使其不超过限额，以防止过负荷而跳闸。

（6）在下列情况下，应将断路器的操作电源切断。

① 检修断路器。

② 在二次回路及保护装置上工作。

③ 在倒母线操作过程中拉合母线隔离开关，必须先断开母线断路器的操作电源熔断器，

以防止在拉合隔离开关时母联断路器跳闸而造成带负荷拉、合隔离开关。

④ 操作隔离开关前应先检查断路器确在分闸位置，以防止在操作隔离开关时断路器在合闸位置而造成带负荷拉、合隔离开关。

⑤ 在继电保护故障情况下，应取下直流操作回路熔断器或断开空气开关，以防止因断路器误合、误跳而造成停电事故。

（7）操作中应用合格的安全工具，以防止因安全工具不合格，在操作时造成人身和设备事故。

5. 高压熔断器操作技术要领

高压熔断器通常安装在隔离开关附近，采用绝缘杆单相操作高压熔断器与操作隔离开关一样，不允许带负荷拉、合。若发生误操作产生的电弧会威胁人身及设备的安全。

在误拉开第一相时，大多数情况与断开并联回中路或环路差不多，其上仍保持有电压，因此不会发生强烈电弧，而在带负荷断开第二相时，就会发生强烈电弧，导致相邻各相发生弧光短路。所以要根据与第一相断开时的弧光情况的比较，慎重地判断是否误操作，然后再决定是操作还是停止操作。

为防止发生事故，水平和三角形排列的高压熔断器操作顺序为：先中间，后两边；有风时，先中间，再下风，后上风。

6. 倒闸操作的注意事项

倒闸操作是将电气设备从一种状态转变到另一种状态的过程。新的状态出现后，势必会出现负荷的重新分配和潮流方向的重新调整，因此倒闸操作前必须了解系统的运行是否合理，继电保护及自动装置是否与一次运行方式相适应，继电保护定值是否要调整等。在倒闸操作中，应注意监护表计，分析其指示是否正常，同时还需注意下列几点：

倒闸操作必须由两人进行，其中对设备较为熟悉者作监护人（单人值班的变电所，倒闸操作由一人执行）。特别重要和复杂的倒闸操作由熟练的值班员操作，值班负责人监护，操作中执行监护制度，可及时纠正操作人在操作中可能出现的错误操作。同时在操作中万一发生意外时，监护人可及时对其进行救护。

用绝缘棒拉、合隔离开关或经传动机构拉、合隔离开关和断路器，均应戴绝缘手套，雨天操作绝缘棒应加装防雨罩，还应穿绝缘靴，雷电时，禁止进行倒闸操作。

装有闭锁装置（电气闭锁或机械闭锁）的隔离开关，应按闭锁装置要求进行操作，不得擅自解除闭锁。

## 五、倒闸操作的标准化程序

正确地进行倒闸操作是保障人身和设备安全的一项重要措施，要求值班人员和电力调度均应严格进行标准化操作。标准化倒闸操作包括操作术语标准化和操作程序标准化两项内容。

### （一）操作术语标准化

变电所常用的标准操作术语见表 3-4-1。

表 3-4-1　变电所常用的标准操作术语

| 序 | 操作术语 | 含　义 |
| --- | --- | --- |
| 1 | 报告数字时：幺、两、三、四、五、六、拐、八、九、洞、幺洞、幺幺… | 相应为：1、2、3、4、5、6、7、8、9、0、10、11… |
| 2 | 设备试运行 | 设备新安装，大修或事故，故障处理后投入系统运行一段时间，用以进行必要的试验或检查，视具体情况可随时停止运行 |
| 3 | 设备停用 | 运行中的设备停止运行 |
| 4 | 设备投入 | 停用设备恢复运行 |
| 5 | 准备倒闸 | 从宣布时起即算进入倒闸操作期间，并应执行有关要求和规定 |
| 6 | 开始模拟操作 | 开始在模拟图上按操作卡片或倒闸表的顺序逐项读票、复诵，并操作 |
| 7 | 开始操作 | 开始在实际设备上按操作卡片或倒闸表的顺序逐项读票，复诵，确认并操作 |
| 8 | 倒闸结束 | 倒闸命令完成并消令，转入正常值班 |
| 9 | 发令时间 | 电力调度开始下达命令的时间 |
| 10 | 批准时间 | 值班员（接令人）复诵发令时间、命令内容、发令人、受令人姓名、操作卡片编号后，电力调度发布命令号及批准时间（即准许倒闸开始操作的时间） |
| 11 | 完成时间 | 倒闸操作全部结束后，值班员汇报××号命令完成的时间 |
| 12 | ××时（读成点，下同）××分×××跳闸、××动作 | 此系断路器自动跳闸时，××时××分×××断路器（该断路器的运行编号）跳闸，同时××（保护名称）动作 |
| 13 | ××时××分×××跳闸、××动作，重合成功（重合不成功，重合闸撤除，重合闸拒动） | 馈电线断路器跳闸时，××时××分×××断路器跳闸，××保护动作，重合闸动作使断路器合闸成功（或不成功，或该装置未投入运行，或发生拒绝动作） |
| 14 | ××时××分×××强送第×次成功 | ××时××分×××断路器由操作强行合闸送电第×次成功 |
| 15 | ××时××分×××强送第×次不成功，××动作 | ××时××分×××断路器由操作强行合闸送电第×次不成功，××保护动作 |
| 16 | 断（拉）开或合上××× | 断（拉）开或合上×××断路器（××××隔离开关） |
| 17 | 拉出或推上×××小车 | 将运行编号为×××的小车式断路器拉出至试验位置，使隔离动、静触指分开；或推上小车至运行位置，使隔离动、静触指合上 |
| 18 | 验明无电或有电 | 指线路或设备停电时检查验证隔离开关一侧或断路器两侧已无电；送电时则检查验证隔离开关或断路器负荷侧应有电 |

## （二）操作程序标准化

倒闸操作一般按以下程序进行：

（1）了解倒闸计划。值班人员在交、接班后，接班的值班负责人随即向电力调度了解当天计划停电或送电的倒闸项目及预计倒闸时间。

（2）做好准备工作。电力调度在确定某项倒闸后，应于倒闸操作前（至少提前 10 min）

通知变电所值班员。

在倒闸前 10 min，由值班负责人宣布“准备倒闸”，这时值班员准备倒闸操作命令记录簿，并审查操作卡片（无操作卡片者审查倒闸表）；助理值班员则准备需用的安全用具及钥匙。操作前必须先准备必要的安全用具、工具、钥匙，操作高压设备应戴的绝缘手套，使用前应检查有无破损和漏气，需要装设接地线时应检查接地线是否完好，接线桩头有无松动，核对所取钥匙编号是否与操作票所要操作的电气设备名称编号相符。

雨天操作还应准备好绝缘靴、雨衣。做安全措施时，应准备相应电压等级且合格的验电器、接地线、活动扳手等。如执行二次设备的倒闸操作任务时，必须准备电压表、螺丝刀、短接地线等。

（3）模拟图操作。值班负责人宣布“开始模拟操作”，而后按操作顺序在模拟图上进行核对性操作。

（4）发布倒闸命令。当电力调度员宣布“××变电所接令”后，接着发布命令时间、命令内容、操作卡片编号及发令人姓名。值班员复诵全部内容，并告之受令人姓名。在上述授受令过程中，助理值班员始终监护值班员的受令，并校核其复诵内容与记录是否相符。经发、受令双方核对无误后，电力调度发布命令号及批准时间。

（5）正式进行操作。值班负责人宣布“开始操作”后，值班员及助理值班员前往现场，到达位置即核对设备名称、编号。在相互确认正确无误后，值班员宣读操作卡片（或倒闸表），并站在助理值班员左侧稍后处进行监护；助理值班员站在设备前用右手进行操作。操作过程中应逐项呼换应答，即每进行一步操作监护人均须用右手指点应操作的设备，操作人则予以复诵，籍以达到双方共同确认、保证无误的目的。

（6）检查和确认。为了确保按操作票的顺序进行操作，在每操作完一项后，监护人应在该项上做一个记号“√”。同时两人一齐检查被操作的设备的状态，应达到操作项目的要求。如设备的机械指示、信号指示灯、表计等情况，以确定实际位置。操作结束，还应对票上的所有操作项目作全面检查，以防漏项。

（7）消令。前述程序完成并经确认达到操作目的后，值班员即向电力调度报告：“××变电所××号命令完成”，并报出自己的姓名。电力调度员则应答复出命令完成时间及本人姓名，即“××号命令××时××分完成，×××（姓名）”。至此，值班员即可宣布“倒闸结束”。

（8）复查。倒闸结束后，由值班员对设备的技术状况进行检查。例如检查小车断路器的闭锁杆、导簧管（或跳闸弹簧）、凸轮位置是否正确，隔离触指接触是否良好等。

## 第五节　供电事故的处理原则

### 一、事故处理原则

供电系统中，凡由于工作失误、设备状态不良或自然灾害引起供电设备破损、中断供电，以及严重威胁供电安全的，均列为供电事故。供电系统的事故可分为电气设备事故和系统事故两大类。电气设备事故可能发展为系统事故，影响整个系统的稳定性；而系统事故又能使某些电气设备损坏。因此，运行人员的主要任务是保证设备正常运行，尽量减少和避免事故的发生。而一旦发生事故，应以最快的速度处理，尽可能地保留送电范围。

## 二、处理的原则

在事故处理中必须牢固树立“安全第一”的思想，遵循“以人为本、安全第一，统一指挥，逐级负责，快速反应、协同应对，先通后复”的原则，杜绝“多头指挥”和“无人指挥”。当值电力调度员是供电系统事故（故障）的初期指挥人，值班员或事故发现人应及时将事故表征和处理情况向其汇报，并迅速而无争辩地执行调度命令，采取应急措施，尽快恢复对用户的供电，特别是牵引供电。在事故处理后，应将事故发生及处理经过详尽如实地记录下来，并及时组织相关人员分析事故原因，讨论处理措施是否得当，同时制定出预防措施等。

（1）当发现供电设备故障时，现场值班员或事故发现人除按照规定进行现场防护外，在力所能及的范围内采取措施，防止事故蔓延和扩大，减少事故损失，同时尽快地报告电调。

（2）供电设备事故的抢修要遵循“先通后复”和“先通一线”的原则。

“先通后复”，就是以最快的速度设法先行恢复供电，疏通线路，必要时采取迂回供电、越区供电等措施，尽量缩短停电、中断运营时间，随后则要尽快安排时间处理遗留工作，使供电设备及早恢复正常运行状态。

“先通一线”，就是在双线区段，除按上述“先通后复”的原则确定抢修方案外，要集中力量以最快的速度设法使一条线路先开通，尽快疏通列车。

事故范围较小，抢修时间不长，无需分层作业时，应抓紧时间一次抢修完毕，恢复供电和行车。

（3）在事故抢修中电调须与行调、环调密切配合，严格掌握供电和行车、环控的基本标准条件，根据设备的技术条件和现场具体情况，采取有效措施，适当调整运行方式，尽可能减少对行车的影响，及时安排抢修和处理时间，尽快恢复对接触网的供电和正常行车秩序，在允许的条件下保证环控设备的运行，保证城市轨道交通的服务质量。

（4）事故抢修可以不要工作票，但必须要有电调的命令，并按规定办理作业手续，以及作好安全措施。

（5）事故抢修工作的领导人即现场抢修工作的指挥者。当有几个作业组同时进行抢修作业时，必须指定一人担当总指挥，负责各作业组之间的协调配合，同时必须指定专人与电调时刻保持联系，及时汇报抢修工作进度、情况等，并将电调和上级指示、命令迅速传达给事故抢修的指挥者。

（6）对于事故停电的电气设备，在未断开有关断路器和隔离开关并按规定做好安全措施前，不得进入相关的设备区，且不得触摸该设备，以防突然来电。对于无人值班变电所，电力调度员应注意，在已派出人员到现场查巡后，在未与现场人员取得联系前，无论何种理由，都不得对停电设备重新送电。

（7）在下列情况下，当值人员可不经电力调度员许可自行操作，结束后再向电调汇报。

① 对威胁人身和设备安全的设备停电。

② 对已损坏的设备隔离。

③ 恢复所用电。

## 三、事故抢修的组织指挥和事故分析

### （一）事故抢修的组织指挥

1. 事故处理程序和信息反馈

城市轨道交通的员工，无论任何时候发现接触网事故和异状，均应立即设法报告控制中心电力调度或行车调度（若行车调度接到报告，应立即通知电力调度），并应尽可能详细说明范围和破坏情况，必要时在事故地点设置防护措施。

控制中心电力调度得知发生的事故信息后，要通过各种方式、渠道，迅速判明事故地点和情况，尽可能详细地掌握设备损坏程度，并立即通知维修调度，维修调度应立即启动事故处理程序，组织对事故点的定位查找和抢修工作，以最快的速度修复设备，保证运营。供电设备故障（事故）处理流程如图 3-5-1 所示。

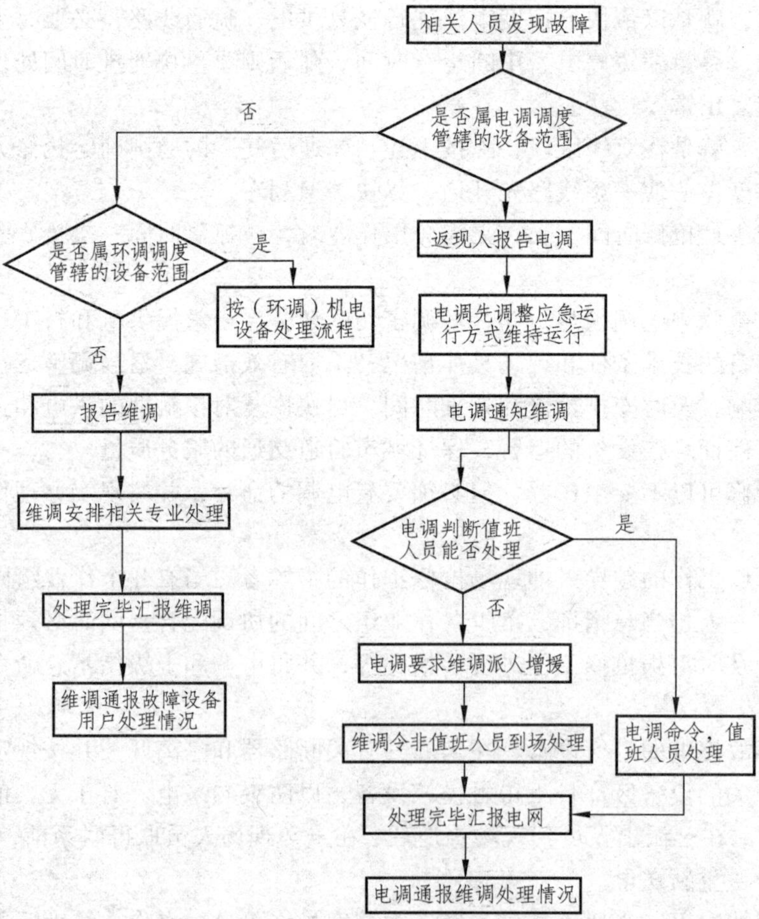


表 3-5-1　供电设备故障（事故）处理流程

2．事故抢修的组织

（1）抢修人员的组织。抢修人员接到抢修命令后，立即紧急集合当班的所有人员，组成抢修组，并按内部分工，分头带好、带足机具（夜间出动时必需携带照明发电装置及灯具）和材料等，在规定的时间内迅速赶到事故现场。

如果事故范围较大，设备损坏较严重，需技术和人力支援时，应及时调动相关技术人员赶赴现场。事故现场要有相关领导组织指挥抢修，及时解决存在的问题。对需要连续作业较长的事故，抢修时需调动足够的人员进行替换作业。

（2）现场抢修前的准备工作。抢修人员到达事故现场，工作领导人（或事故抢修总指挥）要组织人员全面了解事故范围和设备损坏情况，按照“先通后复”和“先通一线”的抢修原则，果断、快速确定抢修方案，并尽快报告电力调度。同时，根据掌握的事故范围和设备损坏情况，做好以下几方面的工作：

① 确定抢修人员的分工、作业项目与次序、相互配合的环节等。

② 预制、预配部分零部件。

③ 检查有关抢修作业机具和材料的技术状态，并清点数量。

④ 如果事故范围较大，则根据设备损坏情况及人员、机具情况，将事故范围划分几个作业区并分派人员。抢修人员到达事故现场后，要充分利用电力调度员下达准许作业命令并验电接地前的这段时间，做好抢修作业的有关准备工作。待电力调度员下达准许作业命令后，验电接地并设好行车防护即可全部展开抢修作业。

3．现场指挥

供电设备事故抢修速度的快慢，特别是接触网事故抢修，很大程度上取决于事故抢修的指挥是否得力，即取决于指挥人员的判断、决策、对人员的分工安排及调配、作业次序的安排、各作业环节配合时机的掌握等。事故抢修的指挥者（即工作领导人或事故抢修总指挥）要根据事故情况，沉着冷静、稳而不乱，抓住整个抢修工作的主要矛盾，机智果断，争取主动。对于大型事故的抢修能够两个或几个组同时进行的作业，一定要安排同时展开，以争取时间。

为了尽快恢复运营，在事故抢修中，根据事故情况及抢修作业进展情况，在确保供电及行车安全的情况下，往往采取一些必要的临时开通技术措施，以达到“先通后复”之目的。如接触网抢修中可将吊弦间距增大一倍、一些损坏的零部件可暂不更换、接触悬挂的某些部分可暂不固定、绝缘锚段关节可暂按非绝缘锚段关节调整等，这些均需根据事故情况及抢修情况灵活运用。

所有参加现场抢修的人员都必须服从抢修工作领导人（或事故抢修总指挥）的指挥，任何人不得干扰。各级领导的指示也应通过电力调度下达，由抢修工作领导人（或事故抢修总指挥）集中组织实施。

遇到大型综合性事故，如同时伴随线路、信号、电缆及机电设备等的综合性事故，在事故处理时要有大局观念，服从事故处理领导小组的统一指挥，同时与其他专业抢修组加强联系，密切配合。

### （二）事故分析

1．原始资料的搜集保存

在事故抢修过程中，工作领导人（或事故抢修总指挥）除了组织抢修，尽快恢复运行外，要指定专人记录实时事故及其修复的情况，包括必要的照片，有条件时可进行录像。收集并妥善保管事故破坏的物证，以便进行事故分析。特别是对于因事故拉断或烧断的线头、损坏的零部件等，应尽量保持原样不得任意改动。对典型事故的照片、报告、损坏的线头、零部件应作为档案长期保存。

2．事故的调查分析

事故发生后要及时分析，对每一件供电事故都要按照“三不放过”“四查”（即“事故原因分析不清不放过，事故责任者和群众没有受到教育不放过，没有防范措施不放过”；“查思想、查纪律、查制度、查领导”）的要求，认真组织调查，弄清原因，确定责任者，制定出有效的防范措施。在进行事故调查分析时，除弄清事故原因、查明责任、制定防止措施、按规定填写事故（故障）报告向有关部门上报外，同时还要总结抢修工作的经验教训。对抢修中采用的先进方法、机具等应及时推广。对存在的问题要认真研究制定改进措施，不断完善抢修的组织和方法，提高抢修工作效率。

## 四、建立健全事故应急机制

### （一）建立健全抢修组织

为了加强供电设备事故抢修工作的领导，做到指挥得当、有条不紊，同时做好事故的预防、分析及抢修队伍的培训教育，必须建立健全的各级责任制。各级事故抢修领导必须贯彻执行有关规章制度，并按规定检查管内有关各项工作，不断提高素质和技术业务水平。

1．事故抢修工作的领导

（1）供电设备主管部门成立设备事故领导小组，由指定的负责人任组长，组员包括技术、安全、材料及部门调度。

（2）各工班建立抢修组，抢修组应由熟练的技工骨干组成，组长由工长担任。组内应明确分工，有准备材料、工具的人员、防护人员、座台联系人、网上作业人员和地面作业人员等。抢修时各成员应佩戴明显的标志，各司其职、各负其责。

2．事故抢修的实施

事故抢修的具体工作由工班（抢修组）承担。

### （二）抢修机具、材料的配备和管理

为了保证事故发生后抢修人员能够迅速出动，供电管理部门必须做好以下事项：

（1）抢修车辆（含接触网轨道作业车和抢修汽车）必须保证状态良好，随时能出动。对于接触网的抢修，最好能配备专用的接触网抢修车辆，并做到专车专用。相应各级调度必须随时掌握抢修车辆（含接触网轨道作业车和抢修汽车）的停放地点和车辆状况。

（2）供电部门的维修基地、轨道交通沿线各值班或监察点、接触网轨道作业车上，均应按规定配齐抢修用料、作业工具、备品和安全防护用品等，并随时注意补充。

（3）城市轨道交通沿线各站应配备应急抢险用的接触网梯车、作业车、地线及验电器，特别是对于线路在地下隧道的系统。

（4）抢修用料、用具应尽量组装成套，并与日常维修用料分开造册登记、分库存放，做到专料专用，由专人管理，定期对抢修用具进行维护保养，交接班时交接清楚。值班室应有材料库的钥匙，以便随时取出抢修用料、用具。抢修工作结束后，工作领导人（或材料员）负责将工具和剩余材料及时放回原处，并将消耗的材料和零部件列出清单并及时补充。

（5）供电管理部门的主管、专业工程师及安全员、工班长，要按规定对抢修用料和机具进行检查和抽查，发现问题及时解决并处理。

### （三）人员培训

供电设备的事故处理要做到“两齐”“两快”和“应对自如”，即人员齐、工具材料齐；出动快、修复快；事故发生时沉着冷静、应对自如。为了达到上述要求和提高各级人员在发生设备事故时的应变能力，使每个人都掌握在抢修各类事故中自己的职责和作业方法，就要做好事故抢修的日常演练工作，并开展事故预想。各工班要充分利用工余时间，发挥老工人传、帮、带的作用，经常进行各类事故抢修方法的训练，供电管理部门应不定期举行事故的模拟演练，以检验供电各级人员事故抢险和应变能力的效果，并针对模拟演练中发现的问题进行整改和培训，共同提高实战能力及应变能力。

事故抢修指挥人员是抢修作业中的核心人物，要定期组织各级抢修领导小组成员、工班抢修组组长（即抢修工作领导人）进行轮训，讲解事故抢修知识，学习有关规章和命令，分析典型案例，总结经验教训，研究制定改进措施，不断提高组织、指挥事故抢修的能力。

### （四）事故的预防

实践证明，为了减少事故的发生，必须重视事故的预防工作。从事供电工作的广大员工必须树立为运营服务的思想，贯彻执行“修养并重，预防为主”的方针，不断提高检修质量；建立健全群众性的安全生产组织，定期进行安全检查，尽快消除事故隐患。

为了防止和杜绝事故的发生，需做好以下几方面的工作：

（1）贯彻落实“三定、四化、记名检修”，抓好各项基础工作。要科学地组织设备运行和检修的各个环节，建立严密而协调的生产秩序，不断提高供电工作质量。

（2）牢固树立“安全是生命线”和“安全生产一票否决权”的思想，严格执行各项规章制度，遵守安全操作规程，一丝不苟地按照检修工艺和技术标准检修设备，质量良好地完成设备检修任务。

（3）积极采用新技术和新材料，提高设备性能，改进不合理的设备结构；充分利用先进的检修和检测设备，不断完善检修手段和技术。

（4）完善并落实各项安全技术教育和考核制度，充分利用现代化教学手段和设施，不断提高职工素质和技术业务水平。经常组织和开展技术比武、事故预想和演练，提高员工的实作能力和应变能力。

（5）重视其他部门（如车务、信号、线路、车辆等）的意见和反馈来的信息，加强与相关部门密切协作，共同做好供电设备事故的预防。

（6）加强关键地区（如隧道口附近、岔群区、坡度变化较大的区段等）的接触网和重要设备（如隔离开关、分段绝缘器、避雷器等）的监控工作。注意季节变换给供电设备带来的变化（如防洪、防雷及防高温等）；重视日常维护检修工作中发现的问题，无论问题大小都要及时处理，消除隐患。

**【案例 1】　某地铁车站 1#整流变压器故障案例**

（一）故障情况

（1）故障发生时间：2013 年 7 月 23 日

（2）故障现象描述：2013 年 7 月 23 日 16 时 05 分，在某地铁车站牵引变电所日常巡视时，发现整流变压器室 1#整流变压器有轻微异响，当日技术组协调电力调度将此台整流变压器停电检修，并派专人值守，密切观察设备运行情况，安排作业计划。当晚运营结束后重点对 1#整流变压器进行检查，找出故障点。

（二）故障原因查找及分析

（1）此台整流变压器安装于地面变电所，整流变压器运行发热致使室内温度高于室外，诱使蚊子类昆虫靠近。变压器绕组强磁场有较强的吸附力，使蚊子类昆虫吸附于绕组表面，造成表面异物放电。

（2）事发近几天为强热带台风天气，导致室内湿度很大，大风致使很多灰尘进入室内，加强了变压器绕组表面放电的可能性。各班组需在恶劣天气下加强地面变电所巡视。

（3）各班组在维护保养作业过程中，须使用带有酒精的白棉布进行表面清洁，严禁使用线手套、毛巾等材料擦拭，防止线头停留在变压器表面。维护保养作业需认真细致，确保变压器表面清洁。

（三）故障处理过程

（1）技术组随后用局部放电测试仪对整流变压器进行局部放电测试，并对其结果进行分析。在所采集的波形中，确定有局部放电存在，其本地局放大小为 10～15 dB，相位明显对称，曲线存在典型放电特征，其程度在变压器预警范围内。变压器局部放电波形如例图 3-1-1 所示。

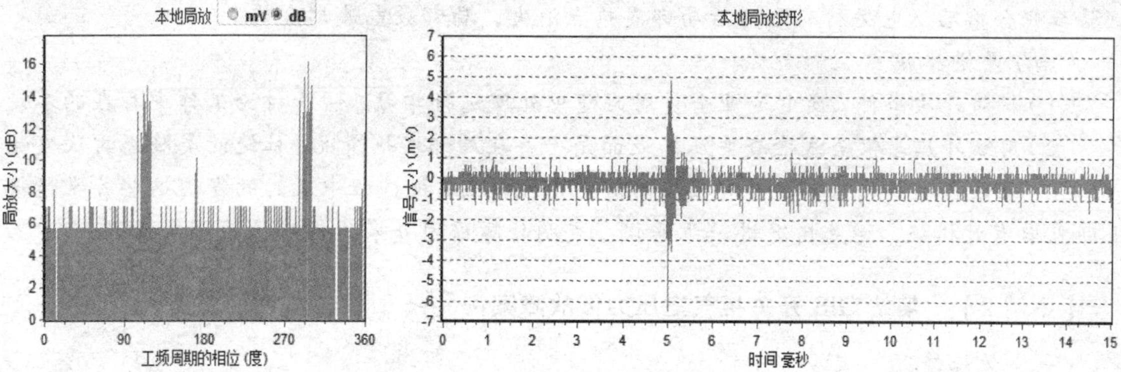


例图 3-1-1　局部放电波形明显

（2）当晚技术组将整流变压器室照明灯关闭，仔细观察变压器表面，可发现变压器发热出有细微闪亮点。然后讨论具体检修方案，针对变压器表面闪亮处仔细检查。

（3）变电人员将此台整流变压器退出运行并挂接地线后，观察变压器绕组表面，发现绕组表面有大量放电碳痕，分别存在于绕组、挡位分接头、垫块等位置，与红外热像仪发现的局部发热点对应。

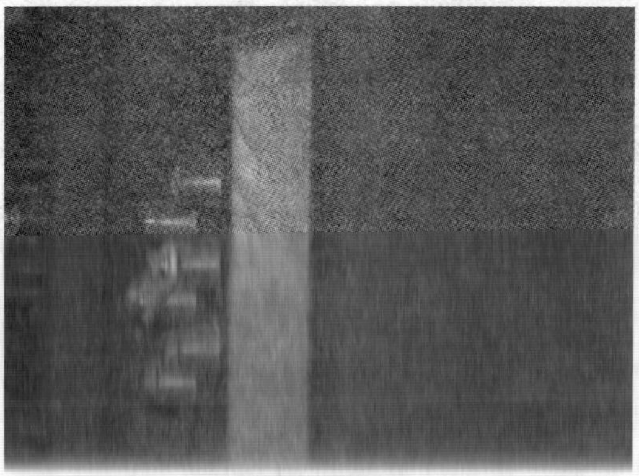

例图 3-1-2　绕组表面放电碳痕

例图 3-1-3　绕组其他部位放电碳痕

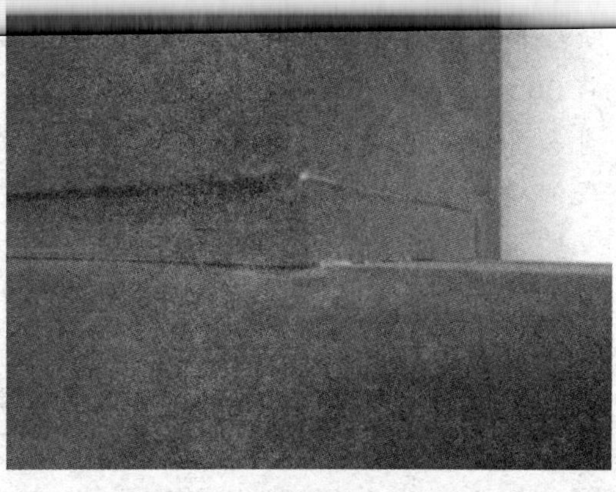

例图 3-1-4　垫块处放电碳痕

例图 3-1-5　分接开关处放电碳痕

（4）技术组人员将此台整流变压器表面全面清洁，并按检修规程完成相关预防性试验，试验数据合格后送电运行。运行后局部发热点消失，局部放电波形合格。

（四）改进措施

（1）针对此次事件，变电专业全员对此隐患处理进行学习，认真讨论工作中存在的不足；

（2）用红外热像仪全线检查变压器表面是否存在局部发热情况，杜绝此类隐患再次发生；

（3）在设备故障发生前，会有相应的前兆出现，在巡视过程中及时的发现这些异常情况，果断采取有效措施，避免情况进一步恶化，查明故障原因并采用针对性的修复措施。

**【案例 2】 某站 GIS 开关柜气室压力低故障案例**

（一）故障情况

（1）故障发生时间：2010 年 10 月 31 日

（2）故障现象描述：2010 年 10 月 31 日，在某地铁车站牵引变电所日常巡视时，发现 35 kV 高压开关柜 302 柜气室压力异常，开关柜本体保护装置及后台报气室压力异常，无法复归。

（二）故障原因查找及分析

（1）对 302 柜气室压力二次回路接点进行排查，经仔细检查发现二次回路正常；

（2）用气室压力表对 302 断路器气室进行实测，气室压力实测值为 0.017 5 MPa，低于最低报警值 0.018 MPa；

（3）该事件是该线路运营以来第一起断路器气室压力异常事件，因此需对 302 开关柜一次设备进行检漏，并进行试验检查；

（4）从以往的处理实践来看，气室压力异常报警通常由于气室压力二次回路故障或传感器故障，开关柜气室压力低气压报警或泄漏处理所需仪器较多，处理时间比较长，通常需要设备厂家协助。

（三）故障处理过程

（1）变电专业抢修组按照预案准备各种抢修工器具；在初步确定故障由于 302 开关柜本体断路器气室压力低于最低报警值后，确定初步抢修方案，并将情况汇报车间领导。

（2）建议电调通过联络开关对该站点进行支援供电，保证各变电所两端供电。

（3）与电调确定抢修安全措施并将相关高压开关柜维护接地。

（4）先开启通风设施及变电所房门，后对 302 断路器气室进行 SF6 检漏，未发现明显泄漏点。抢修组与厂家技术人员进行商谈后决定，先将 302 断路器气体压力补充至额定气压。

（5）在对 $SF_6$ 进行微水测试合格后，对 302 开关柜进行充气，使断路器气压恢复至 0.035 MPa，后用风扇及抽风机进行抽排后，检查空气泄漏值为 28，符合正常值后，再对 302 开关柜断路器气室进行详细检漏。

（6）确定漏气位置后，组织召开故障处理协调会，确定处理方案。

（7）对 302 柜体整体移开后，用手持式检漏仪，对断路器气室左侧面所有焊缝，逐一扫描，寻找出具体漏点。由 ABB 有焊接资质的专业人员按 ABB 标准焊接流程对用氩弧焊对漏点进行补焊，确保焊接质量。修复完成后，用气体充装设备将 $SF_6$ 气体压力提高至 1.4 bar，用检漏仪对补焊部及其他焊缝进行重新检漏，对修复质量进行检测并提供检测数据及报告，由 ABB 对漏气点焊接质量负责。确定无漏后，开关柜静置 24 小时。再次用检漏仪对补焊部及其他焊缝进行检漏。用压力表检侧断路器气室气压，确保压力保持 1.4 bar 无变化。移回 302

柜，把断路器气室 $SF_6$ 气压降至额定压力 1.3 bar，连接母线及电缆装好后，再次进行检漏，确保母线连接及电缆端头处无新漏点。

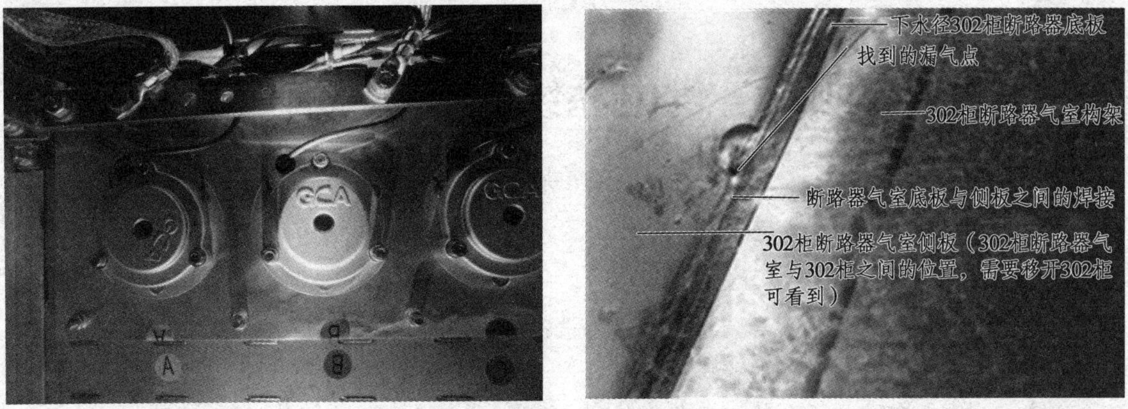


例图 3-2-1　开关柜气室底部漏气位置

（四）改进措施

（1）加派变电人员在故障变电所进行 24 小时值班，第一周每天对 302 气室压力进行测量汇报；

（2）及时梳理施工单位对所有变电设备的试验报告，对全线 35 kV 开关柜气体压力进行实际测量，并与施工报告进行对照，发现问题及时处理；

（3）完善抢修预案及各操作指引，并对变电各工班进行培训及演练；

（4）在三期工程 35 kV 开关柜设计联络时加装气体压力表；

（5）在工程接管时对全线开关柜气室压力严格把关。

## 复习思考题

1. 值班（巡视）人员要求做到的“五熟”“三能”指的是什么？
2. 巡视检查的基本方法有哪些？
3. 变电设备倒闸操作的一般规定有哪些？
4. 哪些情况下当值人员可不经电力调度员许可自行操作，结束后再向电调汇报？
5. 如何开展事故的调查分析？

# 第四章　供电系统主要设备检修

【学习目标】

1. 了解和掌握供电系统主要设备的检修标准；
2. 熟悉供电系统主要设备的检修内容；
3. 熟悉供电系统主要设备的一般故障处理。

【知识要求与技能要求】

1. 掌握气体绝缘金属开关设备气室压力测量及微水测试方法；
2. 掌握直流开关柜内断路器、隔离开关的检修的流程和标准；
3. 掌握干式变压器检修的流程和标准；
4. 具备供电系统主要设备一般故障的处理能力。

## 第一节　变电设备检修的原则及要求

设备的检修是确保设备安全、可靠和经济运行的重要措施。目前设备的检修已实现按计划定期检修，使检修工作制度化、规范化和标准化，做到精检细修，确保设备的维修质量。随着检测技术水平的提高，在线运行监测应用，计算机、通信技术的发展，在设备的检修中应不断积累经验，积极探索最佳的检修模式，逐步向状态检修过渡。

目前，普遍采用的还是定期检修制度，即为了防止设备性能及精度劣化或降低，根据设备运转的周期和季节性等特点，按预先制定的设备检修周期与工作内容、技术要求和计划进行检修作业。对于计划性检修，必须制定相应的年度检修计划及月度检修计划，并根据计划进行安排和落实。

### 一、设备检修的原则

（1）计划检修与维修保养并重。以预防为主的计划检修与维护保养是相辅相成的。设备维护保养、操作使用得当，就会延长检修周期或减少检修工作量。计划检修好，维护保养也就容易搞好。因此，两者都不能忽视。

（2）检修是为变电所安全、可靠运行提供服务，安全、可靠地供电是供电部门的主要生产活动。因此，检修班组必须在保证检修质量的前提下，尽量缩短设备停运时间。

（3）引进状态修技术，提高供电设备完好运转率。状态维修技术包含了以可靠性为中心的维修技术和预测维修技术。这两项技术最初应用于航天航空系统，后来应用于核电站的维修，并正在用于输变电设备的检修。以可靠性为中心的维修（Reliability Centered Maintenance，简称 RCM）是在对元件的可能故障对整个系统可靠性影响评估的基础上决定维修计划的一种维修策略；根据元件故障后果的严重程度确定维修计划的 RCM 收到了良好效果，提高了供电系统的可靠性。

状态修是预知维修发展的高级阶段，它是一种以设备技术状态为基础的预防维修方式。它根据设备的日常点检、定期检修、连续监测和故障诊断提供的信息，经过分析和数据处理，来判断设备的劣化程度，或由维修人员根据参数变化趋势或者幅值变化做出判断，并在故障之前有计划地进行适当的检修。

## 二、制订检修计划的原则

检修计划是设备检修的依据，其主要内容是确定计划期内设备检修的类别、时间、劳动量及停运时间等。在检修计划中，应明确规定应修设备的名称、数量、检修日期和检修工时等内容。必要时，还可规定所需的主要材料及备件等。

### （一）年度检修计划

每年在规定的月份，供电部门的专业工程师参照各专业的维修规程，制定本专业下一年的年度检修计划初稿，并发送给各相应工班征求意见。之后，报请上级主管部门审批，于每年 12 月发布。

在年度计划正式发布执行后，当设备情况或工作情况出现变化，需要对年度检修计划进行修改时，由专业工程师统一向主管部门提交修改建议，经审批后发布执行。

### （二）月度检修计划

一般在每月规定日期前，各车间或班组参照各专业的年度检修计划及设备运行情况，制定本车间或班组下月的月度检修计划初稿，并送相关专业工程师审核后上报。月度检修计划的编制要把年度检修计划中该月的工作全部落实，并视具体情况有所增加，但原则上不得出现年度计划的工作在月度计划中不作安排的情况。

在月度计划正式发布执行后，当设备情况或工作情况出现变化，需要对月度检修计划进行修改时，由生产部门统一向主管部门提交修改建议，经审批后发布执行。

## 三、检修周期的确定原则

### （一）大修周期

设备检修分为大修、中修、小修、定期保养等，但有的企业也称之为综合维修、专项维修等，名称不同但内容差别不大，本书还是以大、中、小修来说明。

设备使用到一定年限后需要进行大修。一般情况下，设备在10年到20年后进行大修。如果开关设备操作次数达到一定值，即开断短路电流次数达到厂家规定的额定次数；设备试验不符合运行规程的要求，经中、小修仍不能满足运行要求的；设备磨耗超过运行规程的规定值；设备损坏、破损不能满足运行要求的，均需进行大修。但对低值的电子设备、没有大修价值的、技术经济不合理的设备不进行大修，而是直接更换。主要设备大修周期的确定依据如下：

（1）油变压器若经过试验与检查并结合运行情况，判定有内部故障或本体严重渗漏油时，或达到设计寿命时才进行大修。主所的主变压器经受出口短路后，经综合诊断分析，可考虑提前大修。运行中有载调压开关累计动作次数达到所规定的变换次数限额后，应进行大修；如无明确规定，一般每分接变换1～2万次，8～10年也应吊芯检查进行大修。

干式变压器寿命为30年，一般无需大修，当出现变压器绕组故障发生损坏时需进行大修，建议回厂返修。

（2）GIS设备一般运行20年后进行大修，解体、更换零部件。若断路器、隔离开关设备连续运行操作机械寿命和电寿命达到厂家规定次数需进行大修。

（3）直流开关一般运行20年后进行大修，解体、更换零部件。若断路器设备连续运行操作，机械寿命和电寿命达到厂家规定次数需进行大修。具体可参照厂家技术规定。

（4）微机继电保护综合控制单元、继电器、低压开关柜、电子元件、整流二极管和蓄电类产品一般使用运行10～15年后进行更新，可不列入大修改造项目。

### （二）中修周期

中修周期介于大修与小修周期之间，一般在运行5年后进行，对微机继电保护综合控制单元、继电器、低压开关柜、电子元件、整流二极管和蓄电类产品出现运行参数达不到规程要求或有故障隐患时进行更换，同时更换设备外壳、接地母排等工作够不上大修，可列为中修内容。

### （三）小修周期

由于受机械力、电动力、振动、温度变化、环境污染、电流季节性变化等的影响，设备可能会出现一些故障，及时消除和预防故障的发生，定期进行恢复性的小修是必要的。供电设备的小修一般每年一次，安装在2～3级污秽地区的设备应考虑环境影响；在户外安装运行的设备应考虑紫外线、空气、雨水的影响，其小修周期应在现场规程中予以规定；附属装置的检修周期，保护装置和测温装置的校验，应根据有关规程的规定进行。例如，油变压器操作机构的电机、油泵的解体检修，2～3年进行一次；冷却风扇的解体检修，1～2年进行一次；净油器中吸附剂的更换，应根据油质化验结果而定；自动装置及控制回路的检验，一般每年进行一次。设备全面清扫、螺栓紧固、除锈涂漆和蓄电池充放电等每年进行一次，对污染大的地面段设备清扫每年进行两次。

GIS 设备每年进行气体的检漏分析以确定是否需要补气，对运行中的变压器油按规程的规定进行检测化验。

### （四）定期保养

定期保养是维持性修理，主要对变配电设备进行检测、清扫、调整和涂油；对磨耗、锈蚀到限的设备进行整修和更换（或局部更换）；对损坏的零部件进行换修，以保持设备正常的技术状态。

设备的定期保养周期一般不定时间，视设备状态进行。但是有部分设备需要根据实际运行状况，增加保养力度。例如：整流器、整流变，由于静电吸附作用比较大，运行过程中灰尘较多，设备元器件需要六个月左右进行定期保养。

## 四、变电设备检修标准的一般规定

（1）所有电气设备的外壳（动力变压器保护罩）均应清洁无油垢，工作接地及保护接地良好。小修后其锈蚀面积不得超过总面积的 5%，中修和大修后应无锈蚀和脱漆，大修后的设备镀层应完好。

（2）所有充油设备的油位、油色均要符合规定，油管路畅通，油位计清洁透明，检修后应不渗油。充气设备的气压、防爆膜、气体成分组成应符合规定。

（3）金属构架、支撑装置应紧固，漆层完好，基础不得有破损、下沉。

（4）紧固件要固定牢靠，不得松动，并有防松措施，螺纹部分要涂油。

（5）绝缘件应无脏污、裂纹、破损和放电痕迹，瓷釉剥落面积不得超过 300 $mm^2$。

（6）各种引线不得松股、断股、搭接不良，连接要牢固，接触良好，张力适当，相间和对地距离均要符合规定。各种硬母线连接牢固无变形，无过热。

（7）电气设备带电部分距接地部分及相间的距离要符合规定。

（8）中修、大修中所有更新的零部件要达到出厂的标准，所有新换设备的质量及安装质量均要达到新建项目的标准。

# 第二节 GIS 气体绝缘组合电器的检修

地铁牵引降压混合变电所和降压变电所 35 kV 开关柜最大特点就是使用 $SF_6$ 气体绝缘，其绝缘性能好，使得开关柜更为紧凑，体积小，更适合于地铁变电所这种受到环境限制的地方。

本节介绍 GIS 气体绝缘组合电器的检修项目和工艺要求，目的是检查运行中的 GIS 气体绝缘组合电器的运行状态，检查各类联锁、闭锁关系是否正常。从主体结构上 GIS 气体绝缘组合电器可分为：母线气室、断路器气室、电缆室、低压室。设备的维护工作包含开关柜的所有一次设备和二次设备，包括开关柜的维护保养、功能性测试、断路器操作机构的润滑、气室的气体压力值和微水含量测试等。

## 一、GIS气体绝缘组合电器的检修（以ABB GIS气体绝缘组合电器为例）

### （一）作业条件

1．作业前准备工作（表4-2-1）

表4-2-1 作业前准备工作

| 序号 | 内容 | 标准 |
|---|---|---|
| 1 | 根据运行中发现的缺陷及上次检修的情况，确定重点检修项目 | 设备情况摸底和反措计划，制定处理方案，确保缺陷处理 |
| 2 | 准备有关检修技术资料（包括一二次图纸）、记录及上次检修报告 | 技术资料（包括一二次图纸）、记录符合现场检修要求 |
| 3 | 准备工具、机具、材料、备品备件、仪器仪表等，并运至检修现场 | 工器具、材料应齐全合格，符合现场检修要求 |
| 4 | 必要时需要技术人员提供现场指导 | 满足现场检修要求 |

2．作业人员要求（表4-2-2）

表4-2-2 作业人员要求

| 序号 | 内容 |
|---|---|
| 1 | 应经过培训，认真通读现场GIS气体绝缘组合电器一二次原理图、掌握GIS气体绝缘组合电器现场检修技能 |
| 2 | 熟悉该设备的安装和操作，并清楚其中的危险点 |
| 3 | 经过培训，能够按照已经确认的安全操作方法，正确维护和使用安全用具如：绝缘手套、安全帽、防护用品等。接受过紧急救护培训，能够处理可能的事故 |
| 4 | 了解现场GIS气体绝缘组合电器的特性，并熟悉GIS气体绝缘组合电器的结构，对可能出现的故障应有一定的分析、判断及处理能力 |

3．作业前手续（表4-2-3）

表4-2-3 作业前手续

| 序号 | 内容 |
|---|---|
| 1 | 现场值班员向当值电力调度员办理申请作业手续 |
| 2 | 作业前召开安全会 |
| 3 | 工作领导人与工作许可人（值班员）共同到现场检查是否已按工作票要求做好相关安全防护措施，并确认所布置安全防护措施的正确性 |

## （二）作业工器具（表 4-2-4）

表 4-2-4　检修作业工器具清单

| 名　称 | 参考数量 |
| --- | --- |
| 试电笔 | 1 支 |
| 万用表 | 1 块 |
| 分闸线圈 | 1 个 |
| 合闸线圈 | 1 个 |
| 空气开关 | 4 个 |
| 活动扳手 | 2 把 |
| 电动起子 | 1 把 |
| 尖嘴钳 | 1 把 |
| 电缆盘 | 1 个 |
| 开口扳手 6～32 mm | 1 套 |
| 内六角扳手 | 1 套 |
| 螺丝批 | 1 套 |
| 套筒扳手 | 1 套 |
| 扁锉 | 1 把 |
| 木柄电工锤 | 1 把 |
| 电工刀 | 1 把 |
| 力矩扳手 | 1 把 |
| 微水测量仪 | 1 台 |
| 压力表 | 1 个 |
| 记号笔 | 1 支 |
| 扁油刷 | 2 把 |
| 毛刷 | 2 把 |

## （三）作业材料（表 4-2-5）

表 4-2-5　检修作业材料清单

| 名　称 | 参考型号 | 参考数量 |
| --- | --- | --- |
| 耐水砂纸 | 100#，240 粒 | 2 张 |
| 白棉布 | 普通 | 若干 |
| 绝缘胶布（黄、绿、红） | 1.9 mm×10 m | 各 1 卷 |
| 酒精 | 95%，500 mL | 1 瓶 |
| 润滑脂 | | 1 瓶 |

## （四）安全注意要点

（1）本作业要求采取 35 kV 开关柜Ⅰ段或Ⅱ段整段停电方式，需确保本段所有进出线柜、馈线柜、母联柜断路器、隔离开关均为分位状态。

（2）检修开关柜二次电源要求全部断开，母联备自投可靠退出。

（3）按工作票要求做好停电等安全措施，并设置好相应防护栏标识牌。

（4）防止静电伤人并保持与高压带电体有足够的安全距离。

（5）作业过程中勿走错作业间隔。

（6）35 kV GIS 上作业时注意做好防护，戴安全帽，防止头手脚各部位碰伤刮伤。

（7）$SF_6$ 气体微水测试后需使用气压表测试气室压力是否正常，并确保各气室气阀无气体泄漏情况。

## （五）具体检修项目和标准

### 1．外观、设备安装检查

（1）开关柜及元部件的铭牌和标识的内容与位置正确、粘贴整齐。

（2）安装牢固，无倾斜、变形。

（3）外壳无锈蚀、无变形，无划伤，无碰伤痕迹。

（4）防护油漆无严重锈蚀，破损剥落。

（5）柜体各部分接地连接线正常，无断股散股现象。

（6）紧固螺栓，基础、支架无松动变形。

### 2．开关柜清扫

白棉布擦拭 GIS 外壳，要求无积尘、无污渍。

### 3．检查法兰、防爆膜

（1）用力矩扳手紧固法兰，受力均匀适当，紧固后的螺栓用记号笔划线标识；

（2）气体防爆膜密封良好，膜片完整。

### 4．各连接部分螺栓检查

（1）检查螺栓应无生锈，无裂纹。

（2）用力矩扳手紧固各螺栓。

（3）应连接紧固，无锈蚀、松动。

### 5．机械位置指示

（1）隔离开关、断路器的机械位置指示正确。

### 6．断路器操作机构检查

（1）对断路器电动操作一次分合，手动操作一次分合。

（2）对断路器操作机构卸能完成后，拧开断路器操作机构盖板上的螺栓，拆下机构盖板，倾斜倚靠于墙边。

（3）检查操作机构各部件是否完好，安装牢固，润滑是否良好。

（4）检查金具应无锈蚀，固定良好。

（5）储能及位置传感器指示应符合开关实际情况。

7．检查三工位及操动、传动机构

（1）检查操作机构各部件应连接牢固。

（2）对三工位开关电动操作一次分合，手动操作一次分合。

（3）三工位电机运转无卡滞。

（4）操作过程中各位置传感器指示位置应于实际位置相符。

（5）机构转动灵活，连锁、限位器动作良好。

（6）检查传动杆、齿轮与断路器气室间隙应足够、无摩擦。

8．测量柜内气室 $SF_6$ 微水

用微水测量仪测量。微水：新气≤150 ppm；运行中灭弧室≤300 ppm，大修后≤150 ppm；其他气室≤500 ppm，大修后≤250 ppm。

9．测量柜内气室 $SF_6$ 压力

用精密压力表测量开关柜内气室压力，测量结果应符合厂家的标准和要求。

10．报警及闭锁信号测试

（1）维护接地信号、分闸回路异常信号、控制回路 MCB 跳闸信号、35 kV MCB 分闸总信号：操作保护装置的直接维护接地功能，接地开关合，断路器合，SM11/SM30 空气开关跳开。检查维护接地信号灯、分闸回路异常信号灯、控制回路 MCB 跳闸信号灯、35 kV MCB 分闸总信号灯点亮。

（2）断路器与三工位开关联锁功能检查：复归报警信号后，电动分合隔离/接地开关，闭锁信号灯点亮。

（3）断路器未储能闭锁断路器电动合闸：断开储能回路电源开关，电动分-合-分断路器，断路器未储能信号灯常亮。电动合断路器，闭锁信号灯点亮。手动按断路器机械合闸按钮，应无法完成合闸操作。

（4）三工位开关手动操作盖板打开会闭锁断路器电动、机械合闸：打开三工位手动操作盖板，合闸回路异常灯常亮，电动合断路器，闭锁信号灯点亮。手动按断路器机械合闸按钮，应无法完成合闸操作。测试完毕，将三工位手动操作盖板关上，合闸回路异常灯灭。

（5）断开断器控制电源，则闭锁断路器电动合闸：电动合断路器，闭锁信号灯点亮。

（6）同一段母线开关柜任一台发生断路器气室电弧故障报警，则闭锁该段母线断路器合闸：断开检修段母线的动力变压器对应开关柜的电弧故障信号接点，电动合同一段的全部断路器，各开关柜的闭锁信号灯点亮。

### （六）收尾工作

（1）清理作业现场，清点作业工器具及材料。

（2）按工作票恢复安全措施，确认一次回路及二次回路的各个开关已恢复到作业前状态并具备送电条件。

（3）向当值电力调度员办理注销施工作业相关手续。

（4）工作领导人召开作业后总结会议：总结本次检修作业过程中存在的问题，评定检修的质量；填写相关的检修报告和检修（试验）记录本。

（5）送电成功后人员出清。

## 二、GIS 气体绝缘组合电器常见故障处理（表 4-2-6）

表 4-2-6　GIS 气体绝缘组合电器常见故障及处理方法

| 序号 | 故障现象 | 产生原因 | 处理方法 |
|---|---|---|---|
| 1 | 断路器不能电动合闸 | 1. 控制电源缺失或空开跳开；<br>2. 二次控制回路接线松动；<br>3. 断路器未储能；<br>4. 三工位开关手动操作孔处于打开状态；<br>5. 合闸线圈损坏；<br>6. 合闸回路电气联锁 | 1. 检查控制电源电压并合上空气开关；<br>2. 将有关松动的接线紧固；<br>3. 手动或电动储能；<br>4. 关闭三工位开关手动操作孔的盖板；<br>5. 更换合格的合闸线圈；<br>6. 检查合闸回路电气联锁 |
| 2 | 断路器不能机械合闸 | 1. 三工位开关手动操作孔处于打开状态；<br>2. 断路器未储能 | 1. 关闭三工位开关手动操作孔的盖板；<br>2. 手动或电动储能 |
| 3 | 开关柜母线对地的绝缘电阻为 0 欧姆 | 母线上连接着电压互感器 | 隔离或拆下母线上的电压互感器。 |
| 4 | 三工位开关无法电动操作 | 1. 断路器处于合位；<br>2. 控制电源缺失或空开跳开；<br>3. 三工位开关手动操作孔处于打开状态；<br>4. 三工位开关控制回路联锁或闭锁 | 1. 断开断路器；<br>2. 检查控制电源并将空气开关合上；<br>3. 关闭三工位开关手动操作孔的盖板；<br>4. 检查三工位开关控制回路的联锁或闭锁 |
| 5 | 带电显示器灯不亮 | 1. 传感器接线插头松动；<br>2. 带电显示器故障；<br>3. 电缆未带电 | 1. 插紧传感器接线插头；<br>2. 更换合格的带电显示器；<br>3. 检查分析电缆未带电的原因 |
| 6 | CT 二次侧无信号 | 1. CT 二次短接线未解除；<br>2. CT 二次线开路 | 1. 解除二次短接线；<br>2. 确保 CT 二次线不开路 |
| 7 | 正常运行时三工位开关位置显示为虚线 | 1. 位置传感器电压失电；<br>2. 位置传感器损坏；<br>3. 保护装置 IO 板插头松动；<br>4. 保护装置 IO 板短接排短接线未插好 | 1. 打开位置传感器电源开关；<br>2. 更换合格的位置传感器；<br>3. 插紧保护装置 IO 板插头，紧固插头螺丝；<br>4. 插好短接线 |

# 第三节　直流开关柜的检修

本节介绍直流开关柜的检修项目和工艺要求，目的是检查运行中的直流开关柜的运行状态，检查各类联锁、闭锁、联跳关系是否正常。设备的检修工作包含开关柜的所有一次设备和二次设备，包括开关柜的维护保养、功能性测试、断路器动静触头检查等。

## 一、直流开关柜检修（以上海成套直流开关柜为例）

### （一）作业条件

1．作业前准备工作（表 4-3-1）

表 4-3-1　作业前准备工作

| 序号 | 内　容 | 标　准 |
| --- | --- | --- |
| 1 | 根据运行中发现的缺陷及上次检修的情况，确定重点检修项目 | 设备情况摸底和反措计划，制定处理方案，确保缺陷处理 |
| 2 | 准备有关检修技术资料（包括一二次图纸）、记录及上次检修报告 | 技术资料（包括一二次图纸）、记录符合现场检修要求 |
| 3 | 准备工具、机具、材料、备品备件、仪器仪表等，并运至检修现场 | 工器具、材料应齐全合格，符合现场检修要求 |
| 4 | 必要时需要技术人员提供现场指导 | 满足现场检修要求 |

2．作业人员要求（表 4-3-2）

表 4-3-2　作业人员要求

| 序号 | 内　容 |
| --- | --- |
| 1 | 应经过培训，认真通读现场直流开关柜一二次原理图、掌握直流开关柜现场检修技能 |
| 2 | 熟悉该设备的安装和操作，并清楚其中的危险点 |
| 3 | 经过培训，能够按照已经确认的安全操作方法，正确维护和使用安全用具如：绝缘手套、安全帽、防护用品等。接受过紧急救护培训，能够处理可能的事故 |
| 4 | 了解现场直流开关柜的特性，并熟悉直流开关柜的结构，对可能出现的故障应有一定的分析、判断及处理能力 |

3．作业前手续（表 4-3-3）

表 4-3-3　作业前手续

| 序号 | 内　容 |
| --- | --- |
| 1 | 现场值班员向当值电力调度员办理申请作业手续 |
| 2 | 作业前召开安全会 |
| 3 | 工作领导人与工作许可人（值班员）共同到现场检查是否已按工作票要求做好相关安全防护措施，并确认所布置安全防护措施的正确性 |

## （二）作业工器具（表 4-3-4）

表 4-3-4 检修作业工器具清单

| 名 称 | 参考数量 |
|---|---|
| 直流耐压装置 | 1 台 |
| 绝缘电阻测试仪 | 1 台 |
| 试电笔 | 1 支 |
| 万用表 | 1 个 |
| 活动扳手 | 2 把 |
| 尖嘴钳 | 1 把 |
| 内六角扳手 | 1 套 |
| 充电式起子电钻 | 2 套 |
| 螺丝批 | 1 套 |
| 套筒板手 | 1 套 |
| T 型棘轮改组套 | 1 套 |
| 力矩扳手 | 1 把 |
| 塞尺 | 1 把 |

## （三）作业材料（表 4-3-5）

表 4-3-5 检修作业材料清单

| 名 称 | 参考型号 | 参考数量 |
|---|---|---|
| 白棉布 | 普通 | 3 m$^2$ |
| 扁油刷 | 25 mm | 2 把 |
| 酒精 | 95%，500 mL | 1 瓶 |
| 毛刷 | 毛刷 2 寸 | 2 把 |
| 手套 | 一次性麻棉手套/橡胶手套 | 若干 |
| 口罩 | 一次性，薄型 | 若干 |
| 耐水砂纸 | 100#，240 粒 | 若干 |

## （四）安全注意要点

（1）1 500 V 开关柜进出线已全部停电并有明显的断开点。

（2）各进线、馈线及负极母排均需挂接地线。

（3）确认上网隔离开关为断开状态。

（4）作业工作票要求做好相关停电安全防护措施：停电、验电、装设接地线、悬挂标示牌及装设遮拦。

（5）作业过程中勿走错作业间隔。

（6）防止静电伤人，并保持与带电体有足够的安全距离。

（7）在开关柜内作业时注意做好防护、戴安全帽，防止头、手、脚各部位碰伤或刮伤。

（8）在交流屏处断开 2 台轨电位限制装置的电源空气开关。

## （五）具体检修项目和标准

### 1. 设备安装情况

检查开关柜本体牢固，无倾斜、变形，基础、支架、外壳无严重破损剥落。

### 2. 拆卸后盖板

两人一组，两组人员同时使用电动起子拆卸后盖板，注意集中存放卸下的螺丝；盖板松动后，注意扶稳后盖板倾斜倚靠在墙面。

### 3. 清扫柜体外壳

使用蘸酒精的棉布擦拭柜体外壳及拆卸的后盖板内外侧，无积尘、无污渍。

### 4. 检查门功能

检查门是否能打开和关闭，门上闭锁机构是否灵活，检查门是否平直，尤其要检查门上操作手柄是否对准小车，开门幅度是否大于等于 90°。

### 5. 绝缘子避雷器

检查绝缘子及避雷器应无放电痕迹、无裂纹，清洁后应无积尘、无污渍。

### 6. 检查母排

（1）检查直流母排应无放电痕迹、无熔迹、无锈蚀现象，不得有锤痕、划痕、凹坑、裂口，用酒精棉布擦拭。

（2）测量隔离触指与柜体母排间距（图 4-3-1）。

① 小车处于工作位时，用塞尺测量小车隔离触指与柜体母排铜排间距应满足 2 mm<$L$<5 mm。

② 若小车隔离触指与母排铜排间距不满足以上要求，则需在柜体与母排间绝缘子上加装环氧树脂板。

图 4-3-1　隔离触指与柜体母排间距

③ 检查触指与母排接触程度。

小车处于工作位时，所有的触指都应与母排接触。使用最小号的塞尺，检查隔离触指与柜内母排接触面，每一个隔离触指左侧与右侧均无法塞入。

7．母排二次线

用毛刷/酒精布清洁母排上的二次线，应无积尘或污渍；紧固二次线。

8．紧固件

（1）目测检查紧固件的螺栓是否拧紧。

（2）按力矩要求（表 4-3-6）拧紧母排及其连接、电缆连接、支持固件、分流器、电压变送器、及其他螺栓等。

表 4-3-6　上海电器成套厂提供的力矩要求

| 螺　栓 | M10 | M19 | M24 |
|---|---|---|---|
| 力矩推荐值/N·m | 20 | 150 | 300 |

9．绝缘挡板

检查绝缘挡板应无松动、无卡滞现象，用棉布擦拭。

10．直流保护装置检查

（1）检查二次接线：接线是否紧固，线号是否清晰。

（2）检查直流保护装置接地线是否牢固。

（3）用毛刷及白棉布清扫除尘。

（4）用小一字螺丝批紧固二次回路的接线及端子。

11．控制面板检查

（1）检查包括指示灯、按钮、转换开关等在内的二次接线：接线是否紧固，线号是否清晰。

（2）用毛刷及白棉布清扫除尘。

（3）用小一字螺丝批紧固二次回路的接线及端子。

12．按钮及指示灯检查

（1）用操作手柄手动摇小车，在运行位和试验位间切换，指示灯与实际位置一致。

（2）当地/远方控制方式转换开关操作正常，与后台信息一致。

（3）分闸、合闸按钮操作正常。

（4）灯测试按钮按下后，各指示灯指示正常。

（5）分闸位、合闸位指示灯应与断路器实际位置一致。

（6）加热器指示：手动投入加热器，检查各柜内加热器应工作，信号指示正常。

13．设备闭锁关系测试

（1）直流进线断路器与对应侧负极隔离开关联锁：直流进线断路器在合位，对应负极隔离开关不能分合闸。

（2）35 kV 馈线断路器与对应侧正/负极隔离开关联锁：35 kV 馈线断路器在合位，对应正/负极隔离开关不能分合闸。

（3）负极隔离开关与对应直流进线断路器/正极隔开的联锁：负极隔离开关在分位，对应直流进线断路器不能合闸。

14．分合闸回路检查

（1）合闸回路检查：在清扫并紧固二次设备端子后，当地按直接合闸按钮测试断路器合闸功能应正常。

（2）分闸回路检查：在清扫并紧固二次设备端子后，当地按分闸按钮测试断路器，应能正常分闸。

15．开关柜整体检查

（1）检查柜顶外壳、柜内及柜内地面、绝缘子、避雷器、母排、操作机构、隔离开关触头、电流表、电压表、分流器、行程开关，无积尘、无污渍、无生锈、无明显放电烧伤痕迹。

（2）牢固可靠、接触良好，引线无松动，外壳无变形。

（3）电压电流表刻度清晰、指针指示正常。

16．正/负极隔离开关机构检查

（1）检查正、负极隔离开关机构开关灵活、分合正常；无异响、无发热；无破损、无裂纹现象；连接紧固、接触良好。

（2）用毛刷/酒精布清洁正、负极隔离开关机构，应无积尘或污渍。

（3）紧固隔离开关上的二次线。

17．正/负极隔离开关闭锁关系测试

（1）正极开关与负极开关的联锁：正极开关在合位时负极开关不能分合闸；负极开关在分位时正极开关不能分合闸。

（2）馈线断路器与正极开关的联锁：直流断路器在合位时正极开关不能合闸。

（3）35 kV 断路器与正极开关的联锁：35 kV 断路器在合位时正极开关不能分合闸。

（4）35 kV 断路器与负极开关的联锁：35kV 断路器在合位时负极开关不能分合闸。

18．电压变送器绝缘试

使用兆欧表 1 500 V 电压档测量各开关柜电压变送器。解开各柜电压变送器正负极采样线，将兆欧表正负极按正确极性接至各柜电压变送器采样线，使用 2 000 V 挡位测试绝缘电阻，绝缘电阻值应不小于 0.36 MΩ。

19．直流开关柜避雷器试验

（1）拆除直流开关柜 1 号进线柜内正对负、正对地以及 2 号进线柜内正对负避雷器，使用兆欧表 2 000 V 电压挡测试避雷器正负极之间绝缘电阻，绝缘电阻值不小于 5 MΩ;

（2）使用直流耐压装置测试避雷器参数性能，1 mA 泄漏电流时电压值 $U_{1mA}$（标称电压）与初始值或制造厂规定值比较，变化不应大于 ± 5%；0.75 倍的标称电压的实际泄漏电流 $I_{0.75U1mA}$ 值不应大于 50 μA。

20．送电前测试

使用兆欧表分别在馈线母排和负极母排间加 500 V 电压，查看对应保护装置显示电压与所加电压偏差不超过 5%。

### （六）收尾工作

（1）清理作业现场，清点作业工器具及材料。

（2）按工作票恢复安全措施，确认一次回路及二次回路的各个开关已恢复到作业前状态并具备送电条件。

（3）向当值电力调度员办理注销施工作业相关手续。

（4）工作领导人召开作业后总结会议：总结本次检修作业过程中存在的问题，评定检修的质量；填写相关的检修报告和检修（试验）记录本。

（5）送电成功后人员出清。

## 二、直流断路器的检修（以德国 GE 断路器为例）

### （一）作业条件

1．作业前准备工作（表 4-3-7）

表 4-3-7　作业前准备工作

| 序号 | 内　容 | 标　准 |
|---|---|---|
| 1 | 根据运行中发现的缺陷及上次检修的情况，确定重点检修项目 | 设备情况摸底和反措计划，制定处理方案，确保缺陷处理 |
| 2 | 准备有关检修技术资料（包括一二次图纸）、记录及上次检修报告 | 技术资料（包括一二次图纸）、记录符合现场检修要求 |
| 3 | 准备工具、机具、材料、备品备件、仪器仪表等，并运至检修现场 | 工器具、材料应齐全合格，符合现场检修要求 |
| 4 | 必要时需要技术人员提供现场指导 | 满足现场检修要求 |

2．作业人员要求（表 4-3-8）

表 4-3-8　作业人员要求

| 序号 | 内　容 |
|---|---|
| 1 | 应经过培训，认真通读现场直流断路器一二次原理图、掌握直流断路器现场检修技能 |
| 2 | 熟悉该设备的安装和操作，并清楚其中的危险点 |
| 3 | 经过培训，能够按照已经确认的安全操作方法，正确维护和使用安全用具如：绝缘手套、安全帽、防护用品等。接受过紧急救护培训，能够处理可能的事故 |
| 4 | 了解现场直流断路器的特性，并熟悉直流断路器的结构，对可能出现的故障应有一定的分析、判断及处理能力 |

3．作业前手续（表 4-3-9）

表 4-3-9　作业前手续

| 序号 | 内　容 |
| --- | --- |
| 1 | 现场值班员向当值电力调度员办理申请作业手续 |
| 2 | 作业前召开安全会 |
| 3 | 工作领导人与工作许可人（值班员）共同到现场检查是否已按工作票要求做好相关安全防护措施，并确认所布置安全防护措施的正确性 |

## （二）作业工器具（表 4-3-10）

表 4-3-10　检修作业工器具清单

| 名　称 | 参考数量 |
| --- | --- |
| 螺丝批 | 2 把 |
| 螺丝批 | 4 把 |
| 万用表 | 1 个 |
| 低压验电笔 | 2 支 |
| 尖嘴钳 | 2 把 |
| 手电筒 | 2 个 |
| 内六角扳手 | 1 套 |
| 塞尺 | 1 套 |
| 力矩扳手 | 1 把 |
| 套筒扳手 | 1 套 |

## （三）作业材料（表 4-3-11）

表 4-3-11　检修作业材料清单

| 名　称 | 参考型号 | 参考数量 |
| --- | --- | --- |
| 导电膏 | DG-1 高温型 | 1 支 |
| 铜导线 | 1.5 $mm^2$ | 若干 |
| 白棉布 | 普通 | 3 $m^2$ |
| 毛刷 | | 4 把 |
| 砂纸 | 100#，240 粒，耐水 | 2 张 |
| 酒精 | 95%，500 mL | 1 瓶 |
| 黄油 | 导轨润滑用 | 若干 |
| 记号笔 | — | 若干 |

### （四）安全注意要点

（1）1 500 V 开关柜进出线已全部停电。

（2）确认上网隔离开关为断开状态。

（3）按工作票要求做好相应停电安全防护措施。

（4）将断路器摇至试验位并将其拉出舱外进行作业。

（5）搬卸灭弧罩后拆卸其下的防护挡板时，注意不要掉落螺丝或其他小零件到断路器操作机构中。

（6）紧固端子后注意观察是否有将二次线端挤出端子排或碰松的现象。

（7）严禁带电拔插二次航空插头，必须先把二次柜内 MCB 断开后再拔插航空插头。

### （五）具体检修项目和标准

1．一次回路

（1）将小车摇至试验位，断开二次电源 MCB，拔出航空插头，将小车拉至舱外。

（2）检查一次回路隔离触指及其联接铜排是否有烧痕、放电的痕迹，视情况看是否需要使用砂纸打磨。

（3）用酒精棉布擦拭。

（4）在隔离触指均匀涂上 0.5 ~ 1 mm 厚的导电膏。

（5）在小车的螺纹导轴及两侧的滑轮处涂抹黄油（图 4-3-2）。

图 4-3-2　断路器小车各部件涂导电膏及黄油位置

（6）按力矩要求（表 4-3-6）紧固一次回路上各螺栓。

（7）紧固螺栓后检查弹簧垫片应平整。

（8）完成紧固操作后，给一次回路上各螺栓划上防松线。

表 4-3-6　厂家提供的力矩推荐值

| 序号 | 检查内容 | 数量 | 力矩推荐值 |
| --- | --- | --- | --- |
| 1 | 固定绝缘子螺栓 | 2 个 | 60 N · m |
| 2 | 固定铜排与固定触头螺栓 | 8 个 | 70 N · m |
| 3 | 固定分流器螺栓 | 4 个 | 200 ~ 220 N · m |

2．二次回路

（1）检查断路器小车上的二次接线：接线是否紧固，线号是否清晰。

（2）检查柜断路器小车的清洁度：外表面、绝缘板、灭弧罩、各元器件、线槽、端子排是否有积尘、是否有异物。

（3）用毛刷及白棉布清扫除尘。

（4）用小一字螺丝批紧固二次回路的接线及端子。

（5）检查断路器小车上继电器和电流变送器接线状况良好，电流变送器挡位选择正确。

3．触头检查

（1）用 SW5 内六角扳手松开六角螺栓。

（2）将防护小盒取出，妥善放置拆下的防护小盒和六角螺栓。

（3）由至少三人操作，每人各持灭弧罩的一端，将灭弧罩搬离断路器并水平放置在地面。

（4）恢复拧紧内六角螺栓时，图 4-3-3 中的螺栓 3 和 5 需使用 10 N · m 力矩拧紧，螺栓 4 需使用 5 N · m 力矩。

（5）移除灭弧罩和防护板即图 4-3-4 中的 3。

（6）用面布清洁防护板、底座等拧紧。

（7）检查防护板的任意一处都不应有超过 1 mm 厚的烧伤。

（8）引弧杆的烧伤痕迹面积应不大于总面积的 30%，要特别注意检查引弧杆的弯曲处及与辅助触头接触的部位。

（9）检查辅助触头，烧伤深度不能超过 2 mm。若伤痕达到或超过 2 mm，则需更换辅助触头，当伤痕超过 4 mm 时，主触头将合闸失败。

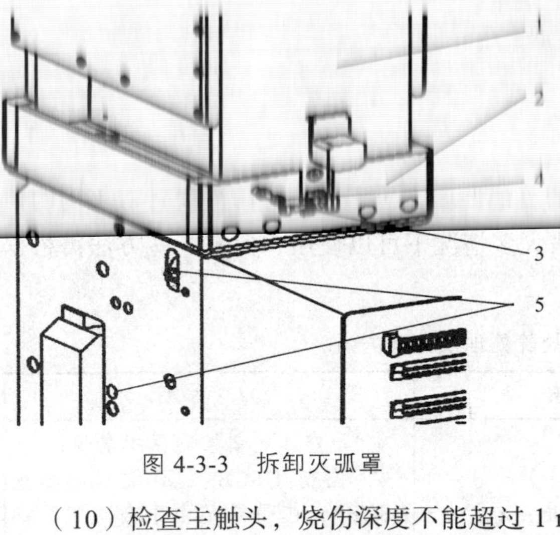


图 4-3-3　拆卸灭弧罩

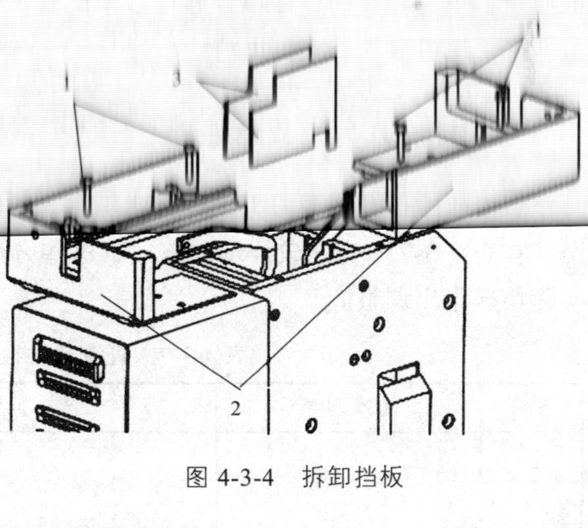


图 4-3-4　拆卸挡板

（10）检查主触头，烧伤深度不能超过 1 mm。

（11）紧固引弧杆上的连接螺栓。

4．气隙检查

（1）使用手动分合闸手柄缓慢进行合闸操作。

（2）一旦辅助触头与引弧杆接触时（此时未完全合闸到位），保持此状态，用塞尺检查动静主触头间的气隙至少应达到 1 mm。

5．导轨及小车行程检查和调整

（1）检查柜内导轨平整情况。

（2）检查柜内行程开关与小车本体的梯形模块配合情况，行程开关被梯形模块顶到位后还有一定的裕量，即在小车摇至运行位或试验位的最后 1 ~ 3 圈内，相应的位置指示灯亮。而且，要紧固梯形模块上面的两颗内六角螺丝并用记号笔标记。

（3）通过小车上的标记确认断路器小车已摇到工作位，并用卷尺测量断路器跳闸位置与工作位之间的距离（要求在 7 ~ 9 mm 合格）。

6．航空插头检查

两端插头应一一对应，针头对应针孔；无缺针、断针、短针或针头突出的情况，两端插头接装良好。

### （六）收尾工作

（1）清理作业现场，清点作业工器具及材料。

（2）按工作票恢复安全措施，确认一次回路及二次回路的各个开关已恢复到作业前状态并具备送电条件。

（3）拆除的一次零部件以及接线等都应恢复到作业前状态。

（4）向 OCC 当值电调员办理注销施工作业相关手续。

（5）工作领导人召开作业后总结会议：总结本次检修作业过程中存在的问题，评定检修的质量；填写相关的检修报告和检修（试验）记录本。

（6）送电成功后人员出清。

## 三、直流开关柜故障处理

每个故障都有许多关于设备不能正常工作的可能原因，至于解决方法需要针对不同的情况，在表 4-3-7 中有比较详细的叙述，这些方法大多情况下可以使用，但有一些方法需根据实际情况作出调整。

表 4-3-7　直流开关柜故障处理及处理方法

| 序号 | 故障现象 | 产生原因 | 处理方法 |
|---|---|---|---|
| 1 | 馈线无 1 500 V 直流电压 | 1. 缺少辅助控制电压；<br>2. HSCB 处于分闸位置；<br>3. HSCB 小车没有正确推入；<br>4. 电压采样元器件故障 | 1. 检查二次室控制保护电源；<br>2. 检查 HSCB 是否跳闸（检查 HSCB 分闸是否是由于合闸回路问题，重新合闸并发现问题所在）；<br>3. 检查 HSCB 的正确推入及相关的 HSCB 室底座的行程开关；<br>4. 检查电压采样元器件，加模拟量测试是否正常 |

续表

| 序号 | 故障现象 | 产生原因 | 处理方法 |
| --- | --- | --- | --- |
| 2 | 当选择开关处于远方位置时，直流馈线 HSCB 不能合闸 | 1. 遥控线路有问题；<br>2. 选择转换开关位置有问题；<br>3. 其他原因 | 1. 转到 LOCAL 位置，并操作 HSCB 合闸，如果合闸成功，检查遥控线路。<br>2. 1.转到 LOCAL 位置，并操作 HSCB 合闸，如果合闸成功，检查转换开关接点的联接性。如果必要，替换转换开关。<br>3. 根据现场故障现象具体分析 |
| 3 | 当选择开关处于 LOCAL 位置时，直流馈线 HSCB 不能合闸 | 1. 选择转换开关位置有问题；<br>2. 控制线路的 MCB 断开；<br>3. 设备有事故报警未复归；<br>4. 保护装置不能正常工作 | 1. 转到 REMOTE，通过中央控制室操作合上 HSCB（SCADA 后台系统）。如果合闸成功，检查转换开关接点的联接性。如果必要，替换转换开关。<br>2. 重新合上控制线路的 MCB 开关。<br>3. 复位设备上事故报警。<br>4. 替换新的保护装置 |
| 4 | 馈线 HSCB 上的所有位置指示灯熄灭 | 控制回路的 MCB 微型断路器断开 | 重合合闸或更换有问题的 MCB |
| 5 | 复位之后，错误指示灯依然亮着 | 1. 故障依然存在；<br>2. 保护用的继电器故障 | 1. 检查确认故障点是否完全切除。如果仍有相关联故障，则逐一检查处理。<br>2. 隔离保护用的继电器（或替换同型号的继电器），检查错误指示灯是否复归。如果复归，则确认继电器故障 |
| 6 | 缺少控制电压 | MCB 控制回路断开 | 重新合上 MCB（检查 MCB 的断开位置在控制柜的具体位置） |

注：表中相关缩写字母的含义：HSCB—直流断路器；LOCAL—就地位置；REMOTE—远方位置；MCB—微型断路器

## 第四节 变压器的检修

本节介绍变压器的检修项目和工艺要求，目的是使运行中的变压器更加安全，并延长变压器的使用寿命。变压器的检修主要是指变压器的维护保养和功能性测试，其中按变压器结构分为油浸式变压器、干式变压器以及气体绝缘变压器三种；地铁系统内的主变压器主要是油浸式变压器，而整流变压器、动力变压器和接地变压器绝大多数为干式变压器。

# 一、油浸式变压器的维护保养和功能性测试

## （一）作业条件

### 1．作业前准备工作（表 4-4-1）

表 4-4-1　作业前准备工作

| 序号 | 内　容 | 标　准 |
|---|---|---|
| 1 | 根据运行中发现的缺陷及上次检修的情况，确定重点检修项目 | 设备情况摸底和反措计划，制订处理方案，确保缺陷处理 |
| 2 | 准备有关检修技术资料（包括一二次图纸）、记录及上次检修报告 | 技术资料（包括一二次图纸）、记录符合现场检修要求 |
| 3 | 准备工具、机具、材料、备品备件、仪器仪表等，并运至检修现场 | 工器具、材料应齐全合格，符合现场检修要求 |
| 4 | 必要时需要技术人员提供现场指导 | 满足现场检修要求 |

### 2．作业人员要求（表 4-4-2）

表 4-4-2　作业人员要求

| 序号 | 内　容 |
|---|---|
| 1 | 应经过培训，认真通读现场油浸式变压器一二次原理图、掌握油浸式变压器现场检修技能 |
| 2 | 熟悉该设备的安装和操作，并清楚其中的危险点 |
| 3 | 经过培训，能够按照已经确认的安全操作方法，正确维护和使用安全用具如：绝缘手套、安全帽、防护用品等。接受过紧急救护培训，能够处理可能的事故 |
| 4 | 了解现场油浸式变压器的特性，并熟悉油浸式变压器的结构，对可能出现的故障应有一定的分析、判断及处理能力 |

### 3．作业前手续（表 4-4-3）

表 4-4-3　作业前手续

| 序号 | 内　容 |
|---|---|
| 1 | 现场值班员向当值电力调度员办理申请作业手续 |
| 2 | 作业前召开作业前安全会 |
| 3 | 工作领导人与工作许可人（值班员）共同到现场检查是否已按工作票要求做好相关安全防护措施，并确认所布置安全防护措施的正确性 |

## （二）作业工器具（表 4-4-4）

表 4-4-4 检修作业工器具清单

| 名 称 | 参考数量 |
|---|---|
| 万用表 | 1 块 |
| 活动扳手 | 2 把 |
| 力矩扳手 | 1 把 |
| 开口扳手 | 1 套 |
| 套筒扳手组套 | 1 套 |
| 螺丝批组套 | 1 块 |
| 锂电手电筒 | 1 把 |
| 电缆盘带漏电开关 | 1 个 |

## （三）作业材料（表 4-4-5）

表 4-4-5 检修作业材料清单

| 名 称 | 参考型号 | 参考数量 |
|---|---|---|
| 白棉布 | 普通 | 5 $m^2$ |
| 扁油刷 | 25 mm | 2 把 |
| 酒精 | 95%，500 mL | 2 瓶 |
| 毛刷 | 毛刷 2 寸 | 2 把 |
| 手套 | 一次性麻棉手套/橡胶手套 | 若干 |
| 警示带 | 黄黑相间 | 1 卷 |
| 电工胶布 | 黄、绿、红 | 各 1 卷 |
| 手喷漆 | 银灰色 500 mL | 1 瓶 |
| 记号笔 | 红色 | 1 支 |
| 砂纸 | 0# | 2 张 |
| 导电膏 | 高温型 | 1 支 |

## （四）安全注意要点

（1）按作业工作票要求做好相关停电安全防护措施。

（2）作业过程中勿走错作业间隔。

（3）高空作业须系好安全带。

（4）作业时注意做好防护，防止头手脚各部位碰伤刮伤。

（5）将排油注氮装置退出运行，转换至检修位置。

## （五）具体检修项目和标准

### 1．器身外观检查及维护保养

（1）检查安装基础、支撑部件牢固，无倾斜、变形，导管和引线无异常。

（2）外壳无严重锈蚀，无变形，无划伤、碰伤痕迹；油漆应无严重剥落，无严重锈蚀；接地良好。

（3）变压器无渗油现象。

（4）紧固本体、基础、支架的螺栓。

（5）用酒精、白棉布擦拭外壳；清洁后无积尘、无污渍。

### 2．变压器各部件维护保养

（1）检查绝缘子无裂纹，无变形，无明显放电。

（2）用酒精、白棉布擦拭瓷体绝缘子；保证瓷釉剥落面积检查在规定的范围内。

（3）检查支撑基础支架无严重破损、油漆剥落。

（4）用力矩扳手紧固各部位的连接螺栓。

### 3．本体中性点（隔离开关、避雷器）维护保养

（1）检查中性点机构本体及传动部件，无杂物，如不灵活需向传动部件添加润滑油。

（2）用远方、就地、电动、手动分合中性点隔离开关正常，开关分合一次到位，无卡滞现象，信号上传正常。

（3）用砂纸打磨中性点隔刀的触头，除去触头表面的氧化物，触头涂抹导电膏。

（4）检查中性点隔刀操作机构箱内无异物，无锈蚀。

（5）检查交流氧化锌避雷器应无破损、无裂纹、无放电痕迹。

（6）用酒精、白棉布擦拭交流氧化锌避雷器，清扫避雷器表面污垢。

（7）用力矩扳手紧固中性点连接扁铜线。

### 4．散热装置维护保养

（1）用白棉布擦拭宽边散热片表面积尘及污渍。

（2）散热片无严重锈蚀，破损剥落。

（3）用白棉布擦拭散热风机表面积尘及污渍。

（4）检查风机扇叶无破损、无锈蚀、无松动；转动部分润滑良好。

（5）散热风机按规定的方向运转正常。

### 5．有载调压机构维护保养

（1）用白棉布擦拭 MR 调压机构积尘及污渍。

（2）检查本体及传动部件零、部件无变形或损坏。

（3）调压动作正常，挡位显示正常。

### 6．瓦斯继电器维护保养

（1）用白棉布擦拭瓦斯继电器外壳的积尘与污渍。

（2）用酒精、白棉布擦拭观察孔。

（3）外壳护罩无严重破损、油漆剥落，开启正常，无卡滞。

（4）检查风机扇叶无破损、无锈蚀、无松动；转动部分润滑良好。

（5）使用力矩扳手检查二次线连接牢固，接触良好，无松动，用记号笔画防松线。

7．油标、油阀、油位、油温检查

（1）油标、油位表计应指示正确（无超出量程），检查本体油枕及有载调压装置油枕的油在最低油位标之上。

（2）本体进油油阀、本体出油油阀、有载开关进油阀、有载开关出油油阀、散热蝶阀、发力释放油阀等处于正常工作位置。

（3）油温在规定的正常刻度范围内。

（4）油色色泽透明、无杂质。

8．呼吸器检查

（1）检查呼吸器内硅胶颜色：呼吸器硅胶干燥时呈蓝色，稍微受潮呈紫色，受潮呈粉红色，完全受潮呈白色，按规定硅胶变粉红色（或白色）部分不能超过 2/3，否则需立即更换处理。

（2）呼吸器下部的油杯内油位正常、油质良好。

9．各连接部分螺栓、法兰、零件和连接线检查

（1）检查螺栓应无生锈、无裂纹。

（2）用力矩扳手紧固各螺栓，用记号笔画放松线。

（3）紧固连接线，应接触良好，无发热，无松动。

10．本体控制箱及变压器其他二次接线维护保养

（1）控制箱外壳无严重锈蚀，油漆应无严重剥落，接地良好。

（2）用白棉布擦拭变压器本体控制箱积尘及污渍。

（3）检查各二次接线是否完好，线号正确。

（4）紧固各二次接线。

11．有载调压开关功能测试

（1）检查有载调压开关本体及传动部件，无杂物。

（2）检查变压器调压机构操作箱内调压计数器、挡位指示、限位指示，准确无误。

（3）检查调压回路二次接线、端子检查，接线正确，端子应紧固、无松动；断开调压回路电源空开，后台应有相应报警，报文正确。

（4）就地电动升压调挡：以 MR 有载调压开关（图 4-4-1）1 档调到 2 档为例，将调压机构就地/远控转换开关打到“就地”位，将手动/自动转换开关打到“自动”位，将挡位升/挡位降转换开关打到“挡位升”，查看后台机显示“挡位 2”，调压机构挡位显示表盘挡位显示指针指向“2”正确；（挡位共 17 挡，逐一测试）。

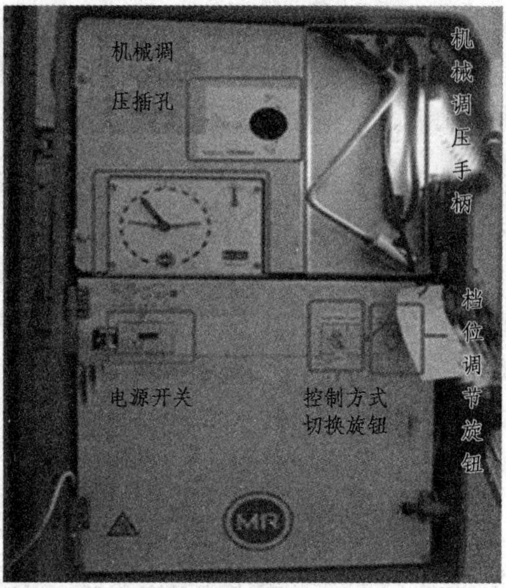


图 4-4-1　MR 有载调压开关

（5）就地电动降压调挡：以 MR 有载调压开关 17 挡调到 16 挡为例，将调压机构就地/远控转换开关打到“就地”位，将手动/自动转换开关打到“自动”位，将挡位升/挡位降转换开关打到“挡位降”，查看后台机显示“挡位 16”，调压机构挡位显示表盘挡位显示指针指向“16”正确；（挡位共 17 挡，逐一测试）。

（6）就地手动升压调挡：以 MR 有载调压开关 1 档调到 2 挡为例，将压机构就地/远控转换开关打到“就地”位，将手动/自动转换开关打到“手动”位，将手动调压摇把插入摇柄孔洞顺时针摇至 MR 调压机构手摇调压表盘指针转一周（注意：操作手柄插入时，电动操作回路电源应自动断开，闭锁可靠），查看后台机显示“挡位 2”，MR 调压机构挡位显示表盘挡位显示指针指向“2”正确，（挡位共 17 挡，逐一测试）。

（7）就地手动降压调挡：以 MR 有载调压开关 17 挡调到 16 挡为例，将 MR 调压机构就地/远控转换开关打到“就地”位，将手动/自动转换开关打到“手动”位，将手动调压摇把插入摇柄孔洞逆时针摇至 MR 调压机构手摇调压表盘指针转一周，查看后台机显示“挡位 16”，MR 调压机构挡位显示表盘挡位显示指针指向“16”正确。（挡位共 17 挡，逐一测试）。

（8）远方调挡：以 MR 有载调压开关和对应调压远动软件为例，变压器有载调压开关控制箱内控制方式切换旋钮打至远方位，后台 PC 机主接线图相应变压器右侧可看到“远方”控制标识；在后台有权限用户登陆状态下进行，通过单击后台机对应变压器旁边三个按钮进行远方手动调压操作，单击“向上”标识一次，有载调压开关挡位提高一挡；单击“向下”标识一次，有载调压开关挡位降低一挡；单击“stop”标识，停止调压挡调压工作；操作每一次挡位变换，通过调压开关本体控制箱面板和后台 PC 机挡位应一致。

（9）操作完毕，正常情况下，控制方式切换旋钮打到远方位，后台机 PC 主界面调压把手达到“自动”，采用远方自动控制。

12．中性点地刀动作功能测试

（1）检查有载调压开关本体及传动部件，无杂物。

（2）检查二次回路接线、端子检查，接线正确，端子应紧固、无松动。

（3）将中性点地刀本体控制箱内“远方/就地”转换开关打至就地位。

① 就地电动操作：旋转合/分档转换开关进行分合闸操作，分合操作正常；按停止按钮可立即停止分合闸操作；在进行分合闸时确认传动杆是否到位。

② 就地手动操作：手动操作孔金属挡板打开，插入手动操作把手，逆时针旋转进行分闸操作，顺时针旋转进行合闸操作。注意：当操作手柄插入时，电动操作回路电源应自动断开，闭锁可靠。

（4）将中性点地刀本体控制箱内“远方/就地”转换开关打至远方位，通过后台 PC 机或 OCC 调度中心进行分合闸操作，应正常。

13．本体瓦斯继电器信号测试（以挡板式瓦斯继电器为例）

（1）合上变压器高低压侧断路器，打开瓦斯继电器盖板，用短接线短接瓦斯继电器对应轻瓦斯动作接线端子，非电量保护装置信号灯亮起，后台报本体轻瓦斯报警（高低压侧断跳器不跳闸）。

（2）合上变压器高低压侧断路器，按下瓦斯继电器探针，非电量保护装置信号灯亮起，高低压侧断路器跳闸，后台报本体重瓦斯动作，测试结束后复归，信号消除。

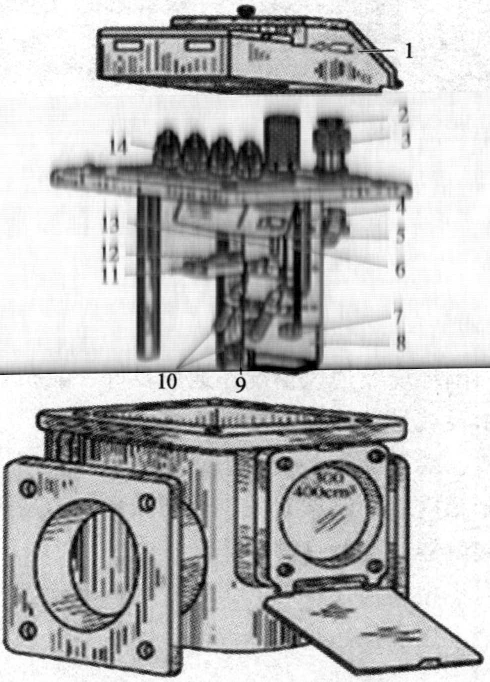


图 4-4-2　挡板式瓦斯继电器

1—指向储油柜；2—顶针；3—嘴子；4—重锤；5—上磁铁和开口杯；6—上干簧接点；7—下磁铁；8—挡板；9—螺杆；10—下干簧接点；11—调节杆；12—弹簧；13—探针；14—出线端子

14．有载重瓦斯继电器信号测试（以 MR-RS2001 为例）

（1）合上变压器高低压侧断路器，打开瓦斯继电器盖，按下试验按钮（图 4-4-3 中的 6），非电量保护装置信号灯亮起，高低压侧断路器跳闸，后台报本体重瓦斯动作。

（2）按下复归按钮（如图 4-4-3 中的 4），非电量保护装置信号灯熄灭，后台本体重瓦斯动作信号复归。

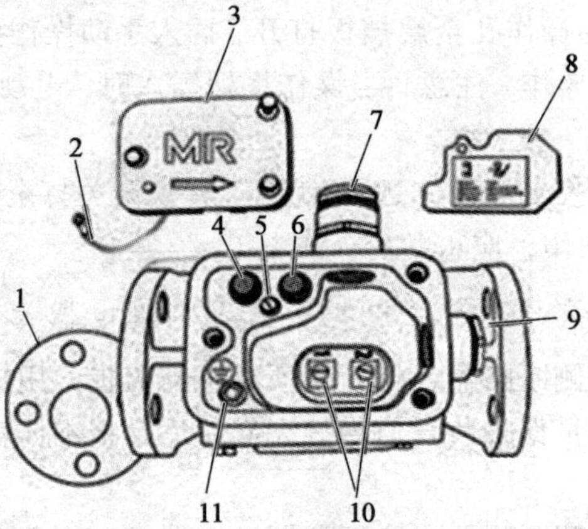


图 4-4-3　MR-RS2001 有载重瓦斯继电器

1—密封垫；2—接地电缆；3—端子盒；4—试验按钮　IN SERVICE（复位按钮）；5—一字槽螺钉；6—试验按钮 OFF（跳闸试验）；7—电缆接头；8—防护盖；9—螺丝塞；10—接线端子；11—连接接地线的圆柱头螺钉

15．本体压力释放信号测试

合上主变高低压侧断路器；抽起压力释放装置测试按钮；高低压低断路器跳闸，非电量保护装置信号灯亮起，后台报本体压力释放动作。试验结束后按下测试按钮，信号复归。

16．本体冷却风扇测试

（1）检查风扇外壳及周围环境及通风情况，通风良好、无杂物。

（2）检查风扇转向标示及编号，标识清晰、正确。

（3）风机回路二次接线、端子检查，接线正确，端子应紧固、无松动。

（4）合上主变本体控制箱内手动测试开关，启动风扇，风扇运转正常。

（5）检查合继电器、接触器，接触良好，声音正常。

（6）风扇启停时，后台机报文描述正确，报文及数据准确。

（7）按油温度表设定值，用模拟法完成油温高自动启动风机功能，风扇启停正常。

（六）收尾工作

（1）清理作业现场，清点作业工器具及材料。

（2）变压器各部件（挡位，中性点地刀等）已恢复到作业前状态并具备送电条件。

（3）工作票恢复安全措施。

（4）当值电力调度员办理注销施工作业相关手续。

（5）领导人召开作业后总结会议：总结本次检修作业过程中存在的问题，评定检修的质量，填写相关的检修报告和检修（试验）记录本。

（6）电成功后人员出清。

## 二、干式变压器的维护保养和功能性测试

### （一）作业条件

1．作业前准备工作（表 4-4-6）

表 4-4-6　作业前准备工作

| 序号 | 内　容 | 标　准 |
|---|---|---|
| 1 | 根据运行中发现的缺陷及上次检修的情况，确定重点检修项目 | 设备情况摸底和反措计划，制定处理方案，确保缺陷处理 |
| 2 | 准备有关检修技术资料（包括一二次图纸）、记录及上次检修报告 | 技术资料（包括一二次图纸）、记录符合现场检修要求 |
| 3 | 准备工具、机具、材料、备品备件、仪器仪表等，并运至检修现场 | 工器具、材料应齐全合格，符合现场检修要求 |
| 4 | 必要时需要技术人员提供现场指导 | 满足现场检修要求 |

2．作业人员要求（表 4-4-7）

表 4-4-7　作业人员要求

| 序号 | 内　容 |
|---|---|
| 1 | 应经过培训，认真通读现场干式变压器一二次原理图、掌握干式变压器现场检修技能 |
| 2 | 熟悉该设备的安装和操作，并清楚其中的危险点 |
| 3 | 经过培训，能够按照已经确认的安全操作方法，正确维护和使用安全用具如：绝缘手套、安全帽、防护用品等。接受过紧急救护培训，能够处理可能的事故 |
| 4 | 了解现场干式变压器的特性，并熟悉干式变压器的结构，对可能出现的故障应有一定的分析、判断及处理能力 |

3．作业前手续（表 4-4-8）

表 4-4-8　作业前手续

| 序号 | 内　容 |
|---|---|
| 1 | 现场值班员向当值电力调度员办理申请作业手续 |
| 2 | 作业前召开作业前安全会 |
| 3 | 工作领导人与工作许可人（值班员）共同到现场检查是否已按工作票要求做好相关安全防护措施，并确认所布置安全防护措施的正确性 |

## （二）作业工器具（表 4-4-9）

表 4-4-9　检修作业工器具清单

| 名　称 | 参考数量 |
|---|---|
| 万用表 | 1 块 |
| 吸尘器 | 1 台 |
| 标准可调电阻箱 | 2 套 |
| 可调电阻箱测试线（与温控箱连接） | 1 套 |
| 活动扳手 | 2 把 |
| 力矩扳手 | 1 把 |
| 开口呆扳手 | 1 套 |
| 套筒扳手组套 | 1 套 |
| 螺丝批组套 | 1 套 |

## （三）作业材料（表 4-4-10）

表 4-4-10　检修作业材料清单

| 名　称 | 参考型号 | 参考数量 |
|---|---|---|
| 白棉布 | 普通 | 3 m² |
| 扁油刷 | 25 mm | 2 把 |
| 酒精 | 95%，500 mL | 1 瓶 |
| 毛刷 | 毛刷 2 寸 | 2 把 |
| 手套 | 一次性麻棉手套/橡胶手套 | 若干 |
| 警示带 | 黄黑相间 | 1 卷 |
| 电工胶布 | 黄、绿、红 | 各 1 卷 |
| 手喷漆 | 银灰色 500 mL | 1 瓶 |
| 记号笔 | 红色 | 1 支 |

## （四）安全注意要点

（1）按作业工作票要求做好相关停电安全防护措施。

（2）作业过程中勿走错作业间隔。

（3）维护保养前应断开温控器电源，防止触电，温控器校验时才恢复温控器电源。

（4）作业时注意做好防护，防止头手脚各部位碰伤刮伤。

## （五）具体检修项目和标准

### 1．外观检查

（1）检查本体变压器安装：安装牢固、无松动，无倾斜，接地良好。

（2）检查外壳护罩：安装牢固，无倾斜、无开裂、变形；外壳接地良好。

（3）检查绝缘子、绝缘支撑件：用酒精、干白棉布擦拭绝缘子、绝缘支撑件后检查无放电、无裂纹现象。

（4）检查一次侧电缆头、电缆支架及抱箍：电缆头绝缘伞裙无裂纹无破损无放电、无裂纹现象，电缆头、支架及抱箍安装牢固、支架应无严重破损剥落，接地良好，电缆三相相色标识正确。

（5）检查动力变低压侧铜排、软铜排：外观正常，接连紧固，铜排无脱漆，软铜牌护套无开裂、无变形。

（6）检查绕组：用酒精、干白棉布擦拭绕组后检查无放电、无裂纹、无锈蚀现象。

（7）检查本体铁芯：无破损、裂纹、变形，铁芯一点接地良好。

（8）检查两绕组间的通风道：无严重积尘，隔离挡板无松动。

（9）检查无载调压分接开关：连接片无裂纹，连接紧固，绝缘帽齐全。

（10）检查温度采样线:温度采样线无断线，温度探头固定位置正确、无松动。

（11）检查温控箱：箱内无杂物，二次线无断线，各元器件无锈蚀。

（12）检查高压带电显示器及其二次线：二次线无松脱、无断线，高压带电显示器无破损。

（13）检查电缆标识牌及走向：电缆标示牌齐全走向标示正确。

（14）检查外部环境：无漏水、凝露、异物掉落、鼠患等险情，设备孔洞封堵完好。

（15）检查围栅、门锁、警示标牌：围栅安装牢固，无倾斜、变形，接地良好；门锁、警示标牌齐全。

2．设备清洁

（1）清洁绝缘子、绝缘支撑件：用酒精、干白棉布擦拭绝缘子及绝缘支撑件的积尘及污渍。

（2）清洁一次侧电缆头绝缘伞裙：用酒精、干白棉布擦拭一次电缆头绝缘伞裙的积尘及污渍。

（3）清洁绕组：用吸尘器初步清洁高低压绕组之间积尘，用干白棉布擦拭绕组表面吸附的灰尘。

（4）清洁铁芯及上下铁轭：用吸尘器初步清洁上下铁芯、铁轭积尘，用干白棉布擦拭铁芯、铁轭表面吸附的灰尘。

（5）清洁基础底座及外壳：用吸尘器初步清洁底座积尘，用干白棉布擦拭底座及外壳表面吸附的灰尘。

（6）清洁温控箱外壳及端子排：用白棉布、绝缘毛刷清洁温控箱外壳及端子排的积尘、污渍。

（7）清洁高压带电显示器：用白棉布擦拭高压带电显示器的积尘。

3．设备紧固

（1）使用力矩扳手紧固底座、电缆支架、抱箍及各接地螺栓，用记号笔画放松线。

（2）使用力矩扳手紧固一次电缆与绝缘子之间、二次电缆与低压侧铜排之间等电气连接部分螺栓，用记号笔画放松线。

（3）使用力矩扳手紧固分接开关的螺栓，用记号笔画放松线。

（4）使用力矩扳手紧固铁芯螺栓、穿心螺杆，用记号笔画放松线。

（5）使用螺丝批紧固温控箱及其他二次接线。

4．温控器校验（以福建力得 LD-B10-C220YEFIC+BS 型为例）

1）校验前接线

（1）确认温控器电源已断开，甩开温控器本体的数据传输线，将可调电阻箱的测试线与温控器接口连接。

（2）以校验 A 相功能为例，将可调电阻箱的测试线 PT100A 相两个端子接入一个电阻箱，用以给出 A 相温度。PTC130、PTC150 共 2 个端子接入另一个电阻箱。

（3）恢复温控器电源。

2）温度控制器温度校准

（1）每一相校验之前对温度显示进行校准，校验的过程中保持与后台温度显示信息的核对。

（2）按“向下”键调整到参数设定页面（显示屏左边的光标指向“参数设置”），查看并记录下温控器整定参数（以下功能校验以绕组温度超温报警值：130 °C，绕组温度超温跳闸值：150 °C，铁芯温度超温报警值：130 °C），如图 4-4-4 所示。

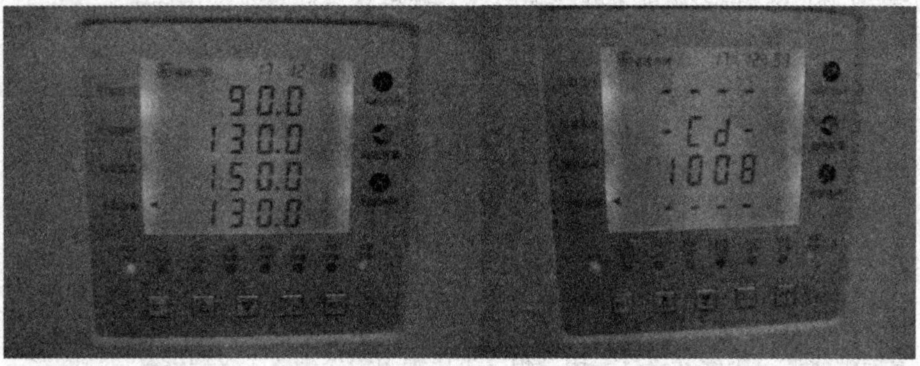


图 4-4-4

（3）进入参数设置页面后，按“SET”键进入设置页面，再按“向上”将数码调整到 1008 进入数字补偿模块（温度校准）。

（4）按“SET”键进入温度校准页面，可通过“SET”键切换需要校准的相。按向上或向下可以调整显示温度。建议用 130 °C 进行校准，即将对应相电阻箱调整到 150.6 Ω，然后将屏幕显示温度调整到 130 °C。

（5）完成校准后，按“SET”键进入保存程序，密码“995”，再按“SET”键保存。

3）温控器功能校验

（1）完成接线及温度显示校准后，对温控仪绕组超温报警功能进行校验，以 A 相校验为例。

① 将 A 相电阻箱阻值调整到 148.69 Ω，即 125 °C，PTC130、PTC150 电阻调整到 1 380 Ω。观察温控器报警情况及继电器动作情况，此时应不报警。

② 将 PTC130、PTC150 电阻调整到 80 Ω，A 相电阻箱阻值调整到 152.51 Ω，即 135 °C。按复归键“RST”，等待 6 s，观察温控器报警情况及继电器动作情况，此时应不报警。

③ 将 A 相电阻箱阻值调整到 150.6 Ω，即 130 °C，PTC130、PTC150 电阻调整到 1 380 Ω。按复归键“RST”，等待 6 s，观察温控器报警情况及继电器动作情况，此时应出现“绕组超

温报警”。若不出现绕组超温报警，以 0.1 Ω 为步长逐步增加 PT100 输入电阻，直到出现报警，并详细记录报警时的输入电阻和温度及查看温控箱面板和后台机“绕组超温报警”显示正确。若增加到 132 °C 仍不出现报警，则认为此功能异常，如图 4-4-5 所示。

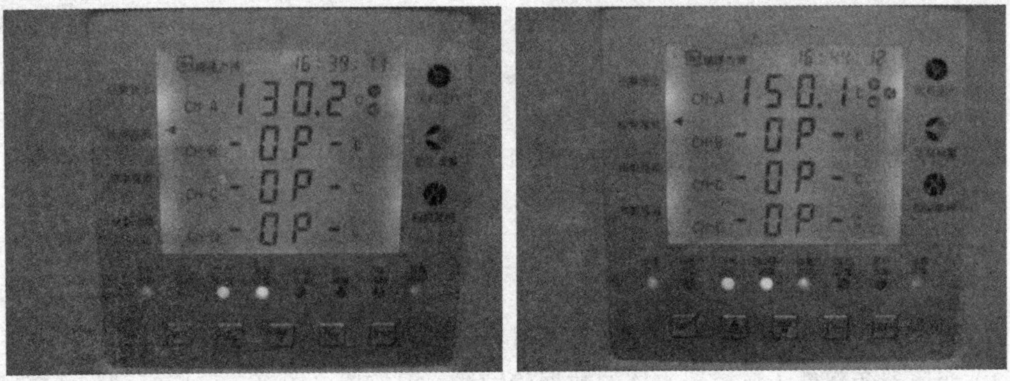


图 4-4-5

（2）完成接线及温度显示校准后，对温控仪绕组超温跳闸功能进行校验，以 A 相校验为例。

① 将 A 相电阻箱阻值调整到 156.31 Ω，即 145 °C，PTC130、PTC150 电阻调整到 1 380 Ω。观察温控器报警情况及继电器动作情况，此时应无跳闸信号。

② 将 PTC130、PTC150 电阻调整到 80 Ω，A 相电阻箱阻值调整到 158.59 Ω，即 151 °C。按复归键“RST”，等待 6 s，观察温控器报警情况及继电器动作情况，此时应无跳闸信号。

③ 将 A 相电阻箱阻值调整到 158.21 Ω，即 130 °C，PTC130、PTC150 电阻调整到 1 380 Ω。按复归键“RST”，等待 6 s，观察温控器报警情况及继电器动作情况，此时应出现“绕组超温跳闸”。若没出现绕组超温跳闸，以 0.1 Ω 为步长逐步增加 PT100 输入电阻，直到出现跳闸信号，并详细记录跳闸时的输入电阻和温度及查看温控箱面板和后台机“绕组超温跳闸”显示正确。若增加到 152 °C 仍不出现报警，则认为此功能异常。

（3）以①和②同样的方法完成 B 相、C 相的校验。

（4）将铁芯 PT100 接入电阻箱，调整到 148.69 Ω，即 125 °C，此时应无报警；调整到 150.6 Ω，即 130 °C，观察温控器报警情况及继电器动作情况，此时应出现“铁芯超温报警”。若无报警出现，以 0.1 Ω 为步长逐步增加 PT100 输入电阻，直到出现报警，并详细记录报警时的输入电阻和温度及查看温控箱面板和后台机“铁芯超温报警”显示正确。若增加到 132 °C 仍不出现报警，则认为此功能异常，如图 4-4-6 所示。

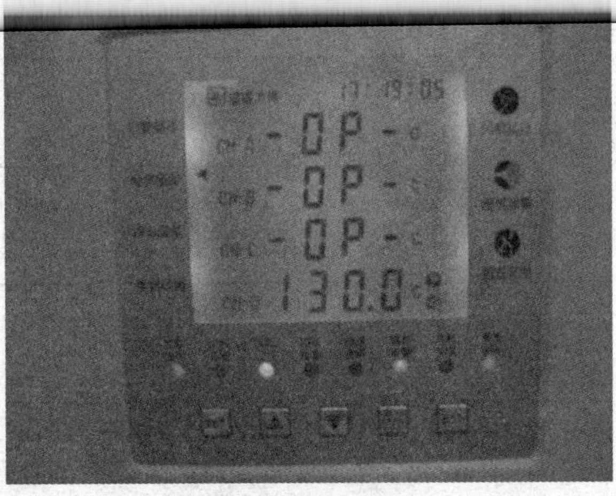


图 4-4-6

（5）断开温控器电源

从温控器上断开可调电阻箱的测试线，恢复温控器本体的数据传输线。

5．辅助功能测试

（1）开门报警测试：开启变压器外壳门，使其门行程开关动作，查看后台显示“变压器开门报警”信号正常（如有多个行程开关，需逐一测试，当测试其中之一时，其他门必须关闭）。

（2）变压器电磁锁闭锁测试：根据电磁锁说明书测试其闭锁功能（如多个电磁锁，需逐一测试）。

### （六）收尾工作

（1）清理作业现场，清点作业工器具及材料。

（2）变压器各部件（温控器本体的数据传输线，温控器电源等）已恢复到作业前状态并具备送电条件。

（3）按工作票恢复安全措施。

（4）向当值电力调度员办理注销施工作业相关手续。

（5）工作领导人召开作业后总结会议：总结本次检修作业过程中存在的问题，评定检修的质量，填写相关的检修报告和检修（试验）记录本。

（6）送电成功后人员出清。

## 三、气体绝缘变压器的维护保养和功能性测试

### （一）作业条件

1．作业前准备工作（表 4-4-11）

表 4-4-11　作业前准备工作

| 序号 | 内　容 | 标　准 |
| --- | --- | --- |
| 1 | 根据运行中发现的缺陷及上次检修的情况，确定重点检修项目 | 设备情况摸底和反措计划，制定处理方案，确保缺陷处理 |
| 2 | 准备有关检修技术资料（包括一二次图纸）、记录及上次检修报告 | 技术资料（包括一二次图纸）、记录符合现场检修要求 |
| 3 | 准备工具、机具、材料、备品备件、仪器仪表等，并运至检修现场 | 工器具、材料应齐全合格，符合现场检修要求 |
| 4 | 必要时需要技术人员提供现场指导 | 满足现场检修要求 |

2．作业人员要求（表 4-4-12）

表 4-4-12　作业人员要求

| 序号 | 内　容 |
| --- | --- |
| 1 | 应经过培训，认真通读现场气体绝缘变压器一二次原理图、掌握气体绝缘变压器现场检修技能 |
| 2 | 熟悉该设备的安装和操作，并清楚其中的危险点 |
| 3 | 经过培训，能够按照已经确认的安全操作方法，正确维护和使用安全用具如：绝缘手套、安全帽、防护用品等。接受过紧急救护培训，能够处理可能的事故 |
| 4 | 了解现场气体绝缘变压器的特性，并熟悉气体绝缘变压器的结构，对可能出现的故障应有一定的分析、判断及处理能力 |

3．作业前手续（表 4-4-13）

表 4-4-13　作业前手续

| 序号 | 内　容 |
| --- | --- |
| 1 | 现场值班员向当值电力调度员办理申请作业手续 |
| 2 | 作业前召开作业前安全会 |
| 3 | 工作领导人与工作许可人（值班员）共同到现场检查是否已按工作票要求做好相关安全防护措施，并确认所布置安全防护措施的正确性 |

（二）作业工器具（表 4-4-14）

表 4-4-14　检修作业工器具清单

| 名　称 | 参考数量 |
| --- | --- |
| 万用表 | 1 块 |
| 手电筒 | 1 把 |
| 试电笔 | 1 支 |
| 活动扳手 | 2 把 |
| 尖嘴钳 | 1 把 |
| 开口扳手 | 1 套 |
| 电缆盘 | 1 个 |
| 螺丝批 | 1 套 |
| 力矩扳手 | 1 把 |
| 安全带 | 1 条 |
| 梯子 | 1 把 |

## （三）作业材料（表 4-4-15）

表 4-4-15　检修作业材料清单

| 名　称 | 参考型号 | 参考数量 |
| --- | --- | --- |
| 绝缘胶布 | 黄/绿/红/黑 | 1 卷 |
| 塑料薄膜 | | 1 卷 |
| 白棉布 | 普通 | 3 m² |
| 酒精 | 95%，500 mL | 1 瓶 |
| 毛刷 | 毛刷 2 寸 | 2 把 |

## （四）安全注意要点

（1）按作业工作票要求做好相关停电安全防护措施。

（2）作业过程中勿走错作业间隔。

（3）防止静电伤人并保持与带电体有足够的安全距离不小于 1.5 m。

（4）作业时注意做好防护，防止头手脚各部位碰伤刮伤。

## （五）具体检修项目和标准

1．外观检查

（1）检查安装基础、支撑部件牢固，无倾斜、变形，导管和引线无异常。

（2）外壳无严重锈蚀、外壳无变形、无划伤、碰伤痕迹；油漆应无严重剥落，无严重锈蚀；接地良好。

（3）紧固螺栓，基础、支架。

（4）用酒精、白棉布擦拭外壳；清洁后无积尘、无污渍。

2．气体绝缘变压器各部件维护保养

（1）检查绝缘子无裂纹，无变形，无明显放电。

（2）用酒精、白棉布擦拭瓷体绝缘子；保证瓷釉剥落面积检查在规定的范围内。

（3）检查支撑基础支架无严重破损、油漆剥落。

（4）用力矩扳手紧固各部位的连接螺栓。

3．本体中性点（避雷器、隔离开关）维护保养

（1）检查中性点机构本体及传动部件，无污渍，传动部件润滑灵活；

说明：绝缘子表面应光亮无放电痕迹或破损，中性点地刀正常运行时应在分位，其操作箱运行、指示正常，中性点避雷器绝缘子无放电痕迹或破损。

（2）检查交流氧化锌避雷器应无破损、无裂纹、无放电痕迹。

（3）用酒精、白棉布擦拭交流氧化锌避雷器，清扫避雷器表面污垢。

（4）用力矩扳手紧固中性点连接扁铜线。

4．散热装置检查

（1）无积尘，无污渍。

（2）散热片无严重锈蚀，破损剥落。

5．气压表/温度表检查（图 4-4-7、图 4-4-8）

指示正确，显示值均在正常刻度范围内。

图 4-4-7　气压表

图 4-4-8　温度表

6．各连接部分螺栓、紧固法兰、零件和连接线检查

（1）仔细检查各部件无放电、无裂纹现象。

（2）检查螺栓应无生锈、无裂纹；用力矩扳手紧固各螺栓；应连接紧固，无发热，无松动。

7．有载调压箱检查

检查有载调压开关本体及传动部件，挡位显示正常，内无杂物。

8．主变本体端子箱检查

使用螺丝刀紧固柜内接线端子，并用毛刷将柜内清理干净。

9．$SF_6$ 微水测试（6 年检）

（1）主要设备：六氟化硫气体微量水含量测量仪；

（2）试前准备：检查气室压力并记录，气室压力值与上次检查数据无显著变化；

（3）微水含量测试程序：

① 检测前对管路进行清洗；

② 连接仪器；

③ 打开仪器电源开关，打开进气阀开关，将测量/保护开关旋至测量位，旋转流量调节气阀控制气体流量在 0.6 L/min，待数据稳定后记录测量结果；

④ 测量完成，关闭各仪器开关，关闭过程与测试过程相反。

标准：$SF_6$ 气体水分含量不大于 150 ppm。

10．有载调压开关功能测试

（1）检查有载调压开关本体及传动部件，无杂物。

（2）检查主变调压机构操作箱（图4-4-9）主变调压计数器、挡位指示、限位指示，准确无误。

（3）检查调压回路二次接线、端子检查，接线正确，端子应紧固、无松动；断开调压回路电源空开，后台应有相应报警，报文正确。

（4）将主变有载调压开关控制箱内控制方式远方/就地切换旋钮打至就地位，其包含就地电动操作和就地手动操作两种方式：

① 就地电动操作，旋转升挡/降挡转换开关对主变进行调压操作，调压动作正常；

② 就地手动操作，要开手动操作盖板，将手柄插入到机械调压插孔中，逆时针旋转手柄时，有载调压开关挡位降一挡；顺时针旋转手柄时，有载调压开关挡位升一挡；操作到位时可听到接点动作的声音，同时观察挡位刻度指示是否在范围内。

（5）将主变有载调压开关控制箱内控制方式远方/就地切换旋钮打至远方位或就地位，后台PC机主接线图相应指未应正确。

图4-4-9　主变有载调压开关控制箱

① 采用AVC软件自动控制，通过后台机“目标值”后端“铅笔”标识，可进行自动控制目标值的更改；

② 后台操作调压，通过后台机主接线图主变左侧三个按钮进行调压操作。单击“升”标识一次，挡位升一挡；单击“降”标识一次，开关挡位降低一挡；单击“停”标识，停止调压。

（6）每一次操作挡位变换，通过有载调压开关控制箱面板、后台PC机确定挡位，应一致。

（7）操作完毕，正常情况下，控制方式切换旋钮打到远方位，后台机PC主界面调压打到“自动”，采用远方自动控制。

11．中性点地刀动作功能测试

（1）检查中性点地刀本体及传动部件，无杂物。

（2）检查二次回路接线、端子检查，接线正确，端子应紧固、无松动。

（3）将中性点地刀本体控制箱内“远方/就地”转换开关打至远方位，通过后台PC机或OCC调度中心进行分合闸操作，应正常。

（4）将中性点地刀本体控制箱内“远方/就地”转换开关打至就地位。

① 就地电动操作：通过按压合/分闸按钮进行合/分闸操作，分合操作正常；按停止按钮可立即停止分合闸操作；在进行分合闸时确认传动杆是否到位。

② 就地手动操作：手动操作孔金属挡板打开，插入手动操作把手，逆时针旋转进行分闸

操作，顺时针旋转进行合闸操作。注意：当操作手柄插入时，电动操作回路电源应自动断开，闭锁可靠。

12．气泵功能测试

（1）手动测试：气泵启动正常，旋转方向正确，气流表指示正确。

（2）自动测试：气体温度达 60 °C 时气泵正常启动，低于 30 °C 时气泵正常停止。

### （六）收尾工作

（1）清理作业现场，清点作业工器具及材料。

（2）变压器各部件已恢复到作业前状态并具备送电条件。

（3）按工作票恢复安全措施。

（4）向当值电力调度员办理注销施工作业相关手续。

（5）工作领导人召开作业后总结会议：总结本次检修作业过程中存在的问题，评定检修的质量，填写相关的检修报告和检修（试验）记录本。

（6）送电成功后人员出清。

## 四、变压器常见故障处理（表 4-4-16）

表 4-4-16　变压器常见故障及处理方法

| 序号 | 故障现象 | 产生原因 | 处理方法 |
|---|---|---|---|
| 1 | 声音异常 | 1. 声音比平时沉重，但无杂音，一般为变压器过负荷引起；<br>2. 声音尖，一般为变压器电源电压过高引起；<br>3. 声音嘈杂、混乱，变压器内部结构可能有松动；<br>4. 发出"噼叭"的爆裂声，这可能是变压器绕组或铁芯的绝缘有击穿现象 | 1. 减少一些次要负荷以减轻变压器的负担；<br>2. 及时降压或及时向有关部门报告处理；<br>3. 停电紧固各元器件；<br>4. 立即停电检查、试验并检修 |
| 2 | 绝缘油油质变坏 | 1. 变压器内部故障；<br>2. 油中水分杂质超标 | 1. 吊出器身进行检查；<br>2. 过滤或更换绝缘油 |
| 3 | 渗油 | 1. 油箱焊接处渗油：焊接不牢或老化；<br>2. 接口或法兰处渗油：紧固不牢或胶垫老化 | 1. 找到渗漏处补焊；<br>2. 紧固或更换胶垫 |
| 4 | 铁芯及绕组绝缘电阻值低 | 运输和仓储安装过程中变压器受潮 | 打开风机进行通风干燥，严重时可用碘钨灯进行烘干 |
| 5 | 铁芯对地多点接地或放电 | 1. 落入异物；<br>2. 铁芯对地绝缘件由于运输造成移位 | 1. 检查并清除异物；<br>2. 调整并紧固绝缘件 |
| 6 | 风机异常响动 | 1. 风机内落入异物；<br>2. 风机扇叶因轴芯变形或脱离固定槽；<br>3. 固定螺栓松动 | 1. 检查并清除；<br>2. 将轴芯复位，严重时进行更换；<br>3. 检查并将固定螺栓紧固 |

# 第五节 整流器的检修

整流器是地铁供电系统中的一个环节，它前面有交流开关接入电网，后面有直流开关接通负载。所以在通电或断电时，整流器虽然没有直接操作，但是为了安全起见通电前和断电后必须对其进行检查。本节介绍整流器的检修项目和工艺要求，目的是使运行中的整流器更加安全，并延长整流器的使用寿命。整流器的检修主要是指整流器的维护保养和功能性测试。

## 一、整流器的维护保养和功能性测试

### （一）作业条件

1．作业前准备工作（表 4-5-1）

表 4-5-1 作业前准备工作

| 序号 | 内 容 | 标 准 |
|---|---|---|
| 1 | 根据运行中发现的缺陷及上次检修的情况，确定重点检修项目 | 设备情况摸底和反措计划，制定处理方案，确保缺陷处理 |
| 2 | 准备有关检修技术资料（包括一二次图纸）、记录及上次检修报告 | 技术资料（包括一二次图纸）、记录符合现场检修要求 |
| 3 | 准备工具、机具、材料、备品备件、仪器仪表等，并运至检修现场 | 工器具、材料应齐全合格，符合现场检修要求 |
| 4 | 必要时需要技术人员提供现场指导 | 满足现场检修要求 |

2．作业人员要求（表 4-5-2）

表 4-5-2 作业人员要求

| 序号 | 内 容 |
|---|---|
| 1 | 应经过培训，认真通读现场整流器一二次原理图、掌握整流器现场检修技能 |
| 2 | 熟悉该设备的安装和操作，并清楚其中的危险点 |
| 3 | 经过培训，能够按照已经确认的安全操作方法，正确维护和使用安全用具如：绝缘手套、安全帽、防护用品等。接受过紧急救护培训，能够处理可能的事故 |
| 4 | 了解现场整流器的特性，并熟悉整流器的结构，对可能出现的故障应有一定的分析、判断及处理能力 |

3．作业前手续（表 4-5-3）

表 4-5-3 作业前手续

| 序号 | 内 容 |
|---|---|
| 1 | 现场值班员向当值电力调度员办理申请作业手续 |
| 2 | 作业前召开作业前安全会 |
| 3 | 工作领导人与工作许可人（值班员）共同到现场检查是否已按工作票要求做好相关安全防护措施，并确认所布置安全防护措施的正确性 |

## （二）作业工器具（表 4-5-4）

表 4-5-4　检修作业工器具清单

| 名　称 | 参考数量 |
|---|---|
| 吸尘器 | 1 台 |
| 活动扳手 | 2 把 |
| 力矩扳手 | 1 把 |
| 开口呆扳手 | 1 套 |
| 套筒扳手组套 | 1 套 |
| 螺丝批组套 | 1 套 |
| 尖嘴钳 | 1 把 |
| 万用表 | 1 块 |
| 电阻箱 | 1 套 |
| 毫伏发生器 | 1 套 |

## （三）作业材料（表 4-5-5）

表 4-5-5　检修作业材料清单

| 名　称 | 参考型号 | 参考数量 |
|---|---|---|
| 白棉布 | 普通 | 3 m² |
| 扁油刷 | 25 mm | 2 把 |
| 酒精 | 95%，500 mL | 1 瓶 |
| 毛刷 | 毛刷 2 寸 | 2 把 |
| 手套 | 一次性麻棉手套/橡胶手套 | 若干 |
| 警示带 | 黄黑相间 | 1 卷 |
| 记号笔 | 红色 | 1 支 |
| 绝缘胶布 | 黄绿红 | 若干 |
| 铜导线 | 1.5 mm² | 1.5 m |
| 电池 | 5# | 3 节 |

## （四）安全注意要点

（1）按作业工作票要求做好相关停电安全防护措施。

（2）两套整流器交、直流侧均需挂接地线。

（3）安装地线时注意避免碰触到二次回路接线。

（4）防止二次回路短路或接地。

## （五）具体检修项目和标准

### 1．设备安装情况检查

（1）检查确认设备本体安装牢固，无倾斜、变形，外壳无严重锈蚀、接地良好。

（2）检查开关柜基础、支架、外壳应无严重破损剥落。

### 2．设备外观及内部元器件检查

（1）检查外壳外部（包括顶部）、柜内顶部、侧面和底部应无生锈、裂纹或放电烧伤痕迹。

（2）检查二极管及快速熔断器：瓷体清洁、无裂痕。

（3）检查快速熔断器、吸收电阻、电容、电流互感器、压敏电阻：无过热、发黑、烧焦、变色现象；无破裂损坏。

（4）检查二极管散热装置：散热块无松动，无严重积尘。

（5）检查母线应无氧化发黑痕迹；过压吸收阻容应无过热烧损现象。

（6）检查快速熔断器熔断指示器应无跳出。

（7）检查逆流保护回路传感器二次接线无松动，传感器连接紧固、外观无膨胀变形。

### 3．设备清洁

（1）用干扁油刷清扫、白棉布擦拭外壳外部（包括顶部）、柜内顶部、侧面和底部，进行清扫、除尘。

（2）用干毛刷清扫、白棉布擦拭清扫柜内电阻、电容、二极管、散热片、熔断器、传感器、绝缘子等表面的灰尘。

（3）用毛刷、干白棉布清洁柜内二次回路接线、端子、表计、按钮等表面的灰尘。

### 4．检查电气连接部分

（1）检查直流侧 RC 回路：回路连接正常、连接紧固、外观无膨胀变形。

（2）检查交流侧压敏回路：回路连接正常、连接紧固、外观无膨胀变形。

（3）检查交流侧、直流侧一次电缆：电缆头无起包、无破损。

### 5．检查控制电源

检查控制电源、开\关门照明灯：单独开整流器前/后外门照明灯亮；同时关闭前、后外门照明灯熄灭；行程开关二次线与柜体的距离满足要求。

### 6．紧固一次电气连接螺栓

参考标准力矩对一次电气连接螺栓和电缆头连接螺栓进行紧固，并检查紧固件应无松动、裂纹，目测弹簧垫圈应压平，紧固完成后用记号笔进行标记防松线。

### 7．紧固二次接线

对二次接线端子和其他二次接线进行紧固。

### 8．检查外部环境

无漏水、凝露、异物掉落、鼠患等险情，设备孔洞封堵完好。

9．快速熔断器保护测试

1）快速熔断器故障报警测试

保护设置原理：在一个桥臂上熔断一个快速熔断器只报警不跳闸，在不同的桥臂上分别熔断一个快速熔断器只报警不跳闸；检修做法如下：

依次拔出一个桥臂的一个快速熔断器辅助接点，观察柜体面板上液晶显示屏应有熔断器熔断报警显示，检查显示内容应与快熔所在桥臂的编号相一致；同时查看后台机上应有对应报警信号报文；再拔出另一个整流桥臂中的一快速熔断器辅助接点，观察柜体面板上液晶显示屏应有熔断器熔断报警显示无跳闸显示；同时查看后台机上应有对应报警而无跳闸信号报文；然后恢复两个快速熔断器辅助接点，恢复完，故障指示灯熄灭、显示屏报警消失。然后再做下一个快速熔断器辅助接点。

2）快速熔断器故障跳闸测试

保护设置原理：任意一个桥臂中的其中两个快速熔断器熔断，对应 35 kV 开关柜跳闸。检修做法如下：

依次拔出一个整流桥臂中任意两个快速熔断器辅助接点，观察柜体面板上液晶显示屏应有熔断器熔断跳闸显示；同时查看后台机上应有对应跳闸信号报文，对应 35 kV 开关柜有接收跳闸的信号，并查看后台机有对应的报文显示；恢复后灯灭、报警消失。

10．特种熔断器故障报警测试

依次拔出各特种熔断器辅助接点的微动开关，整流器柜面板上故障指示灯点亮，显示屏对应特种熔断器熔断报警显示，并查看后台机有对应的报文显示；恢复后灯灭、报警消失。

11．逆流保护跳闸测试

（1）检查电流传感器二次端子有无松动或掉出。

（2）按图 4-5-1 所示，在逆流流传感器二次端子处（不要拔出二次端子），施加大于 3 V 的直流电压（方法一：将 2 节 1.5 V 电池串联，用短接线引出正、负极接线；方法二：将毫伏发生器选择至合适的挡位，调节到数值为 3 V，用正、负测试线接于传感器二次端子处），则面板上故障指示灯点亮，显示屏显示桥臂逆流信号，对应 35 kV 开关柜接收到跳闸信号，并查看后台机有对应的报文显示，不加量按复位按钮后故障指示灯灭、跳闸信号消失。

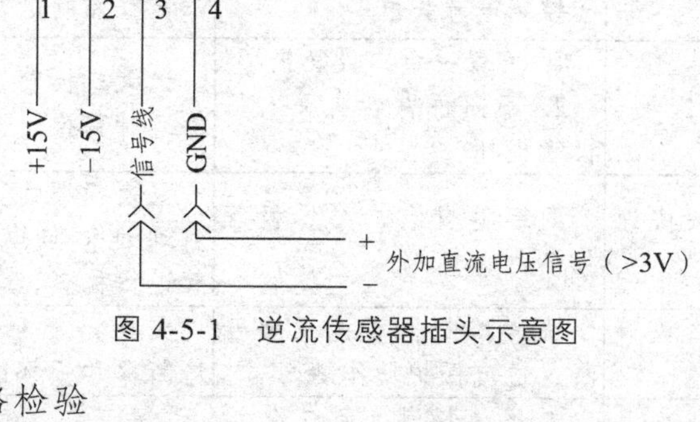


图 4-5-1　逆流传感器插头示意图

12．温度保护电路检验

（1）超温报警测试：用可调电阻箱代替温度采样器后调节至报警温度对应的电阻值，整流器柜面板上故障指示灯点亮，显示屏对应超温报警显示，并查看后台机有对应的报文显示；恢复后灯灭、报警消失。

（2）超温跳闸测试：用可调电阻箱代替温度采样器后调节至跳闸温度对应的电阻值，整流器柜面板上故障指示灯点亮，显示屏有对应超温跳闸显示，对应 35 kV 开关柜接收到跳闸信号，并查看后台机有对应的报文显示；恢复后灯灭、报警消失。

13．开门报警功能测试

依次打开整流器前、后柜门，使其对应行程开关动作，整流器柜面蜂鸣器响，对应 35 kV 保护装置会有相应报文，并查看后台机有对应的报文显示；恢复后响声、报警消失。

14．加热装置测试

检查加热装置是否能正常工作：手动投入面板上的加热装置开关，查看对应加热指示灯是否点亮，10 分钟后，查看温度控制表显示温度是否上升，查看完毕后，退出加热装置开关，确认加热器已退出工作。

### （六）收尾工作

（1）清理作业现场，清点作业工器具及材料。

（2）各部件已恢复到作业前状态并具备送电条件。

（3）按工作票恢复安全措施。

（4）向当值电力调度员办理注销施工作业相关手续。

（5）工作领导人召开作业后总结会议：总结本次检修作业过程中存在的问题，评定检修的质量，填写相关的检修报告和检修（试验）记录本。

（6）送电成功后人员出清。

## 二、整流器常见故障处理

以 12 脉波整流器为例，常见故障现象、原因及处理方法见表 4-5-6。

表 4-5-6　整流器常见故障及处理方法

| 序号 | 故障现象 | 产生原因 | 处理方法 | 备注 |
|---|---|---|---|---|
| 1 | 温度过高 | 1. 通风网孔堵塞<br>2. 环境温度过高 | 1. 清扫通风网孔<br>2. 打开室内排气扇 | 照常运行 |
| 2 | 控制电源断电 | 控制电源失电 | 检查控制电源 | 照常运行 |
| 3 | 一个快速熔断器开 | 1. 桥臂一个二极管损坏<br>2. 不同桥臂各有一人二极管损坏 | 记录二极管损坏位置，并在停运时更换 | 照常运行 |
| 4 | 同一桥臂两个快速熔断器断开 | 同一桥臂有二个二极管损坏 | 更换损坏的二极管，同时要对通过正向短路电流的二极管进行检查，看有无损坏 | 停运 |
| 5 | 桥臂有一个二极管损坏 | 快速熔断器不能正常开断，逆流保护动作跳闸 | 更换不能正常开断的快速熔断器和损坏的二极管 | 停运 |
| 6 | 超过设定跳闸温度 | 二极管超过允许工作温度或屏柜通风网孔堵塞 | 检查过热原因，清理通风网孔 | 停运 |

## 第六节　交直流屏及蓄电池的检修

变电所用交直流屏及蓄电池作为供电系统二次回路的交直流电源，是地铁供电系统中不可缺少的部分。本节介绍交直流屏及蓄电池检修项目和工艺要求，目的是使运行中的交直流屏及蓄电池更加安全，并延长交直流屏及蓄电池的使用寿命。交直流屏的检修主要是指交直流屏的维护保养和功能性测试，蓄电池的检修主要是指蓄电池核对性充放电试验。

### 一、交直流屏的维护保养和功能性测试

#### （一）作业条件

1．作业前准备工作（表 4-6-1）

表 4-6-1　作业前准备工作

| 序号 | 内　容 | 标　准 |
|---|---|---|
| 1 | 根据运行中发现的缺陷及上次检修的情况，确定重点检修项目 | 设备情况摸底和反措计划，制定处理方案，确保缺陷处理 |
| 2 | 准备有关检修技术资料（包括一二次图纸）、记录及上次检修报告 | 技术资料（包括一二次图纸）、记录符合现场检修要求 |
| 3 | 准备工具、机具、材料、备品备件、仪器仪表等，并运至检修现场 | 工器具、材料应齐全合格，符合现场检修要求 |
| 4 | 必要时需要技术人员提供现场指导 | 满足现场检修要求 |

2．作业人员要求（表 4-6-2）

表 4-6-2　作业人员要求

| 序号 | 内　容 |
|---|---|
| 1 | 应经过培训，认真通读现场交直流屏一二次原理图、掌握交直流屏现场检修技能 |
| 2 | 熟悉该设备的安装和操作，并清楚其中的危险点 |
| 3 | 经过培训，能够按照已经确认的安全操作方法，正确维护和使用安全用具如：绝缘手套、安全帽、防护用品等。接受过紧急救护培训，能够处理可能的事故 |
| 4 | 了解现场交直流屏的特性，并熟悉交直流屏的结构，对可能出现的故障应有一定的分析、判断及处理能力 |

3．作业前手续（表 4-6-3）

表 4-6-3　作业前手续

| 序号 | 内　容 |
|---|---|
| 1 | 现场值班员向当值电力调度员办理申请作业手续 |
| 2 | 作业前召开作业前安全会 |
| 3 | 工作领导人与工作许可人（值班员）共同到现场检查是否已按工作票要求做好相关安全防护措施，并确认所布置安全防护措施的正确性 |

## （二）作业工器具（表 4-6-4）

表 4-6-4　检修作业工器具清单

| 名　称 | 参考数量 |
|---|---|
| 吸尘器 | 1 台 |
| 活动扳手 | 2 把 |
| 力矩扳手 | 1 把 |
| 开口扳手 | 1 套 |
| 套筒扳手组套 | 1 套 |
| 螺丝批组套 | 1 套 |
| 尖嘴钳 | 1 把 |
| 万用表 | 1 块 |

## （三）作业材料（表 4-6-5）

表 4-6-5　检修作业材料清单

| 名　称 | 参考型号 | 参考数量 |
|---|---|---|
| 白棉布 | 普通 | 2 $m^2$ |
| 酒精 | 95%，500 mL | 1 瓶 |
| 毛刷 | 毛刷 2 寸 | 2 把 |
| 手套 | 一次性麻棉手套/橡胶手套 | 若干 |
| 记号笔 | 红色 | 1 支 |
| 绝缘胶布 | 黄绿红 | 若干 |

## （四）安全注意要点

（1）正确使用合格的安全工器具、常用工器具，正确穿戴合格的安全防护用品。

（2）作业过程中要确保直流馈电屏不失电。

（3）设备带电作业，作业前对导电工器具做绝缘处理；作业中做好安全防护，防止人身触电，同时在清扫除尘中单手操作，谨防碰松二次线。

（4）在蓄电池上作业时注意做好防护，防止正负极短路及人身触电。

（5）做交流屏两路交流切换试验前，确认低压 400 V 开关柜没有进行倒闸作业。

（6）防止二次回路短路或接地。

## （五）具体检修项目和标准

1．设备安装、外观情况检查

（1）检查确认设备本体安装牢固，无倾斜、变形，外壳无严重锈蚀、接地良好。

（2）检查柜体基础、支架、外壳应无严重破损剥落。

2．设备内部元器件检查

（1）电气连接部份牢固无松动，无发热现象，无异味。

（2）元器件无过热发黑、烧焦、变色现象。

（3）检查各监控模块、整流模块、仪表、开关、保险、避雷器、蓄电池等元器件运行情况，无报警、无异常等现象。

（4）核对交直流屏定值表，核对交直流屏参数设置。

3．设备清洁

（1）用干扁油刷清扫、白棉布擦拭设备外壳（包括顶部）、柜内顶部、侧面和底部，进行清扫、除尘。

（2）用干毛刷清扫、白棉布擦拭清扫柜内元器件表面的灰尘。

（3）用毛刷、干白棉布清洁柜内接线、端子、表计、按钮等表面的灰尘。

4．紧固一次电气连接螺栓

参考标准力矩对一次电气连接螺栓和电线连接螺栓进行紧固，并检查紧固件应无松动、裂纹，目测弹簧垫圈应压平，紧固完成后用记号笔进行标记防松线。

5．紧固二次接线

对二次接线端子和其他二次接线进行紧固。

6．检查外部环境

无漏水、凝露、异物掉落、鼠患等险情，设备孔洞封堵完好。

7．功能测试

（1）各单一元器件功能测试，如开关、监控模块、整流模块等操作。

（2）进线电源装置备自投功能测试及缺相保护功能测试。

（3）进线电源手动投切回路测试。

（4）信号回路测试。

（5）逆变装置功能测试。

（6）直流屏降压、调压元件手动功能测试。

（7）直流屏交流进线电源装置备自投功能测试。

（8）直流屏交流进线电源失电测试。

（9）浮充、放电切换试验。

（10）蓄电池放电测试。

## （六）收尾工作

（1）清理作业现场，清点作业工器具及材料。

（2）各部件已恢复到作业前状态并具备送电条件。

（3）按工作票恢复安全措施。

（4）向当值电力调度员办理注销施工作业相关手续。

（5）工作领导人召开作业后总结会议：总结本次检修作业过程中存在的问题，评定检修的质量，填写相关的检修报告和检修（试验）记录本。

## 二、蓄电池核对性充放电试验

### （一）作业条件

1．作业前准备工作（表 4-6-6）

表 4-6-6 作业前准备工作

| 序号 | 内 容 | 标 准 |
|---|---|---|
| 1 | 根据运行中发现的缺陷及上次检修的情况，确定重点检修项目 | 设备情况摸底和反措计划，制定处理方案，确保缺陷处理 |
| 2 | 准备有关检修技术资料（包括一二次图纸）、记录及上次检修报告 | 技术资料（包括一二次图纸）、记录符合现场检修要求 |
| 3 | 准备工具、机具、材料、备品备件、仪器仪表等，并运至检修现场 | 工器具、材料应齐全合格，符合现场检修要求 |
| 4 | 必要时需要技术人员提供现场指导 | 满足现场检修要求 |

2．作业人员要求（表 4-6-7）

表 4-6-7 作业人员要求

| 序号 | 内 容 |
|---|---|
| 1 | 应经过培训，认真通读现场蓄电池屏一二次原理图、掌握蓄电池现场检修技能 |
| 2 | 熟悉该设备的安装和操作，并清楚其中的危险点 |
| 3 | 经过培训，能够按照已经确认的安全操作方法，正确维护和使用安全用具如：绝缘手套、安全帽、防护用品等。接受过紧急救护培训，能够处理可能的事故 |
| 4 | 了解现场蓄电池的特性，并熟悉蓄电池的结构，对可能出现的故障应有一定的分析、判断及处理能力 |

3．作业前手续（表 4-6-8）

表 4-6-8 作业前手续

| 序号 | 内 容 |
|---|---|
| 1 | 现场值班员向当值电力调度员办理申请作业手续 |
| 2 | 作业前召开作业前安全会 |
| 3 | 工作领导人与工作许可人（值班员）共同到现场检查是否已按工作票要求做好相关安全防护措施，并确认所布置安全防护措施的正确性 |

## （二）作业工器具（表 4-6-9）

表 4-6-9　检修作业工器具清单

| 名　称 | 参考数量 |
|---|---|
| 智能蓄电池负载仪 | 1 套 |
| 活动扳手 | 2 把 |
| 力矩扳手 | 1 把 |
| 开口扳手 | 1 套 |
| 套筒扳手组套 | 1 套 |
| 螺丝批组套 | 1 套 |
| 尖嘴钳 | 1 把 |
| 万用表 | 1 块 |
| 蓄电池内阻测试仪 | 1 套 |

## （三）作业材料（表 4-6-10）

表 4-6-10　检修作业材料清单

| 名　称 | 参考型号 | 参考数量 |
|---|---|---|
| 白棉布 | 普通 | 2 m² |
| 酒精 | 95%，500 mL | 1 瓶 |
| 毛刷 | 毛刷 2 寸 | 2 把 |
| 手套 | 一次性麻棉手套/橡胶手套 | 若干 |
| 记号笔 | 红色 | 1 支 |
| 绝缘胶布 | 黄绿红 | 若干 |

## （四）安全注意要点

（1）正确使用合格的安全工器具、常用工器具，正确穿戴合格的安全防护用品。

（2）作业过程中要确保直流馈电屏不失电。

（3）蓄电池带电，作业前对导电工器具做绝缘处理；作业中做好安全防护，防止人身触电，谨防碰松二次线。

（4）在作业时注意做好防护，防止二次回路短路或接地，防止正负极短路。

（5）放电前应确保直流屏充电模块和监控模块功能正常，避免蓄电池放电后无法正常充电。

（6）蓄电池充放电时，应保持与蓄电池有足够的安全距离，防止蓄电池危及人身安全。

（7）蓄电池放电容量严格按要求执行，防止过度放电。

（8）在充放电过程中，时刻监视蓄电池充放电情况，如遇意外状况，应立即做出相应处理。

## （五）具体检修项目和标准

1．检查系统各运行参数

（1）检查蓄电池组总电压是否正常。

（2）检查各单节蓄电池电压是否正常。

（3）检查绝缘监测是否正常。

（4）蓄电池应处于浮充状态，充放电电流采样正常。

2．实测蓄电池电压

（1）用万用表实测蓄电池组的电压，并与监控模块上的蓄电池组电压进行对比，误差电压值应小于 1%。在测量的同时，将放电前的蓄电池组电压做好记录。

（2）用万用表实测每一节蓄电池的电压，并与监控模块上的单节电压进行对比，误差电压值应小于 2%。在测量的同时，将放电前的单节电池电压做好记录。

（3）用蓄电池内阻测试仪实测每一节蓄电池的内阻，各蓄电池的内阻应符合标准。

3．蓄电池核对性放电

（1）放电参考容量：

① 正线单组蓄电池用恒流放电仪对蓄电池组以 $0.1C_{10}$ 的放电电流 $I_{10}$。恒流放电 5 小时，放掉电池组 50% 容量。其中，$C_{10}$ 为 10 小时的放电容量。

② 有两组蓄电池组的主变电所，依次单组恒流放电 8 小时，放掉电池组 80%容量。放电电流为 $0.1C_{10}$。

（2）对智能蓄电池负载仪设置相应放电参数。

（3）断开蓄电池组进线开关，使其从系统中断开。

（4）确保智能蓄电池负载仪与蓄电池组的接线正常。

（5）使用智能蓄电池负载仪对蓄电池组进行 $0.1C_{10}$ 电流的放电，在放电过程中，记录数据，并时刻监视蓄电池放电情况，如遇意外状况，应立即做出相应处理。

（6）正常情况下，达到设定的时间，智能蓄电池负载仪会自动停止放电，在放电过程中不应出现任何报警。如果出现单节电池欠压报警、控母欠压报警，则应手动停止放电，并做出相应处理。

（6）放电结束后，恢复接线。

3．蓄电池核对性放电后充电

（1）确认系统运行正常，充电模块状态正常。

（2）确保充电回路接线正常、牢固。

（3）合上蓄电池组进线开关，使其接入系统，系统对其进行充电。

（4）充电阶段，蓄电池组充电电流应小于 $0.1C_{10}$，充电电流随时间缓慢下降，直至转为浮充状态为止。在充电过程中，记录数据，并时刻监视蓄电池充电情况，如遇意外状况，应立即做出相应处理。

### （六）收尾工作

（1）清理作业现场，清点作业工器具及材料。

（2）各部件已恢复到作业前状态并具备送电条件。

（3）按工作票恢复安全措施。

（4）向当值电力调度员办理注销施工作业相关手续。

（5）工作领导人召开作业后总结会议：总结本次检修作业过程中存在的问题，评定检修的质量，填写相关的检修报告和检修（试验）记录本。

## 三、交直流屏常见故障处理

常见故障现象、原因及处理方法见表 4-6-11。

表 4-6-11　交直流屏常见故障及处理方法

| 序号 | 故障现象 | 产生原因 | 处理方法 | 备注 |
|---|---|---|---|---|
| 1 | 元器件故障 | 1. 元器件本体质量问题；<br>2. 运行环境恶劣；<br>3. 误操作损坏 | 1. 提高制造工艺，严格按要求做好出厂、交接和预防性的试验；<br>2. 改善运行环境，如加防水防尘、降温措施等；<br>3. 制订正确的操作指引和完善管理制度，加强培训和检查工作 | |
| 2 | 绝缘监察故障 | 1. 绝缘监察回路误报警；<br>2. 支路绝缘故障 | 1. 检查绝缘监察回路接线、元器件，紧固接线，更换故障元器件；<br>2. 排查各支路绝缘状态，处理存在绝缘故障的支路 | |

# 第七节　电力电缆的检修

本节介绍电力电缆器的检修项目和工艺要求，目的是使运行中的电力电缆更加安全，并延长电力电缆的使用寿命。电力电缆的检修主要是指电力电缆的巡视。

## 一、电力电缆的巡视

### （一）作业条件

1．作业前准备工作（表 4-7-1）

表 4-7-1　作业前准备工作

| 序号 | 内　容 | 标　准 |
|---|---|---|
| 1 | 根据运行中发现的缺陷及上次检修的情况，确定重点检修项目 | 设备情况摸底和反措计划，制定处理方案，确保缺陷处理 |
| 2 | 准备有关检修技术资料（包括相关图纸）、记录及上次检修报告 | 技术资料（包括相关图纸）、记录符合现场检修要求 |
| 3 | 准备工具、机具、材料、备品备件、仪器仪表等，并运至检修现场 | 工器具、材料应齐全合格，符合现场检修要求 |
| 4 | 必要时需要技术人员提供现场指导 | 满足现场检修要求 |

2．作业人员要求（表 4-7-2）

表 4-7-2 作业人员要求

| 序号 | 内容 |
|---|---|
| 1 | 应经过培训，认真通读现场电力电缆相关图纸、掌握电力电缆的巡视技能 |
| 2 | 了解电力电缆线路走向和周围环境，熟悉电力电缆的结构，并清楚其中的危险点，对可能出现的故障应有一定的分析、判断及处理能力 |
| 3 | 经过培训，能够按照已经确认的安全操作方法，正确维护和使用安全用具如：绝缘手套、安全帽、防护用品等。接受过紧急救护培训，能够处理可能的事故 |

3．作业前手续（表 4-7-3）

表 4-7-3 作业前手续

| 序号 | 内容 |
|---|---|
| 1 | 办理好申请作业手续，特别是轨行区巡视作业，作业区域内应无行车或行车类作业 |
| 2 | 作业前召开作业前安全会 |
| 3 | 如巡视区域为轨行区，确认封锁相应区间 |

（二）作业工器具（表 4-7-4）

表 4-7-4 检修作业工器具清单

| 名称 | 参考数量 |
|---|---|
| 巡检工具包 | 2 套 |
| 活动扳手 | 2 把 |
| 力矩扳手 | 1 把 |
| 开口扳手 | 1 套 |
| 套筒扳手组套 | 1 套 |
| 螺丝批组套 | 1 套 |
| 尖嘴钳 | 1 把 |
| 开井盖工具 | 1 套 |
| 红外测温仪 | 1 套 |
| 手电筒/头灯 | 1 个/人 |

## （三）作业材料（表 4-7-5）

表 4-7-5　检修作业材料清单

| 名称 | 参考型号 | 参考数量 |
|---|---|---|
| 口罩 | 一次性 | 1 个/人 |
| 安全带 | 全身式 | 2 条 |
| 毛刷 | 2 寸 | 2 把 |
| 记号笔 | 红色 | 1 支 |
| 纱手套 | 白色 | 1 双/人 |
| 电工胶布 | 黄、绿、红各一卷 | 3 卷 |
| 绝缘自粘防水胶带 | 3M | 5 卷 |
| 白棉布 | 普通 | 1 $m^2$ |
| 防紫外线扎带 | 大号（65 cm） | 0.5 包 |
| 防紫外线扎带 | 小号（15 cm） | 0.1 包 |
| 喷漆 | 黄色 | 1 瓶 |
| 防火泥 | 红色 | 2 块（1 kg） |

## （四）安全注意要点

（1）巡视人员必须注意交通安全。

（2）巡视区域保证足够通风，如需进入密闭空间，必须先做好通风措施。

（3）巡视人员正确使用合格的安全工器具、常用工具，正确穿戴合格的安全防护用品。

（4）作业区域应保证足够的照明，作业过程中注意头顶和脚下，防止碰伤和摔伤。

（5）如巡视轨行区，作业区域内应无行车或行车类作业，确认封锁区间，且作业人员随身携带移动红闪灯。

（6）地面段或高架段，雷雨天禁止开展此项作业。

（7）防止静电伤人，登电缆支架时要做好防摔措施，系好安全带。

（8）攀登电缆支架时要注意保护电缆，严禁踩踏电缆。

（9）严禁在作业区域（特别是轨行区）遗留工具器等物品。

## （五）具体检修项目和标准

### 1．地面电缆巡视

（1）电缆线路的标志：应清晰、完整。

（2）电缆井、沟盖板：应无丢失、无损坏、无下沉，上方无杂物堆积。

（3）电缆沟、井虫害：无鼠害、无白蚁等虫害。

（4）电缆沟、井密封性：封堵严密，沟、井内无淤泥，无积水，干燥情况较好。

（5）电缆外护套：良好，无破损。

（6）线路保护区范围内：无施工作业，如有记录施工单位名称及联系电话，了解施工内容及可能对线路造成的影响，及时上报；土壤应无下沉现象，电缆应无外露。

（7）电缆固定的钢卡：无松脱。

（8）电缆支架与接地扁钢：电缆支架无严重锈蚀、松动；接地扁钢搭接处连接牢固、无松动或断裂。

2．电缆层电缆巡视

（1）电缆线路的标志：应清晰、完整，相序正确。

（2）电缆层盖板：应无丢失、无损坏、无下沉，上方无杂物堆积。

（3）电缆层虫害：无鼠害、无白蚁等虫害。

（4）电缆层孔洞：封堵严密，电缆层内无积水，干燥情况较好。

（5）电缆外护套：良好，无破损。

（6）通风机、爬梯：良好无损坏，牢固无松动。

（7）电缆固定的钢卡：无松脱。

（8）电缆支架与接地扁钢：电缆支架无严重锈蚀、松动；接地扁钢搭接处连接牢固、无松动或断裂。

（9）电缆最小弯曲半径：应大于 $20D$，其中 $D$ 为电缆外径。

（10）电缆头地线端子：连接良好；应紧固、无松动，无爬电痕迹。

（11）有可能受机械或人为损伤处的防护情况：有保护措施，如在转角处加装绝缘垫防护等。

3．轨行区区间内电缆巡视

（1）电缆线路的标志：应清晰、完整，相序正确。

（2）电缆排列情况：整齐，牢靠，且不受张力，如三相电缆需呈“品”字形敷设。

（3）电缆敷设路径虫害：无鼠害、无白蚁等虫害。

（4）电缆进出孔洞：封堵严密，电缆层内无积水，干燥情况较好。

（5）电缆外护套：良好，无破损。

（6）跨接触网过顶电缆及电缆吊架：检查过顶电缆螺栓应紧固，电缆吊架螺栓应紧固，无掉落隐患。

（7）电缆固定的钢卡：无松脱。

（8）电缆支架与接地扁钢：电缆支架无严重锈蚀、松动；接地扁钢搭接处连接牢固、无松动或断裂。

（9）电缆最小弯曲半径：应大于 $20D$，其中 $D$ 为电缆外径。

（10）高架段电缆防护挡板：挡板完好，固定牢固，无锈蚀变形。

（11）有可能受机械或人为损伤处的防护情况：有保护措施，如在转角处加装绝缘垫防护等。

（12）电缆中间接头：公里标位置、相序正确，中间接头处无损伤、无变形现象，用红外测温仪测量电缆中间头与中间头附近电缆温度，无明显温差。

（13）检查隧道渗水影响电缆情况：检查隧道渗水是否滴到电缆上的情况，如果有水滴则在受影响的电缆上缠绕绝缘垫防护。

**（六）收尾工作**

（1）清理作业现场，清点携带工器具及材料数量，严禁遗留轨行区，清点人员数量，确认出清；

（2）注销作业相关手续，向相关人员汇报作业完成情况；

（3）工作领导人召开作业后总结会议：总结本次检修作业过程中存在的问题，评定检修的质量，填写相关的检修报告和检修记录本。

## 二、电力电缆常见故障处理

以高压电力电缆为例，常见故障现象、原因及处理方法见表 4-7-6。

表 4-7-6　电力电缆常见故障及处理方法

| 序号 | 故障现象 | 产生原因 | 处理方法 | 备　注 |
|---|---|---|---|---|
| 1 | 外护套破损 | 1. 保管、运输、敷设时遭受外力损伤；<br>2. 运行过程中遭其他工程施工损伤 | 1. 加强电缆保管、运输、敷设等各环节的工作质量；破损处清洁后用绝缘自粘防水胶带修复。<br>2. 加强巡视和其他工程施工的监护、防护措施；破损处清洁后用绝缘自粘防水胶带修复 | 修复试验正常后，继续运行，无法修复或试验不合格更换破损、损伤电缆做电缆中间头 |
| 2 | 损伤 | 1. 在恶劣环境下保管、运输、敷设、运行时遭受损伤；<br>2. 安装时，局部电缆受到多次弯曲，弯曲半径过小疲损、龟裂、胀裂等损伤 | 1. 改善环境，如加遮阳罩、排水泵、保护管等；对损伤处进行相应修复或加强绝缘和保护。<br>2. 抓好施工质量，对损伤处进行相应修复或加强绝缘和保护 | |
| 4 | 本体短路 | 1. 外力或环境损坏；<br>2. 制造缺陷（绝缘偏心、绝缘屏蔽厚度不均匀、绝缘内有杂质、内外屏蔽有突起、交联度不均匀、电缆受潮、电缆金属护套密封不良等）；<br>3. 绝缘老化严重 | 1. 增加电缆线路标志，加强线路沿线的保护措施，加强巡视和其他工程施工的监护、防护措施；<br>2. 提高制造工艺，严格按要求做好出厂、交接和预防性的试验；<br>3. 找出绝缘老化原因，做相应防绝缘老化措施 | 找出短路点，对短路电缆更换或做电缆中间头 |
| 5 | 终端头、中间头故障 | 1. 外力或环境损坏；<br>2. 厂家制造缺陷；<br>3. 施工缺陷 | 1. 增加终端头、中间头标志，加强终端头、中间头的保护措施，加强巡视和其他工程施工的监护、防护措施；<br>2. 提高制造工艺，严格按要求做好出厂、交接和预防性的试验；<br>3. 提高施工工艺，严格按要求做好出厂、交接和预防性的试验 | 找出故障类型，做修复或防护处理，严重故障重做终端头、中间头 |

# 第八节　杂散电流防护装置的检修

本节介绍杂散电流防护装置的检修项目和工艺要求，目的是使运行中的杂散电流防护装置更加安全，并延长杂散电流防护装置使用寿命。杂散电流防护装置的检修主要是指维护保养。

## 一、杂散电流防护装置的检修

### （一）作业条件

1．作业前准备工作（表 4-8-1）

表 4-8-1　作业前准备工作

| 序号 | 内　容 | 标　准 |
|---|---|---|
| 1 | 根据运行中发现的缺陷及上次检修的情况，确定重点检修项目 | 设备情况摸底和反措计划，制定处理方案，确保缺陷处理 |
| 2 | 准备有关检修技术资料（包括一二次图纸）、记录及上次检修报告 | 技术资料（包括一二次图纸）、记录符合现场检修要求 |
| 3 | 准备工具、机具、材料、备品备件、仪器仪表等，并运至检修现场 | 工器具、材料应齐全合格，符合现场检修要求 |
| 4 | 必要时需要技术人员提供现场指导 | 满足现场检修要求 |

2．作业人员要求（表 4-8-2）

表 4-8-2　作业人员要求

| 序号 | 内　容 |
|---|---|
| 1 | 应经过培训，认真通读现场杂散电流防护系统一二次原理图、掌握杂散电流防护系统现场检修技能 |
| 2 | 熟悉该设备的安装和操作，并清楚其中的危险点 |
| 3 | 经过培训，能够按照已经确认的安全操作方法，正确维护和使用安全用具如：绝缘手套、安全帽、防护用品等。接受过紧急救护培训，能够处理可能的事故 |
| 4 | 了解现场杂散电流防护设备的位置和周围环境，并熟悉现场杂散电流防护设备的结构，并清楚其中的危险点，对可能出现的故障应有一定的分析、判断及处理能力 |

3．作业前手续（表 4-8-3）

表 4-8-3　作业前手续

| 序号 | 内　容 |
|---|---|
| 1 | 办理好申请作业手续，特别是轨行区域作业，作业区域内应无行车或行车类作业 |
| 2 | 作业前召开作业前安全会 |
| 3 | 如作业区域为轨行区，确认封锁相应区间 |

### （二）作业工器具（表 4-8-4）

表 4-8-4　检修作业工器具清单

| 名　称 | 参考数量 |
|---|---|
| 工具包 | 2 套 |
| 活动扳手 | 2 把 |
| 力矩扳手 | 1 把 |
| 开口扳手 | 1 套 |
| 套筒扳手组套 | 1 套 |
| 螺丝批组套 | 1 套 |
| 尖嘴钳 | 1 把 |
| 万用表 | 1 块 |
| 锉刀 | 2 把 |
| 手电筒/头灯 | 1 个/人 |

### （三）作业材料（表 4-8-5）

表 4-8-5　检修作业材料清单

| 名　称 | 参考型号 | 参考数量 |
|---|---|---|
| 口罩 | 一次性 | 1 个/人 |
| 安全带 | 全身式 | 2 条 |
| 毛刷 | 2 寸 | 2 把 |
| 记号笔 | 红色 | 1 支 |
| 纱手套 | 白色 | 1 双/人 |
| 砂纸 | 100#，240 粒，耐水 | 2 张 |
| 导电胶 | DG-1 高温型 | 1 瓶 |
| 白棉布 | 普通 | 1 $m^2$ |
| 防紫外线扎带 | 大号（65 cm） | 0.5 包 |
| 防紫外线扎带 | 小号（15 cm） | 0.1 包 |
| 防火泥 | 红色 | 1 块（1 kg） |

### （四）安全注意要点

（1）作业区域保证足够通风，如需进入密闭空间，必须先做好通风措施。

（2）作业人员正确使用合格的安全工器具、常用工具，正确穿戴合格的安全防护用品。

（3）作业区域应保证足够的照明，作业过程中注意头顶和脚下，防止碰伤和摔伤。

（4）如作业区域在轨行区，则作业区域内应无行车或行车类作业，确认封锁区间，且作业人员随身携带移动红闪灯。

（5）地面段或高架段，雷雨天禁止开展此项作业。

（6）防止静电伤人，登电缆支架时要做好防摔措施，系好安全带。

（7）攀登电缆支架时要注意保护电缆，严禁踩踏电缆。

（8）严禁在作业区域（特别是轨行区）遗留工具器等物品。

（9）作业中所涉及的带电部分，清扫、紧固及维护二次电源接线端子时需先断开电源，并用试电笔进行验电，并在作业中做好防止触电措施。

（10）禁止在杂散电流测控屏上安装软件，更改设置密码，修改软件参数、定值。

## （五）具体检修项目和标准

### 1．杂散电流测控屏

（1）清洁杂散电流测控屏，应整洁、无积尘。

（2）检查杂散电流测控屏的UPS电源工作状态运行指示灯常亮，交流进线电源断电时用万用表测量输出电压正常。

（3）杂散电流测控屏线缆检查，工控机运行状态良好，各项指示灯常亮；电源及网线线管应无破损、变形。

（4）检查杂散电流测控屏通讯状态，系统内查看各传感器状态，通信应正常。

（5）检查杂散电流测控屏数据显示，系统内查看面板显示数据是否正常，应与各变电所杂散电流监测装置数据一致。

（6）杂散电流测控屏查看各个选项，软件运行正常，电脑无中毒现象。

### 2．变电所内的杂散电流监测装置

（1）清洁杂散电流监测装置，应整洁、无积尘。

（2）杂散电流监测装置二次接线紧固、无松动。

（3）杂散电流检测装置数据显示及通信状态，各传感器本体电位、极化瞬时值、采样值、轨电位等各项数据显示正常，通信状态正常。

### 3．道床和道壁杂散电流连接端子及排流端子

（1）检查端子连接状态，对锈蚀的道床及道壁连接端子、排流端子用锉刀和砂纸打磨，并涂抹导电膏，确保连接线接触良好。

（2）紧固连接端子、排流端子，对道床和道壁杂散电流连接端子和排流端子进行紧固并用红色记号笔划线；端子应无缺失、断裂、缺角，螺栓应紧固、有防松标识，螺母无开裂迹象。

（3）检查跨盾构连接电缆及连接状态，跨盾构区间连接电缆外皮无破损，周围无尖锐物体对电缆造成威胁，且电缆无缺失、电缆绑扎牢固；连接端子应用锉刀及砂纸打磨，确保接触良好。

### 4．杂散电流传感器

（1）检查传感器编号标识，应清晰、无误。

（2）检查并紧固杂散电流传感器，应运行正常，紧固。

（3）检查并紧固杂散电流传感器二次接线，采样线应无脱落、松动，无断线、断股，二次接线牢固。

（4）检查传感器电缆过轨情况，检查杂散电流传感器电缆在通过轨道的位置应穿管或沟槽内，保护软管应完好、无破损，固定牢靠。

（5）抽检传感器数据及地址，抽检测试参比电极原始采样值，应与杂散电流监测装置显示相符；传感器通信地址应无误。

### （六）收尾工作

（1）清理作业现场，清点携带工器具及材料数量，严禁遗留轨行区，清点人员数量，确认出清。

（2）注销作业相关手续，向相关人员汇报作业完成情况。

（3）工作领导人召开作业后总结会议：总结本次检修作业过程中存在的问题，评定检修的质量，填写相关的检修报告和检修记录本。

## 二、杂散电流防护常见故障处理（表 4-8-6）

表 4-8-6　杂散电流防护常见故障及处理方法

| 序号 | 故障现象 | 产生原因 | 处理方法 | 备注 |
|---|---|---|---|---|
| 1 | 道床或道壁杂散电流连接端子断裂 | 1. 遭受外力损伤；<br>2. 锈蚀断裂 | 1. 加强巡视和设备附近施工的监护、防护措施，对已断裂的进行焊接；<br>2. 对易锈蚀区域进行环境改善和防锈蚀处理，对已断裂的进行焊接 | |
| 2 | 杂散电流连接端子及排流端子连接异常 | 1. 振动造成松动；<br>2. 锈蚀、异物覆盖 | 1. 增加防松措施，定期紧固并用红色记号笔划线；<br>2. 对易锈蚀区域进行环境改善和防锈蚀处理，对覆盖异物进行处理 | |
| 3 | 杂散电流传感器通信故障或数据上传有误 | 1. 传感器本体故障；<br>2. 杂散电流传感器无电源；<br>3. 通信回路故障；<br>4. 采样回路故障 | 1. 维修或更换传感器；<br>2. 检查电源；<br>3. 检查通信回路；<br>4. 检查采样回路 | |

# 第九节　再生制动能量吸收装置的检修

## 一、再生制动能量吸收装置检修安全规定

### （一）检修必须采取的安全措施

（1）断开再生制动馈线断路器，并将小车拉至试验位。

（2）断开逆变回馈断路器，并将小车拉至试验位。

（3）拉开再生制动隔离开关。
（4）拉开再生制动负极隔离开关。
（5）在隔离变压器低压侧验电并挂接地线一组。
（6）在再生制动隔离开关（正极）进线、负极进线侧验电并挂接地线一组。
（7）将对应的 1 500 V 馈线断路器操作模式倒至“就地”，并断开控制电源。
（8）将再生制动装置操作模式倒至“就地”。
（9）断开再生制动装置、逆变装置、隔离变温控器控制电源。
（10）在再生制动馈线断路器 操作手柄处，悬挂“禁止合闸，线路有人工作”标示牌。
（11）在再生制动负极隔离开关操作手柄处，悬挂“禁止合闸，线路有人工作”标示牌。
（12）在逆变回馈断路器开关操作手柄处，悬挂“禁止合闸，线路有人工作”标示牌。

### （二）作业时注意事项

（1）拔插光纤时，力度不得过猛弯度不可过大，以免折损。
（2）更换 IGBT 时要防止静电，双手应先在接地线上放电。
（3）电阻柜检修时，应防止工具、材料落入柜内。
（4）逆变装置检查时应先对电容充分放电。
（5）模拟试验时，每相的电流值不得超过 200 A。
（6）切断主电源 15 min 后，测量逆变装置主回路正、负输入端子，电压在 30 V 以下方可切断逆变装置控制电源。

### （三）危险点和预防措施（表 4-9-1）

表 4-9-1　危险点和预防措施

| 序号 | 危险点 | 预防措施 |
|---|---|---|
| 1 | 物体飞落 | 电阻柜检修时，要防止工具、材料落入柜内 |
| 2 | 坠落跌倒 | 人员应保持警惕，抓紧扶梯，防止人员落入电缆沟中 |
| 3 | 高压触电 | 逆变装置检查时必须对电容充分放电，在切断主电源 15 min 后，电压在 30 V 以下才可切断逆变装置控制电源开始检修 |
| 4 | 误入带电间隔 | 框架绝缘测试时，电压较高，设备外壳带电，测试时人员与设备保持安全距离，要断开控制电源，避免保护装置受损 |
| 5 | 与高温接触 | 电阻柜余温较高，易伤人，待电阻柜温度降低后，再检修电阻柜 |
| 6 | 人体静电 | 更换 IGBT 时要容易产生静电，更换 IGBT 时要防止静电，双手应先在接地线上放电 |
| 7 | 被夹、被擦伤 | 隔离变检修时要戴好安全帽，提高警惕，防止被夹、被擦伤 |

## 二、再生制动能量吸收装置检修规定及周期

### （一）一般规定

（1）从事变电设备检修、试验工作的员工需经体检合格，具备所做工作的基本技能、 掌握安全工作的必备法则；取得电工类特种作业资格证， 经安全等级考试合格并取得安全合格

证后方可上岗。

（2）检修人员应做到“三熟”“三能”。“三熟”：熟悉系统和设备的结构、性能；熟悉设备的装配工艺、工序和质量标准；熟悉变电所安全工作规程。“三能”：能掌握本职业的基本技能；能干与本职业密切相关的其他一、两种手艺；能看懂与本职业相关的图纸。

（3）变电设备检修应贯彻“预防为主、维修与保养、重点修与一般修、状态检测与计划检修相结合”的原则，采用状态检测和计划检修的方式，并逐步增强状态检测内容；积极创造条件向周期检测、状态维修、限界值管理、寿命管理过渡，合理安排计划。

### （二）检修周期

定期检修周期分为：半年检、年检。

特殊检查周期为：设备运行异常或故障时。

## 三、再生制动能量吸收装置检修项目与标准

### （一）检修项目及标准（表 4-9-2）

表 4-9-2　检修项目及标准

| 修程 | 项目及标准 | 周期 |
|---|---|---|
| 定期检修 | 1. 清扫柜体，检查设备应装牢固，检查螺栓应紧固，有无倾斜、变形、锈蚀，检查各部件尤其是绝缘部件应清洁干净，有无破裂、有无烧伤放电痕迹；检查电缆封堵应完好 | 半年 |
| | 2. 检查一、二次部件应完好，高压电缆、二次线有无破损，回路电气连接应良好 | |
| | 3. 检查各柜控制电源输入/输出电压应正常，电源模块应工作正常 | |
| | 4. 检查电阻片有无变形、粘连，电气连接应牢固 | |
| | 5. 检查滤波电容有无发热、鼓肚现象，滤波电抗器有无发热、烧损痕迹 | |
| | 6. 检查继电器、接触器应动作正常，触点有无烧损，检查门锁并关闭合应可靠 | |
| | 7. 检查上下位机、逆变单元、PLC 应工作正常，表计、信号应显示正常 | |
| | 8. 同半年检全部内容 | 1 年 |
| | 9. 检查并紧固螺栓（IGBT 夹紧螺栓应采用 20 N · M 力矩） | |
| | 10. 测量电阻片阻值有无明显偏差 | |
| | 11. 检查支路 IGBT 的 C—E 极间极间阻值，其阻值不应为 0 | |
| | 12. 按干式变压器检修内容和标准对隔离变进行检查 | |
| | 13. 测量框架对地绝缘电阻（测量时必须拔出下位机、逆变柜电源、控制线航空插头） | |
| | 14. 对柜内避雷器进行试验 | |
| | 15. 开环模拟吸收试验应工作正常 | |
| | 16. 未列入项目按照厂家技术要求执行 | |
| 特殊检查 | 按照故障现象逐项检查处理，必要时更换损坏的零部件。 | 设备运行异常或故障时 |

### （二）试验内容及标准（表 4-9-3）

表 4-9-3　试验内容及标准

| 修程 | 试验内容及标准 | 备　注 |
|---|---|---|
| 定期检修 | 1. 检查电阻片阻值：其值应在 5% 误差以内 | 二次回路及框架绝缘和避雷器采用 1 000 V 兆欧表。 |
| | 2. 框架对地绝缘电阻测量：绝缘电阻 ≥1 MΩ | |
| | 3. 隔离变试验内容和标准与干式变压器相同 | |
| | 4. 避雷器：<br>1）绝缘电阻：不低于 1 000 MΩ。<br>2）直流 1 mA 电压（$U_{1mA}$）及 $0.75U_{1mA}$ 下的泄漏电流：$U_{1mA}$ 实测值与初始值或制造厂规定值比较，变化不应大于 ±5%；$0.75U_{1mA}$ 下的泄漏电流不应大于 50 μA | |

## 四、常见故障处理（表 4-9-4）

表 4-9-4　常见故障及处理方法

| 序号 | 故障现象 | 产生原因 | 处理方法 |
|---|---|---|---|
| 1 | 设备不能启动 | 1. 控制按钮及门锁坏；<br>2. 直流电源无或者不正常；<br>3. 操作程序不对 | 1. 更换按钮开关和门锁开关；<br>2. 检查直流电源及各电源值；<br>3. 重新启动 |
| 2 | IGBT 保护 | 1. IGBT 坏；<br>2. 续流管坏；<br>3. 驱动电源 | 1. 检查 IGBT；<br>2. 检查续流管；<br>3. 检查驱动电源电压是否正常 |
| 3 | 过流、过压 | 1. 电流、电压传感器输出值不正确；<br>2. 传感器电源坏；<br>3. 控制板坏 | 1. 检查传感器特性；<br>2. 检查电源是否正常；<br>3. 更换控制板 |
| 4 | 设备误投入吸收状态或不投入吸收状态 | 1. 电压传感器值不正确；<br>2. 滤波电容坏；<br>3. 控制板坏 | 1. 更换传感器；<br>2. 更换电容；<br>3. 更换控制板 |
| 5 | IGBT 温度保护 | 1. IGBT 特性变化；<br>2. 温控开关坏 | 1. 检查 IGBT 电压、电流波形并更换；<br>2. 更换温控开关 |
| 6 | 预充不闭合 | 1. KM1 辅助常闭触点坏；<br>2. 控制继电器 KA6 坏 | 1. 检查线路接触器；<br>2. 更换继电器 KA6 |
| 7 | 线路接触器 KM1 不闭合或保持不住 | 1. 控制继电器 KA5 坏；<br>2. 控制按钮坏；<br>3. 接触器 KM4 坏 | 更换相应元件 |
| 8 | 支路无吸收电流 | 1. IGBT 坏；<br>2. 对应支路无脉冲；<br>3. 吸收电阻开路；<br>4. 光缆断；<br>5. 控制板坏 | 1. 更换 IGBT；<br>2. 检查驱动器输入、输出脉冲；<br>3. 检查吸收电阻；<br>4. 更换光缆；<br>5. 更换控制板 |
| 9 | 上位机不执行工作 | 1. 工作电源坏；<br>2. 与 SCADA 系统通信电缆不通；<br>3. 快速断路器联锁不正常；<br>4. 程序破坏；<br>5. 断线 | 1. 检查工作电源的工作状况；<br>2. 检查快速断路器联锁；<br>3. 查线；<br>4. 检查程序 |
| 10 | 快速断路器跳 | 短路 | 检查短路点 |

**【案例 1】　某站混合所框架保护动作跳闸故障案例**

（一）故障情况

故障名称：2012 年 7 月 24 日某站混合所框架保护动作跳闸

事件经过：2012 年 7 月 24 日上午 10 点 00 分 13 秒，某站牵引所 1 500 V 直流开关柜在检修后出现框架电流保护动作，造成该供电分区上下行接触网失电。

（二）故障原因及影响

2011 柜 U20 框架电流变送器辅助电源线接触不良，导致 DCP116 保护装置框架电流保护误动作，造成该供电分区上下行接触网失电跳闸。

例图 4-1-1　现场框架电流采样元器件

（三）故障处理过程

（1）该站直流 1 500 V 开关柜进行各项功能测试，未发现异常。

（2）并检查柜内一次回路，未发现有短路点或明显的烧伤痕迹。

（3）检查框架电流二次保护回路，发现 2011 柜 U20 框架电流变送器辅助电源线接触不良。经测试，电源接线松动后将重复误发框架保护动作信号，故障录波波形记录与实际跳闸波形一致，最终判断故障原因为 U20 框架电流变送器辅助电源线接触不良。

（四）改进措施：

1. 设备检修管理方面

（1）调整现有直流开关柜二次回路设备停电检修周期，由原来的 3～5 年调整为 1 年；

（2）在直流开关柜二次回路设备的计划检修中增加针对框架保护电流、电压采样回路的重点检查项目内容；

（3）变电专业技术组于 7 月 27 日起实施工程师轮值制度，轮值工程师在跳闸等故障发生后担负临时抢修协调员；

（4）变电专业各工班日间巡视人员从 7 月 27 日起要在现有工作安排基础上进一步明确巡视路线，并缩小巡视范围，如 A 站至 B 站为一段，C 站至 D 站为另一段，保证巡视人员在紧急情况下到达巡视区间内任一变电所的时间进一步缩短；

2. 设备技术管理方面

（1）对电流变送器的工作原理、运行要求进行深入学习，加深对元器件的认识，对可能出现的故障现象进行试验、模拟，掌握关键控制点。

（2）对直流保护联跳回路的投入、切除控制方法进行改进方案研究。

（3）对直流开关柜框架漏电保护的故障案例进行回顾、分析，找出故障规律和对保护误动作情况进行分析、研究，找出深层次原因并提出有针对性的改进措施；如保护定值中 1 ms 的延时明显不满足躲避电流采样干扰信号等问题，要考虑适当增大延时长度以避免保护误动作的发生。

（4）针对现有设备，对二次端子紧固方法和检查方法提出改进措施。

### 【案例 2】　某主变电所 1# 接地变故障案例

（一）故障情况

故障名称：2012 年 9 月 4 日某主变电所 1#接地变故障跳闸

事件经过：2012 年 9 月 4 日某主变电所 1#接地变检修作业完成后，在送 312 柜的瞬间，311 过流 I 段保护动作，同时接地变温度保护动作，311 断路器跳闸。经检查，1#接地变压器高压侧三相电缆接入变压器侧连接处有明显的烧伤痕迹。

（二）故障原因及影响

根据此次事故的 SOE 记录、故障录波、现场环境、变压器外观烧蚀情况进行综合分析，初步判断是由于在合空载线路的过程中产生操作过电压，接地变压器没有承受住操作过电压的冲击，导致变压器高压绕组外侧出现闪络放电。

例图 4-2-1　1#接地变压器烧伤整体图

（三）故障处理过程

（1）协调该变压器厂家在两周内生产一台同型号的接地变压器，并提供所有试验报告等相关资料，交付至该主变电所。

（2）协调该变压器厂家提供该线路所有接地变压器的投产、交接、试验（含型式试验）及验收等相关资料。

（3）工期要求：需在 20 天内完成 1#接地变压器的现场设备到位及安装调试工作。

（四）改进措施：

（1）要求厂家对现有变压器进行整改，增加外绝缘距离或增加其他技术措施加强外绝缘性能，例如在电气裸露部分套入热缩管、绝缘漆、打磨夹件不要存在锐角等方法。

（2）要求设计院重新校核避雷器的选型是否正确，是否能满足操作过电压保护要求。如果不能满足要求需更换合适型号的避雷器。

（3）要求设计修改接地变压器保护的整定值，使接地变压器有故障电流的情况下能更快的跳闸。

（4）对接地变压器室进行改造，使二个接地变压器室能实现物理隔离，增加环控系统。

（5）在接地变压器送电前，对接地变压器进行全面检查，保持表面的清洁。特别注意接地变压器室的温度、温度要满足变压器的运行要求。

## 复习思考题

简答题

1. GIS 气体绝缘开关设备检修的主要内容是什么？
2. 一般氧化锌避雷器参数性能如何测试？
3. 变压器呼吸器内硅胶什么时候需要更换？
4. 变压器渗油如何处理？
5. 整流器的功能性测试主要包括哪些内容？
6. 铁芯对地多点接地一般如何处理？

# 第五章　变电设备电气试验

随着电力工业的飞速发展，机组参数、系统电压等级逐步提高，电气设备的绝缘强度、系统过电压的限制水平对系统安全可靠运行日益突出；而高压电网的各种故障多是由于高压电气设备绝缘的损坏所致；因此了解设备绝缘特性，掌握绝缘状况，不断提高电气设备绝缘水平是电力系统安全可靠运行的根本保证。

对电气设备进行电气绝缘试验时保证设备安全运行的重要措施。通过试验，掌握设备绝缘状况，及时发现绝缘内部隐藏的缺陷，并通过检修加以消除，严重者必须予以更换，以预防设备在运行中发生绝缘击穿，造成停电或设备损坏等不可挽回的损失。

【学习目标】

1. 熟悉电气试验的分类和作用；
2. 熟悉电气试验的基本方法和测试原理；
3. 熟悉电气试验的要求和标准。

【知识要求与技能要求】

1. 掌握绝缘电阻的测试方法和试验原理；
2. 掌握介损试验的测试方法和试验原理；
3. 掌握工频耐压的测试方法和试验原理；
4. 掌握直流泄露电流及直流耐压的测试方法。

## 第一节　电气试验的基础知识

### 一、电气试验的目的和意义

电气设备在长期的运行中不仅要耐受额定电压，而且还经受各种过电压的冲击。如果电气设备有缺陷，在过电压的冲击下，必然导致电气设备的绝缘损坏。电气试验的目的就是通过一定的手段，依靠仪器设备，采用模拟的方法检验电气设备绝缘性能，及时发现其缺陷。

电气设备的绝缘缺陷可分为两大类：第一类是整体性缺陷，如绝缘的老化、潮湿、和被污染，这些都会造成电气设备的绝缘性能下降。第二类是局部缺陷、潮湿和局部存在气泡等。这些缺陷都能经过电气试验检查出来。按规程电气设备经一定时间运行后都要进行电气试验，以此保证电气设备的安全运行，掌握电气设备绝缘性能变化规律，及时发现缺陷和进行相应的检修，起到预防事故的作用。

## 二、电气试验的分类

电气设备试验按其作用和要求，可分为两类：绝缘试验和特性试验。

### （一）绝缘试验

变电所的高压设备在运行中的可靠性基本上取决于其绝缘的可靠性，而判断和监督绝缘最可靠的手段是绝缘试验。试验又可分为非破坏性试验和破坏性试验。

非破坏性试验是指在较低的电压下或用其他不会损伤绝缘的办法来测量绝缘的某些特性（如绝缘电阻、介质损耗、局部放电、电压分布、色谱分析、超声波探测等）及其变化情况，来判断制造过中和运行中出现的绝缘缺陷。实践证明，非破坏性试验对绝缘的判断是有效的，但由于所加试验电压相对来说是较低的，有些绝缘缺陷还不能充分暴露出来。目前，各种非破坏性试验的测试量与绝缘耐电强度之间还没有确切的定量关系，但根据多种非破性试验结果并参考过去的试验数据是可以较为确切地判断绝缘缺陷的。

近几年来，非破坏性试验的带电测量（或称在线监测）、远红外测温等在现场已得到广泛应用。这对于综合判断设备的运行状况，及时发现绝缘缺陷非常有利，可以提高综合判断的可靠性。

破坏性试验也叫耐压试验。它是模仿设备的绝缘在运行中实际可能出现危险过电压的状况来对绝缘施加与之等价的高电压进行的试验。因此，这类试验对设备绝缘的考验是严格的，发现绝缘缺陷是最有效的，特别是对那些危险性较大的集中性的缺陷。通过试验能保证被试设备具有一定的绝缘水平或裕度。但在试验过程中却有可能损坏设备的绝缘，因而称之为破坏性试验。为尽可能避免在试验过程中损坏设备，增加不必要的检修工作量和难度，因此常在耐压试验之前先进行一系列的非破坏性试验作初步判断，如绝缘存在问题应先查明原因并加以消除后再进行耐压试验。

### （二）特性试验

通常把绝缘以外的试验统称为特性试验。这类试验主要是对电气设备的导电性能、电压或机械方面的某些特性进行测量（如变压器绕组的直流电阻测量、变比试验、连接组试验以及断路器的接触电阻，分合闸时间及速度特性试验等都属于设备的特性试验）。

上述两类试验的目的就是通过试验来发现运行中或新投入的设备在绝缘和特性方面存在的某些问题。但各种试验又都具有一定的局限性，因此，试验人员应根据试验结果，结合出厂和历年试验数据进行纵向比较，并且与同类型设备试验数据及有关标准进行横向比较，经综合分析比较来发现设备的绝缘缺陷或薄弱环节以及其他损伤，为设备检修或更换提供可靠的依据。

## 第二节　电气试验的方法和测试原理

### 一、绝缘电阻和吸收比测量

测量电气设备的绝缘电阻和吸收比，是检查和了解设备绝缘状况的最简便的方法。实践证明，通过其测量绝缘电阻、吸收比和极化指数常能有效地发现电气设备普遍存在受潮、表面脏污、绝缘老化和贯穿性的缺陷。因此，测量绝缘电阻和吸收比是绝缘试验最基本的方法，是电气检修、运行和试验人员都应掌握的。

#### （一）绝缘介质在直流电压作用下的电流

根据绝缘介质的理论，介质在直流电压作用下，其等值电路如图 5-2-1 所示。从等值图中可以看出，流过绝缘介质中的电流有三种。

（1）电容电流 $i_C$：它是由绝缘介质内的电子或离子在直流电场的作用下产生位移而形成的电流，它与介质的几何尺寸有关，所以又称几何电流。由于电子或离子在电场作用下移动非常快，极短的时间内就可完成，所以电流迅速衰减为零，如图 5-2-1（b）中的曲线 $i_C$ 所示。

（2）吸收电流 $i_a$：它是夹层极化和偶极子转向极化形成的。这两种极化属于缓慢极化，所以吸收电流衰减得很慢，它相当于电源经电阻向电容器钱充电的作用。其随时闷的变化如图 5-2-1（b）中的曲线 $i_a$ 所示。

（3）泄漏电流也称电导电流 $I$：它是由绝缘介质中的极少数载流子（主要是离子）定向移动所形成的。它在加压后瞬间趋于稳定值，与加压时间无关。其变化如图 5-2-1（b）中曲线 $I$ 所示。

三个电流合成的总电流曲线 $i$ 称为吸收曲线。其随时间变化情况见图 5-2-1（b）中的曲线 $i$。

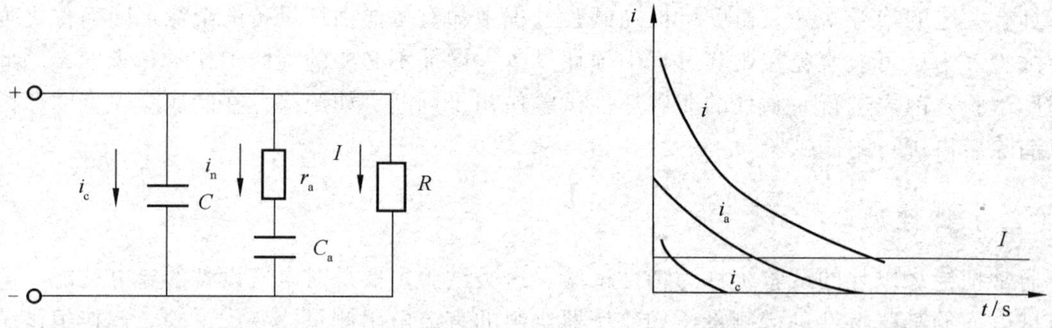


（a）绝缘介质在直流电压作用下的等值电路图

（b）绝缘介质在直流电压作用下三种电流及合成总电流随时间变化的曲线

图 5-2-1　绝缘介质在直流电压作用下等值电路及电流随时间变化的曲线

#### （二）绝缘电阻试验原理

绝缘电阻 $R$ 就是加在绝缘介质上的直流电压 $U$ 与其泄漏电流 $I$ 之比，即 $R = U/I$。

当试验电压一定时，良好的绝缘，其电导电流是很小的，也就是说绝缘电阻是很高的；

但当绝缘受潮、表面脏污或局部开裂时，绝缘性能很快下降，电导电流急剧增加，绝缘电阻显著减小。因此，通过测得的绝缘电阻，可间接地表示与时间无关的电导电流的大小，可以初步了解绝缘状况。但试验时，必须注意应有足够的加压时间，以使电容电流和吸收电流两个分量衰减完毕，流过绝缘介质的电流仅剩下电导电流 $I$，这样才能测得真实的绝缘电阻值。理论上加压时间需无限长才能达到上述要求，为了缩短测量时间和便于比较，工程上一般用加压 1 min 所测得之值作为绝缘电阻值。高电压大容量的电力变压器采用 10 min 的绝缘电阻值。

### （三）吸收比试验原理

绝缘介质在受潮或有缺陷时，电导电流 $I$ 显著增加，吸收曲线随之发生显著变化，如图 5-2-2（a）、（b）所示。可见良好的绝缘介质，其 $i_o/I$ 之比值大于受潮后 $i'_o/I'$之比值。因此，以 $i_o/I$ 之比值大小就可以判断绝缘的优劣。以上的电流比也可以用相应的绝缘电阻之比来表示。

由于 $K$ 值一般都大于等于 1。式中 $i_{co}$ 和 $i_{ao}$ 表示电容电流和吸收电流在加压时的初瞬值。

由于实际工作中，在测量 $R_\infty$ 与 $R_0$ 是比较困难的，因此；工程中是用加压 60 s 测得的 $R_{60}$ 与加压 15 s 测得的 $R_{15}$ 之比值来表示吸收比，即 $K = R_{60}/R_{15}$。一般来说，$R_\infty/R_0$ 的比值要比 $R_{60}/R_{15}$ 的比值要大，但这两个比值分别与绝缘状况优劣的对应关系是一致的，因此，吸收比的取值改变并不影响其实际使用。

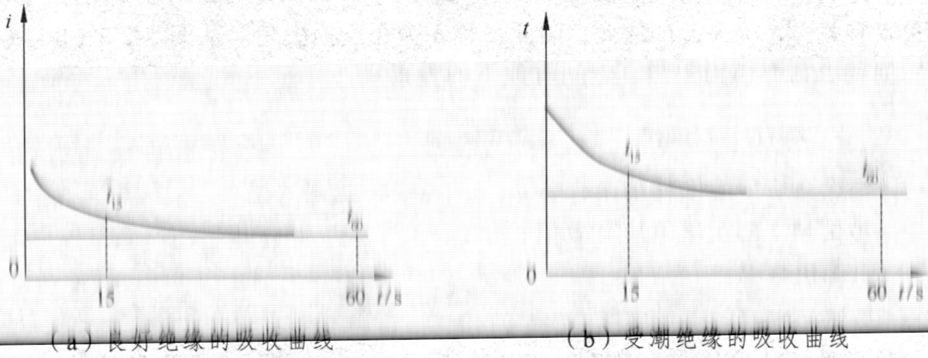


图 5-2-2　绝缘介质在不同状况下的吸收曲线

## 二、介质损耗角正切的测量

介质损耗因数 $\tan\delta$ 的测量，习惯上简称"介损试验"。该试验在现场应用较广，是判断绝缘状况较为有效的一种方法。

### （一）介质损耗因数 $\tan\delta$ 的物理意义

由绝缘介质的理论可知，电介质在交流电压作用下，除电导和周期性缓慢极化引起的损耗外，有时还可能产生游离损耗，即电晕和局部放电损耗。这些损耗统称为介质损耗。介质损耗能引起绝缘介质发热，并且损耗越大产生的热量越多，介质的温度就会升高，使介质损耗继续增大。当散热条件较差时，有可能发热量大于散热量，这时介质的温度会不断地升高，损耗也会不断地增大，如此恶性循环下去，则会在绝缘的薄弱点形成热击穿。

当介质劣化时，介质损耗就明显增加，故介质损耗的大小是反映介质优劣程度的一个重要方面。

介质在交流电压作用下的情况如图 5-2-3（a）所示。

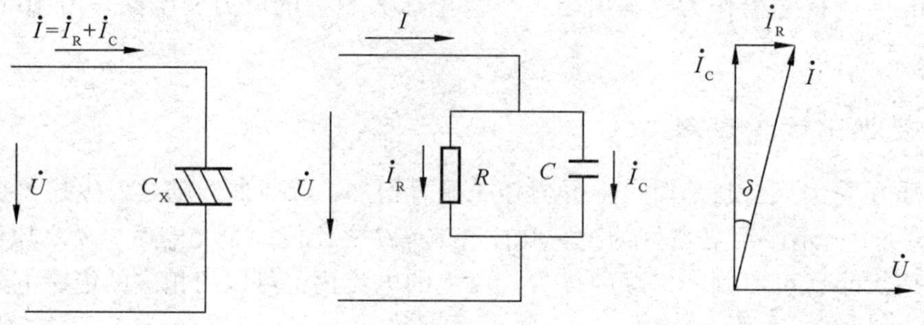


图 5-2-3　绝缘介质在交流电压作用下的电路图和相量图

为了分析简便，通常把绝缘介质看成由一个等值电阻 $R$ 和一个等值无损耗电容 $C$ 并联组成的电路，如图 5-2-3（b）所示，通过介质的总电流 $I$ 是由通过 $R$ 的有功电流 $I_R$ 和通过 $C$ 的无功电流 $I_C$ 所组成。$I_R$ 流过电阻 R 所产生的功率代表全部的介质损耗，$I_R$ 越大，介质损耗就越大。由 $I_R$、$I_C$ 和 $I$ 所组成的相量图如 5-2-3（c）所示，从图中可以看出 $I_R$ 的大小与 $I$ 和 $I_C$ 之间的夹角 $\delta$ 有关，$\delta$ 越大，$I_R$ 越大，因此，称 $\delta$ 为介质损失角。从图 5-2-3（b）、（c）也可以得出介质损耗 $P$ 与介质损失角 $\delta$ 之间有如下的关系式：

$$P=U^2\omega C\tan\delta$$

式中　$P$ ——绝缘介质中的损耗功率；

$U$ ——被试品上的交流电压有效值；

$\omega$ ——电源角频率；

$C$ ——被试品电容。

从上述关系式可以看出，通过测量 $\tan\delta$ 值就可以反映出绝缘介质损耗的大小。

### （二）测量方法

测量 $\tan\delta$ 的方法有平衡电桥法和不平衡电桥法、相敏电路法和低功率因数瓦特表法等。目前用得较普遍有平衡电桥法和不平衡电桥法两种，只有测量大电容量试品（电容器和长电缆）才使用低功率因数瓦特表法。本节只对平衡电桥的测量原理加以叙述。

1．平衡电桥（QS1 型电桥）

1）测量原理

平衡电桥法测量，其原理接线如 5-2-4 所示。图中被试品用 $C_x$、$R_x$ 表示，$C_N$ 为标准空气电容器（ $\tan\delta\approx0$），G 为检流计，$R_3$ 和 $C_4$ 为两个低压臂。电桥工作电压为 10 kV。当被试品两极对地绝缘时，采用图 5-2-4（a）所示的正接线法。在正接线法中，由于 D 点接地，操

作人员在调节电桥 $R_3$ 和 $C_4$ 的手柄时是比较安全的，但在测量现场，被试品的一极通常是接地的，使其绝缘也比较困难，因此不得不采用图 5-2-4（b）所示的反接线法，此时电桥的调节部分对地都处于高电位。为了保证操作人员的安全，$R_3$ 和 $C_4$ 都采用绝缘手柄，并且将电桥处于高电位的部分都放在接地的屏蔽箱内。但在使用中还要注意，电桥引至被试品和标准电容器的引线都是处于高电位，但桥臂上的电压降 $U_{DA}$ 和 $U_{DB}$ 通常只有几伏，电源电压实际上都加到 $C_X$ 和 $C_N$ 上。

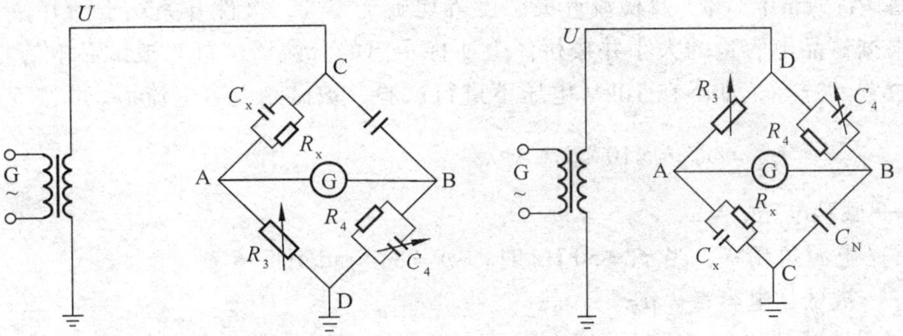


（a）正接线法　　（b）反接线法

图 5-2-4　QS1 型电桥的基本线路

电桥的屏蔽是一种理想情况，没有考虑任何杂散或干扰电流对电桥测量的影响，如图 5-2-5 所示。当电桥平衡时，流过被试品和 $R_3$ 臂中的电流是相同的，流过 $C_N$ 和尽 $R_4$、$C_4$ 臂的电流也是相同的，而且 $U_{AD} = U_{BD}$，即 $U_{AB} = 0$，在这种情况下的 $\tan\delta$ 才在数值上等于 $C_4$ 的微法数。要在实际测量中达到上述平衡条件就必须注意桥臂 A、B 两处（见图 5-2-5）对地杂散电流分流的影响。在正接法中，由于 $R_3$ 和 $R_4$ 数值小，因此，正接线法中杂散电容和它们并联产生的分流影响较小；反接线法时，由于试品和 $C_N$ 的阻抗均较大，特别是在测试小电容量试品时，杂散电容的分流影响是不能忽略的。消除杂散电容分流的影响是将电桥本体和电桥接至被试品 $C_x$ 和标准电容 $C_N$ 的引线都屏蔽起来，并把屏蔽接至电桥的 $D$ 点。屏蔽用虚线表示在图 5-2-5（a）、（b）上。

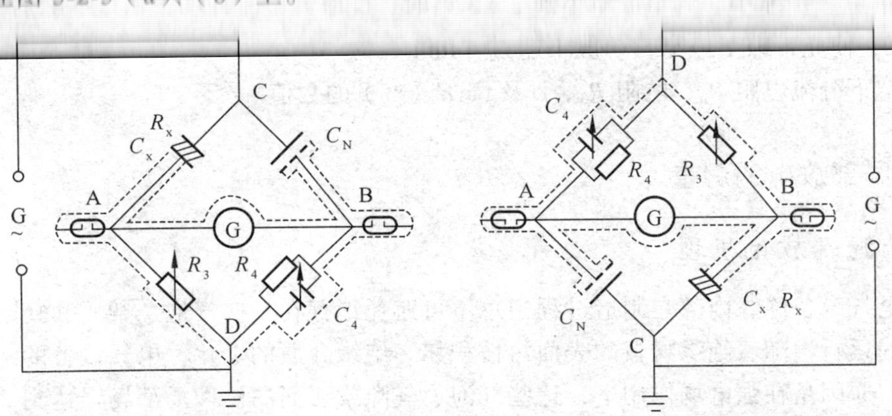


（a）正接线法　　（b）反接线法

图 5-2-5　电桥的屏蔽

除采用屏蔽及屏蔽线来减少杂散电容电流的影响外，在反接线时，还需要注意 $C_N$ 及 $C_x$ 的表面绝缘电阻，必须保持绝缘表面干燥、清洁，以消除杂散电导电流的影响。图 5-2-5 中 A、B 两处与屏蔽之间有放电管，以保证 A、B 两处与屏蔽之间在各种情况下，不会出现较高的电位差。

2）测量操作步骤

（1）根据现场条件，选取正接线法或反接线法。接线完毕后要检查接线的正确性，要做到试验变压器、调压器、电桥外壳均应良好接地，各引线间以及引线对地之间的绝缘距离应符合要求。

（2）将 $R_3$、$\tan\delta$（%）及检流计灵敏度等均旋至零位，极性开关置于断开位置。

（3）根据试品电容量的大小并按桥体上所标示出的分流器位置与被试品电容量的关系进行分流器位置的选择，如不在 10kV 电压下进行试验，被试品电容电流 $I_{CX}$ 可按下式计算

$$I_{CX} = \omega C_X U \times 10^{-6}\ (\text{A})$$

式中 $U$——试验电压，V；

$\omega$——电源角频率，当 $f = 50$ Hz 时，$\omega = 314$ rad/s；

$C_X$——被试品电容量，μF。

若不知道被试品的电容量，可以在试验变压器高压绕组中串入一个毫安表，直接测量被试品交流电流，根据测量结果来选择分流器的位置。如现场无毫安表则可在测量时先将分流器放在电流最大处，然后根据调节 $R_3$ 的指示，改变分流器的位置。

（4）合上高压试验电源开关，将电压升至所需要的试验电压，观察有无放电等异常现象。

（5）合上电桥的检流计开关，此时检流计刻度盘上应出现狭窄的光带，并调整调零位旋钮，使光带位于中间位置。

（6）将电桥本体上的 $\tan\delta$ 极性开关切换到“+ $\tan\delta$”位置上，然后调节检流计灵敏度开关，使光带扩展到满刻度的 1/3 ~ 2/3 左右。如果觉得检流计灵敏度不太好，还可以调节频率旋钮，使灵敏度达到最大。如调节过程中光带超过满刻度，可以降低灵敏度后再进行调节，直到光带最宽为止。

（7）调节 $R_3$ 使光带缩至最窄，当调节 $R_3$ 光带缩小不明显时，再调节 $\tan\delta$（%），即调节 $C_4$，使光带进一步缩小。当光带缩小到 2 ~ 3 格时，再增大检流计的灵敏度，然后反复调 $R_3$、$\tan\delta$（%），使光带缩至最窄，一般不超过 4 mm。

（8）记下分流电阻 $R_n$、电阻 $R_3$、$\rho$ 及 $\tan\delta$（%）的数值。

## 三、局部放电的测量

### （一）局部放电机理

高压电气设备绝缘内部在制造过程中总不可避免地存在一些气泡、杂质和缺陷等，经过一段时间的运行，随着绝缘材料的表面污秽积累、绝缘介质的老化，电气设备的绝缘性能会逐渐下降。原因是在强电场作用下，这些气泡、气隙或表面的污秽局部场强达到一定数值，有缺陷处就会产生局部放电。

局部放电的初期并不会立即形成贯通性损坏通道，而是仅仅在微小的局部空间里，很分散地进行着，几乎不会影响设备的绝缘性能，不影响设备运行。但是，局部放电产生的电子、

离子在电场的作用下不断地撞击气泡或缺陷的表面，使绝缘材料的电介质逐渐分解、被破坏。这又造成了局部放电处的电场畸变加剧，进一步加剧放电强度。同时局部放电的高温，会使绝缘介质加速老化，这些损害在长期的运行过程中不断进行、扩大，发展到一定程度时，仅在正常工作电压下就可能会发生绝缘被击穿或沿面闪络。

所以测定绝缘在不同电压下局部放电强度的规律能显示内部绝缘的情况，它是判断电气设备绝缘性能较好的手段。

### （二）测量原理

局部放电的等值电路如图 5-2-6 所示。图中 $C_0$ 为气泡电容，$C_1$ 为与气泡串联的绝缘部分的电容，$C_2$ 为完好绝缘部分的电容，$Z$ 为相应与气隙放电脉冲率的电源阻抗，$F$ 为放电间隙（指气泡内的）。因为气体介电常数比固体介电常数小，气泡中的电场强度比固体介电场强度大，而气体的绝缘强度又比固体介质的绝缘强度低，所以在电极两端加以电压，并逐渐升高，气泡间隙将首先放电。此时气泡间隙上的放电电压为（此时气泡气隙击穿）：

$$u_F = \frac{C_1}{C_0 + C_1} u_T$$

式中，$u_T$ 为开始放电的电源电压。

气泡间隙 $F$ 上的放电后，其两端电压急剧下降至剩余电压 $u_s$ 时，电弧熄灭。由于外加电源电压继续升高，使气隙上的电压又上升到其击穿电压 $u_F$ 时，气隙又开始第二次放电。如图 5-2-6 气隙放电时的电压和电流波形图。局部的反复充放电，使之产生脉冲电流。由于气隙放电产生的电压波动（$u_F - u_S$）将按比例分配在 $C_1$ 和 $C_2$ 上，从气隙两端看 $C_1$ 和 $C_2$ 是相串联的，故在 $C_2$ 上的电压变动为：

$$\Delta u = \frac{C_1}{C_1 + C_2}(u_F - u_s)$$

这就是说，当气泡气隙方电时试品两端电压也突然下降 $\Delta u$，而试品放掉的电荷为：

$$q = (C_1 + C_2)\ \Delta u = C_1(u_F - u_S)$$

式中　$q$——视在放电量。

目前常用的电测法就是通过测量 $\Delta u$ 和 $q$ 来判断局部放电情况。

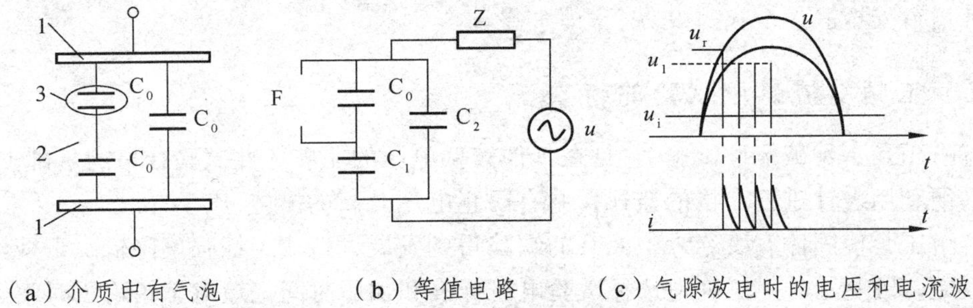


（a）介质中有气泡　　（b）等值电路　　（c）气隙放电时的电压和电流波形

图 5-2-6　局部放电的等值电路

1—电极；2—绝缘介质；3—气泡

## 四、工频耐压试验

### （一）工频耐压试验基本原理

工频耐压试验是把一个高于正常工作的 2.5 倍工频交流电压加在被测设备的绝缘体上，并持续一段规定的时间，如果其间的绝缘性足够好，加在上面的电压就只会产生很小的漏电流。如果一个被测设备绝缘体在规定的时间内，其漏电电流保持在规定的范围内，就可以确定这个被测设备可以在正常的运行条件下安全运行。

从介质损失的热击穿观点出发，交流耐压试验可以有效地发现局部游离性缺陷及绝缘老化的弱点。由于试验在交变电压下进行，被试品绝缘体上的电压分布主要按电容分压，气隙或缺陷越大，击穿电压越小，故能够有效地暴露设备绝缘缺陷。但是，交流耐压对绝缘的破坏性比直流大，必须在一系列非破坏性试验合格之后，才允许进行工频耐压试验。而且由于试验电流为电容电流，所以需要大容量的试验设备。

### （二）工频交流耐压试验目的

交流耐压试验是电气设备绝缘的重要试验项目，是考核和检查绝缘电气强度普遍采用的方法。它实际上是考核设备绝缘承受各种过电压的能力，并能有效地发现绝缘绝缘抗电强度降低的各种缺陷，对保证设备的安全运行具有重要的意义。

### （三）试验电压的确定

由于交流交流耐压试验是一种破坏性实验，如何确定合适的电压是一个重要问题。若电压过低，不易发现缺陷，设备在运行过程中可靠性也不能保证，在过电压的作用下有被击穿的可能。若试验电压过高，则在试验过程中就有被击穿的可能，增加了检修费用和维修工作量。所以试验电压要考虑到运行中绝缘老化极积累效应、过电压的大小等，对于不同的设备应分别对待。一般按国家标准和电力工业部颁发的《电力设备预防性试验规程》对各类电气设备的试验电压进行确定。

按国家标准规定，进行工频耐压试验时，在绝缘上施加工频试验电压后，要持续 1 分钟，这个时间的长短一是保证全面观察被试品的情况，同时也能使隐藏的缺陷及时暴露出来。但该时间不宜过长，以免绝缘损坏。一般来说，能经受得住 1 min 工频耐压试验的电气设备，能够保证运行安全。

### （四）工频交流耐压试验的特点

交流耐压是一种破坏性试验。它是在其他较低电压的非破坏性试验合格的基础上进行的。试验中必须利用表计进行严格的监视，并有防止电压升高的措施。

交流耐压会使固体有机绝缘中原有的缺陷得到发展，造成绝缘强度降低，形成绝缘劣化的累积效应。因此，必须正确地选择试验电压标准和加压时间。短时工频耐压时间为 1 min，规定 1 min 是为了便于观察被试品的情况，同时也是为了使已经开始击穿的缺陷来得及暴露出来。由于各种电压等级的电气设备的试验电压值是根据系统中的长时间工作电压、大气过电压、内过电压以及过电压保护装置的水平等因素确定的，不能随意改变。试验电压太高造成绝缘损伤，甚至发生绝缘击穿；电压太低不易查出缺陷，也不能保证安全运行。因此，试验电压的选取应按规程要求执行。

交流耐压试验时，其电压在绝缘中的分配是按电容量大小成反比分配的，这与在直流电压作用下按电阻成正比分配是不同的。因此交流耐压试验更能符合设备在运行中承受过电压的情况，比直流耐压更能有效地发现绝缘薄弱点。

## 五、直流泄漏电流的测量与直流耐压试验

### （一）直流泄漏电流的测量原理

在高电压的作用下流过电器绝缘体的电流，称为泄漏电流。直流泄漏电流的测量和用兆欧表测量绝缘电阻的原理相同，只不过直流泄漏电流试验中所用的直流电源用高压整流设备供给，用微安表来指示泄漏电流。

从图 5-2-7 可以看到，在同一直流电压作用下，绝缘良好的泄漏电流较小，而且随电压的升高成正比例的增加，见曲线 1；绝缘受潮且无缺陷时，泄漏电流增大，泄漏电流电压的升高成正比例的增加，见曲线 2；当有集中性缺陷时，随着电压升高，泄漏电流激增，见曲线 3；绝缘的集中性缺陷越严重，出现泄漏电流激增的电压越小，见曲线 4。当泄漏电流超过一定标准时，应找出原因并消除。

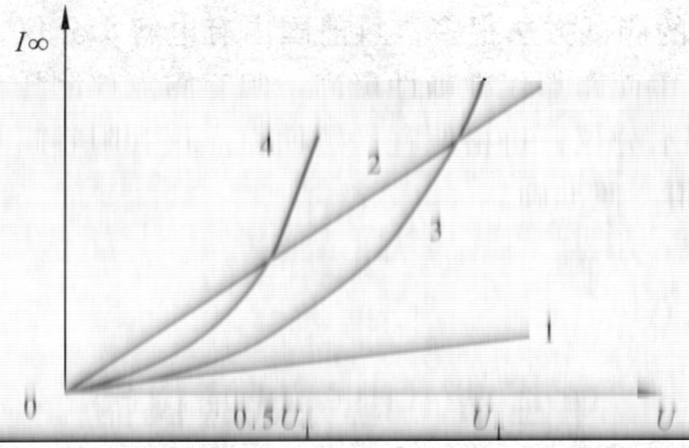


图 5-2-7　某变电所绝缘的泄漏电流随加直流电压变化曲线

1—绝缘良好；2—绝缘受潮；3—绝缘中有未贯通的集中性缺陷；
4—绝缘中有击穿危险的集中性缺陷；$U_T$—直流耐压试验电压

### （二）直流泄漏电流的测量优点

相比兆欧表优点是微安表读数灵敏度高，高压整流设备提供的试验电压高、可调节，能更有效地发现一些尚未完全贯通的集中性缺陷。在试验升压过程中，可随时观察微安表的变化，及时了解绝缘情况。能有效地发现绝缘受潮，脏污等整体缺陷，并能通过电流与泄漏电流的关系曲线发现绝缘的局部缺陷。

由于在直流电压下被试品绝缘体上的电压分布按绝缘电阻分压，所以，能比交流更有效地发现端部绝缘缺陷。同时，因直流电压下绝缘基本上不产生介质损失，因此，直流耐压对

绝缘的破坏性小。另外，由于直流耐压只需供给很小的泄漏电流，因而所需试验设备容量小，携带方便。

综上所述，直流耐压试验和工频交流耐压试验都能有效地发现绝缘缺陷，但各有特点，因此两种方法不能相互代替，必要时，应同时进行，相互补充。

### 六、$SF_6$气体微水测试

纯净的$SF_6$是一种惰性气体，设备中的放电会造成$SF_6$气体分解，其分解产物与结构材料是不相容的。$SF_6$气体在电弧作用下产生气体的分解，绝大部分分解物为硫和氟的单原子，电弧熄灭后，大部分又可还原，仅有极少部分在重新结合的过程中与游离的金属原子及水发生化学反应，产生金属氟化物以及HF有毒性和腐蚀性物质。因此，应定期进行$SF_6$气体微水含量的检测，如发现其含量超过允许值时，应采取有效措施包括气体净化处理、更换吸附剂及$SF_6$气体、设备解体检修等对策。$SF_6$设备内部水分的主要来源有：

（1）$SF_6$新气中含有的水分；

（2）设备组装时进入的水分；

（3）固体绝缘物件中释放出来的水分；

（4）运行中透过密封件渗入的水分；

（5）运行中多次补气、测试过程中进入的水分；

（6）气室内吸附剂失效。

$SF_6$气体中微水含量的测试方法很多，目前国内有电解水分仪、阻容式露点仪和镜面露点仪三类仪器。其中，以镜面露点仪准确性最高，阻容露点仪测量范围最广，现场操作以阻容式露点仪最方便。电解水分仪，价格便宜；镜面露点仪和阻容露点仪，价格昂贵，约为电解水分仪的30倍，但使用方便准确。

## 第三节　电气试验仪器

### 一、电气试验的仪器设备

#### （一）高压兆欧表

高压兆欧表用于测量被试设备的绝缘电阻，一般情况下是用普通摇表来测量，虽然简单，但是其工作理度大、速度慢，测量范围也有一定的局限性。现在常用的测试仪表，不用手摇，可像手机一样充电备用，操作简单，输出稳定，读数直观，劳动强度小，是普通摇表的理想替代品。

#### （二）直流电阻测试仪

直流电阻测试仪用以测量被试品的直流电阻。以前用电桥来测量直阻，现在用直流电阻测试仪就简单多了，而且速度快，读数直观方便，有自备电源，适用于无源的现场。其基本原理就是运用欧姆定理，该仪器输出恒定的直流电流（目前有 1 A、2 A、5 A，10 A、20 A、40 A 等），通过取样负载两端的压降来获得负载的直流电阻。

### （三）高压试验变压器

高压试验变压器主要运用于高压运行设备的泄漏试验和交直流耐压试验，也可对常用的绝缘工具进行耐压试验，如绝缘垫、绝缘鞋、绝缘手套、绝缘杆等。常用的电压等级有 50 kV、100 kV、150 kV、200 kV、250 kV、300 kV 等，常用的容量等级有 3 kV·A、5 kV·A、10 kV·A、15 kV·A、20 kV·A、25 kV·A、30 kV·A、40 kV·A、50 kV·A、100 kV·A 等，也可根据被试品所需的电压等级和容量大小进行定制。目前常用的是干式变压器，干式试验变压器的特点是防潮性能更好、质量更轻，但其散热性较差，维修成本较高。不管什么变压器都需要一个与其配套的控制设备来控制它，通常都有相应的配套控制台或控制箱，这些控制设备一般都有调压输出功能、过流保护功能和耐压计时功能。当然，这些功能如果是电动控制，还可以实现自动升降压、自动耐压计时、过流自动降压和耐压计时的报警等功能。

### （四）升流器

升流器实质上是一种特殊的变压器。短时间工作制主要运用于电流互感器的校验，断路器的动作形式试验等；长时间工作制主要用于大电流电气元件、电缆等的发热温升试验。

### （五）高压开关机械特性测试仪

高压开关机械特性测试仪主要用于高压开关的动态特性参数的测试。例如高压开关的同期性、分合闸时间、弹跳、合分闸速度、动触头行程及超程等参数的测定。

### （六）全自动变比测试仪

全自动变比测试仪用于变压器绕组的变比、极性和组别的测试。以前通过变比电桥来测试，使用不方便，功能也受到诸多限制，利用自动变比测试仪则可以很好地解决这一问题。

### （七）便携式直流高压发生器

本仪器利用高压硅堆和高压滤波电容的倍压整流技术输出直流高压，主要用于变压器、发电机组、氧化锌避雷器、高压电缆等的直流泄露和直流耐压试验。

### （八）全自动试油器

全自动试油器主要用于变压器油的介电强度的测定。

### （九）氧化锌避雷器测试仪

氧化锌避雷器测试仪专门用于氧化锌避雷器的相关参数的测定。

### （十）回路电阻测试仪

回路电阻测试仪主要用于回路接触电阻的测试，基本原理与直流电阻测试仪相似。该仪器输出 100 A 或 200 A 恒定直流电流，比直流电阻的输出电流要大得多。

### （十一）介质损耗测试仪

介质损耗测试仪主要用于鉴别电气绝缘设备的污染、破裂、穿孔、老化和受潮等缺陷。

### （十二）接地电阻测量仪

接地电阻测量仪广泛运用于测量各种电气装置的接地电阻以及低电阻的导体电阻，还可以测量土壤的电阻率和地电压。

### （十三）变压器损耗参数测试仪

变压器损耗参数测试仪主要用于测试变压器的空载损耗、负载损耗、空载电流和阻抗电压等参数。

### （十四）超低频高压发生器

它实质上是工频交流耐压系统的新型替代品。对于某些较大的容性负载如电力电缆等，如果用普通的工频交流耐压试验设备，不仅设备笨重，而且现场试验电源也难以满足试验要求，而运用超低频试验设备就能很好地解决这一矛盾。在同等负载条件下，其所需的试验容量只有工频耐压的五百分之一，因此可以大大缩小试验设备的体积和质量，使用起来更方便灵活。

另外，还有用于测量地网电阻的大型地网电阻测量仪，测量变压器有载分接开关系列参数的有载分接开关测试仪，以及专门用于测试各种互感器相关参数的全功能互感器综合校验仪等。

## 二、常用仪器功能操作实例

### （一）数字万用表常用功能操作（表 5-3-1，以 FLUKE 17B 为例）

表 5-3-1

| | | | |
|---|---|---|---|
| 使用条件 | 1. 使用仪器作业标准人数 2 人，建议在作业分工时 2 人同时作业，1 人操作、1 人监护；<br>2. 使用前后两人共同确认正确接线及布置完成安全防护措施；<br>3. 使用前后清点设备及连接线，防止丢失和遗漏 | | |
| 仪器设备 | 名　称 | 规格型号 | 数　量 |
| | 万用表 | FLUKE F17B | 1 块 |
| 仪器附件 | 红、黑测试线 | 标配 | 各 1 根 |
| | 温度探头测试线 | 标配 | 1 根 |
| | 电池 | 5# | 2 节 |
| | 橡胶保护套 | 标配 | 1 个 |

续表

<table>
<tr><td>仪器附件</td><td></td></tr>
<tr><td>安全要点</td><td>1. 使用人员均需穿戴绝缘安全防护用品及使用前进行外观检查；<br>2. 操作过程中，如发生异常，立刻按下停止按钮；<br>3. 测量电阻时不能带电操作；<br>4. 测量电压时若不知是交流还是直流，则先用交流挡；<br>5. 测量电流时则串联在回路中，测量电压、电阻、通断性、二极管、电容、频率、占空比、温度时则并联在回路中</td></tr>
<tr><td colspan="2">使用步骤及标准</td></tr>
<tr><td colspan="2">一、仪器介绍</td></tr>
<tr><td>面板介绍</td><td>1. 旋钮和按键：<br><br><br>1—OFF 挡：关机状态；2—测量交流电压；3—测量直流电压（伏）；4—测量直流电压（毫伏）；5—测量电阻、通断性、二极管；6—电容；7—交直流电流（安）；8—交直流电流（毫安）；9—交直流电流（微安）；10—温度；11—黄色按钮：按此按钮表示标有“黄色”起作用；12—保持按钮；13—范围；14、15—测量频率 Hz 或占空比%</td></tr>
</table>

续表

| | |
|---|---|
| 面板介绍 | 2. 红色插孔和黑色插孔：<br>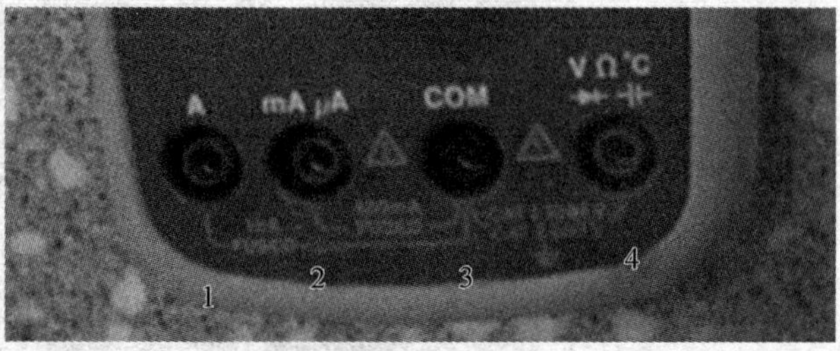<br><br>1—用于交直流电电流测量（最高可测量 10 A）；2—用于交流电和直流电的微安以及毫安测量；3—用于所用测量的公共接线端；4—用于电压、电阻、通断性、二极管、电容、频率、占空比、温度测量的输入端子 |
| 显示介绍 | <br><br>1—已启用相对测量；2—高压；3—已选中通断性；4—已启用“显示保持”；5—已启用最小值或最大值模式；6—已启用 LED 测试；7—已选中华氏温标或摄氏温标；8—已选中二极管测试；9—已选中占空比；10—已选中电阻或频率；11—电容单位法拉；12—毫伏或伏特；13—直流或交流电压或电流；14—微安、毫安或安培；15—已启用自动量程或手动量程；16—电池电量不足，应立即更换 |
| 二、仪器操作步骤 | |
| 1. 接线 | 将判断是测量交流还是直流，是电流还是电压，再将红黑测试线插入对应的插孔 |
| 2. 测试 | （1）将旋钮调到对应的挡位；<br>（2）将红黑测试线串联或并联在回路中，记录读数 |
| 3. 收尾工作 | （1）将旋钮调到“OFF”挡；<br>（2）将红黑测试线从插孔中拔出；<br>（3）将万用表和测试线收好 |

## （二）绝缘电阻测试仪常用功能操作（表 5-3-2，以 Megger S1-552/2 为例）

表 5-3-2

| | | | |
|---|---|---|---|
| 使用条件 | 1. 于使用耐压装置作业标准人数 2 人，建议在作业分工时 2 人同时作业，1 人操作、1 人监护；<br>2. 使用前后两人共同确认正确接线及布置完成安全防护措施；<br>3. 使用前后清点设备及连接线，防止丢失和遗漏 | | |
| 仪器设备 | 名　称 | 规格型号 | 数　量 |
| | 1. 绝缘电阻测试仪 | MeggerS1-552/2 | 1 台 |
| | 2. 电源线 | 1m | 1 条 |
| | 3. 试验连接导线及大鳄鱼夹 | 3m、红黑蓝 | 各 1 根共 3 根 |
| | 4. 试验连接导线及小鳄鱼夹 | 2m、黑蓝 | 各 1 根共 2 根 |
| | 5. USB 连接线 | 1m | 1 根 |
| 安全要点 | 1. 被测线路在绝缘测试接线前必须停电、验电和放电 | | |
| | 2. 测试导线连同鳄鱼夹要保持良好、清洁、无破损 | | |
| | 3. 使用仪器过程中加压时应呼唤应答，并保持足够的安全距离，切勿触碰线路，防止人员触电 | | |
| | 4. 绝缘测试后，在取下仪器接线前一定要先放电 | | |
| | 5. 加压过程中如果发现问题则应迅速停止加压并关机 | | |
| 使用步骤及标准 | | | |
| 一、仪器介绍 | | | |
| 面板介绍 | 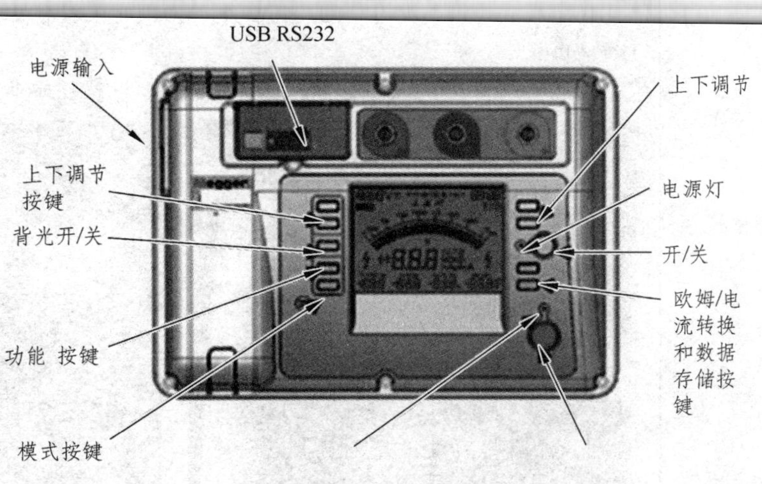<br> | | |

续表

| | |
|---|---|
| 面板介绍 | 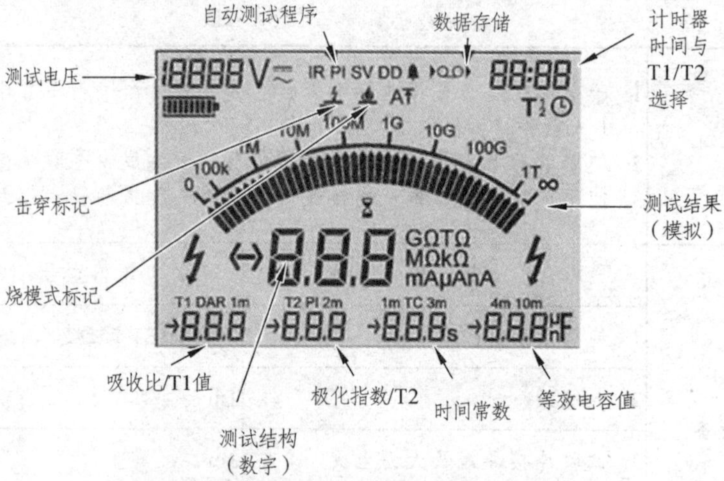 |
| 标准配制 | 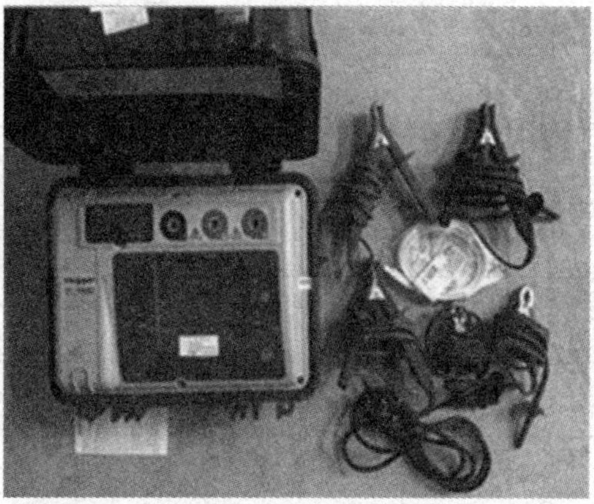 |
| 二、仪器操作步骤 | |
| 仪器接线 | 1. 注意正负极连接线连接牢固；<br>2. 连接完成后效果图如右下图（为操作安全，变压器与操作单元之间的距离至少保持 2 m）；<br>一般情况下采用负极性接法，即红色正表笔接地、黑色负表笔接被测试设备<br>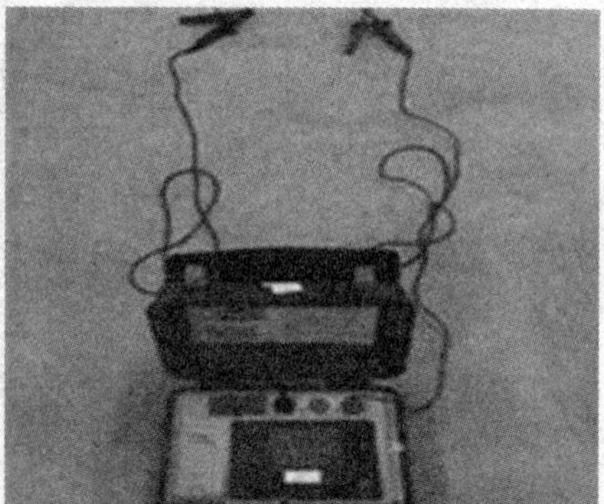 |

续表

| | |
|---|---|
| 仪器测试 | 1. 按下开关按键，直到屏幕有显示了再松开。如果只是轻按一下，仪器不会开启；如果按的太久，仪器会自动关闭。（按下开/关键后和开机后10分钟无操作后会自动关机。）<br>2. 屏幕灯亮并会显示 INT，此时仪器会自动检测，可以松开按键，仪器自检后 INT 字样就会消失，此时就可以正常使用仪器。<br>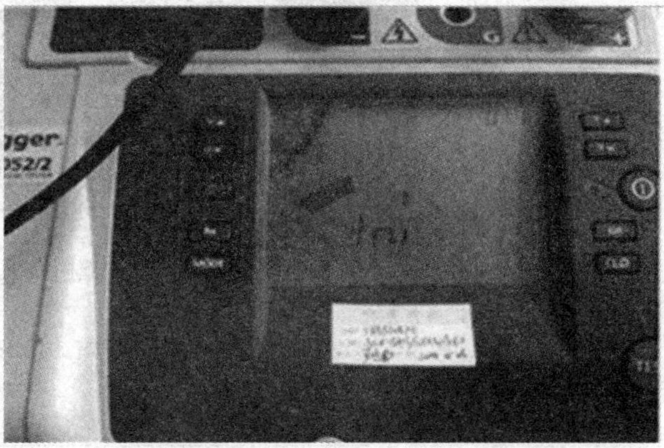<br>3. 调节电压：使用面板上的上/下调节按键可以对测试电压进行选择，有以下这几个标准测试电压：250 V、500 V、1 kV、2.5 kV、5 kV，屏幕上会依次显示。（如果要选择非标准测试电压，可以在按下功能键的同时，按上下键选择电压值。）<br>4. 调节时间：使用面板上的上/下调节按键可以对测试时间进行选择，有以下几个标准测试时间：15 s、60 s、10 min。<br>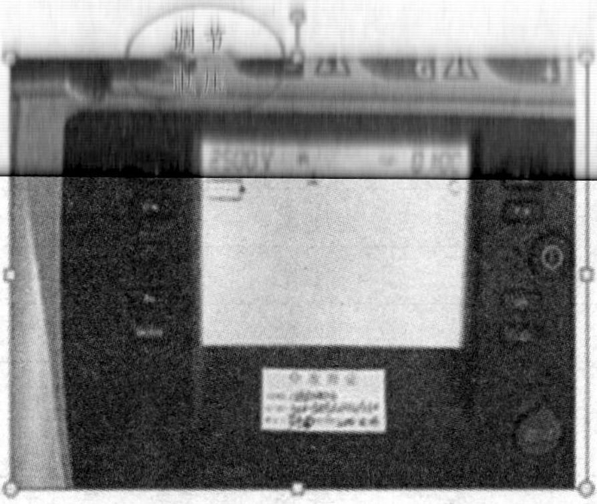 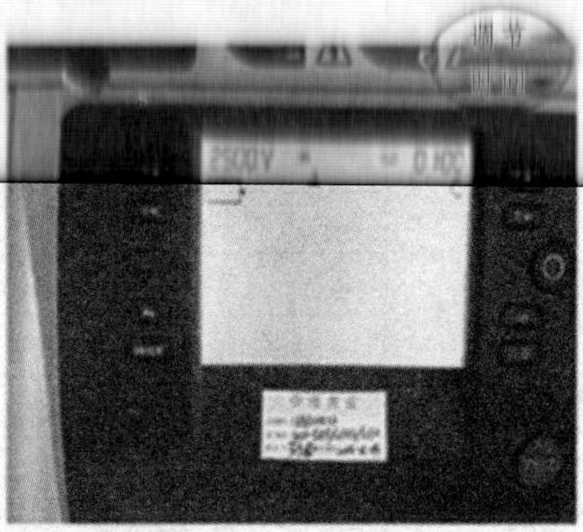<br>测试开始/停止按键：<br>5. 选择好电压和时间后，只有按下红色（TEST）测试按键，仪器才会进行绝缘电阻测试。按下按键后，看到红色的高压灯开始闪烁后测试才会开始，如果按键后不等到红灯闪亮就断开，测试不会启动。建议按下“测试开/关”键保持5 s时间，当测试结束后再次按下“测试开/关”键，绝缘测试就会停止 |

续表

<table>
<tr><td>仪器测试</td><td>
<br>6. 记录数据：变压器吸收比是 1 min 和 15 s 的比值标准是≥1.3，极化指数是 10 min 和 1 min 的比值≥1.5；<br>7. 使用完成后必须检查设备蓄电池电量是否超过 80%，如果低于 80%，则应充满电，确保下次作业能顺利使用；<br>8. 清理作业现场</td></tr>
<tr><td>收尾工作</td><td>使用后清点设备及连接线，防止遗漏和丢失</td></tr>
</table>

## （三）回路电阻测试仪（表 5-3-3）

表 5-3-3

<table>
<tr><td>使用条件</td><td colspan="3">1. 使用仪器作业标准人数 2 人，建议在作业分工时 2 人同时作业，1 人操作、1 人监护；<br>2. 使用前后两人共同确认正确接线及布置完成安全防护措施；<br>3. 使用前后清点设备及连接线，防止丢失和遗漏</td></tr>
<tr><td rowspan="8">仪器设备/附件</td><td>名　称</td><td>规格型号</td><td>数量/单位</td></tr>
<tr><td>回路电阻测试仪</td><td>M600</td><td>1 台</td></tr>
<tr><td>大电流测试钳</td><td>标配</td><td>2 根</td></tr>
<tr><td>红色电压测试线</td><td>标配</td><td>1 根</td></tr>
<tr><td>黑色电压测试线</td><td>标配</td><td>1 根</td></tr>
<tr><td>AC 220 V 电源线</td><td>标配</td><td>1 根</td></tr>
<tr><td>接地线</td><td>标配</td><td>1 根</td></tr>
<tr><td>线包</td><td>标配</td><td>1 个</td></tr>
<tr><td>安全要点</td><td colspan="3">1. 测试前后需要对被试验设备进行放电；<br>2. 测试线摆放不能交叉，电流线应夹在被试品的外侧，电压线应夹在被试品的内侧，电流与电压必须同极性；<br>3. 为操作安全，操作单元与测试设备之间的距离至少保持 1 m；<br>4. 使用仪器过程中操作时应呼唤应答；<br>5. 操作过程中，如发生异常，立刻按下停止按钮，并对设备进行放电</td></tr>
</table>

续表

| 使用步骤及标准 | |
|---|---|
| 一、仪器介绍 | |
| 面板介绍 | 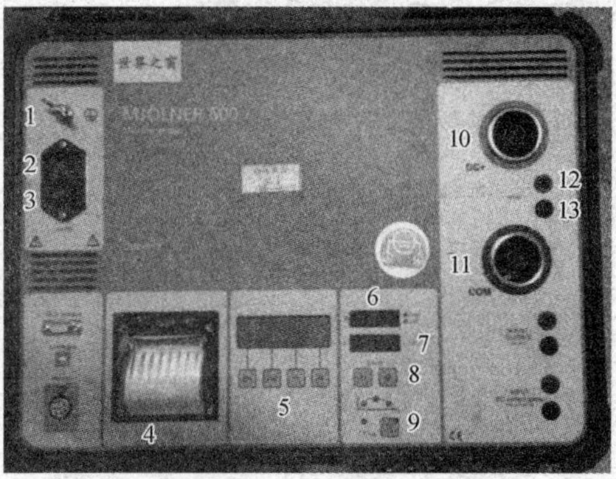 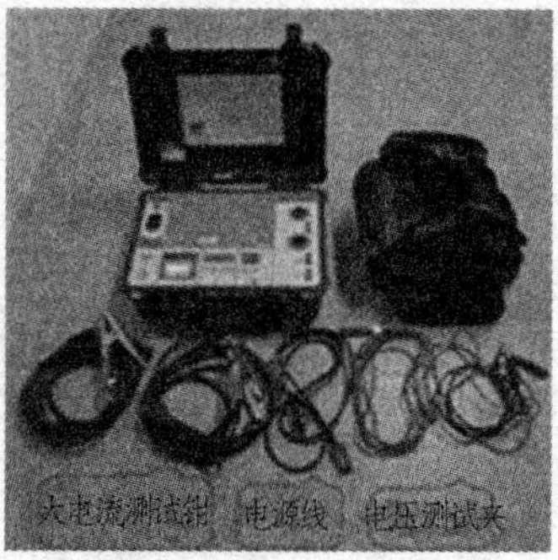 <br>1—接地柱；2—电源插座；3—电源开关；4—打印机；5—功能选择按钮；6—电阻显示；7—电流读数；8—电流加减键；9—开始测试键；10—电流输出 I+；11—电流输出 I－；12—测量输入 U＋；13—测量输入 U－ |
| 二、仪器操作步骤 | |
| 仪器接线 | 1. 接好仪器地线；<br>2. 用大电流测试钳和红、黑电压测试线夹好被试品，按下图（a）所示方式接线：<br> <br>（a）四端子接线图　　（b）错误接线方式<br>3. 将仪器面板与测试线扭紧 |
| 仪器测试 | 1. 检查确认无误后，接入 220 V 交流电，合上电源开关，仪器进入开机状态；<br>2. 找到功能选择键，“ENT”—回车，“ESC”—取消，“F1”—10A 初始值，“F2”—100 A 初始值；<br>3. 选择 F1 键或者 F2 键，若电流输出值不是 10 A 或者 100 A，则观察“电流读数”，选择“电流加减键”来确定所需电流值；<br>4. 按“开始测试键”，等待一段时间，在“电阻显示”处，读取电阻大小和单位 |
| 收尾工作 | 1. 对被试品进行放电；<br>2. 关闭电源开关，断开 220 V 交流电；<br>3. 收拾测试线、电源线、接地线，放回线包；<br>4. 清点仪器和附件 |

续表

<table>
<tr><td colspan="2">三、举例说明</td></tr>
<tr><td>以测量快速熔断器为例</td><td>1. 接好回路电阻测试仪接地线；<br>2. 将回路电阻测试仪的电流钳、电压钳分别夹住快速熔断器两端（电流钳在电压钳外侧），如下图所示；<br>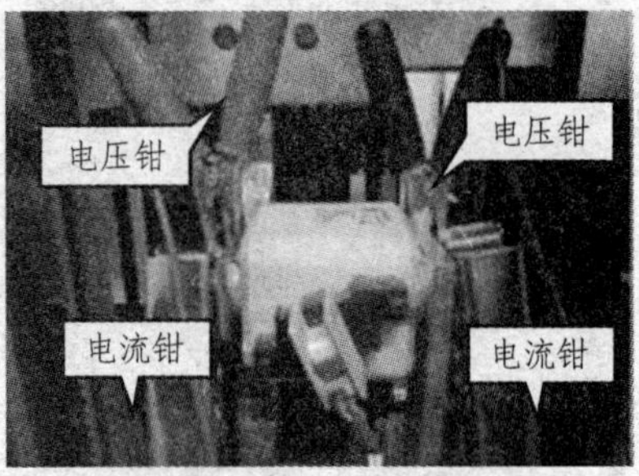<br><br>3. 检查接线无误后，连接电源线，打开回路电阻测试仪电源开关，直接按“F1”键，则电流 I 显示屏显示“10 A”；<br>4. 按开始键进行测量，经过一段时间，显示电阻值大小和单位</td></tr>
</table>

## （四）三相直流电阻测试仪

<table>
<tr><td>使用条件</td><td colspan="3">1. 使用仪器作业标准人数 2 人，建议在作业分工时 2 人同时作业，1 人操作，1 人监护；<br>2. 使用前后两人共同确认正确接线及布置完成安全防护措施；<br>3. 使用前后清点设备及连接线，防止丢失和遗漏</td></tr>
<tr><td rowspan="8">仪器设备/附件</td><td>名　称</td><td>规格型号</td><td>数量/单位</td></tr>
<tr><td>三相直流电阻测试仪</td><td>AST</td><td>1 台</td></tr>
<tr><td>大电流测试钳</td><td>标配</td><td>2 根</td></tr>
<tr><td>红色电压测试线</td><td>标配</td><td>1 根</td></tr>
<tr><td>黑色电压测试线</td><td>标配</td><td>1 根</td></tr>
<tr><td>AC 220 V 电源线</td><td>标配</td><td>1 根</td></tr>
<tr><td>接地线</td><td>标配</td><td>1 根</td></tr>
<tr><td>线包</td><td>标配</td><td>1 个</td></tr>
<tr><td>安全要点</td><td colspan="3">1. 测试前后都需要对被试验设备进行放电；<br>2. 测试线摆放不能交叉，电流线应夹在被试品的外侧，电压线应夹在被试品的内侧，电流与电压必须同极性；<br>3. 为操作安全，操作单元与测试设备之间的距离至少保持 1 m；<br>4. 使用仪器过程中操作时应呼唤应答；<br>5. 操作过程中，如发生异常，立刻按下停止按钮，并对设备进行放电</td></tr>
</table>

续表

| 使用步骤及标准 | |
|---|---|
| 一、仪器介绍 | |
| 面板介绍 | 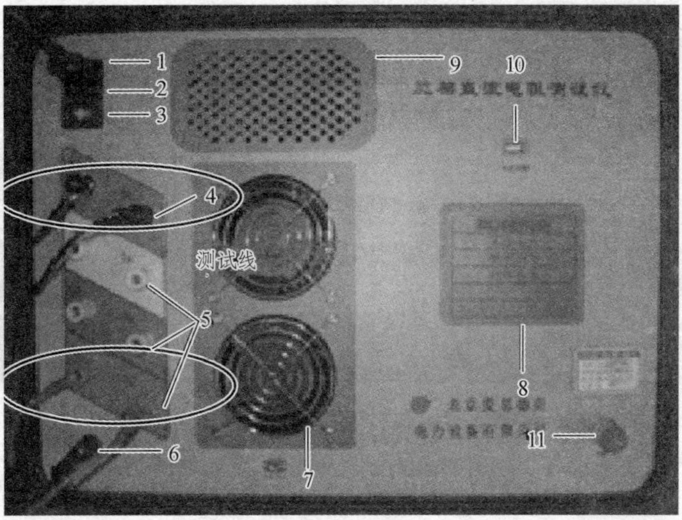<br>1—交流电源插座；2—保险；3—电源开关；4—输出负端；5—A/B/C 通道输出；6—接地插座；7—风机排风口；8—液晶显示触摸屏；9—通风口；10—USB 接口；11—电子鼠标 |
| 二、仪器操作步骤 | |
| 仪器接线 | 1. 接好仪器地线<br>2. 将测试线按照红黑对应接到测试仪上，再将测试线夹子分别接在变压器的组绕组的两端，如 AB 相、BC 相、CA 相。如图接线<br>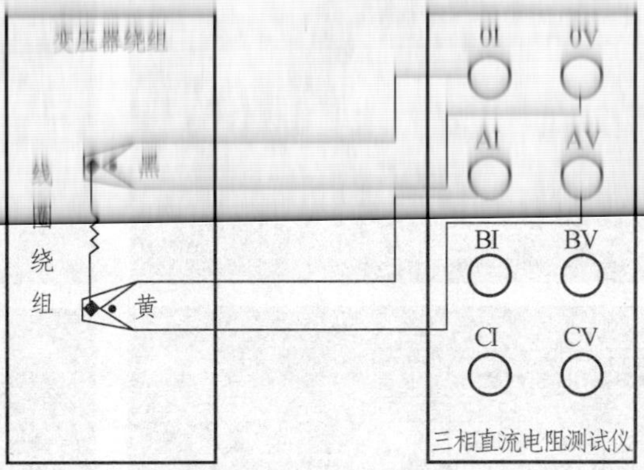 |
| 测试线介绍 | 1. 黑色引线对应于三相测量时接：零线；<br>2. 黄色引线对应于三相测量时接：A 相；<br>3. 绿色引线对应于三相测量时接：B 相；<br>4. 红色引线对应于三相测量时接：C 相 |
| 收尾工作 | 1 .对被试品进行放电；<br>2. 关闭电源开关，断开 220 V 交流电；<br>3. 收拾测试线、电源线、接地线，放回线包；<br>4. 清点仪器和附件 |

续表

<table>
<tr><th colspan="2">三、举例说明</th></tr>
<tr><td>以测量动力变为例</td><td>
1. 接好回路电阻测试仪接地线。<br>
2. 接线位置。<br>
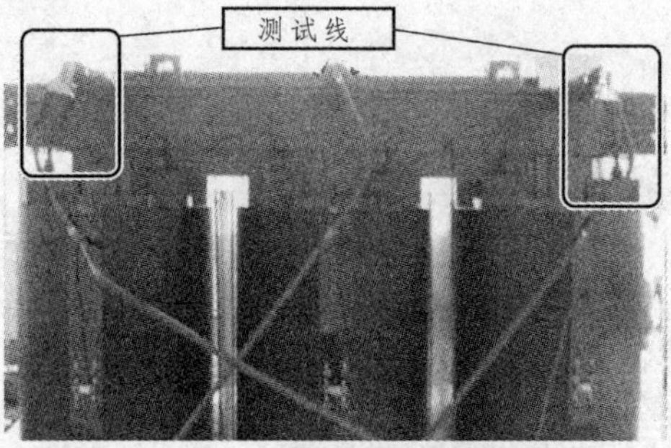

3. 打开测试仪电源开关，选择 5 A 的电流挡位开始进行测试，待测试数据稳定后，记录数据，经测试仪充分放电后，关闭电源。<br>
4. 测试低压绕组直流电阻：将测试线按照红黑对应接到测试仪上，再将测试线夹子分别接在变压器的低压绕组的两端，如 ao 端、bo 端、co 端（注：连接中性点母排电流钳要靠近各项绕组，切勿夹在螺孔处），高压绕组短接并接地。打开测试仪电源开关，选择 15 A 的电流挡位开始进行测试，待测试数据稳定后，记录数据，经测试仪充分放电后，关闭电源，如下图所示。<br>

5. 拆除低压侧短接线，收起测试仪器
</td></tr>
</table>

## 第四节　设备的电气试验

### 一、电气试验安全措施

预防性试验或交接试验时，一般都在变电所现场进行，被试设备的周围常有带电运行的高压设备，并且在试验中还要对被试设备施加交、直流高压，因此，为了确保人身安全和设备的正常运行，应在做好完备的安全措施后，才能开展试验工作。

试验工作中的安全措施如下：

（1）现场工作必须执行工作票制度；工作许可制度；工作监护制度；工作间断、转移和终结制度。

（2）试验现场应装设遮栏或围栏，悬挂“止步，高压危险！”的标示牌，并派专人看守；被试设备两端不在同一地点时（例如电力电缆试验），另一端还应派人看守。

（3）高压试验工作不得少于两人，试验负责人应由有经验的人员担任，开始试验前，负责人应对全体试验人员详细地说明在试验中应注意的安全事项。

（4）因试验需要断开电气设备接头时，拆前应做好标记，恢复连接后应进行检查。

（5）试验器具的金属外壳应可靠接地，高压引线应尽量缩短，必要时用绝缘物将引线支持牢固。为了在试验时确保高电压回路的任何部分不会对接地体放电，高压回路与接地体（如墙壁、金属围栏、接地线等）的距离必须有足够的裕度。

（6）试验装置的电源开关，应使用具有明显断开点的双极刀闸，并保证有两个串联断开点和可靠的过载保护装置。

（7）加电压前必须认真检查接线、表计量程，确认调压器在零位及仪表的开始状态均正确无误后，通知有关人员离开被试设备，并取得试验负责人许可，方可加压。加压过程中应有人监护并呼唱。高压试验人员在加压过程中，注意力应高度集中，随时注意防止异常情况的发生，操作人员应站在绝缘垫上。

（8）变更接线或试验结束时应首先将调压器回零，然后断开电源、放电，并将高压输出端接地。

（9）对没有进行短路接地放电的大电容量试品，应先行放电，再做试验。高压直流试验时，每告一段落或试验结束后，应将试品对地放电数次并短路接地后方可接触。

（10）试验结束时，试验人员应拆除自装的接地线，并对被试设备进行检查和清理现场。

（11）在专门高压试验室进行试验时，高压室中应设置金属屏蔽网围栏，围栏不仅要有机械联锁，还要有电气联锁，并设有红色信号灯和挂有“高压危险”的标示牌。试验工作人员均应在金属屏蔽网围栏外面进行观察和操作。

（12）在现场进行试验工作时，工作人员活动范围与带电设备的安全距离不得小于表5-4-1的规定。

表 5-4-1　正常活动范围内作业人员与带电设备的安全距离

| 电压等级 | 安全距离/m | 安全距离（无安全遮拦设备）/m |
| --- | --- | --- |
| 10 kV 及以下 | 0.35 | 0.70 |
| 20～35 kV | 0.6 | 1.00 |

## 二、电气试验测试实例（以 35 kV 干式变压器试验为例）

### （一）作业条件

（1）现场值班员向当值电力调度员办理申请作业手续。

（2）作业前召开作业前安全会。

（3）作业前按清单准备作业工器具和材料。

（4）工作领导人与工作许可人（值班员）共同到现场检查是否已按工作票要求做好相关安全防护措施，并确认所布置安全防护措施的正确性。

（5）进入设备房前先要用 FAS 钥匙将 FAS 消防系统转换到手动位。

### （二）作业工器具（表 5-4-2）

表 5-4-1　检修作业工器具清单

| 名　称 | 参考数量 |
| --- | --- |
| 万用表 | 1 块 |
| 兆欧表 | 1 套 |
| 直流电阻测试仪 | 1 套 |
| 变比测试仪 | 1 套 |
| 螺丝批组套 | 1 套 |
| 钢丝钳 | 1 把 |
| 尖嘴钳 | 1 把 |
| 活动扳手 | 2 把 |
| 开口扳手 | 1 把 |
| 套筒工具组套 | 1 套 |
| 力矩扳手 | 1 套 |
| 扁锉 | 1 把 |
| 试电笔 | 1 个 |
| 温、湿度仪 | 1 块 |
| 电缆盘 | 1 个 |
| 绝缘垫 | 3 块 |
| 试验用线 | 1 套 |
| 试验线夹 | 若干 |

### （三）作业材料（耗材表 5-4-3）

表 5-4-3 检修作业材料清单

| 名称 | 参考型号 | 参考数量 |
|---|---|---|
| 绝缘胶布 | 黄绿红 | 若干 |
| 手套 | - | 双/人 |
| 电池 | 5# | 3 节 |
| 砂布 | 0# | 2 块 |
| 记号笔 | - | 1 支 |
| 安全警示带 | - | 1 卷 |

### （四）安全注意要点

（1）按作业工作票要求做好相关停电安全防护措施。

（2）作业过程中：正确使用合格的安全工器具、常用工具，正确穿戴合格的安全防护用品。

（3）在进行变压器试验前，应先断开温控器电源并在温控仪处断开温度采样线，防止试验电压通过温度传感线损坏温控仪。

（4）防止静电伤人：并保持与带电体有足够的安全距离，试验前后，应对设备进行充分放电。

（5）加压前注意人员撤离，加压时呼叫应答。

（6）试验结束对仪器、设备进行充分放电恢复设备正常挡位及接线。

### （五）具体检修项目和标准（以 35 kV 整流变压器为例）

1．绕组绝缘电阻测试

（1）主要仪器：绝缘电阻测试仪（下面以 MEGGER S1-1052/2 型为例）。

（2）试前准备：拆除变压器高、低压侧电缆，并接地固定，防止接触变压器（可用绝缘垫隔离）；断开温控仪电源并在温控仪处断开温度采样线。

（3）试验方法：

① 将变压器高压侧三相用短接线短接，将两组低压侧三相分别用短接线短接。

② 测试高压绕组对低压绕组及地的绝缘电阻（图 5-4-1）：将低压侧接地，测试仪“+”极接到变压器低压侧，将测试仪“－”极接至变压器高压侧。打开测试仪电源，选择“IR”（绝缘电阻）挡，选择电压 2 500 V 挡，按下测试开始按钮，保持 1 min。读出测试仪 1 min 时的测量数据，对变压器高压侧进行充分放电，记录测试数据和测量时的温、湿度。

③ 测试低压绕组对高压绕组及地的绝缘电阻（图 5-4-2）：将高压侧接地，将测试仪“+”极接到变压器高压侧，将测试仪“－”极接至变压器低压侧。打开测试仪电源，选择“IR”（绝缘电阻）挡，选择电压 2 500 V 挡，按下测试开始按钮，保持 1 min。读出测试仪 1 min 时的测量数据，对变压器低压侧进行充分放电，记录测试数据和测量时的温、湿度。

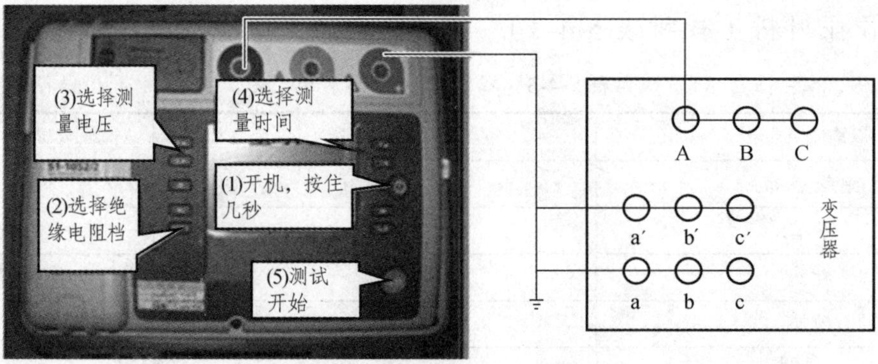


图 5-4-1 试验示意图（步骤②）

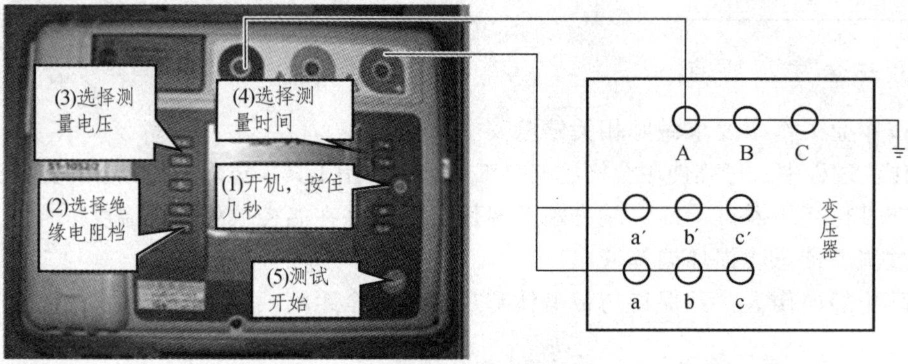


图 5-4-2 试验示意图（步骤③）

④ 测试低压绕组间的绝缘电阻（图 5-4-3）：将高压侧接地，将测试仪“+”极接到变压器一组低压侧，将测试仪“-”极接至另一组低压侧。打开测试仪电源，选择“IR”（绝缘电阻）挡，选择电压 2 500 V 挡，按下测试开始按钮，保持 1 min。读出测试仪 1 min 时的测量数据，对变压器低压侧进行充分放电，记录测试数据和测量时的温、湿度。

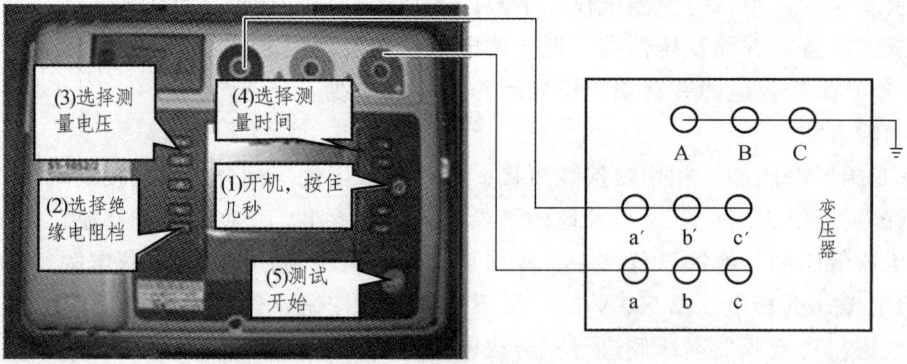


图 5-4-3 试验示意图（步骤④）

⑤ 拆除高低压侧短接线，收起测试仪器。

（4）危险点及防范措施：危险点：触电伤人；防范措施：应保持与带电体有足够的安全距离，试验完后，应进行充分放电。

（5）参照标准：绕组绝缘电阻参照标准如表 5-4-4 所示。

表 5-4-4　绕组绝缘电阻参照标准

| 项目 | 周期 | 要求 | 说明 |
| --- | --- | --- | --- |
| 绕组绝缘电阻 | （1）4 年<br>（2）大修后<br>（3）必要时 | 绝缘电阻换算至同一温度下，与前一次测试结果相比应无明显变化 | （1）采用 2 500 V 兆欧表；<br>（2）测量前被试绕组应充分放电；<br>（3）测量温度以绕组为准，尽量使每次测量温度相近；<br>（4）不同温度下的绝缘电阻值一般可按下式换算：<br>$R_2 = R_1 \times 1.5^{(t_1-t_2)/10}$<br>式中，$R_1$、$R_2$ 分别为温度 $t_1$、$t_2$ 时的绝缘电阻值 |

2．铁芯（有外引接地线的）绝缘电阻

（1）主要仪器：绝缘电阻测试仪（下面以 MEGGER S1-1052/2 型为例）

（2）试前准备：拆除变压器高、低压侧电缆，并接地固定，防止接触变压器（可用绝缘垫隔离）；断开温控仪电源并在温控仪处断开温度采样线。

（3）试验方法：

① 将变压器高压侧三相用短接线短接，将两组低压侧三相分别用短接线短接并接地；将变压器高压侧用短接线短接，将两组低压侧短接并接地；拆除变压器铁芯外引接地线。

② 将测试仪“+”极接到变压器接地端，将测试仪“－”极接至变压器铁芯外引接地线。打开测试仪电源，选择“IR”（绝缘电阻）挡，选择电压 500 V 挡，按下测试开始按钮，保持 1 min。记录测试数据和测量时的温、湿度，对变压器铁芯进行充分放电。

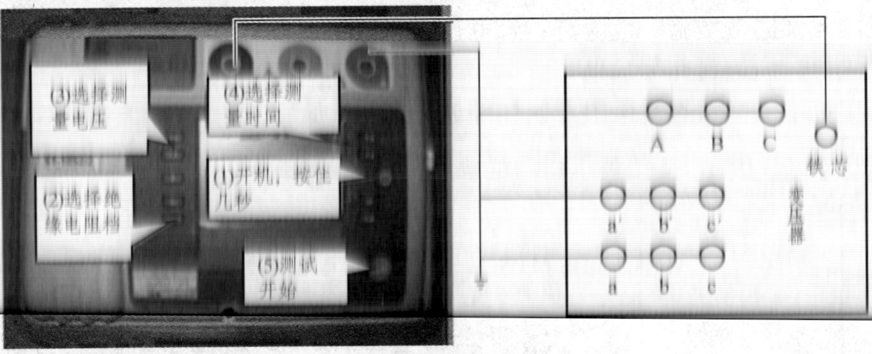


图 5-4-4　试验示意图（步骤②）

③ 恢复变压器铁芯外引接地线，收起测试仪器。

（4）危险点及防范措施：危险点：触电伤人；防范措施：应保持与带电体有足够的安全距离，试验完后，应进行充分放电。

（5）参照标准：铁芯绝缘电阻参照标准如表 5-4-5 所示。

表 5-4-5　铁芯绝缘电阻参照标准

| 项目 | 周期 | 要求 | 说明 |
| --- | --- | --- | --- |
| 铁芯（有外引接地线的）绝缘电阻 | （1）4 年<br>（2）大修后<br>（3）必要时 | （1）与以前测试结果相比无显著差别<br>（2）运行中铁芯无多点接地 | 夹件引出接地的可单独对夹件进行测量 |

3．绕组直流电阻测试

（1）主要仪器：直流电阻测试仪（下面以美国 VANGUARD WRM-40 型为例）。

（2）试前准备：拆除变压器高、低压侧电缆，并接地固定，防止接触变压器（可用绝缘垫隔离）。

（3）试验方法：

① 测试高压绕组直流电阻：将低压绕组三相短接并接地，如图所示接线，用测试线按照红黑对应接到测试仪上，再将测试线夹子分别接在变压器绕组的两端（注意细线电压线夹夹内侧，电流线夹夹外侧），如：U、V 端，V、W 端，W、U 端；打开测试仪电源开关，选择仪器相合适的电流挡位，开始进行测试，待测试数据稳定后，记录数据，按停止键停止测试，经测试仪放电后人工对设备充分放电，关闭电源。

② 测试星形接线方式低压绕组直流电阻：将高压侧绕组、三角形接线方式低压绕组短接并接地，将测试线夹子分别接在变压器的星形接线方式低压绕组的两端，如：ab 端、bc 端、ca 端，打开测试仪电源开关，选择仪器相合适的电流挡位，开始进行测试，待测试数据稳定后，记录数据，按停止键停止测试，经测试仪放电后人工对设备充分放电，关闭电源。

③ 测试三角形接线方式低压绕组直流电阻：将高压侧绕组、星形接线方式低压绕组短接并接地，将测试线夹子分别接在变压器的三角形接线方式低压绕组的两端，如：a′b′ 端、b′c′ 端、c′a′ 端，打开测试仪电源开关，选择仪器相合适的电流挡位，开始进行测试，待测试数据稳定后，记录数据，按停止键停止测试，经测试仪放电后人工对设备充分放电，关闭电源。

④ 拆除高低压侧短接线，收起测试仪器。

（4）危险点及防范措施。危险点：触电伤人；防范措施：应保持与带电体有足够的安全距离，试验完后，应进行充分放电。

（5）参照标准：绕组直流电阻参照标准如表 5-4-6 所示。

表 5-4-6　绕组直流电阻参照标准

| 项目 | 周　期 | 要　求 |
|---|---|---|
| 绕组直流电阻 | （1）4 年<br>（2）更换绕组后<br>（3）必要时 | （1）1.6 MVA 以上变压器，各相绕组相互间的差别不应大于三相平均之值的 2%，无中性点引出的绕组，线间差别不应大于三相平均值的 1%；<br>（2）1.6 MVA 及以下的变压器，各相绕组相互间的差别不应大于三相平均之值的 4%，无中性点引出的绕组，线间差别不应大于三相平均值的 2% |

（6）注意事项

① 当无载调压需换挡时，需对所换挡位进行直流电阻测试；

② 测试绕组直流电阻时所选用测试电流，宜在被试设备额定电流的 2% ~ 10%。

## （六）收尾工作

（1）恢复变压器高压、低压侧电缆接线，按相应扭力要求做好紧固并画防松标识。

（2）恢复温控仪处温度采样线接线，打开温控仪电源，温控仪温度显示是否正常。

（3）清理作业现场，清点作业工器具及材料。

（4）检查各部件已恢复到作业前状态并具备送电条件。

（5）按工作票恢复安全措施。

（6）向当值电力调度员办理注销施工作业相关手续。

（7）工作领导人召开作业后总结会议：总结本次检修作业过程中存在的问题，评定检修的质量，填写相关的试验报告和试验记录。

（8）送电成功后人员出清。

**【案例 1】　某地铁车站 1#整流变压器铁芯多点接地故障案例**

（一）故障情况

（1）故障发生时间：2012 年 07 月 14 日

（2）故障现象描述：7 月 14 日 1#整流变压器预防性试验时，发现铁芯绝缘试验不合格，采用 500 V 电压对铁芯进行绝缘电阻测试，测量结果为 0 Ω。

（二）故障原因查找及分析

（1）采用吸尘器/吹风机对 1#整流变压器铁芯与上下夹件之间进行彻底清洁，以清除落在铁芯与上下夹件之间的金属连接物或金属粉尘，清洁完毕复试铁芯绝缘仍不合格。

（2）使用电子摇表分别对上下夹件的四个穿心螺杆进行绝缘试验，采用 500 V 电压测试，四个穿心螺杆绝缘电阻均合格，排除穿心螺杆问题。

（3）采用电容冲击法，对铁芯放电以达到故障处放电目的，安排人员在整流变压器四周观察，发现变压器 C 相铁芯与下夹件之间的垫片处有放电现象，锁定故障点。

（三）故障处理

（1）拆除变压器高低压侧的电缆接连螺栓，采用 4 个千斤顶从下夹件处，将变压器铁芯顶升 3 cm，在铁芯与下夹件、铁芯与底座处增加绝缘垫片。

（2）增加绝缘垫片后，使用电子摇表对铁芯进行绝缘电阻测试（例图 5-1-1）合格。

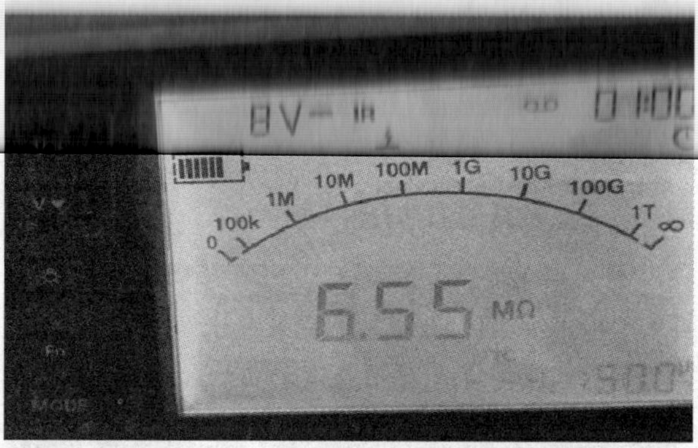


例图 5-1-1　电子摇表绝缘电阻测试

（3）增加变压器底座螺栓处的垫片，以保证芯与下夹件、铁芯与底座处增加的绝缘垫片不受挤压。

（4）恢复变压器高低压测的电缆连接螺栓，撤出千斤顶，复试铁芯绝缘电阻合格。

（5）故障处理完毕，分析绝缘电阻试验结果正常。电调恢复 1#整流变压器送电，设备正常供电。

（四）改进措施

（1）针对此次事件，变电专业全员对此隐患处理进行学习，认真讨论工作中存在的不足。

（2）用红外热像仪全线检查变压器表面是否存在局部发热情况，杜绝此类隐患再次发生。

（3）在设备故障发生前，会有相应的前兆出现，在巡视过程中及时的发现这些异常情况，果断采取有效措施，避免情况进一步恶化，查明故障原因并采用针对性的修复措施。

**【案例 2】　某地铁车辆段整流变压器绝缘电阻不合格故障案例**

（一）故障情况

（1）故障发生时间：2015 年 12 月 13 日

（2）故障现象描述：某地铁车辆段两台整流变压器自 2010 年投运以来，低压侧绕组绝缘电阻值逐年下降。截至 2015 年 12 月 13 日测试最低值已达到 48.5 MΩ。整流变压器铭牌参数如例图 5-2-1 所示。

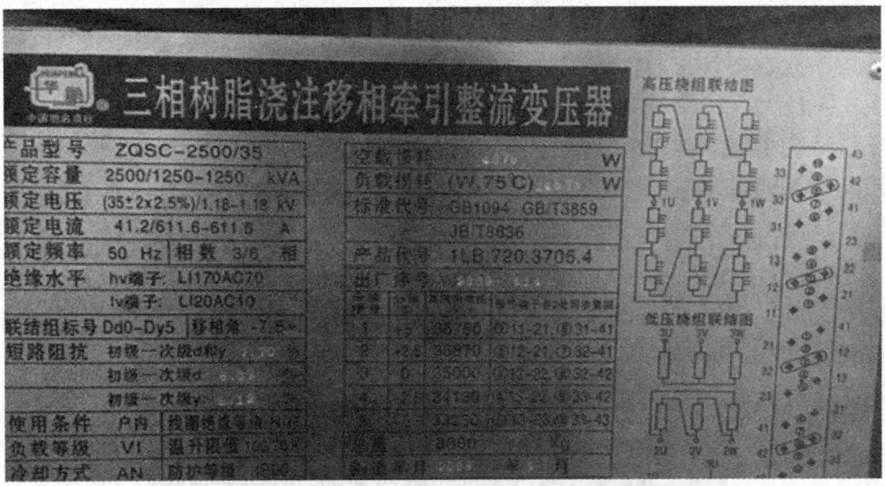


例图 5-2-1　整流变压器铭牌参数

（二）故障原因查找及分析

（1）对变压器绕组进行除尘及清洁（例图 5-2-2）。

例图 5-2-2　现场人员对变压器进行清洁

（2）检查未发现异常情况，对变压器进行分相、分绕组绝缘电阻测试。对上述绝缘电阻较低部位再次除尘清洁后，测试数据无明显变化。

（3）经现场分析，绝缘电阻值偏低的原因可能是绝缘垫块及橡胶夹件绝缘性能下降所致。建议对绝缘垫块、绝缘子全部进行更换，对低压绕组边缘刷绕组绝缘漆（RTV）。绝缘电阻下降可能的故障点位置如例图 5-2-3 所示。

例图 5-2-3　绝缘电阻下降可能的故障点位置

（三）故障处理

（1）拆除变压器高、低压侧电缆及铜排。

（2）使用千斤顶架起变压器高、低压侧绕组。

（3）对整流变压器绕组下方绝缘垫块及绝缘子进行更换。

（4）对绕组、绝缘垫块、夹件等部件进行维保、紧固、除尘。

（5）变压器绕组涂刷 RTV 绝缘漆。

（6）对车辆段 2# 整流变压器低压侧绕组绝缘不良进行处理。处理情况：更换低压侧三角形绕组 3 个支撑绝缘子；更换 C 相绕组上部 4 个绝缘垫块的橡胶夹件共 8 个（每个垫块上有 2 个胶垫）；更换上述部件后绝缘测试恢复正常，数据为 83.4 GΩ。

（7）对车辆段 1#整流变压器低压侧绕组绝缘不良进行处理。处理情况：更换低压侧三角形绕组 9 个支撑绝缘子；更换 A 相绕组上部 2 个绝缘垫块的橡胶夹件、C 相绕组上部 1 个绝缘垫块的橡胶夹件，共计 3 个；更换上述部件后绝缘测试数据恢复正常，数据为 114 GΩ。

（四）改进措施

（1）针对此次事件，变电专业全员对此隐患处理进行学习，认真讨论工作中存在的不足和缺陷。

（2）梳理近几年变电设备的试验报告，对比试验数据是否存在较大差异或存在逐年下降的情况，发现异常，立即跟进处理。

（3）及时与变压器厂家进行技术交流，杜绝同类事件再次发生。

## 复习思考题

简答题

1. 常见的绝缘电阻、介质损耗、交直流耐压、电阻测量、变比试验、接触电阻试验分别属于电气试验的哪类？

2. 绝缘电阻和吸收比测量有何意义？

3. 绝缘电阻测试仪在使用过程中的安全要点有哪些？

4. 电气试验加电压前和加压过程的安全措施有哪些？

5. 整流变压器绝缘电阻测试项目有哪些？

# 第六章　变电设备继电保护

供电系统运行设备中，由于绝缘老化、机械损伤或其他原因可能发生各种故障或异常的工作状态，如各种类型的短路，配电线路发生单相或两相断线以及多种故障组合的更为复杂的故障类型。这些故障的发生对设备及人身安全都将造成威胁。继电保护的主要功能和作用就是在最短时间内有效地隔离故障点，消除设备的故障和不安全状态。

【学习目标】

1. 熟悉继电保护的分类和基本要求；
2. 熟悉继电保护的类型和基本原理；
3. 熟悉继电保护的测试方法和标准。

【知识要求与技能要求】

1. 掌握差动保护的基本原理及校验方法；
2. 掌握上升率保护的基本原理及校验方法；
3. 掌握框架保护的基本原理及校验方法。

## 第一节　继电保护的基本知识

### 一、继电保护的基础知识和原理

#### （一）继电保护技术发展简史

20 世纪 60 年代以前，我国的继电保护主要由传统的机电型继电器构成，其中包括了电磁型继电器和感应型继电器。60 年代末 70 年代初，晶体管保护和整流型保护得到了应用。90 年代起，集成电路保护和微机型保护大量应用于市场，随着计算机技术的不断发展，微机型保护装置的自动化程度不断提高，这为电力综合自动化系统的集成带来了极大便利。

### （二）继电保护的分类

按继电保护大类分包括变压器保护、母线保护、配电线路保护、发电机及电动机保护。按类型可分为过流保护、差动保护、过电压欠电压保护、过载保护等诸多保护类型。故障和不正常工作状态在国内地铁供电系统中，用到了过流、差动、欠（失）压等保护类型。其中在直流牵引中还用到了上升率保护、热保护、框架保护、各种联跳保护等多种保护类型。

### （三）继电保护的基本要求

对继电保护有四项要求，分别是灵敏性、选择性、速动性和可靠性要求。其中：

灵敏性指的是继保装置在其保护范围内发生故障或不正常运行状态时，能够灵敏的作出反应，通常用灵敏系数 $K_{sen}$ 来衡量。

选择性指在电力系统发生故障时，继电保护装置应能准确切除故障点，而其余正常供电部分保持供电，以使停电范围减至最小。继电保护的选择性需与前后级之间的灵敏性和动作时限相互配合。

速动性指的是在短路故障情况下，保护应该快速动作，以减轻短路电流对电气设备的破坏程度，缩小故障影响范围。在某些情况下，快速性和选择性会发生矛盾，这时应该在保证选择性的情况下力求提高保护动作的快速性。

可靠性指的是保护经常处于准备动作状态，当属于该保护范围内的故障和不正常工作状态发生时，应能可靠工作，即不发生拒动；当不属于该保护范围内的故障和不正常工作状态发生时，应能可靠的不动作，即不应误动。衡量可靠性的标准是拒动率和误动率。拒动率和误动率越小，保护的可靠性就越高。

### （四）继电保护装置检修的基本要求

1．物理环境要求：

（1）防止机械性撞击。

（2）贮存／工作于合适的环境温度或湿度中。

（3）使用过程中要安装固定牢靠，接线完整，牢靠。

2．整定及校验要求

（1）根据供电系统情况，计算机保护整定值，选择合适的继电保护装置。

（2）根据产品使用说明书及注意事项，正确整定。

（3）根据继电保护试验的相关规程，定期对保护装置实行校验。

（4）做好事故后继保护装置的校验工作。

### （五）继电保护装置的检修的相关规程

与继电保护装置检修相关的规程很多，但其中最重要的是国标 GB14285—1993《继电保护和安全自动装置技术规程》,该规程规定了电力系统继电保护和安全自动装置的科研、设计、制造、施工及运行相关部门共同遵守的基本原则。它适用于 3kV 及以上电力系统中电力设备和线路的继电保护和安全自动装置，是相关部门共同遵守的技术规程。

## 二、继电保护的基础原理和构成方式

### （一）继电保护的构成方式

各种类型的继电保护，在组成上一般都具有测量、逻辑部分及执行部分等三大部分，其组成框图如图 6-1-1 所示。

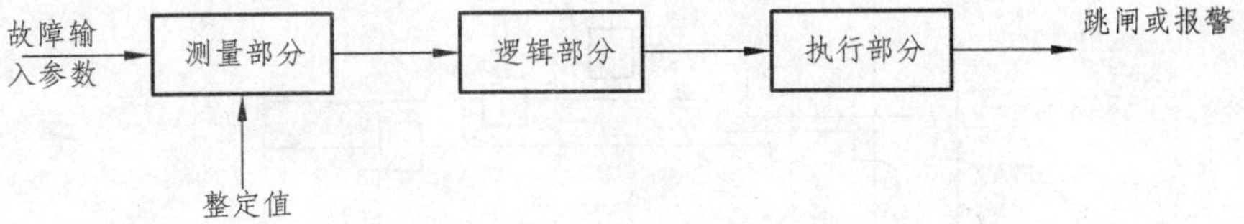


图 6-1-1　继电保护的系统组成框图

（1）测量部分：它主要完成对被保护对象工作状态的一个或几个物理量的采集工作，并将采集结果与保护整定相比较，比较结果将用于下一步的逻辑运算。

（2）逻辑部分：根据测量与整定的比较结果，由逻辑作出判断，以决定保护装置采取何种反应。

（3）执行部分：执行逻辑运算做出的决定，将逻辑运算结果通过电气执行回路完成报警、跳闸或保持不动作。

因此，继电保护三大组成部分缺一不可，只有三大部分的准确、合理、协调、配合才能使继电保护满足电力系统要求，做到快速、准确、灵敏、可靠地对故障状态做出反应。

## 三、继电保护的二次接线图

### （一）继电保护的几种制图方式

在继电保护系统中，二次接线的制图方式包括集中式原理图、展开式原理图及安装接线图，以下以 10 kV 开关的跳闸原理图为例，对集中式及展开式两种制图方式作简单介绍。

图 6-1-2 是按集中式原理图方式制作的 10 kV 开关跳闸原理图，下面再以展开方式来制作 10 kV 的跳闸原理图，见图 6-1-3。

以上两种类型的原理图，集中式可将所有元器件集中在一张图上，而展开式则可以使各元器件图示在不同的回路图中。与以上两种类型不同，安装接线原理图更适合于设备的安装接线，它可以将各元器件的接线细节完整的反映在图纸上，但图中图形元素的数量比前两种接线图要多，在此不作论述。

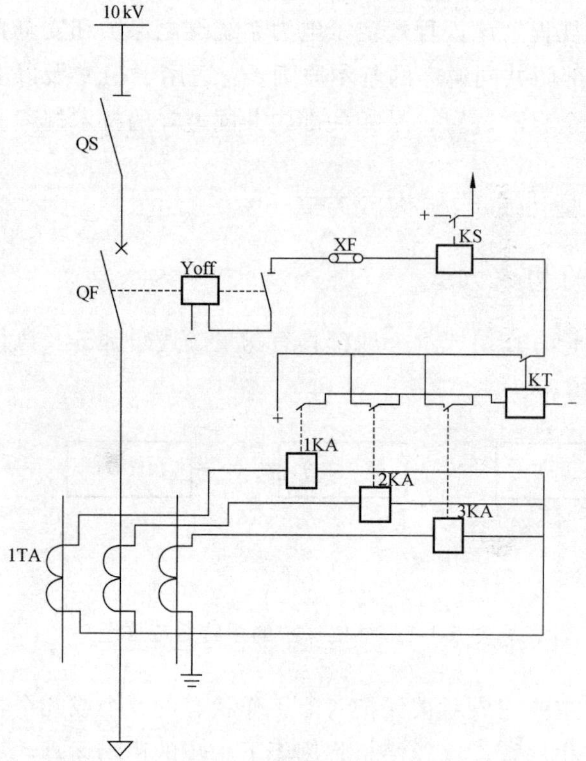


图 6-1-2　10 kV 跳闸原理集中式原理图

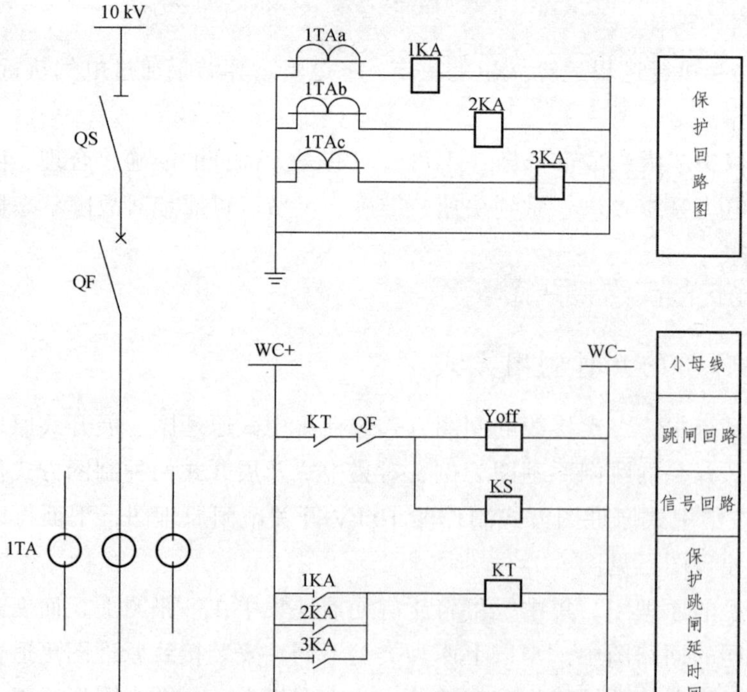


图 6-1-3　10 kV 展开式跳闸原理图

### （二）电流保护的几种接线方式

就电流保护的接线方式而言，目前使用较多的有三相星形接法和二相星形接法，具体接线方式如图 6-1-4 所示。

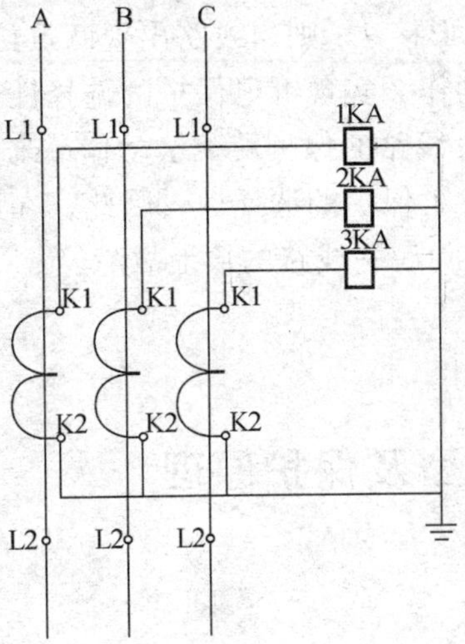


（a）电流互感器的完全星形接法

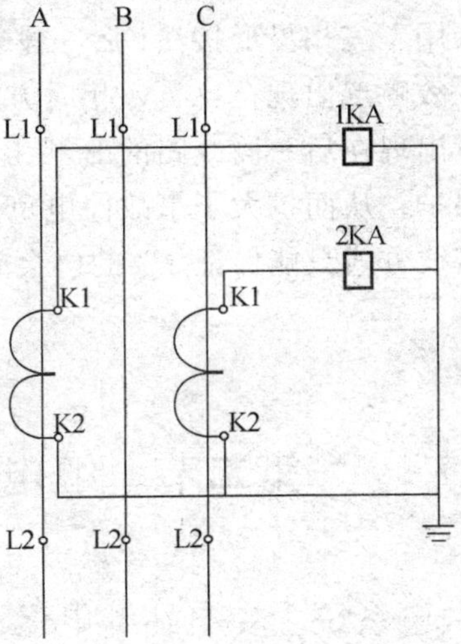


（b）电流互感器的不完全星形接法

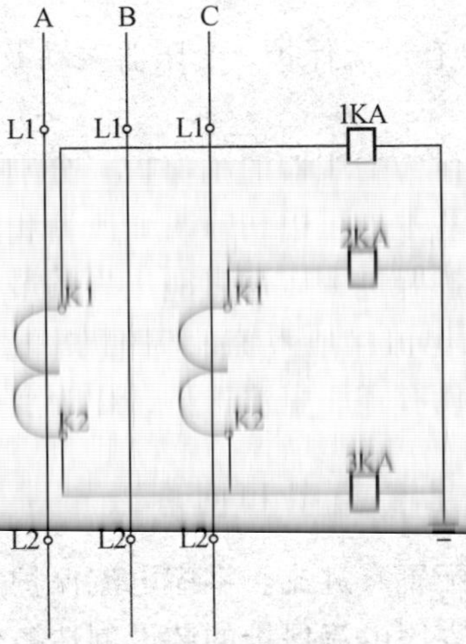


（c）电流互感器的不完全星形接法

图 6-1-4　电流互感器的接线方式

所谓三相星形接线方式，即是指将三个电流互感器与三个电流继电器分别按相连接在一起，互感器和继电器均接成星形；在互感器中性线上的电流是 $I_a+I_b+I_c$，正常时该电流值约为 0，在发生接地短路时则为三倍零序电流 $3I_0$。三个继电器的触点是并联的，即为“或”关系，其中任一继电器触点闭合均可触发跳闸或启动时间继电器。因此，它可反应各种相间短路和中性点直接接地电网中的单相接地短路。

所谓二相星形接线方式，即是指装设在 A、C 相的电流互感器分别与两个电流继电器按相连接在一起，在这种接线方式中，中性线上的电流是 $I_a+I_c$。因为 B 相不装设电流互感器，因此，它不能反应B相中流过的电流。

两种接线方式在反应相间短路时，三相星形接法均有两个继电器动作，而两相星形接法在A、B或B、C相发生相间短路时，只有一个继电器动作，这在实际的使用中，两种接法均能正确反应相间短路故障。但在中性点非直接接地的电网中，如果二段相互配合线路的前一段线路采用了三相星形接法，后一段采用了两相星形接法，则当线路出现两点接地故障时，只有在两个故障点出现在A、C相时方能保持正确动作，实现继电保护的选择性。而如果其中一故障点出现在后一段线路的B相上时，则后一段线路的保护就无法动作，改而起动前段线路中的保护，从而扩大了事故停电范围加大，失去了保护的选择性。因此，在此情况中，两相星形接线方式只能保证2/3的机会有选择性地切除后一线路的接地故障。

## 第二节 继电保护的类型及保护原理

### 一、供电系统主变电站继电保护

#### （一）110 kV系统保护的主要类型和内容

在地铁110 kV系统中，主要有过流保护、变压器差动及瓦斯保护，零序电流保护等多种保护类型。

其中变压器差动和瓦斯保护作为变压器的主保护，分别反应于变压器绕组及引出端故障和油箱内故障，两者配合使用，基本上可以切除与变压器相关的各种故障。而过流保护则作为变压器的后备保护，在整定时按躲过变压器可能出现的最大负荷电流整定，并取一定的可靠系数。考虑到110 kV侧属于大电流接地系统，短路机率比较大，为了防御母线和引出线上可能出现的接地短路，一般都装设有零序电流保护，作为变压器或相邻元件的后备保护。

#### （二）35 kV系统保护的主要类型和内容

在主变的35 kV系统中主要配置有过流、零序电流保护等类型；系统装设接地变用于构造35 kV系统的接地点，为系统零序电流保护的装设创造条件，接地变本身装设过流保护，用于防御接地变自身内部出现的短路故障；同时，35 kV系统母线配有母线分段自切功能。

#### （三）10 kV系统保护的主要类型和内容

10 kV系统主要配置有定时限过流、零序电流、反时限过流、定时限速断等保护类型。

#### （四）主变电站内保护的配合基础知识

在地铁主变电站中，差动保护与瓦斯保护配合作为变压器的主保护。差动保护按躲过变压器励磁涌流及由外部穿越性故障电流在二次系统中可能出现的最大不平衡电流为原则进行整定。过流保护则以躲过二次侧可能出现的最大负载电流为原则，一般取综合系数为2～4，过流保护作为变压器的后备保护。接地变则一般装设过流和零序电流保护，其中过流一段为瞬时过流保护，用于防止接地变自身内部或引线端出现的短路故障，过流二段为定时限过流保护，为接地变后备保护。而零序电流一段、二段均为防止低压侧供电系统可能出现的接地故障，其中零序电流Ⅰ段按躲过下一母线出口处出现单相或两相接地时可能出现的最大不平衡电流来整定，取一定的可靠系数（一般为 1.2～1.3）。主变电所主要配置的保护如表 6-2-1 所示：

表 6-2-1　主变电所继电保护说明

| 系统 | 保护装置 | 保护类型 | 保护说明/保护范围 |
|---|---|---|---|
| 110 kV | 线路保护 | TV 断线过流保护 | 如果 TV 断线，并通过保护装置的 TV 断线判据后，保护装置发出 TV 断线信号动作的同时，退出距离保护，投入 TV 断线过流保护的整定值，防止保护装置的误动作。TV 断线后，零序保护方向功能调整较方便，距离保护方向功能调整困难 |
| | | 零序过流保护 | 用于保护线路电缆，以及负载电气设备对地短路或是漏电故障 |
| | | 光纤差动保护 | 差动保护利用基尔霍夫电流定理工作，我们把一个变电所到下一个变电所之间的环网电缆看成一个节点，正常情况下流进和流出节点的电流相等，差动电流等于零。当设备出现故障时，流进和流出节点的电流不相等，差动电流大于零，超过整定值时保护动作。差动保护的范围是在输入输出的两端 CT 之间的线路电缆 |
| | | 距离保护［相间距离保护（A-B），接地距离保护（A-E）］ | 距离保护反应的是故障点至保护安装地之间的距离，为了能准确反应是相间短路还是接地短路，两类故障所取的故障环路不同，故安装距离保护过程中分别采用不同的接线方式。与电流保护类似，距离保护采用阶梯时限配合的三段式配置方式，Ⅰ段一般设定为被保护线路的全长的 85%，Ⅱ段保护线路全长或下一级线路的 15%，Ⅲ段为了作相邻线路距离保护的同时，也作为本线路Ⅰ、Ⅱ段的远后备保护 |
| | | 相电流过负荷保护 | 用于保护输电线路 A、B、C 三相相间电流的过负荷 |
| | 主变差动保护 | 比率差动 | 变压器差动保护是保护变压器内部短路故障，电流互感器安装在变压器的高低压两侧，当在变压器正常负荷或是外部发生短路时，流入差动继电器的电流为不平衡电流，适当选择好变压器高低两侧电流互感器的变比，该不平衡电流会很小，小于差动保护的动作电流，故差动保护不动作；当在变压器内部发生短路故障时，流入差动继电器的电流大于差动保护的动作电流，差动保护动作。为了防止不平衡电流造成变压器误动，当不平衡电流通过变压器时，变压器差动保护动作的电流随着不平衡电流按比例增大，以躲过不平衡电流，这种保护叫作比率差动。比率差动专用于变压器内部故障 |
| | | 差动速断 | 差动速断保护主要用来保护变压器绕组内部及其引出线上发生的各种相间短路故障，也用来保护变压器单相匝间短路故障 |
| | | 二次谐波制动 | 变压器空载合闸或外部故障恢复时会产生励磁涌流，可能导致变压器电流差动保护误动作，由于变压器励磁涌流中含有大量谐波分量，特别是二次谐波分量，而内部故障时不会产生如此多的二次谐波分量，因此利用二次谐波含量的高低来区分是励磁涌流还是内部故障 |

续表

| 系统 | 保护装置 | 保护类型 | 保护说明/保护范围 |
|---|---|---|---|
| 110 kV | 主变高后备保护 | 过流保护Ⅰ段（瞬时电流速断保护） | 当系统发生短路故障、电缆绝缘等级下降或是非正常负载增加时，过电流保护动作。过流保护Ⅰ段一般设定为被保护线路的全长的85%，过流保护Ⅱ段保护线路全长或下一级线路的15%，过流保护Ⅲ段为被保护线路的全长至下一回线路的全长 |
| | | 过流保护Ⅱ段（限时电流速断保护） | |
| | | 过流保护Ⅲ段（过电流保护） | |
| | | 中性点零序过流 | 变压器中性点处的零序电流保护是对变压器高压侧与低压侧的故障进行区分，而变压器断路器处的零序电流保护是对安装处母线两侧的故障进行区分，主变中性点处的零序电流保护，则保护的范围比断路器处零序电流保护要宽 |
| | 主变低后备保护 | 过流保护Ⅰ段 | 当系统发生短路故障、电缆绝缘等级下降或是非正常负载增加时，过电流保护动作。过流保护Ⅰ段一般设定为被保护线路的全长的85%，过流保护Ⅱ段保护线路全长或下一级线路的15%，过流保护Ⅲ段为被保护线路的全长至下一回线路的全长 |
| | | 过流保护Ⅱ段 | |
| | | 过流保护Ⅲ段 | |
| | 非电量保护 | 本体重瓦斯 | 用于变压器内部强短路或拉弧放电等严重故障时，跳开高低压两侧断路器 |
| | | 本体轻瓦斯 | 用于变压器轻微故障时，跳开高低压两侧断路器 |
| | | 有载重瓦斯 | 变压器油箱内部的线圈发生相间或匝间短路，会产生严重的油气流通过瓦斯继电器时，有载重瓦斯动作，跳开高低压两侧断路器 |
| | | 压力释放 | 当变压器内部严重故障或其他原因如呼吸堵塞、负荷太大温度高等，导致变压器油箱内压力过大时，压力释放阀动作，喷出油，释放压力，跳开高低压两侧断路器 |
| | | 油位低 | 当变压器油枕中的油位降低到报警值时，发出报警信号 |
| | | 绕组温度过高 | 当变压器内部绕组或是油面的温度超温时，温度探头会将温度信息传输给变压器温控器，再由温控器将温度信号接点发送给对应断路器的保护装置，最后由断路器的保护装置执行报警或跳闸 |
| | | 油面温度过高 | |
| 35 kV | 主所 35 kV 综合保护装置 | 过电流（51I>>） | 当系统发生短路故障、电缆绝缘等级下降或是非正常负载增加时，过电流保护动作，与电流速断保护区别在于过电流保护带有动作时限 |
| | | 零序电流（$I_0$） | 用于保护线路电缆，以及负载电气设备对地短路或是漏电故障，零序电流保护不能反应三相和两相短路 |
| | 主所 35 kV 差动保护装置 | 线路差动保护 | 差动保护利用基尔霍夫电流定理工作，我们把一个变电所到下一个变电所之间的环网电缆看成一个节点，正常情况下流进和流出节点的电流相等，差动电流等于零。当设备出现故障时，流进和流出节点的电流不相等，差动电流大于零，超过整定值时保护动作。差动保护的范围是在输入输出的两端 CT 之间的线路电缆 |
| | 接地变压器温控器 | 铁芯超温报警温度 | 当变压器内部铁芯或是绕组的温度超温时，铁芯和绕组的温度探头会将温度信息传输给变压器温控器，再由温控器将温度信号接点发送给对应断路器的保护装置，最后由断路器的保护装置执行报警或跳闸 |
| | | 绕组超温报警温度 | |
| | | 绕组超温跳闸温度 | |

## 二、变压器瓦斯保护和差动保护的基本原理及应用

### （一）变压器瓦斯保护

瓦斯保护是变压器内部故障的主保护，对变压器匝间和层间短路、铁芯故障、套管内部故障、绕组内部断线及绝缘劣化和油面下降等故障均能灵敏动作。当油浸式变压器的内部发生故障时，由于电弧将使绝缘材料分解并产生大量的气体，从油箱向油枕流动，其强烈程度随故障的严重程度不同而不同，反应这种气流与油流而动作的保护称为瓦斯保护，也叫气体保护。变压器在运行中，由于内部故障，有时候我们无法及时辨别和采取措施，容易引起一些事故，采取瓦斯继电器保护后，一定程度上避免了类似事件的发生。

一般情况下，400 kVA 及以上的油浸式变压器或 800 kVA 及以上的油浸式变压器，应装设瓦斯保护。瓦斯保护是一种反应于油箱内部产生的气体或油流而动作的保护类型。它又分为轻瓦斯保护和重瓦斯保护，分别用于报警和跳闸。

气体继电器是构成瓦斯保护的重要元件。它安装在油箱和油枕之间的连接管道上。为了使气体能通畅地流过气体继电器，如图 6-2-1 所示，变压器安装时应使其顶盖沿气体继电器的方向与水平面有 1%～1.5% 的升高坡度，而气体继电器经油枕的连接管道则应有 2%～4% 的升高坡度。

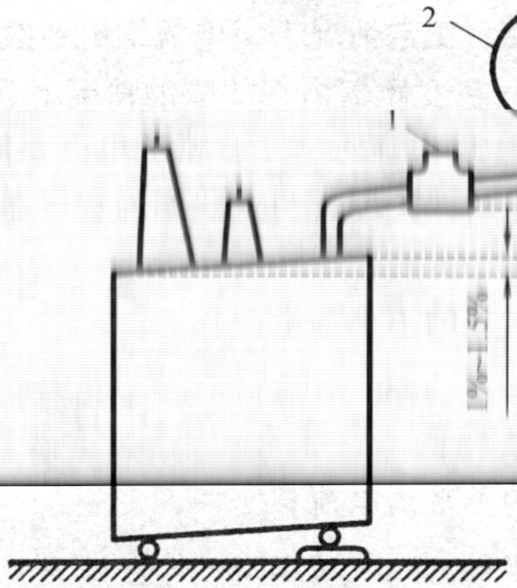


图 6-2-1　瓦斯继电器安装示意图

1—瓦斯继电器；2—油枕

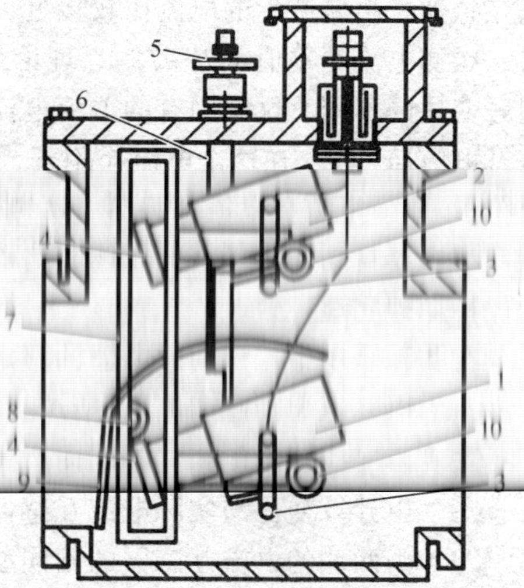


图 6-2-2　开口杯挡板式瓦斯继电器结构图

1—下开口杯；2—上开口杯；3—干簧触点；4—平衡锤；5—放气阀；6—探针；7—支架；8—挡板；9—进油挡板；10—永久磁铁

目前在我国的电力系统中使用较多的是开口挡板式气体继电器，其结构如图 6-2-2 所示正常情况下，上、下开口杯均浸在油中，由于开口杯和附件在油内的重力矩小于平衡锤的重力矩，因而开口杯向上倾。在轻微故障时，油内部所产生的少量气体聚集在气体继电器上部，气体的压力使油面下降，于是使得上开口杯露出油面，由于浮力的减小，开口杯和附件在空气中的重力加上杯内油的重力产生的力矩大于平衡锤产生的重力矩，故开口杯将按顺时针方向转动，并带动永久磁铁靠近干簧触点 3，使触点闭合，从而发出“轻瓦斯”保

护信号。当变压器油箱内产生严重故障时，大量的气体和油流将直接冲击挡板 8，使下开口杯按顺时针方向转动，并带动永久磁铁靠近下部干簧，使触点闭合发出“重瓦斯”保护动作信号。

一般情况下，“轻瓦斯”保护信号用于报警，而“重瓦斯”保护信号用于跳闸。在接线方式上，上开口杯的触点可直接接入信号报警继电器回路，而下开口杯的触点则应接入一个具有电流保持线圈的中间继电器来驱动跳闸，这主要是为了防止下开口杯在大量气流作用下，由于油流不稳定而造成干簧触点的抖动，使断路器无法可靠跳闸，跳闸中间继电器的自保持可由断路器辅助触点来断开。

在地铁供电系统的实际运用中，一般将轻、重瓦斯保护信号接入微机保护装置中。由微机对保护信息进行采集判断，并通过站控自动化系统将保护信息上传至监控工作站或控制中心作记录或处理。

### （二）变压器差动保护

变压器差动保护是一种反映于变压器内部故障的保护类型，其基本原理是流入变压器的能量与流出变压器的能量理论上应该相等（除去变压器的励磁及漏磁损耗），实际使用中往往以电流的形式来反映。高低压侧通过选择合适变比的电流互感器，可使得高压侧及低压侧电流互感器二次侧产生的电流比较接近，而电流继电器线圈上流过的电流即为高低压电流互感器二次侧电流的差值（$I_2'-I_2''$），理论上差值应为 0，但实际使用中由于高低压侧电流互感器型号变比的不同，这个固有的差值电流是存在的。这就是说，正常情况下，电流继电器线圈是有电流通过的，在这个电流作用下，继电器不应误动作。而在变压器内部故障的情况下（如短路），故障电流在电流互感器二次侧差动电流继电器线圈中的电流远大于正常的电流差值，从而继电器将动作跳开高低压侧断路器。多线圈的变压器差动保护原理与双线圈的变压器差动保护原理完全一致。

在实际运用中，差动继电器的整定值应大于以下因素引起的不平衡电流：

（1）由变压器励磁涌流 $I_{EF}$ 所产生的不平衡电流；

（2）由变压器两侧相位不同而产生的不平衡电流；

（3）由计算变比与实际电流互感器变比的不同而产生的不平衡电流；

（4）由两侧的电流互感器的不同型而产生的不平衡电流；

（5）由变压器带载调压而产生的不平衡电流；

（6）由穿越故障而引起的不平衡电流。

在变压器空投时，励磁涌流中将含有大量的谐波分量，其中以二次谐波及五次谐波为主。为防止变压器励磁电流或涌流时由于谐波而导致误动作，一般均采取一定的制动措施，目前使用的微机型变压器差动继电器也设置了二次谐波及五次谐波制动的功能选项，用户可根据需要启用或关闭。

在实际应用中，差动继电器按图 6-2-3 所示方式连接，差动侧线圈 Lop 接入差动回路中，制动线圈及平衡线圈均接入差动保护的臂上，而二次线圈则接入电流继电器的线圈回路中。

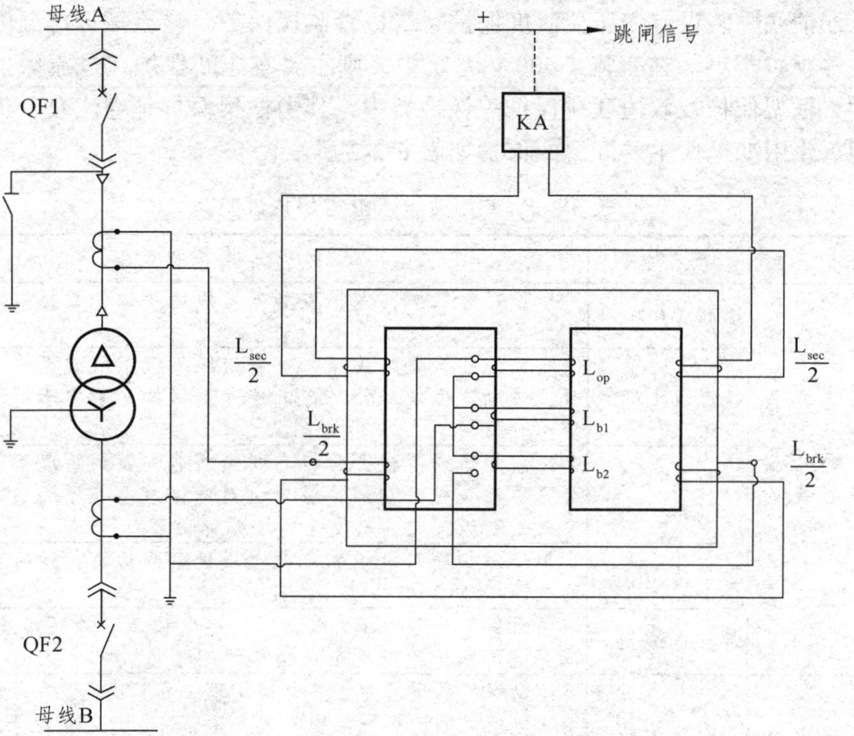


图 6-2-3　开口杯挡板式瓦斯继电器结构图

当不考虑制动线圈的作用时，差动线圈与二次线圈实际上就是一个饱和变流器，因此它可以有效消除不平衡电流或励磁涌流中的非周期分量。使用中将在这种情况下的继电器动作电流称为最小工作电流，用 $I_{kact}$ 表示。但当考虑制动线圈的作用时，它就有了更好地躲过穿越性故障不平衡电流的性能。因为在穿越性故障情况下，随着一次故障电流增大，制动电流 $I_{brk}$ 也随之增大，从而使两边柱的磁通饱和，导磁率降低，在这种情况下，要使电流继电器动作，就必须加大差动线圈 $L_{op}$ 的电流，才能使继电器动作。在 $I_{brk}$ 一定的情况下，制动线圈 $I_{brk}$ 匝数越多，制动能力就越强，动作电流 $I_{kact}$ 也就增加得越多。

通过制动功能的引入，使得变压器在穿越性故障的情况下，能够可靠地不动作，因为动作电流将随着制动电流的提高而成倍提高。但在变压器内部故障的情况下，差动继电器能迅速地作出反应并驱动跳闸。

## 三、供电系统牵引变电站继电保护

### （一）地铁供电系统牵引变电所继电保护的主要类型

地铁牵引变电站的主要作用是，将 35 kV 交流电经牵引整流变压器变压后，降为 1 180 V 交流，再经三相桥式整流（全波）后输出理论值为 1 500 V 左右的每周波 24 脉动波形的直流电，该直流电通过高速直流开关馈往接触网，用作列车牵引动力源，再通过列车的受电弓将电能引入列车的驱动系统。

在牵引变电站的进出线中主要有纵联差动保护及过流、零序电流、弧光保护等保护类型。

在整流变压器馈线中装设有变压器温度保护、二极管监视保护、整流柜母排温度保护、散热器温度保护等保护类型。在直流 1 500 V 系统中，则主要有速断保护、过流保护、上升率保护、热保护、框架保护及双边联跳保护等保护类型，其中框架保护是直流牵引供电系统特有的保护类型。牵引变电所主要配置的保护如表 6-2-2 所示：

表 6-2-2　牵引变电所继电保护说明

| 系统 | 保护装置 | 保护类型 | 保护说明/保护范围 |
|---|---|---|---|
| 35 kV | 35 kV 综合保护装置 | 速断（$I$>>>） | 用于短路保护，保护线路电缆短路故障、母排短路故障以及电气设备的短路故障 |
| | | 过电流（$I$>>） | 当系统发生短路故障、电缆绝缘等级下降或是非正常负载增加时，过电流保护动作，与电流速断保护区别在于过电流保护带有动作时限 |
| | | 弧光检测（$I$>） | 线路短路或是在开关柜内联锁功能失效的情况下带负荷操作断路器、触头拉杆端部绝缘老化对本体放电等原因引起的断路器气室或是母线气室内部发生弧光短路故障 |
| | | 过负荷（$I_{DMT}$） | 用于保护线路电缆和负载电气设备的过负荷运行，采用反时限的电流-时间动作特性 |
| | | 零序电流（$I_0$） | 用于保护线路电缆，以及负载电气设备对地短路或是漏电故障，零序电流保护不能反应三相和两相短路 |
| | 差动保护装置 | 线路差动保护 | 差动保护利用基尔霍夫电流定理工作，我们把一个变电所到下一个变电所之间的环网电缆看成一个节点，正常情况下流进和流出节点的电流相等，差动电流等于零。当设备出现故障时，流进和流出节点的电流不相等，差动电流大于零，超过整定值时保护动作。35 kV 差动保护的范围是在输入输出的两端 CT 之间的线路电缆 |
| | 变压器温控器（整流变+动力变） | 铁芯超温报警温度 | 当变压器内部铁芯或是绕组的温度超温时，铁芯和绕组的温度探头会将温度信息传输给变压器温控器，再由温控器将温度信号接点发送给对应断路器的保护装置，最后由断路器的保护装置执行报警或跳闸 |
| | | 绕组超温报警温度 | |
| | | 绕组超温跳闸温度 | |
| 1 500 V | 直流 1 500 V 综合保护装置 | 独立过电流（$I_{OP}$） | 独立过电流保护为电流上升率保护的后备保护，保护线路电缆短路故障、母排短路故障以及电气设备的短路故障 |
| | | 过电流（$OCP$） | 过电流保护为电流上升率保护的后备保护，该保护的电流整定值较小，按馈线最大负荷考虑，以达到能切除远端短路故障的目的，因此此保护的动作延时也较长，另外也可以避开列车启动的时间 |
| | | 电流上升率（$ROR$） | 电流上升率保护是 1 500 V 直流馈线断路器的中远端短路保护，用于切除本体大电流脱扣保护不能切除的故障电流较小的中、远端短路故障，其工作原理如下：<br>电流上升率保护触发的条件是唯一的，即当电流的变化率 $\mathrm{d}i/\mathrm{d}t>A$，满足触发条件 $\mathrm{d}i/\mathrm{d}t>A$ 时，电流上升率保护启动（该时刻记为 $t$）。当该保护启动后，产生跳闸的条件满足以下两个条件中任意一个即可：<br>（1）经过时间 $t_1$ 后，$\mathrm{d}i/\mathrm{d}t$ 大于 $B$；<br>（2）经过时间 $t_2$ 后，$\Delta I>L$，$\Delta I=I(t-t_2)-It$。<br>值得注意的是，$A$ 是电流上升率的整定值 1，$B$ 是电流上升率的整定值，$L$ 为电流上升增量整定值，定值 $t_1$、$t_2$、$A$、$B$、$L$ 的选取非常重要，它决定了保护动作的正确性和快速性 |

续表

| 系统 | 保护装置 | 保护类型 | 保护说明/保护范围 |
|---|---|---|---|
| 1 500 V | 直流 1 500 V 综合保护装置 | 热过负荷（*TIP*） | 接触网热过负荷保护，其保护的目的是消除接触网或直流馈线电缆的热过负荷故障，而非短路故障。其工作原理主要是根据接触网的电阻和接触网上流过的电流，计算出接触网的发热量，从而再根据接触网的热负荷特性及环境条件推算出接触网的温度，超过整定值时，经过 45′ 延时后保护装置发出分闸命令，使断路器跳闸，但保护动作后不发双边联跳信号，并且会闭锁断路器自动重合闸功能 2 min，电缆逐渐冷却，温度下降，2 min 后断路器启动自动重合闸功能，如果外界情况满足合闸条件，则断路器合闸 |
| | 断路器本体保护 | 断路器本体大电流脱扣保护 | 本体大电流脱扣用于快速切除近端金属性短路故障，是 1 500 V 直流馈线断路器的主保护，在断路器内设置的固有保护，没有延时。当通过断路器的电流超过整定值时，通过断路器内设置的脱扣器，使断路器跳闸。<br>保护的整定值要通过短路试验得出，比最大负荷下列车正常启动的电流大，也要比最大短路电流小 |
| | 框架保护装置 | 框架漏电保护（电流元件） | 直流牵引系统设备（包括直流开关柜、负极柜、整流器柜）的外壳通过电缆连在一起（简称为框架），然后连到负极柜经过一个分流器实现由一点接到大地。当框架对外壳，也就是对地有泄漏电流时，分流器检测到故障电流，经泄漏电阻产生故障电压，经过电压变送器转换成小电压值经过“模拟输入通道”传输给框架保护装置，这就是框架电流保护的原理。 |
| | | 框架漏电保护（电压元件） | 同样，框架对负极（钢轨）的电压信号，经过电压变送器转换成小电压值经过“模拟输入通道”传输给框架保护装置，这就是框架电压保护的原理。另外，框架电压保护与钢轨电位限制装置相配合，作为钢轨电位限制装置的后备保护。<br>框架保护动作的结果是：迅速跳开本站内所有的直流开关、交流侧进线开关及邻所向本区段供电的直流开关，并需由人工复归后方可重新合上开关 |
| | 直流 1 500 V 综合保护装置 | 双边联跳保护 | 双边联跳保护是在双边供电方式下的一种保护手段，在一个供电分区内的接触网由两个牵引变电所同时对其供电的，当其中一个变电所的直流馈线断路器因为保护跳闸的同时，还会发出联跳指令，使为同一个供电区供电的直流馈线断路器都跳闸。<br>它能切除故障电流特别小的远端短路故障，跳闸命令是由感知到较大近端短路故障电流的相邻站发出的。只要给一段接触网供电的两个牵引变电所有一个正确跳闸，另一个立刻也会跳闸，因而可靠性很高 |

## （二）35 kV 进线保护主要类型和内容

35 kV 进线、联络线开关一般装设有纵联差动保护和过流保护，其中过流保护又启用了反时限和定时限等具体类型。从地铁线路的供电系统中，为最大限度的确保地铁安全运营，35 kV 相邻联络站点采用了进线、联络线“四投三”的运行方式。在某一站点 35 kV 进线失压的情况下，能自动断开失压线路进线开关，并自动合上联络开关，通过联络线实现由相邻牵引站往本所供电，这种运行方式对地铁的安全运营是极其重要的。

## （三）线路纵联差动保护简介

35 kV 进线或联络线一般均装设线路纵联差动保护（常简称为线路纵差保护），该保护为进线电缆或联络电缆的主保护。

线路纵联保护是当线路发生故障时，使两侧开关同时快速跳闸的一种保护装置，是线路的主保护。它以线路两侧差动电流的特定关系作为判据，即两侧均将差动电流量借助通道传送到对侧，然后，两侧分别按照对侧与本侧电流量之间的关系来判别区内故障或区外故障。

规定 TA 的正极性端指向母线侧，电流的参考方向以母线流向线路为正方向。光纤电流纵差保护原理：

动作电流（差动电流）为

$$I_{\text{diff}}=\left|\overline{I}_{\text{A}}-\overline{I}_{\text{B}}\right|$$

制动电流为

$$I_{\text{bias}}=\frac{\left|\overline{I}_{\text{A}}\right|+\left|\overline{I}_{\text{B}}\right|}{2}$$

区内故障（图 6-2-4）：

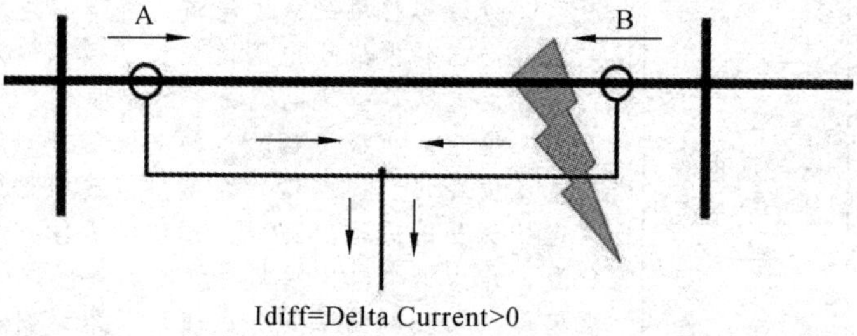


图 6-2-4　区内故障示意图

区内故障时，两侧实际短路电流都是由母线流向线路，和参考方向一致，都是正值。差动电流就很大，满足差动方程，差流元件动作。

区外故障（图 6-2-5）：

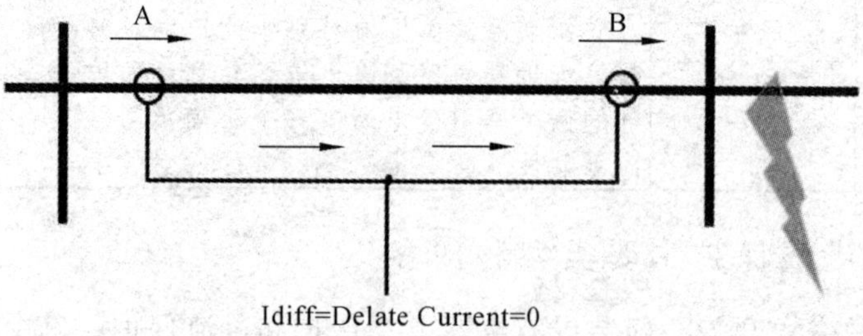


图 6-2-5　区外故障示意图

区外故障时，一侧电流由母线流向线路，为正值；另一侧电流由线路流向母线，为负值。两电流大小相同，方向相反，所以差动电流为零，差流元件不动作。

### （四）整流变压器的保护类型和内容

整流变压器柜一般配备电流速断保护、延时过流保护、零序电流保护及反时限过流保护等保护类型，同时装设变压器超温保护。在以上保护类型中，电流速断保护为主保护，其余为后备保护。变压器的过负荷保护是通过电流继电器的反时限来实现的。

### （五）整流器的保护类型和内容

在地铁牵引供电的整流器中，一般装设有二极管快速熔断器故障报警/跳闸（即所谓一报警二跳闸）、散热器超温报警/跳闸（或热敏装置报警/跳闸）、母排超温报警/跳闸。这几类跳闸将使整流变的 35 kV/33 kV 开关跳闸，使整流器组退出运行。

### （六）直流高速开关的保护类型和内容

在直流高速开关中，配备了过流、速断及热保护等类型，这些保护类型与交流系统同一类型的保护在原理上具有相似性，本文不作论述。但除此之外，直流高速开关还配备有直流系统特有的保护类型，如电流上升率保护（包括远端及近端）、联跳保护。同时，直流开关还装设有本体大电流保护，这也是直流开关独立于直流保护装置之外的最后一道保护。

现以 DCP106 数字式保护装置为例，简要分析保护装置电流上升率保护的保护原理。由图 6-2-6 上升率瞬时保护的动作特性图可知，当电流上升率 d*i*/d*t* 在某一时刻达到或超过瞬时保护 d*i*/d*t*_*ins* 设定值，ROR 保护将从该时刻开始启动检测，如果上升率持续超过设定值 d*i*/d*t*_*ins*，并且电流增量 d*I* 达到瞬时增量电流的设定值 d*I*_*ins*，则保护动作并发出跳闸信号。d*i*/d*t* 瞬时保护功能适用于近端短路保护，它使故障线路在达到最大的短路电流之前将线路断开，以减轻对电器设备的破坏程度。

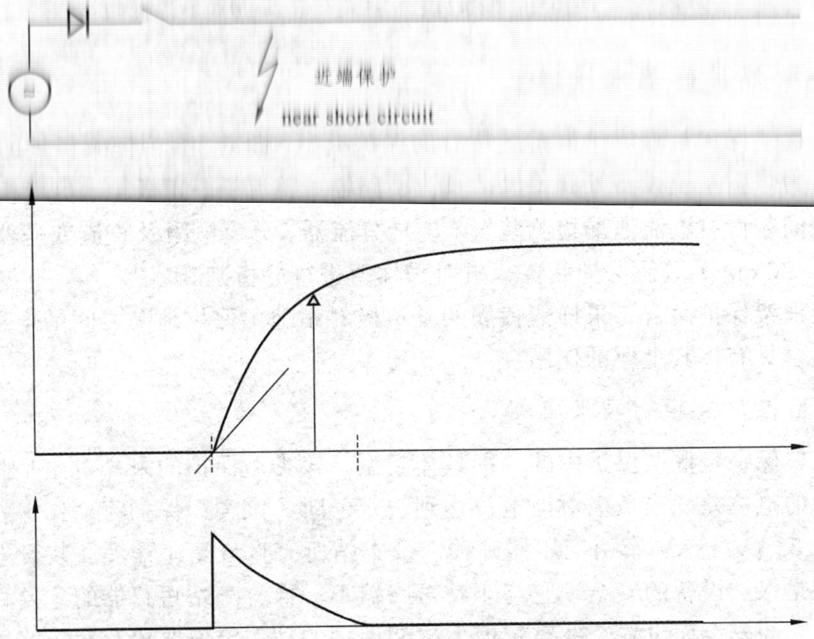


图 6-2-6　DCP106 的 ROR 上升率保护（近端）特性图

与近端短路保护相对应的是远端保护，如图 6-2-7 所示。当电流上升率 d*i*/d*t* 小于 d*i*/d*t*_*ins* 瞬时设定值，但达到或超过 d*i*/d*t*_*del* 延时设定值时，d*i*/d*t* 延时保护将启动，并持续检测电流变化率至等于 0。若此时电流增量达到了 d*I*_*del* 延时电流增量设定值，则延时计时开始；如果电流的增量值 d*I* 持续超过 d*I*_*del* 达到延时设定值 *t*_*del*，保护将动作并发出跳闸信号。

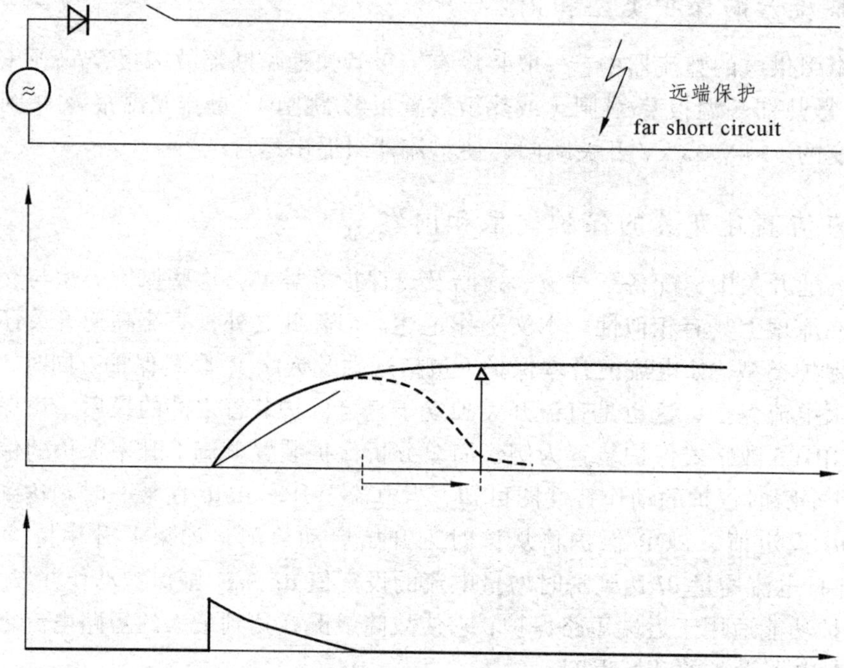


图 6-2-7　DCP106 的 ROR 上升率保护（远端）特性图

## （七）框架保护的基本原理

牵引系统框架保护是直流供电系统特有的保护类型，图 6-2-8 为框架保护的系统框架图，图中虚线部分为牵引系统设备外壳（包括直流断路器、整流柜、正极柜、负极柜等），在外壳与站保护地之间装设有电流泄漏检测装置（包括分流器、分流电阻及直流变送器），变送器二次侧电流（0 ~ 20 mA）送往保护装置，再对采样值进行分析判断。

对电压型框架保护而言，采样值代表的是负极对站地（保护地）之间的电压，它对保护供电设备的安全具有极其重要的作用。

### 1．电压型框架保护的基本原理

电压型框架保护是框架保护中的一种具体类型，该类型保护的采样对象是整流柜负极与站保护地之间的电位差。当负极对地电位达到一定值时，该类型保护将动作，发出跳闸信号跳开本站两台 33 kV/35 kV 牵引变压器开关，及本站所有直流高速开关。装设电压型框架保护的主要目的是保护设备的安全，它与车站短路器不一样，车站短路器的主要目的是为了保护人身（乘客）的安全而设置，在整定值上框架保护的动作定值要比车站短路器的定值高。

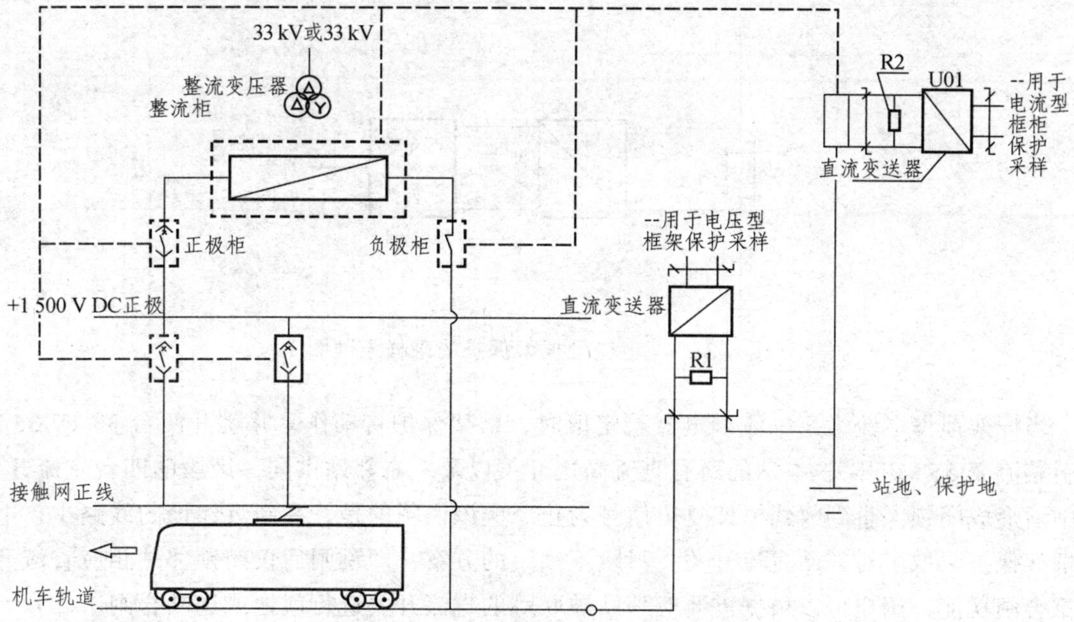


图 6-2-8　框架保护的系统框架图

图 6-2-9 是通过 PLC 实现电压型框架保护的采样原理图，它通过分流器、电压变送器将框架电压信号变成 PLC 模块可以接受的电流或电压信号，由 PLC 对输入的信号进行处理，决定是否报警或跳闸；当然，也有一些地铁线路直接采用电压检测继电器来直接采样电压值，以判断框架电压是否达到报警或跳闸值。如上海地铁三号线、五号线，均采用了电压检测继电器来直接检测框架对地电压，并直接通过继电器的触点发出相应的保护动作信号，用于跳闸及给 SCADA 系统发信号。

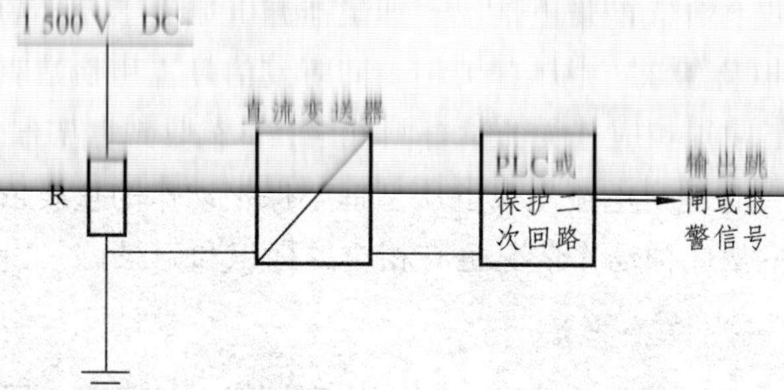


图 6-2-9　电压型框架保护的采样原理图

2．电流型框架保护的基本原理

电流型框架保护是框架保护的另外一种形式，与电压型框架保护不同的是，它的采样对象是牵引设备的框架（整流柜、直流开关柜和正负极柜的外壳）对地的电流泄漏，其主要目的是保护人身的安全。当然，对于设备的安全来说，电流型框架保护的设置同样具有重要意义。图 6-2-10 是通过分流器采样的电流型框架保护的采样原理图。

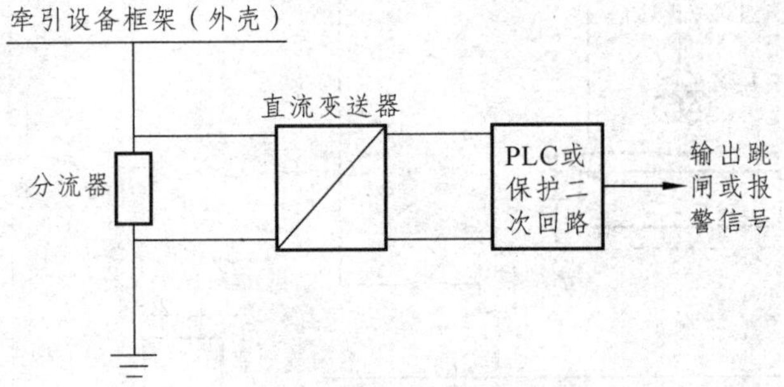


图 6-2-10　电流型框架保护的采样原理图

当框架泄漏电流大于电流继电器整定值时，框架保护将动作，并跳开两台 33 kV/35 kV 牵引整流变 35 kV 开关、本站的所有直流高速开关以及左右邻站供同一区段的四台直流开关，跳闸后形成闭锁，直到收到框架复位信号为止。应该说明的是，在新近建设的线路中，电流型框架保护采取了对邻站直流开关“只跳不锁”的方案，即跳闸后仅闭锁邻站相应直流开关的重合闸功能，用户可以根据需要对邻站被联跳的直流开关进行就地或远动合闸。

3．牵引变电站框架保护类型的判别

1）电压型框架保护的判别

一般情况下，电压型框架保护动作只跳开本站二台 35 kV 整流变压器开关及本站所有的直流高速开关，不跳闸邻站，这是判别电压型框架保护的依据之一。另外，也可通过站内的信号系统或 SCADA 系统对电压型框架保护作相应的识别和判断。

2）电流型框架保护的判别

与电压型框架保护不同，电流型框架保护的采样对象是直流系统框架对地（保护地）的电流泄漏，它反映了设备外壳的带电情况。如果泄漏电流大于允许的设定值，则发出框架保护信号至各直流开关柜及 35 kV 中压开关柜，同时发信号至相临站驱动供往同一区段的直流高速开关跳闸，跳闸后闭锁相应开关的重合闸程序，直至收到框架保护复位信号为止。因此，是否联跳邻站直流开关是判定电流型或电压型框架保护动作的重要依据之一。此外，信号系统及 SCADA 系统对框架保护动作情况也有相应的标识和记录。

4．框架保护的一般校验方法

框架保护一般可采用以下方法校验，对电压型框架保护而言，可施加相应的报警或跳闸电压至变送器输入端，检查保护是否会作出相应的动作反应。对有些线路而言，因为直接采用了电压检测继电器采样框架电压，可直接通过给该继电器施加直流电压，观察继电器是否能准确动作。

对通过分流器采样的电流型框架保护而言，可施加相应的电流或电压至变送器，观察逻辑控制器是否能准确动作。但对于直接采用电流继电器检测框架泄漏电流的线路而言，则必须使用足够大的电流发生器来施加动作电流（80 A），才能检测继电器动作的准确性。

## 四、供电系统降压变电站继电保护

### （一）地铁降压变电站继电保护的主要类型

地铁 10 kV 供电系统采用了单母线分段的供电模式，Ⅰ、Ⅱ段进线分别取自主变电站的 10 kV 系统，后续变电站的进线供电来源分别取自上游变电站的出线，其形式如图 6-2-11 所示，因为单线图看起来成环状，故又称之为地铁 10 kV 环网。

10 kV 主要配置了速断、过流、零序电流等保护类型，其中定时限过流及零序电流装设于 10 kV 环网进、出线柜上，用于实现对本站 10 kV 母线相间及接地短路的故障保护，同时与下游线路及本站配电变压器的过流、零序电流保护配合，用作下游线路或电力变压器的远后备保护。降压变电所主要配置的保护如表 6-2-3 所示。

表 6-2-3　降压变电所继电保护说明

| 系统 | 保护装置 | 保护类型 | 保护说明/保护范围 |
|---|---|---|---|
| 10 kV | 综合保护装置 | 速断（$I>>>$） | 用于短路保护，保护线路电缆短路故障、母排短路故障以及电气设备的短路故障 |
| | | 过电流（$I>>$） | 当系统发生短路故障、电缆绝缘等级下降或是非正常负载增加时，过电流保护动作，与电流速断保护区别在于过电流保护带有动作时限 |
| | | 弧光检测（$I>$） | 线路短路或是在开关柜内联锁功能失效的情况下带负荷操作断路器、触头拉杆端部绝缘老化对本体放电等原因引起的断路器气室或是母线气室内部发生弧光短路故障 |
| | | 过负荷（$I_{DMT}$） | 用于保护线路电缆和负载电气设备的过负荷运行，采用反时限的电流-时间动作特性 |
| | | 零序电流（$I_0$） | 用于保护线路电缆，以及负载电气设备对地短路或是漏电故障，零序电流保护不能反应三相和两相短路 |
| | 线路差动保护 | 线路差动保护 | 差动保护利用基尔霍夫电流定理工作，我们把一个变电所到下一个变电所之间的环网电缆看成一个节点，正常情况下流进和流出节点的电流相等，差动电流等于零。当设备出现故障时，流进和流出节点的电流不相等，差动电流大于零，超过整定值时保护动作。35 kV 差动保护的范围是在输入输出的两端 CT 之间的线路电缆 |
| | 变压器温控器（动力变） | 铁芯超温报警温度 | 当变压器内部铁芯或是绕组的温度超温时，铁芯和绕组的温度探头会将温度信息传输给变压器温控器，再由温控器将温度信号接点发送给对应断路器的保护装置，最后由断路器的保护装置执行报警或跳闸 |
| | | 绕组超温报警温度 | |
| | | 绕组超温跳闸温度 | |

变电站之间通过时效配合并遵循阶梯原则，上游继电器的保护动作时限比下游继电器的保护动作时限高出一个 $\Delta t$，实现了同一潮流方向上的各个变电站可能出现的线路或母线故障有选择性地截除。为应对系统可能出现的几种不同运行方式，保护装置往往设定有二组整定值供选择，调度可根据实际运行方式对整定值组进行切换。

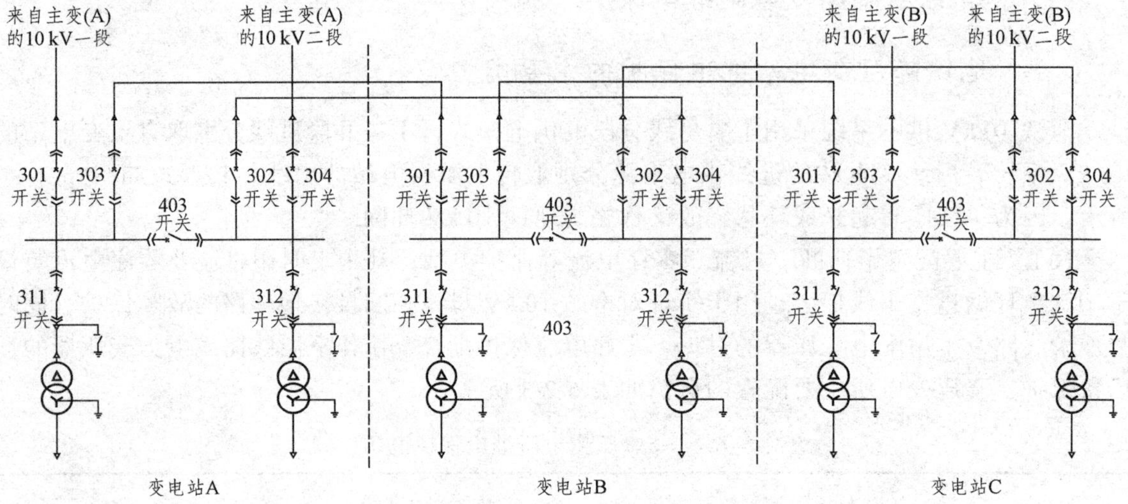


图 6-2-11　10 kV 环网供电系统图

## （二）10 kV 母线保护类型和内容

在供电系统中，母线保护的主要类型为母线差动保护，当未装设母线差动保护时，也可通过母线的电源进线回路中装设的过电流保护来保护母线。在地铁供电系统中，10 kV 采用了单母线分段的供电方式，由中心变或主变 10 kV 馈往若干站（一般为 4 个站左右）的一段或二段，并与另一中心变或主变馈电的若干站点在某一变电站形成联络，联络开关处于热备用状态。一旦某一主变或中心变发生失电的情况时，可通过改变运行方式由联络开关往失电的一侧供电，以使影响减小到最低水平。正常情况下，地铁的 10 kV 供电潮流走向比较单一，分段母线上只带有进、出线及本站电力变压器、母联开关等电气设备。通过装设在进出线、母联等开关柜上的过流和速断保护，可实现对母线的保护功能，而勿需装设专门的母线差动保护。

同时，为了增加供电的可靠性和灵活性，地铁 10 kV 系统还配备了母线分段自切功能。在正常一段母线失电的情况下，能通过母线的分段自切功能，实现由另一段母线对失电母线的供电，但在母线有故障的情况下，自切功能将被闭锁。

## （三）变压器保护的类型和内容

地铁供电系统中，电力变压器一般配备速断、过流及零序电流等保护类型。其中速断保护主要用以防止变压器高压侧引出线及内部短路故障，再以定时限过流将保护范围延伸至变压器低压侧，以延时截断变压器低压侧引出线或相间出现的短路故障，零序电流保护则主要用于防御变压器内部可能出现的接地短路故障。同时，电力变压器 10 kV 过流保护作为 400 V 开关保护的远后备保护，在 400 V 母线出现短路故障而 400 V 进线保护拒动的情况下，能延时动作断开电力变压器 10 kV 开关以断开故障，这对于保证地铁供电设备的安全具有重要意义。

## （四）400 V 母线的保护类型和内容

在地铁降压站 400 V 系统中，采用单母线分段的运行方式。通过与母线相接的开关设备（如 400 V 进线或联络线开关）上装设的速断、过流、零序电流等保护类型，实现对 400 V 母线的保护。

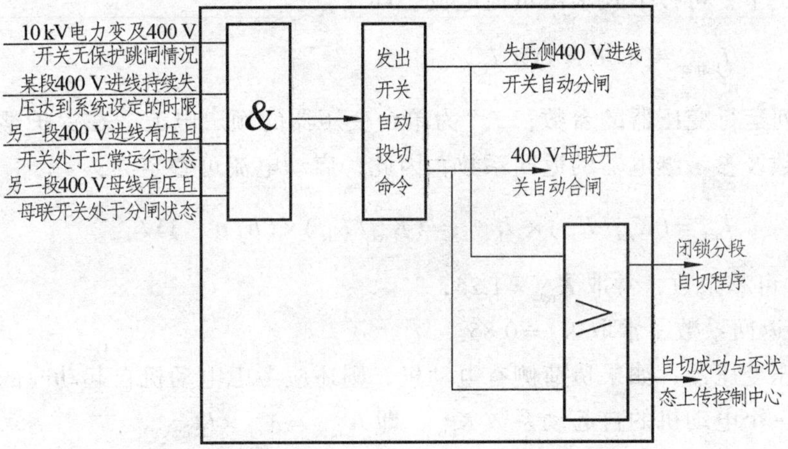


图 6-2-12　400 V 母线分段自切功能逻辑图

图 6-2-12 是地铁供电 400 V 系统的母线分段自切功能逻辑图。在非母线故障的情况下，如某段 400 V 母线的上游 10 kV 或 35 kV 进线失电，该段 400 V 母线将因此失电，而如果此时 400 V 的另一段母线处于正常供电状态，则系统将启动 400 V 母线的分段自切功能，具体动作流程是：控制系统首先断开失电侧 400 V 进线开关，然后合上 400 V 母联开关，实现 400 V Ⅰ带Ⅱ或Ⅱ带Ⅰ。当然，如果上游电源的母线分段自切先于 400 V 系统，则 400 V 母线自切功能将不会被启动，这种功能对于最大限度地减少系统的停电时间，确保系统的正常运营有积极的现实意义。在地铁后期建设的线路中，400 V 系统不但具备了母线分段自切功能，还具备了 400 V 系统自恢复功能，即失电一侧一旦恢复正常供电，400 V 系统能在经过一定的延时后，自动断开母联开关，合上原失电侧的 400 V 进线开关，使系统恢复到初始时的正常供电状态。

## （五）变压器过负荷保护和过电流保护基本原理

变压器过负荷保护是为了防止变压器由于过负荷造成异常运行而设立的一种保护类型。在一般情况下，变压器的负载基本上都是三相对称的，所以，过负载保护往往只接入某一相电流回路，用一相电流继电器来实现，并延时作用于信号。对双绕组的降压变压器而言，保护一般安装在变压器的高压侧。

过负载保护的动作电流，按躲过变压器的额定电流来选取，即

$$I_{Kact}=(K_{rel}/K_{re})\times I_{TN}$$

式中　$K_{rel}$——可靠系数，取 1.05 ~ 1.1；

$K_{re}$——返回系数，取 0.85；

$I_{TN}$——保护安装侧变压器的额定电流。

在保护时限上比同一设备的过流保护动作时间长，一般取 8 ~ 10 s 即可满足要求。

变压器过电流保护是变压器保护中的另一种类型，它按躲过变压器可能出现的最大负荷 $I_{L,max}$ 为整定原则，因此应该考虑到以下情况：

（1）对多台并列运行的变压器，应考虑突然切除一台时出现的最大负荷，在各台变压器容量相同的情况下，可按下式求出负荷电流，即

$$I_{L,max}=(n/n-1)\times I_{N.T}$$

其中，$n$ 为并列运行变压器的台数；$I_{N.T}$ 为单台变压器的额定电流。在保护整定计算时，还应引入可靠参数及参考继电器的返回系数，因此，启动电流可整定为：

$$I_{act}=(K_{rel}/K_{re})\times I_{L.max}=(K_{rel}/K_{re})\times(n/n-1)I_{N.T}$$

式中　$K_{rel}$——可靠系数，常取 $K_{rel}=1.25$；

$K_{re}$——返回系数，常取 $K_{re}=0.85$。

（2）对降压变压器，如果负荷侧有电动机，则还应考虑电动机自起动时的最大电流。此时，应再引入一个电动机的自起动系数 $K_{ms}$，即 $I_{L,max}=K_{ms}\times I'_{L,max}$。

其中电机自起的系数 $K_{ms}$ 一般为 1.5 ~ 2.5，$I'_{L,max}$ 为正常运行时的最大负荷。

保护的灵敏度按最小运行方式下，在灵敏度校验点发生两相短路时的情况来校验，一般要求灵敏系数 $K_{sen}\geqslant 1.25$。

在动作时限上，应与上、下级保护相配合，一般比上级保护低一个 $\Delta t$。总的说来，不论是过负载保护还是过流保护，均作为变压器的后备保护。

### （六）变压器电流速断保护基本原理

在中小容量的变压器中，瞬时电流速断保护可用作变压器的主保护。装设瞬时电流速断保护的目的是为了防御变压器一次绕组及其引线端出现的短路故障。对于油浸式变压器，通过装设电流速断保护和瓦斯保护，可切除变压器高压侧及其内部的各种故障。

由于变压器相当于一个集中阻抗，对于小容量的变压器而言，在一次侧引线端和二次侧引线端发生故障时，流过故障点的短路电流相差很大，当故障点在一次侧时，保护具有足够的灵敏度，但故障点发生在二次侧时，则灵敏度往往不够，这是电流速断保护的不足。在这种情况下，还需通过带一定时限的过流保护，将保护范围延伸到二次侧。

### （七）电力电容器继电保护的规定

电力电容器在电网中的主要作用是无功补偿，以提高功率因素使发电机或变压器的有功功率出力得于提高。一般在供电系统中感性负载比较多，采用集中补偿方式可达到损耗小，效率高，投资低，噪音小，使用方便，装设地点灵活，运行中检修量小等目的。因此，地铁供电系统广泛采用了在 400 V 母线上并联电力电容器的办法来实现对无功功率的集中补偿。

目前，电力电容器组的保护一般都采用熔断器与继电保护相结合的方式。对相间故障的

保护采用装设过流保护装置，并启用速断和过流保护功能来实现保护的目的。对于单相接地故障，则可采用装设零序电流保护的方式来加于预防。对电容器内部元件故障的保护，有多种不同的接线方式。

在地铁的实际运用中，采用了整组保护熔断器加热继电器的方式来保护每一台电容器。所谓整组保护熔断器方式，即是指在每一组电容器外装设一组 3 只熔断器，当某组电容内部出现击穿或外部接线出现短路时，熔断器熔断，本组电容器从电源中断开，退出运行。从而不影响其他组电容器的正常运行。装设热继电器的目的则是为了防止电容器的过负荷运行，即在正常运行时，当电流达到某一定值，热继电器将按设定时限延时断开电容器与系统的连接，以防止电容器过热损坏。

对于整组保护形式的熔断器而言，其额定电流一般按 1.3 ~ 1.8 倍的额定电流选取。热继电器的整定则一般取额定电流的 1.1 ~ 1.15 倍为宜，时间不宜超过 10 min。

## 第三节　继电保护的计算及整定原则

### 一、电流速断保护的计算及其保护范围

电流速断保护是一种仅反应于电流增大而瞬时动作的一种电流保护类型。保护的按线路末端出现三相短路时的短路电流来整定，取一定的可靠系数 $K_{rel}$，可靠系数一般为 1.2 ~ 1.3，保护启动电流 $I_{act}$ 按下式计算：

$$I_{act}=\frac{K_{rel}I_{k,max}}{n_{TA}}$$

式中，$I_{k,max}$ 为线路末端三相短路时的电流；$n_{TA}$ 为电流互感器的变比。

电流速断保护在系统最大运行方式下发生三相短路时，其保护范围（百分数）按下式计算：

$$\alpha_{max}=\frac{(1-K_{rel})\times Z_{s,min}}{K_{rel}Z_L}+\frac{1}{K_{rel}}$$

式中，$Z_{s,min}$ 为最大运行方式下三相短路时短路点的阻抗；$Z_L$ 为被保护线路全长的阻抗。

电流速断保护在系统最小运行方式下发生三相短路时，其保护范围（百分数）按下式计算：

$$\alpha_{min}=\frac{0.866\times Z_{s,min}-K_kZ_{s,max}}{K_{rel}Z_L}+\frac{0.866}{K_{rel}}$$

式中，$Z_{s,max}$ 为最小运行方式下两相短路时短路点的阻抗；$Z_k$ 为故障类型系数，当三相短路时取 1，两相短路时取 $\frac{\sqrt{3}}{2}$。

## 二、限时速断和限时过流保护的计算及整定

限时速断保护是反应于电流增大而延时动作的一种电流保护类型，限时电流速断保护要求在系统的最小运行方式下，线路末端发生两相短路时，具有足够的反应能力，这个能力通常用灵敏系数 $K_{sen}$ 来衡量，一般要求 $K_{sen} \geqslant 1.3 \sim 1.5$，灵敏系数按下式校验：

$$K_{sen} = \frac{I_{k,min}^{(2)}}{I_{act}}$$

式中 $I_{k,min}^{(2)}$——最小运行方式下线路末端的两相短路电流；

$I_{act}$——保护的起动电流值。

当按最小运行方式下线路末端的两相短路电流校验灵敏度不满足要求时，可按下一线路的速断保护定值来整定，并取一定的配合系数 $K_{mat}$，通常 $K_{mat}$ 取 1.15。

限时过流保护是反应于电流增大而延时动作的另一种电流保护类型。限时过流保护按躲过最大负荷电流来整定，取一定的可靠系数 $K_{rel}$，通常 $K_{rel}$ 取值 1.25 ~ 1.5，同时，为了保证继电器在负荷电流作用下能够可靠返回，还必须考虑继电器的返回系数 $K_{re}$，返回系数一般取 0.85 ~ 0.95，动作电流可按下式校验：

$$I_{act} = \frac{K_{rel}}{K_{re}} I_{L,max}$$

式中 $K_{rel}$——可靠系数，通常取 1.25 ~ 1.5；

$K_{re}$——返回系数，通常取 0.85 ~ 0.95；

$I_{L,max}$——最大负荷电流。

如果线路中存在电动机，还必须考虑到由于短路时的电压降低，电动机将被制动，故障切除后，由于电压的恢复，电动机将有一个自起动的过程，因此，为确保继电保护能够可靠躲过电动机自起动时的电流，必须考虑马达的自起动系数 $K_{Ms}$，$K_{Ms}$ 的取值大于 1，具体应根据网络的具体接线和负荷性质来确定。此时，动作电流应按下式计算：

$$I_{act} = K_{Ms} \frac{K_{rel}}{K_{re}} I_{L,max}$$

## 三、反时限过流保护的计算及整定

反时限过流保护是动作时限与被保护线路中电流大小有关的一种保护，当电流大时，动作时限短，当电流小时，动作时限长。构成反时限特性的基本方法有两种，一种是通过 *R-C* 充电回路构成的晶体管型时间元件构成反时限特性，另一种是微机保护通过软件来实现反时限特性。以某类型微机保护装置的常规反时限过流继电器的电流—时间特性为例，其动作方程为：

$$t = \frac{0.14}{\left(\frac{I}{I_{act}}\right)^{0.02} - 1} \cdot T_p$$

式中 $T_p$——时间倍率；

$I_{act}$——设定的启动电流。

反时限过流保护起动电流的计算可参照限时过流保护的起动电流计算公式。

## 四、变压器差动保护的计算与整定

变压器差动保护是一种反应流入和流出变压器能量差的一种保护类型。通过选取合适的电流互感器可以将能量以电流的形式反映在差动保护回路中，差动继电器的动作线圈接在差动保护回路的差动臂上。其起动电流按躲过变压器励磁涌流、因电流互感器的不同型而产生的不平衡电流以及穿越性故障引起的不平衡电流为原则进行整定。

### （一）按躲过变压器励磁涌流为原则，其不平衡电流值应为

$$I_{ub}=K_{rel}\times I_{TN}$$

式中 $K_{rel}$——可靠系数，考虑到励磁涌流的影响，对中、小容量的变压器，$K_{rel}$ 取 1.4 ~ 1.5；对大容量变压器，则一般取 1.3 ~ 1.4。

$I_{TN}$——变压器一次侧额定电流。

### （二）按躲过最大不平衡电流为原则，其不平衡电流值应为

$$I_{ub}=K_{REL}(K_{tx}\Delta f+\Delta U+\Delta f')I_{K.max}$$

式中 $K_{REL}$——可靠系数，一般取 1 ~ 1.3；

$K_{tx}$——电流互感器同型系数，同型时取 0.5，不同型时取 1.0；

$\Delta f$——电流互感器允许的最大相对误差，一般取 0.1；

$\Delta U$——变压器改分接头引起的相对误差，该值与变压器的调压范围有关，如调压范围为 ± 5% 时，取 $\Delta U$ = 0.05；

$\Delta f'$——计算值与实用值的差异系数，一般取 0.05 ~ 0.091；

$I_{K.max}$——最大外部短路故障穿越电流的周期分量。

### （三）按躲过电流互感器二次回路断线时引起的不平衡电流为原则，其不平衡电流值为

$$I_{ub}=K_{rel}\times I_{L.max}$$

式中 $K_{rel}$——可靠系数，一般取 1.3；

$I_{L.max}$——变压器最大负荷电流。

差动继电器的起动电流按以上三者中最大的计算值为依据进行整定。在实际应用中，对于微机型差动继电器而言，其动作电流一般选择在 $I_{d0}=(0.2\sim0.3)\,I_N$，基本能有效躲过以上因素导致的不平衡电流。不同类型的微机差动继电器其特性曲线会有所不同，这与产品所选择的算法有关，在此不作介绍。

## 五、定时限过流和反时限过流保护的区别

定时限过流保护是一种按躲过最大负荷电流来整定的一种保护类型，在整定时应考虑到与后端线路保护的时限配合。它反映于线路故障时的电流增大而动作，它可作为电网终端设备的主保护或长线路时的后备保护及相邻线路的后备保护。一旦经整定计算确定后，继电器动作的时限就与短路电流的大小无关，因此，称为定时限过流保护。

而反时限过流则不同，一旦通过调整继电器电气参数或通过某种算法确定反时限类型曲线后，反时限过流保护的动作时限与短路电流密切相关，短路电流越大或故障点越近，动作时限越短，反之，短路电流越小或故障点越远，动作时限越长。

在基本整定原则上，定时限和反时限是一致的，但反时限可使靠近电源的故障有较小的切除时间。而且与阶段式保护相比，反时限保护可以用一只继电器来实现，这是反时限过流保护的优点，但缺点是整定配合比较复杂，并且在最小方式下短路时，其动作时限可能较长。因而，反时限过流保护通常用于单侧电源供电的终端线路或电动机上，作为主保护或后备保护。

# 第四节　继电保护仪器

在做继电保护校验时，我们需要用到最多的仪器就是继保仪，以下介绍两种常见的继保仪的操作方法及在使用过程中的注意事项。

## 一、凯旋 K1066 型继电保护测试仪

| | | | |
|---|---|---|---|
| 使用条件 | （1）对于使用仪器作业标准人数 2 人，建议在作业分工时，2 人同时作业，1 人操作，一人监护；<br>（2）使用前后两人共同确认正确接线及布置完成安全防护措施；<br>（3）使用前后清点设备及连接线，防止丢失和遗漏 | | |
| 仪器设备 | 名　称 | 规格型号 | 数量/单位 |
| | 主机 | K1066 | 1 台 |
| 仪器附件 | 电力专用测试导线 | 标配 | 1 包 |
| | 电源线 | 标配 | 1 根 |
| | 包装箱 | 标配 | 1 个 |
| | GPS 连接线 | 标配 | 1 根 |
| 安全要点 | （1）试验前，接地线插孔必须可靠接地，以防止测试过程中仪器感应静电 | | |
| | （2）如果大电流输出时间过长，功放温升过高时，测试仪将自动关闭功放电源，并给出告警音，此时应停止试验，直至功放冷却后方可继续试验 | | |
| | （3）当电压源出现过载或短路时，测试仪自动切断功放电源并中断试验，同时发出告警信号 | | |
| | （4）如果试验过程中出现紧急问题，迅速退出功放按钮，然后关闭主机电源 | | |

续表

<table>
<tr><th colspan="2">使用步骤及标准</th></tr>
<tr><th colspan="2">（一）仪器介绍</th></tr>
<tr><td>面板介绍</td><td>
前面板<br>
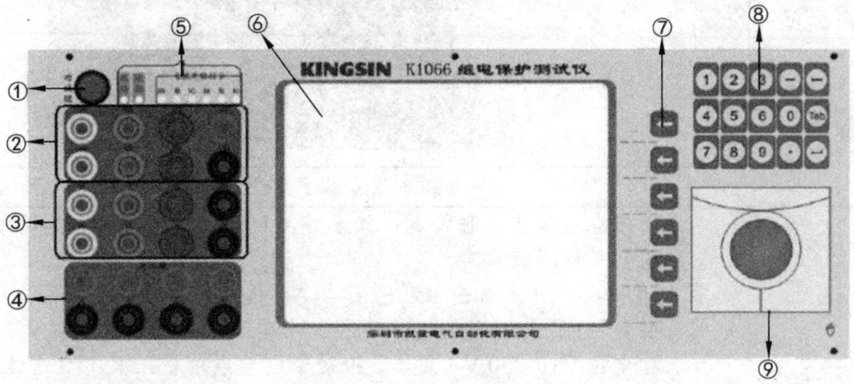
<br>
1—电流、电压功放的电源控制开关；2—电压输出；3—电流输出；4—开入量接入；<br>
5—信号指示灯；6—显示屏；7—功能快捷键；8—功能键盘；9—嵌入式鼠标<br>
上盖板<br>
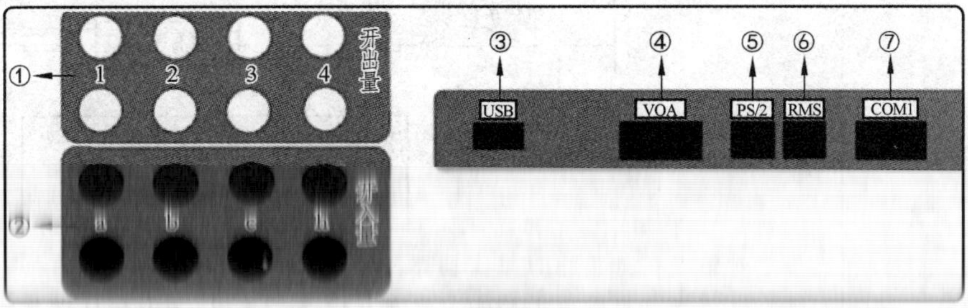
<br>
1—开出量；2—开入量接入；3—USB 接口；4—VGA 接口，可接外显示器；<br>
5—鼠标键盘接口；6—RJ45 接口；7—RS232 串口<br>
侧板<br>
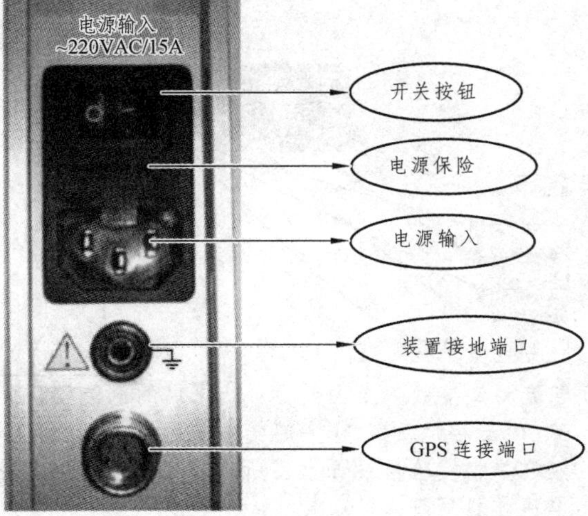

</td></tr>
</table>

续表

<table>
<tr><td>配件介绍</td><td>
</td></tr>
<tr><td colspan="2">（二）仪器操作步骤</td></tr>
<tr><td>仪器接线</td><td>
（1）返回接点接线有 2 种情况：如果外部接点回路有电源，则必须按照下图接法，否则采集不到返回信号。<br>
第 1 种情况：开入量输入端子上的 A、B、C 负端相通，并与电压、电流输出端子中的公共端“N”以及地线（如面板、机箱）均不相通，它是悬浮地。开入端子对于空接点和电位（10-250 V）兼容。但对带电接点的输入具有方向性。如图所示，A、B、C、H 接高电位（+），负端接带电接点的低电位（-），计算机才能检测到接点状态的翻转。若反接，所检测的将始终是闭合状态。<br>
开关量工作原理图<br>
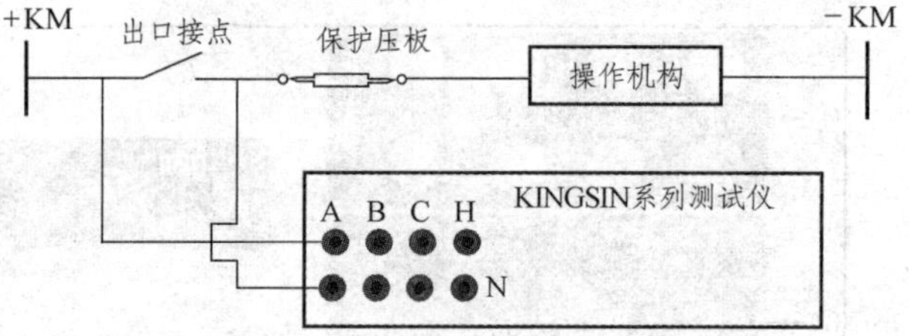
<br>
第 2 种情况：如果出口接点回路没有电源，则接线方向没有关系。（以 35 kV 为例，如果出口接点取自分闸回路则有电源，接线有方向：A B C H 必须接正；如果出口接点取自备用 BO 口，则没有电源，接线没有方向要求。）<br>
试验接线示意图<br>
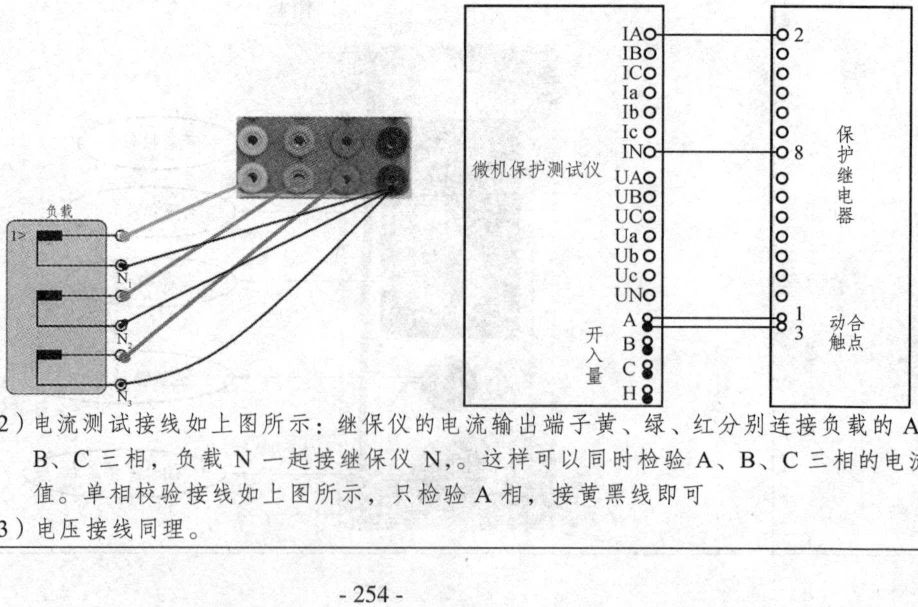
<br>
（2）电流测试接线如上图所示：继保仪的电流输出端子黄、绿、红分别连接负载的 A、B、C 三相，负载 N 一起接继保仪 N,。这样可以同时检验 A、B、C 三相的电流值。单相校验接线如上图所示，只检验 A 相，接黄黑线即可<br>
（3）电压接线同理。
</td></tr>
</table>

续表

<table>
<tr><td>仪器测试</td><td>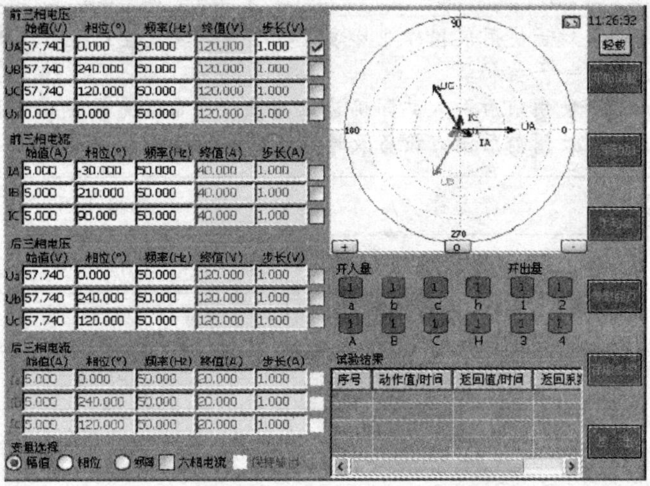

（1）打开测试软件，选择交流试验界面。可以选择手动测试和自动测试，以手动测试为例。
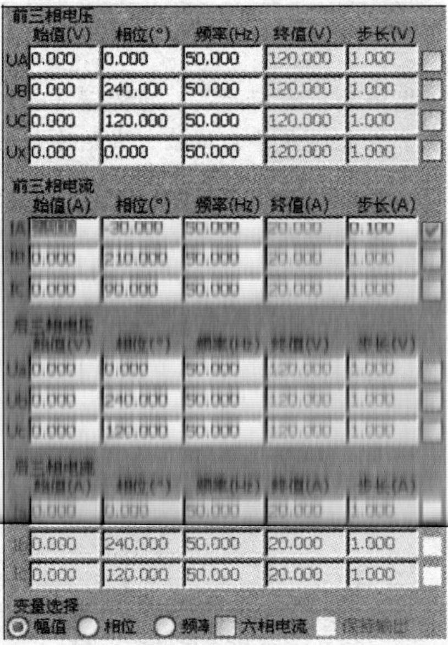

（2）与测试无关的参数全部设置为 0，A 相接线如图 6 所示已接好。测试仪 IA 设置为 2.5 A，步长设置为 0.1 A。<br>
（3）打开功放电源。点击开始试验，测试仪输出 2.5 A。点击，按步长逐步增大 IA。每步的保持时间大于继电器出口的动作时间，直到继电器出口动作，测试仪自动记录结果。<br>
（4）点击停止试验停止试验。如果结束测试则关闭功放电源</td></tr>
<tr><td>收尾工作</td><td>（1）恢复设备接线。<br>（2）关闭电源开关，断开 220 V 交流电。<br>（3）收拾测试线、电源线、接地线，放回线包。<br>（4）清点仪器和附件</td></tr>
</table>

## 二、OMICRON CMC356 型继电保护测试仪

| | | | |
|---|---|---|---|
| 使用条件 | （1）对于使用仪器作业标准人数 2 人，建议在作业分工时，2 人同时作业，1 人操作，一人监护。<br>（2）使用前后两人共同确认正确接线及布置完成安全防护措施。<br>（3）使用前后清点设备及连接线，防止丢失和遗漏 | | |
| 仪器设备 | 名　称 | 规格型号 | 数量/单位 |
| | 继保主机 | CMC356 | 1 台 |
| | 电脑 | 专配 | 1 台 |
| 仪器附件 | 信号输入输出线 | 标配 | 1 包 |
| | 电源线 | 标配 | 1 根 |
| | 包装袋 | 标配 | 1 个 |
| | 专用测试网线 | 标配 | 1 根 |
| 安全要点 | （1）必须使用带有保护接地的电源插座。 | | |
| | （2）如果大电流输出时间过长，功放温升过高时，测试仪将自动关闭功放电源，并给出告警音，此时应停止试验，直至冷却后方可继续试验。 | | |
| | （3）每次在连接和断开测试对象时，确保所有的输出均已关闭。禁止在有输出的情况下连接或者断开测试对象。 | | |
| | （4）如果试验过程中出现紧急问题，迅速退出开始按钮，然后关闭主机电源 | | |
| 使用步骤及标准 | | | |
| （一）仪器介绍 | | | |
| 面板介绍 | 前面板<br>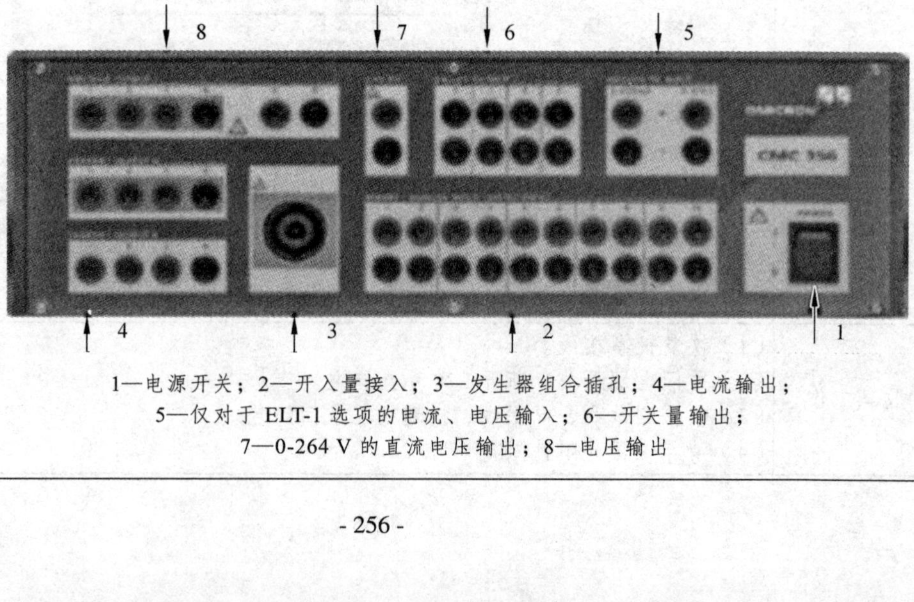<br>1—电源开关；2—开入量接入；3—发生器组合插孔；4—电流输出；<br>5—仅对于 ELT-1 选项的电流、电压输入；6—开关量输出；<br>7—0-264 V 的直流电压输出；8—电压输出 | | |

续表

<table>
<tr><td>面板介绍</td><td>后面板<br>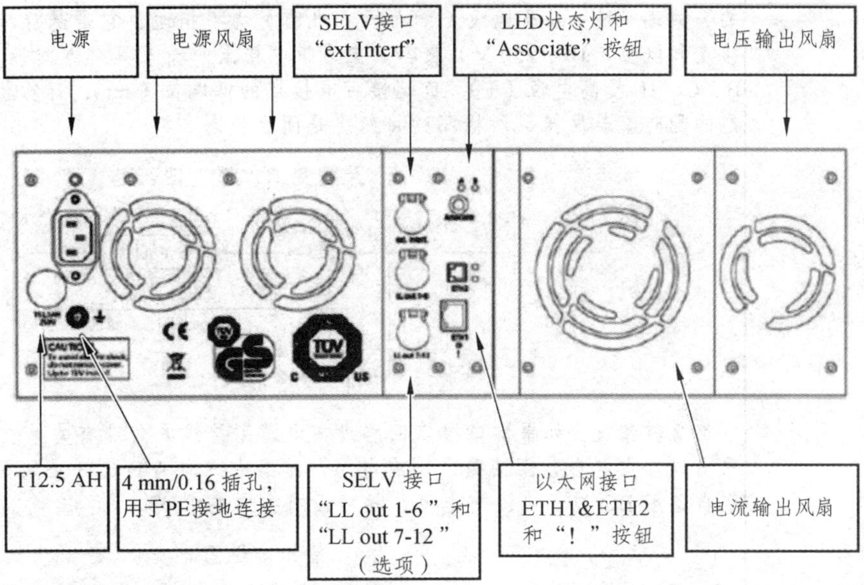<br></td></tr>
<tr><td>配件介绍</td><td>电脑包<br><br></td></tr>
</table>

续表

<table>
<tr><th colspan="2">（二）仪器操作步骤</th></tr>
<tr><td>仪器接线</td><td>

（1）返回接点接线有 2 种情况：如果外部接点回路有电源，则必须按照下图接法，要不然采集不到返回信号。

第 1 种情况：开入量输入端子上的 A、B、C 负端相通，并与电压、电流输出端子中的公共端“N”以及地线（如面板、机箱）均不相通，它是悬浮地。开入端子对于空接点和电位（10～250 V）兼容。但对带电接点的输入具有方向性。如下图所示，A、B、C、H 接高电位（+），负端接带电接点的低电位（－），计算机才能检测到接点状态的翻转。若反接，所检测的将始终是闭合状态。

开关量工作原理图

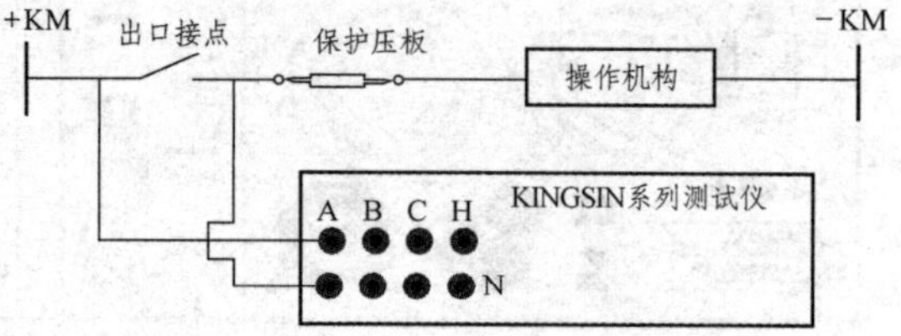


第 2 种情况：如果出口接点回路没有电源则接线方向没有关系。（以 35 kV 为例：如果出口接点取自分闸回路，则有电源，接线有方向 A B C H 必须接正；如果出口接点取自备用 BO 口，则没有电源，接线没有方向要求。）

单相接线图

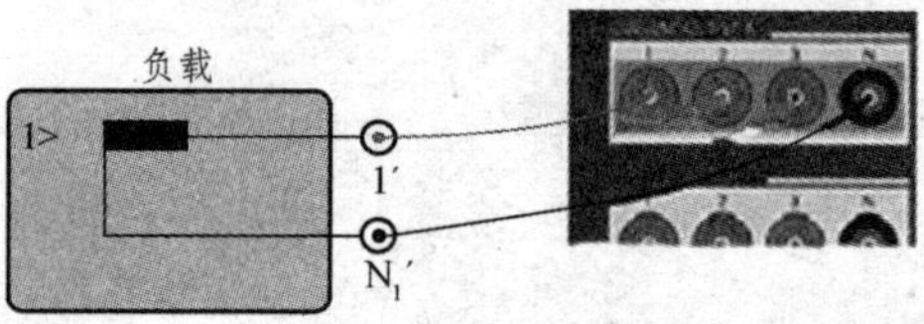


三相接线简图

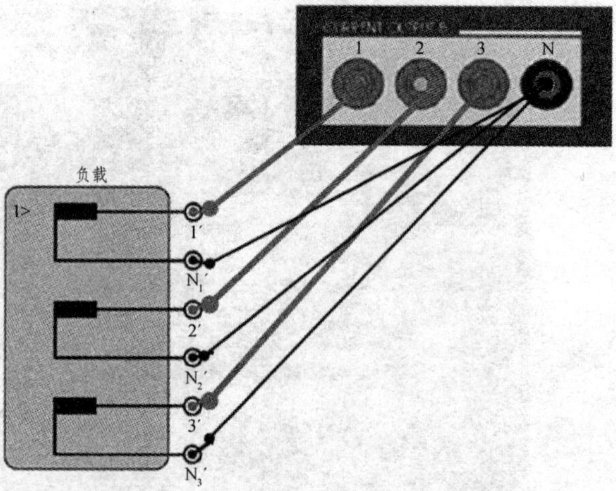


（2）电流测试接线如上两图所示：继保仪的电流输出端子 1、2、3 分别连接负载的 A、B、C 三相，负载 N 一起接继保仪 N，。这样可以同时检验 A、B、C 三相的电流值。单相校验只检验 A 相，接 1、N 线即可。

（3）电压接线同理

</td></tr>
</table>

续表

| | |
|---|---|
| 仪器测试 | 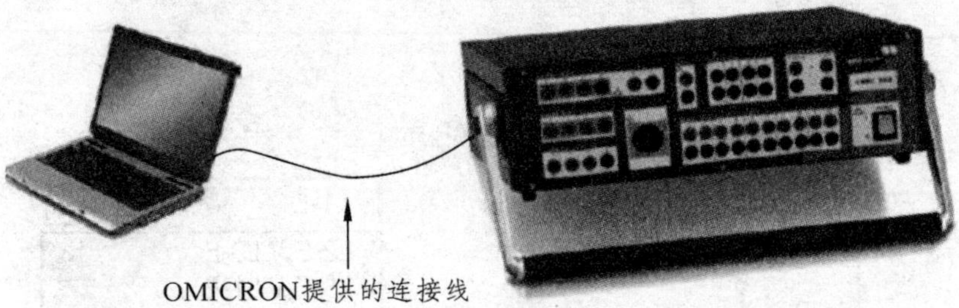<br>（1）用专用网线将电脑连接至继保仪。打开电脑和主机的电源，打开测试软件。可以选择手动测试和自动测试，以手动测试为例。<br>（2）打开电脑确认 IP 地址为下方设置值，IP 地址不是下方设置的话将导致连接不上继保仪。<br>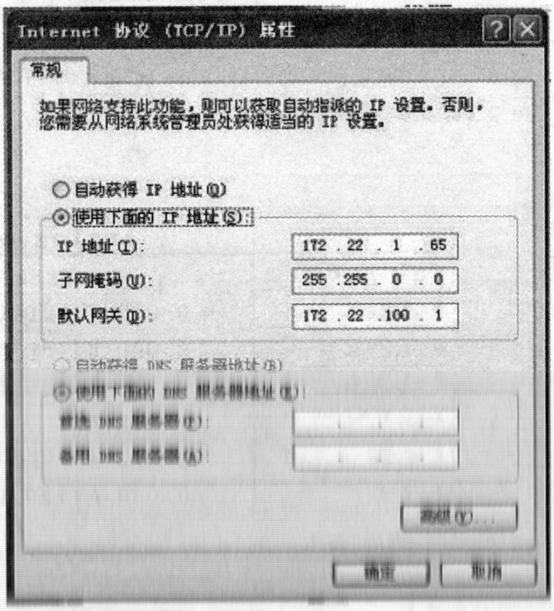<br>（3）打开软件，点击 QuickCMC 进入测试界面。<br>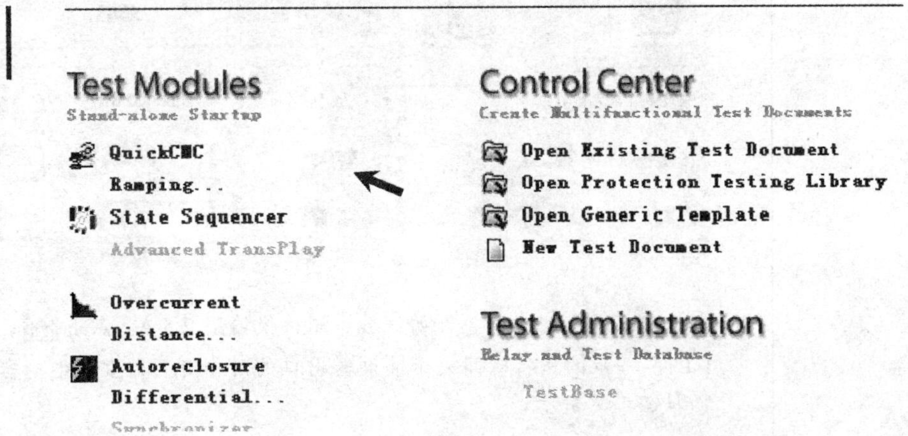 |

续表

<table>
<tr>
<td>仪器测试</td>
<td>
（4）输出选择 IL1。<br>
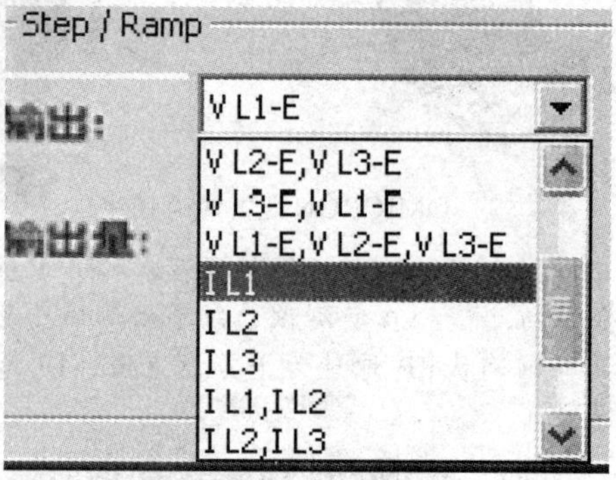
<br>
（5）与测试无关的参数全部设置为 0，A 相接线如图 5 所示已接好。测试仪 I L1 设置为 2.5 A，步长设置为 0.1 A。触发时勾选“√”关闭，延时设为 0S。<br>
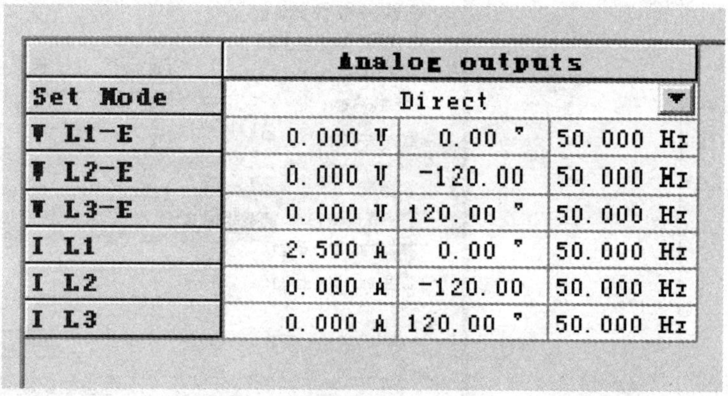
<table>
<tr><td></td><td colspan="3">Analog outputs</td></tr>
<tr><td>Set Mode</td><td colspan="3">Direct</td></tr>
<tr><td>V L1-E</td><td>0.000 V</td><td>0.00 °</td><td>50.000 Hz</td></tr>
<tr><td>V L2-E</td><td>0.000 V</td><td>-120.00</td><td>50.000 Hz</td></tr>
<tr><td>V L3-E</td><td>0.000 V</td><td>120.00 °</td><td>50.000 Hz</td></tr>
<tr><td>I L1</td><td>2.500 A</td><td>0.00 °</td><td>50.000 Hz</td></tr>
<tr><td>I L2</td><td>0.000 A</td><td>-120.00</td><td>50.000 Hz</td></tr>
<tr><td>I L3</td><td>0.000 A</td><td>120.00 °</td><td>50.000 Hz</td></tr>
</table><br>

<br>
（6）点击，变成红色开始试验，测试仪输出 2.5 A。点击，按步长逐步增大 I L1。每步的保持时间大于继电器出口的动作时间，直到继电器出口动作，测试仪自动记录结果。
</td>
</tr>
</table>

续表

| | |
|---|---|
| 仪器测试 | 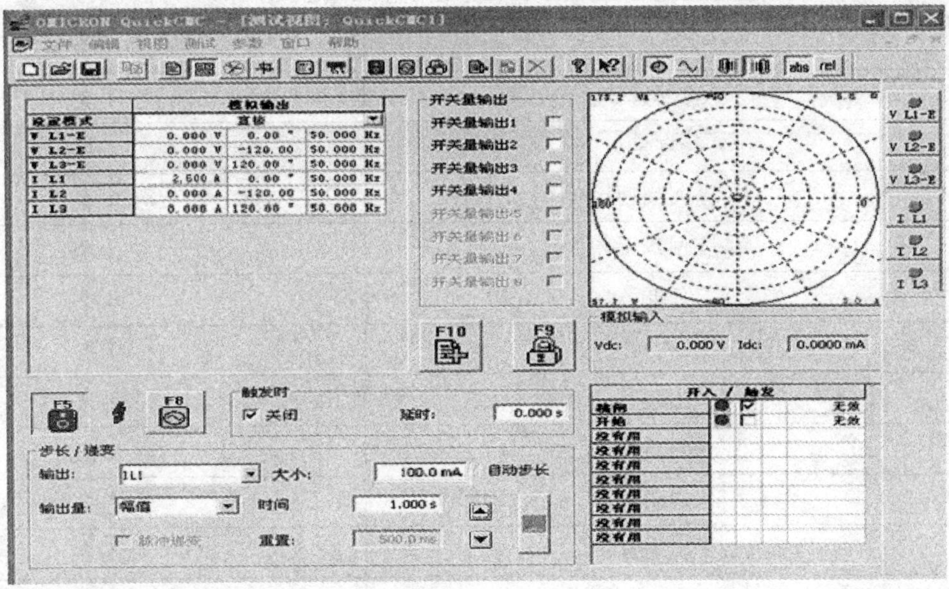<br>（7）如果结束测试，则关闭主机和电脑电源 |
| 收尾工作 | （1）恢复设备接线。<br>（2）关闭电源开关，断开 220 V 交流电。<br>（3）收拾测试线、电源线、接地线，放回线包。<br>（4）仪器和附件 |

# 第五节　继电保护的校验

## 一、35 kV 开关柜继电保护的校验（以 ABB REF542 保护装置校验为例）

### （一）作业条件

（1）现场值班员向 OCC 当值电调员办理请点、申请作业命令。

（2）作业前召开作业前安全会。

（3）作业前按清单准备作业工器具和材料。

（4）工作领导人与工作许可人（值班员）共同到现场检查是否已按工作票要求做好相关安全防护措施，并确认所布置安全防护措施的正确性。

## （二）作业工器具（表 6-5-1）

表 6-5-1　检修作业工器具清单

| 名　称 | 参考数量 |
|---|---|
| 螺丝批 | 1 套 |
| 验电笔 | 1 把 |
| 分闸线圈 | 1 个 |
| 合闸线圈 | 1 个 |
| 空气开关 | 4 个 |
| 尖嘴钳 | 1 把 |
| 万用表 | 1 只 |
| 保护钥匙 | 1 把 |
| 控制钥匙 | 1 把 |
| 手提电脑 | 1 台 |
| 电缆盘/插排 | 1 个 |
| 毫伏发生器 | 1 台 |
| 继电保护测试仪 | 1 套 |

## （三）作业材料（耗材表 6-5-2）

表 6-5-2　检修作业材料清单

| 名称 | 参考型号 | 参考数量 |
|---|---|---|
| 绝缘胶布 | 黄绿红 | 各 1 卷 |
| 毛刷 | — | 2 把 |
| 铜导线 | 1.5 $mm^2$ | 若干 |

## （四）安全注意要点

（1）本作业要求采取 35 kV 开关柜Ⅰ段或Ⅱ段整段停电方式，需确保本段所有进出线柜、馈线柜、母联柜断路器、隔离开关均为分位状态，母联备自投退出。

（2）按工作票要求做好停电等安全措施，并设置好相应防护栏标识牌。

（3）防止静电伤人并保持与高压带电体有足够的安全距离。

（4）作业过程中勿走错作业间隔。

（5）35 kV GIS 上作业时注意做好防护，戴安全帽，防止头手脚各部位碰伤刮伤。

（6）拆除二次接线时注意做好标识，并做好绝缘防护。

（7）返回结点带电，注意防止短路或接地，连接返回结点前先断开本柜电源开关。

## （五）具体检修项目和标准

### 1. 过流保护校验

进线柜、出线柜、馈线柜设有过流保护。用继保仪与专用交流毫伏发生器配合，对保护装置加一个恒定且比最小动作值略小的值，若保护不动作 ，则就以该值为初始值 ，步长则设为 0.005 A，变化时间设为 2 s。记录动作值和动作时间。

### 2. 弧光保护校验

所有开关柜都设有弧光保护。用继保仪与专用交流毫伏发生器配合，先要把电弧故障信号触发，再对保护装置加一个恒定且比最小动作值略小的值，若保护不动作，则就以该值为初始值，步长则设为 0.005 A，变化时间设为 2 s。记录动作值和动作时间。

### 3. 零序电流保护校验

所有开关柜都设有零序电流保护。用继保仪与专用交流毫伏发生器配合，对保护装置加一个恒定且比最小动作值略小的值，若保护不动作 ，则就以该值为初始值 ，步长则设为 0.005 A，变化时间设为 2 s。记录动作值和动作时间。

### 4. 电流速断保护校验

仅馈线柜和母联柜设有电流速断保护。用继保仪与专用交流毫伏发生器配合，对保护装置加一个恒定且比最小动作值略小的值，若保护不动作 ，则就以该值为初始值 ，步长则设为 0.005 A，变化时间设为 2 s。记录动作值和动作时间。

### 5. 过负荷保护校验

仅馈线柜设有反时限过负荷保护。公式为：

$$t=\frac{k\cdot\beta}{(I/I_{B})^{\alpha}-1}$$

其中 $\alpha=2$，$\beta=80$，$I/I_{B}$ 查阅定值单，对应保护装置过负荷保护定值选项中的 Start 值，k 查阅定值单，通常动力变 $k=0.75$，整流变 $k=1$，$t$ 为跳闸延时时间，即输入一个 $I$ 值，则断路器应延时对应的 $t$ 秒后跳闸。

校验动力变开关柜时，继保仪输出电流设为 Start 值的 2 倍，则根据公式计算出 $t=20$ s，继保仪输出电流设为 Start 值的 4 倍，则根据公式计算出 $t=4$ s。记录动作值和动作时间。

校验整流变开关柜时，继保仪输出电流设为 Start 值的 3 倍，则根据公式计算出 $t=10$ s，继保仪输出电流设为 Start 值的 4 倍，则根据公式计算出 $t=5.33$ s。记录动作值和动作时间。

## （六）收尾工作

（1）清理作业现场，清点作业工器具及材料，防止工器具、杂物等遗留现场。

（2）按工作票恢复安全措施，恢复校验前的接线，监护人复查接线恢复情况，将所有断开的二次电源送上，将开关柜的控制模式打回远方控制，投入母联备自投开关，锁好各开关柜门；确认一次回路及二次回路的各个开关已恢复到作业前状态并具备送电条件。

（3）向 OCC 当值电调员办理注销施工作业相关手续。

（4）工作领导人召开作业后总结会议：总结本次检修作业过程中存在的问题，评定检修的质量，填写相关的检修报告和检修（试验）记录本。

（5）送电成功后人员出清。

## 二、直流 1 500 V 开关柜继电保护的校验（以 DCP 保护检验为例）

### （一）作业条件

1. 现场值班员向 OCC 当值电调员办理请点、申请作业命令。
2. 召开作业前安全会。
3. 作业前按清单准备作业工器具和材料。
4. 工作领导人与工作许可人（值班员）共同到现场检查是否已按工作票要求做好相关安全防护措施，并确认所布置安全防护措施的正确性。

### （二）作业工器具（表 6-5-3）

表 6-5-3　检修作业工器具清单

| 名　称 | 参考数量 |
|---|---|
| 手提电脑 | 1 台 |
| 螺丝批 | 1 套 |
| 万用表 | 1 个 |
| 继电保护测试仪 | 1 台 |
| 毫伏发生器 | 1 个 |
| 验电笔 | 1 支 |
| 尖嘴钳 | 1 把 |
| 电缆盘 | 1 个 |

### （三）作业材料（表 6-5-4）

表 6-5-4　检修作业材料清单

| 名　称 | 参考型号 | 参考数量 |
|---|---|---|
| 铜导线 | — | 若干 |
| 绝缘胶布 | — | 若干 |

### （四）安全注意要点

（1）作业前召开安全会。

（2）根据作业工作票要求做好相关停电安全防护措施。

（3）作业前必须断开直流双边联跳空气开关。

（4）严禁带电拔插二次航空插头，必须先把二次柜内 MCB 断开后再拔插航空插头。

### （五）具体检修项目和标准

1. 信号测试

（1）通信故障：断开空气开关来模拟，相应指示灯会亮，后台监控机发出通讯中断的报文。

（2）无线路电压：当断路器和对应上网隔开都在分位时，该指示灯会亮；后台监控机发出相对应报文。

（3）保护报警：在做保护跳闸出口时，相应指示灯会亮；后台监控机发出相对应报文。

（4）保护跳闸：在做保护跳闸出口时，相应指示灯会亮；后台监控机发出相对应报文。

（5）线路检测熔断器失灵：可拆下熔断器来模拟：该指示灯会亮；后台监控机发出相对应报文。

（6）遥控中断：转换到当地位，该指示灯会亮；后台监控机发出相对应报文。

（7）电容脱扣器储能：在做电流速断时带出口，由电容脱扣实现断路器分闸，校验该指示灯是否会亮；后台监控机发出相对应报文。

2．电流测量回路校验

（1）DCP 设定满量程为 12 000 A，分流器额定值为 4 000 A/60 mV，变送器整定值为输入 ± 180 mV、输出 4 ~ 20 mA，使用毫伏发生器施加毫伏电压，观察 DCP 电流读数。

（2）拆开分流器的二次采样线，分别接上毫伏发生器的正负极，选择合适的挡位输出；连接妥当后，合上二次电源。

3．保护定值校验（图 6-5-1）

（1）断开二次电源、拔出航空插头后将断路器小车拉到仓外，再插上航空插头。

（2）拆开分流器的二次采样线，分别接上毫伏发生器的正负极，选择合适的挡位输出；连接正确后，合上二次电源。

图 6-5-1　断路器小车分流器采样线

（3）在做其中一项保护的校验时，先将其他的保护暂时退出；完成电流速断保护（IOP）、过电流保护（OCP）、热过负荷保护（TIP）、上升率保护（ROR）的校验工作。

（4）查看后台机应有双边联跳信号发出的报文，相应的联跳继电器会亮。

（5）用毫伏发生器加量时，密切注视保护装置上的电流显示，对照继电保护定值单，来模拟各项保护动作。标准：最大值不得超过整定时间级差的 10%，测量元件特性的准确度综合误差不大于 ± 5%。

4．框架电流保护联跳关系检查

（1）断开本站两台整流变压器 35 kV 开关柜内失灵联跳拨片，防止直流断路器联跳不成功而发生失灵联跳 35 kV 进出线。合上本站所有直流 1 500 V 断路器及两台整流变压器 35 kV 断路器。保护动作时，查看后台是否向邻站发出联跳信号。

（2）框架电流保护动作后应联跳本所两台整流变压器 35 kV 断路器、全部直流 1 500 V 断路器、相邻所对应供电臂的各两台直流 1 500 V 断路器，均不启动线路测试重合闸。

5．框架泄漏电流保护校验（图 6-5-2）

（1）用毫伏发生器在分流器的二次侧加毫伏电压量，分流器额定值为 1 000 A/60 mV，变送器整定为输入 ± 150 mV、输出 4 ~ 20 mA，加量时缓慢旋转旋钮，密切注视保护装置上的框架泄漏电流显示，来模拟框架泄漏电流保护动作。标准：实测动作值与整定值误差最大值不得超过 5%，测量元件特性的准确度综合误差不大于 ± 5%。

图 6-5-2　框架保护分流器采样线

6．框架泄漏电压保护校验

（1）使用继保仪框架泄漏电压保护Ⅰ段：先将电压变送器的一次侧电缆甩开，然后用继保仪加一个恒定且比报警值（85 V）略小的值，若保护不动作，则就以该值为初始值，步长则设为 0.1 V，变化时间设为 1 s，密切注视保护装置上的框架泄露电压显示，来模拟框架泄漏电压Ⅰ段动作。

（2）框架泄漏电压保护Ⅱ段：先将电压变换器的一次侧电缆甩开，然后将框架泄漏电压保护Ⅰ段退出运行，最后用继保仪加一个恒定动作值（170 V），按保护整定值设计，应在 0.6 ms 内动作。密切注视保护装置上框架泄露电压显示，来模拟框架泄漏电压Ⅱ段动作。

（3）校验结束后确认所甩的二次接线已经恢复。

## （六）收尾工作

（1）清理作业现场，清点作业工器具及材料，防止工器具、杂物等遗留现场。

（2）按工作票恢复安全措施，恢复校验前的接线，监护人复查接线恢复情况，将所有断开的二次电源送上，将开关柜的控制模式打回远方控制，投入母联备自投开关，锁好各开关柜门；确认一次回路及二次回路的各个开关已恢复到作业前状态并具备送电条件。

（3）向 OCC 当值电调员办理注销施工作业相关手续。

（4）工作领导人召开作业后总结会议：总结本次检修作业过程中存在的问题，评定检修的质量，填写相关的检修报告和检修（试验）记录本。

（5）送电成功后人员出清。

## 【案例 1】　某站 214 直流断路器上升率保护跳闸故障案例

（一）故障情况

（1）故障发生时间：2017 年 05 月 17 日

（2）故障现象描述：2017 年 05 月 17 日 06 时 46 分 27 秒，某 A 站牵引变电所 214 直流断路器电流上升率延时保护动作跳闸；并联跳同一供电臂的另一站点 B 站 212 直流断路器小车。断路器保护动作跳闸后，保护装置启动线路测试重合闸，06:47:02 两站断路器合闸成功，设备恢复正常供电。

（二）故障原因查找及分析

（1）通过查看 A 站 214 保护装置下载的录波分析，在断路器上升率延时保护动作前 60 ms，电流变化率超过 25 A/ms 且电流达到累积动作值 − 2 000 A，保护装置发出跳闸指令动作跳闸，属于保护正常动作。而且，从故障波形可以看出，在故障跳闸前后，接触网电压并没有明显下降和波动，可以排除电流型的短路接地故障引起的跳闸。

故障录波如例图 6-1-1 所示。

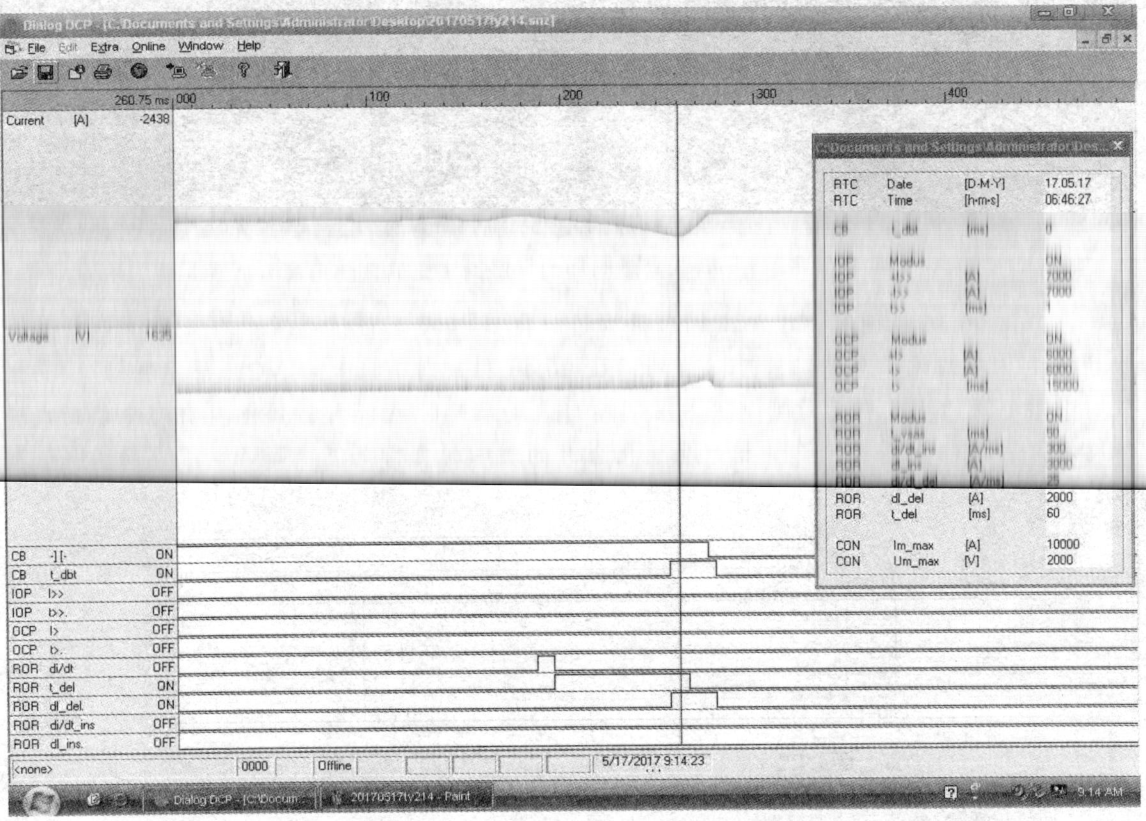


例图 6-1-1　A 站 214 断路器故障波形

（2）接触网失压前列车在牵引工况下网流出现负电流异常情况：分别为：− 1 686 A、− 339 A，未出现紧制情况，如例图 6-1-2 所示。列车紧急制动为接触网失压后伴随信息。

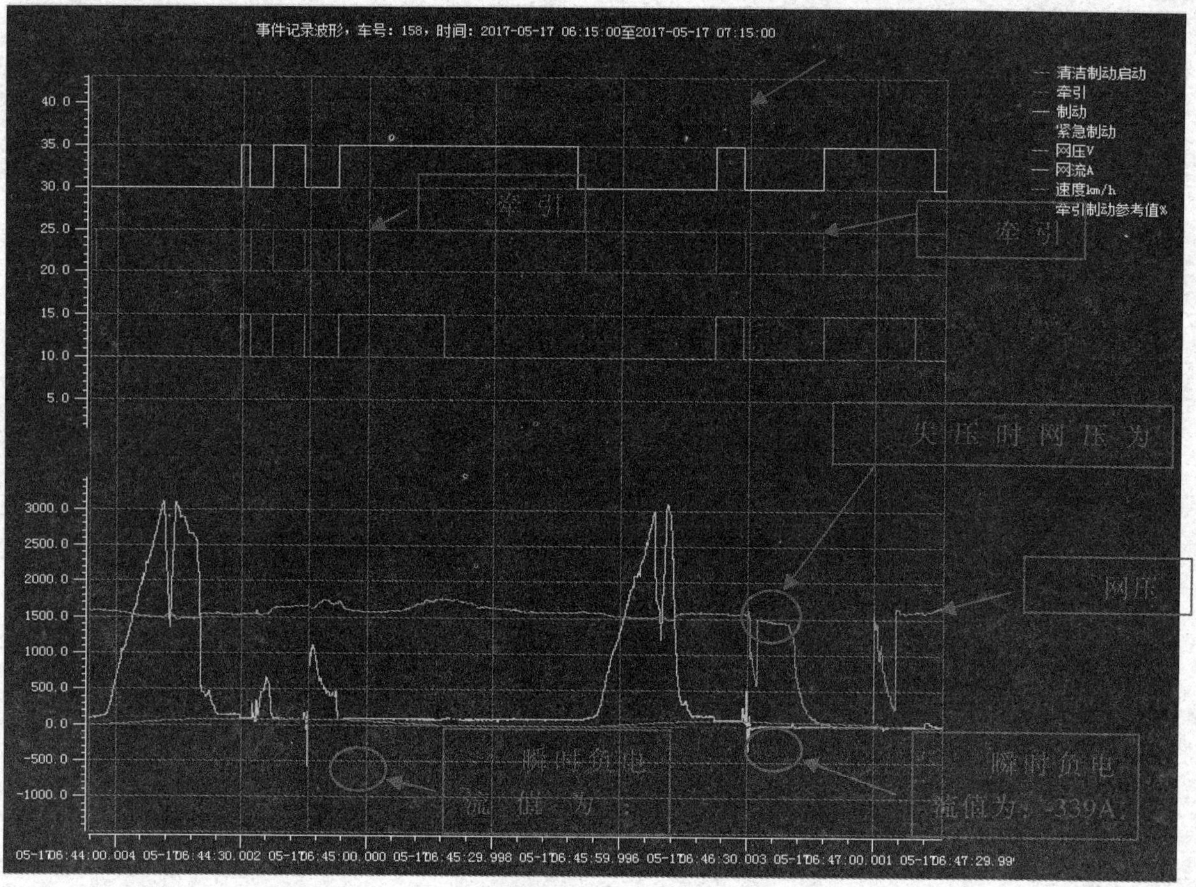


例图 6-1-2　列车紧急制动为接触网失压后伴随信息

（3）在 06:36 跳闸时，经与车辆人员沟通，得知 B 站上行供电臂中有 127 车刚出站，并且从 127 车的故障事件记录可以看到，在 06:46:21，列车报“主 VCU 紧急制动”；而上行同一供电臂的 158 车也是刚刚进入区间站台。如果此时 A 站邻区供电臂有列车启动或运行取流，这时就会使 A 站 214 柜产生变化上升的反向的负荷电流，等效电流流向图如例图 6-1-3 所示。

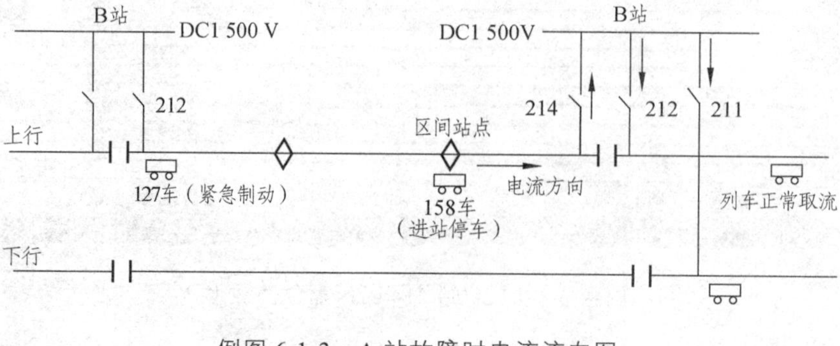


例图 6-1-3　A 站故障时电流流向图

（三）故障处理

（1）检查柜内一次设备：打开柜门拉出断路器小车，检查直流开关柜内无故障点，直流母排、馈线母排也无烧伤痕迹。

（2）检查断路器小车：由于保护跳闸，所以对保护触头进行检查。拆开断路器小车灭弧罩，经检查确认断路器小车正常。

（3）对A站及B站保护装置进行功能性检验。主要测试项目及结果：A站及B站小车电流测量回路正常；A站及B站小车各信号回路、报警功能正常；A站及B站保护装置各保护功能校验正常。

（4）接触网专业处理过程：接触网专业对A站至B站上行区段进行多次登乘巡视，未发现接触网设备异常。接触网工班对127车、158车受电弓及车顶检查，未发现异常。

（四）故障总结

综合现场检查情况分析，供电设备运行状态良好，是外部原因导致电流达到保护定值而产生的跳闸，跳闸后自动重合闸功能正常工作，在1分钟内恢复了接触网的正常供电。

## 【案例2】　某站211断路器小车分闸后出现保护动作故障处理

（一）故障现象描述

断路器小车正常分闸成功的同时DCP106发出至少两种的电流保护动作（ROR电流上升率保护、OCP过电流保护），且电流指针表有电流变大的趋势直至满偏。

（二）故障查找分析

（1）更换小车后恢复正常，所以确定故障在小车本体上；更换所有的板卡后均未能排除故障，所以确定故障出现在控制板卡和航空插头之间，推测可能是某处电流测量回路短路造成瞬时大电流。

（2）航空插头短路也会造成这样的现象，所以检查211小车的航空插头，检查结果针线无松动、断开现象，接线牢固。

（3）通过万用表测量得X2:6/X2:7两端在断路器分闸时瞬时掉电无24 V电压，检查211小车电源板卡，测得211小车本体二次控制箱电源输入端子X3:4/X3:5有220 V电压输入，又测得电源板卡的24 V输出为0，由于电源板卡已经更换过，所以故障不在电源板卡本体上。

（4）由于小车本体的板卡工作电源均由电源板卡提供，连接方式为并联，其中任意一块板卡内部发生短路都将导致电源板卡的24 V输出为0，所以把所有板卡的端子排甩开，测出电源板24 V输出电压正常，再单独甩开各板卡，最后发现是控制板卡故障引起，可能是该板卡内部出现短路导致电源板卡输出电压丢失。

（5）分闸线圈的脱扣执行机构为r-trip或a-trip，经万用表检测未见r-trip回路有短路或异常现象。

（6）a-trip的原理图见例图 6-2-1，对每对节点的状态进行测量。用万用表测量发现X14:9/X14:10 即分励线圈的电阻值仅为0.9 Ω，测量214小车正常状态的分励线圈电阻值为

5.7 Ω 左右，所以即该支路将流过很大的电流接近于短路，进而致使电源板卡输出工作电压丢失。

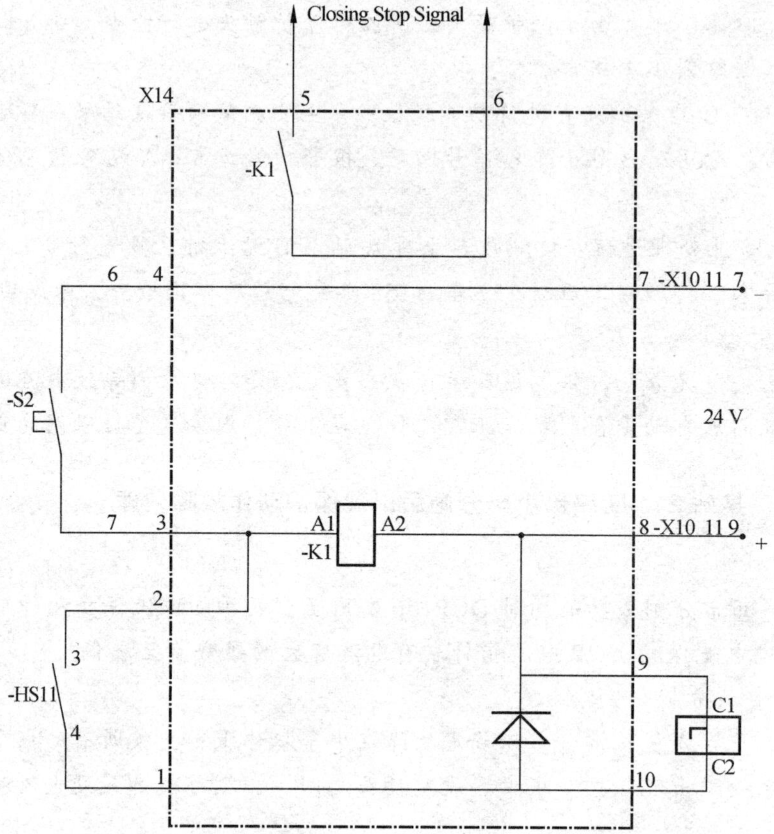


例图 6-2-1　a-trip 的原理图

（7）在利用手动分闸按钮或 Test1 启动分闸后，同时注意听其声响发现有异常：正常状态下，断路器小车在 a-trip 执行分闸后（继电器有动作声响后）应断开，再按分闸按钮线圈将不得电，继电器也不动作；但是在检测中却发现在主触头分闸后再按分闸按钮，继电器却有动作声音，经万用表测量发现断路器小车辅助触点并没有断开，位置状态不正确，这就有可能使分励线圈过长时间得电而烧坏线圈破坏绝缘，进而电阻下降。

（8）图 6-2-2 为 SEL 测量板卡的原理图，可见当电源板卡 24 V 输出电压丢失时，测量板卡给 DCP106 的信号是 0 mA。由于变送器的输出量程是 4～20 mA，采用非零信号反映实际的馈线电流，即 12 mA 对应 0 A，4 mA 对应 − 12 000 A，20 mA 对应 12 000 A，0 mA 已经超出了变送器的输出量程，DCP106 则会判断为馈线有超过 12 000 A 的大电流，因此启动流保护动作（ROR 电流上升率保护、OCP 过电流保护）。

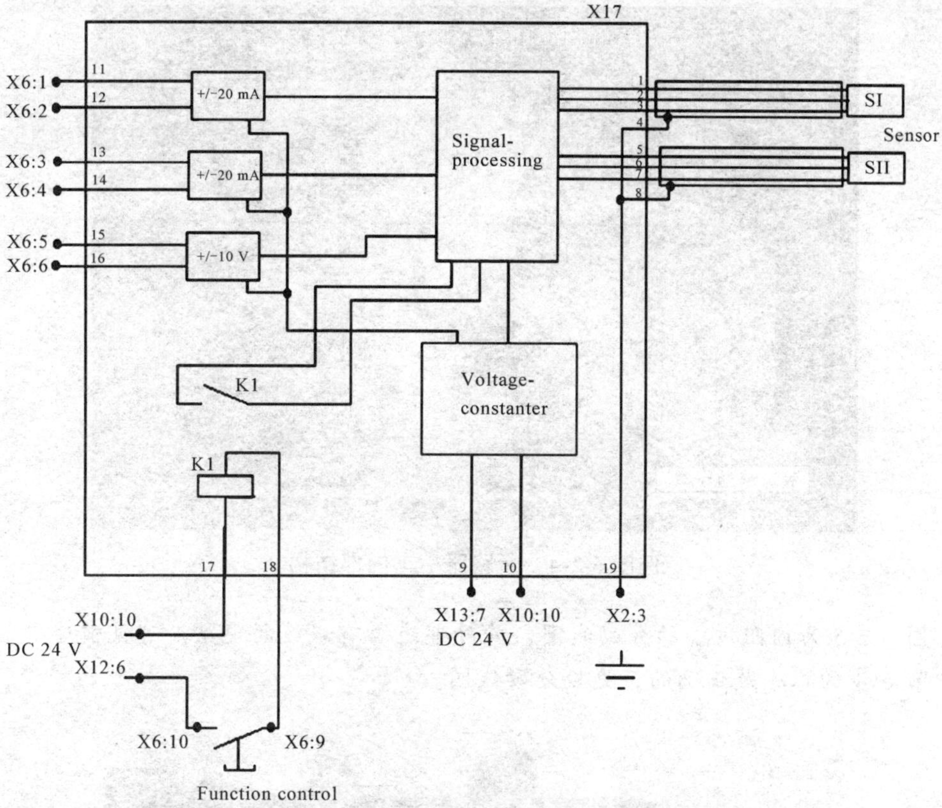


例图 6-2-2　SEL 测量板卡的原理图

（三）故障处理

（1）正常情况下，辅助触点（例图 6-2-3）HS11 开闭状态由主触头状态决定，HS11 的开闭是由主触头的机械联动实现的，调整主触头与辅助触点连接部分的位置，使其恢复正常联动。

例图 6-2-3　辅助触点

（2）拆开断路器小车的外壳，可见其内部结构如例图 6-2-4 所示。

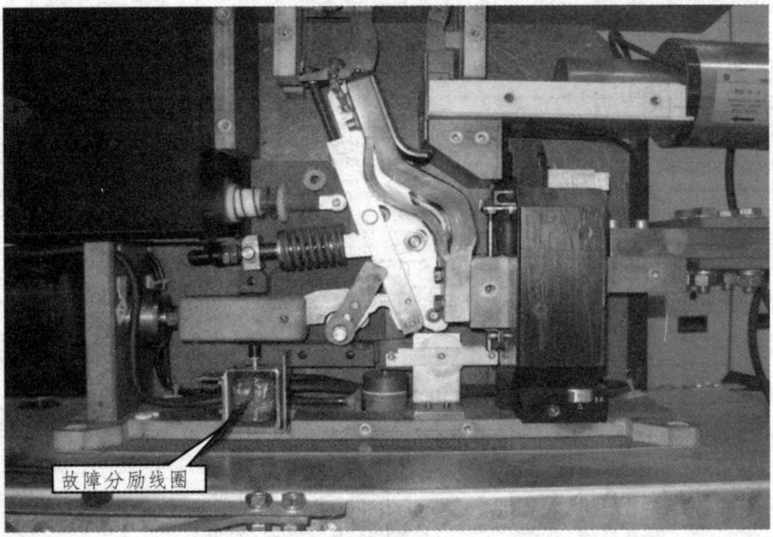


例图 6-2-4　断路器小车内部结构

（3）图 6-2-5 为内阻过小的分励线圈，其外部绝缘有烧毁的现象，可见前述“故障查找分析”中第 6 步的推测是正确的，更换分励线圈。

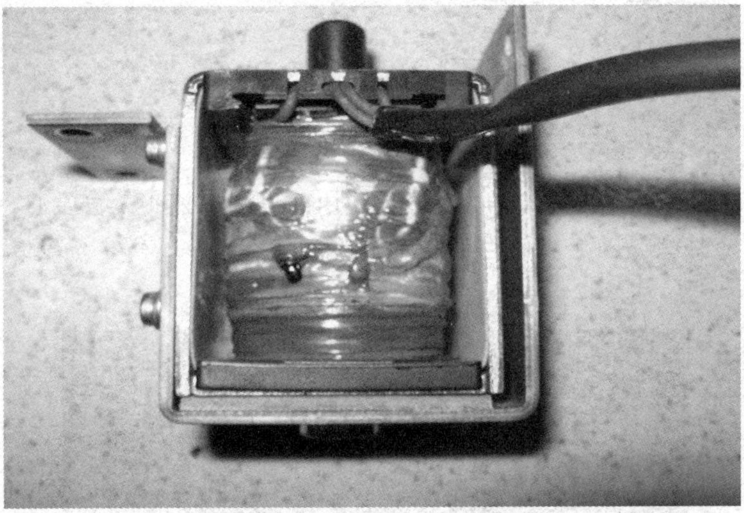

例图 6-2-5　故障分励线圈

（4）调整主触头与辅助触点连接部分的位置和更换分励线圈后，211 断路器小车恢复正常，故障排除。

（四）故障总结及改进措施

（1）对于原理图的研究掌握应具体深入控制模块里，并熟悉其端子关系以便快速查找出故障原因。

（2）直流断路器小车的动作等相关故障，可结合故障的现象和继电器的动作声音等方面判断情况。

（3）小车的分闸线圈的正常内阻为 6 Ω 左右，对于判断线圈的好坏有很重要的意义。

（4）辅助触头与主触头连接部分的相对位置可能会在震动或操作中发生移位，其结果是辅助触点不能正确动作，可能引发线圈烧坏等其他后果，对日后判断故障有重要的指导意义。

## 复习思考题

简答题

1. 国内地铁供电系统常用到的继电保护主要有哪几类？
2. 主变电站 35 kV 系统保护的主要类型和内容？
3. 为什么 400 kVA 及以上的油浸式变压器或 800 kVA 及以上的油浸式变压器应装设瓦斯保护？
4. 在直流 1 500 V 系统中，则主要有哪些保护类型？
5. 变压器电流速断保护基本原理？

# 复习思考题答案

## 第一章 供电系统概述

1. 集中供电方式是指在线路的适当站位，根据总容量的要求设置主变电所，由发电厂或城市电网区域变电所以高压（常见的如 110 kV）向主变电所供电，经主变电所降压成中压（常见的如 35 kV 或 10 kV）向各车站变电所供电，结合各车站变电所进线形成中压环网，再由环网供沿线设置的牵引变电所，并降压整流为直流电（如 750 V 或 1 500 V），从而对电动列车供电，各车站机电设备用电需由降压变电所降压为 AC 380/220 V。

2. 地下变电所和地面变电所的特点分别是：地下变电所不占用地上面积，但土建造价高；地面变电所占地面积大，但土建造价低。

变电所防火主要应从结构和建筑材料以及变电所电气设备本身的不燃性等方面来考虑。变电所应装设自动消防报警装置、防火门和防火墙等隔离设施和有效的灭火系统。

3. 一个运行可靠、调度灵活的环网供电系统，一般要满足以下设计原则和技术条件：

① 供电系统应满足经济、可靠、接线简单、运行灵活的要求。

② 供电系统（含牵引供电）容量按远期高峰小时负荷设计，根据路网规划的设计可预留一定裕度。

③ 供电系统按一级负荷设计，即平时由两路互为备用的独立电源供电，以实现不间断供电。

④ 环网设备容量应满足远期最大高峰小时负荷的要求，并满足当一个主变电所发生故障时（不含中压母线故障），另一个主变电所能承担全线牵引负荷及全线动力照明一、二级负荷的供电。

⑤ 电缆载流量应满足最大高峰小时负荷的要求，同时当主变电所正常运行，环网中一条电缆故障时，应能保证城市轨道交通的正常运行。这里不考虑主变电所和环网电缆同时发生故障的情况，但要保证主变电所与一个牵引变电所同时发生故障时，系统能正常供电（三级负荷除外）。

4. 中压网络采用双电源回路。为保证供电可靠性，在条件允许情况下，双电源电缆分别沿上下线敷设，一段母线的电源电缆走左线，二段母线的电源电缆走右线。

① 地下车站。地下车站电缆一般敷设在站台板下外沿或者站台板下通道内。

② 地面和高架车站。地面和高架车站电缆敷设在线路外侧，采取过轨方案与车站变电所连接。

③ 隧道区间。对于单线隧道，根据车站布置形式确定敷设位置、尽量减少电缆过轨。对于双线隧道，电缆敷设在两侧隧道上部。

④ 高架桥区间。电缆敷设在线路外侧，电缆支架结合 H 型钢立柱固定。

⑤ 地面路基段。电缆敷设在电缆沟内,或者敷设在电缆槽内。

5. 牵引变电所的容量和设置的距离一般需要考虑以下设计原则和技术条件:

① 正线任一牵引变电所发生故障时，其相邻牵引变电所应采用越区供电方式，负担起该区段的全部牵引负荷，此负荷应满足远期高峰小时负荷。

② 牵引变电所的数量及其在线路上的位置,应满足在故障情况下越区或单边供电时的接触网的电压水平。直流牵引供电系统的电压及其波动范围应符合国标规定。

③ 在任何运行方式下，接触网最高电压不得高于规定要求的最高值；高峰负荷时，全线任一点的电压不得低于规定要求的最低值。

## 第二章　供电系统主要设备结构与原理

1. GIS 组合电器是把各种独立机构的元件，如母线、断路器、隔离开关、接地开关、电压及电流互感器、避雷器、电缆终端（或进出线套管）等一次元件，按电气主接线的要求依次连接，组合成一个整体，并且全部元件封闭在接地的金属（钢或铝）外壳中。壳体内充以 $SF_6$ 气体，作为绝缘和灭弧介质。由于内部气体压力较高，为提高机械强度多采用圆筒式结构，即所有电器元件都放置在圆筒形外壳中。元件的外壳在相互连接时再辅以一些过渡元件，如三通、弯头、伸缩节等，组成成套配电装置。

2. 当断路器跳闸后，主回路磁场将动静触头之间产生的电弧吹入灭弧室，灭弧室采用冷阴极设计，由许多相互绝缘的灭弧板（金属栅片）组成，一旦电弧进入灭弧室，就被金属栅片分裂为许多串联的小弧段。因为每两块灭弧板之间的电压降约为 40 V，所以总的电弧电压便大大增加（电弧电压取决于灭弧板的数量，一般不超过额定电压的 2 倍），电弧电流大大减少，从而使电弧得以迅速熄灭。燃烧的气体从上端逸出，并在位于金属灭弧板上部的绝缘板之间被强化去游离而熄灭。

3. 型号 SZ-31500/110 表示三相有载调压，额定容量为 31 500 kVA，高压绕组额定电压为 110 kV 电力变压器。

4. 整流器通常设置有以下保护：

（1）内部短路保护；

（2）交流侧过电压保护；

（3）直流侧过电压保护；

（4）换相过电压保护；

（5）温度保护；

（6）逆流保护。

5. 电池在一定的放电条件下所能输出的电能量称为电池的容量。以符号 C 表示。常用单位：安倍小时，简称安时（A · h）或毫安时（mA · h）。电池的容量可分为：理论容量（又叫计算容量，是由电极里含有活性物质的量决定的）、实际容量（是指电池在一定的条件下所能输出的电量，它等于放电电流与放电时间的乘积）、额定容量（又叫标称容量，是指在制造厂规定的条件下，蓄电池能保证的最低容量）。

6. 35 kV 交联电缆结构从里到外分别为：铜线芯、导体屏蔽层、交联聚乙烯绝缘屏蔽层、绝缘屏蔽层、金属屏蔽、内护套、非磁性铠装、低烟无卤阻燃外护套。

7. 杂散电流监测系统一般由参比电极、测量端子、传感器、传输信号电缆、数据处理单元等组成。

8. 再生制动系统在地铁机车刹车时工作，给地铁机车刹车时产生的能量提供一个通道，并经过本设备处理把多余能量回馈给电网，做到能量再用。微机控制系统将自动测定线网空载电压值和吸收电压值，或接受人工功率限制挡位信号，根据各个传感器检测信号综合判断线网上是否有列车处于再生电制动状态。一旦确认列车处于再生制动状态并需要吸收能量时，系统设置了二级判断基准值，当电网电压升到第一级判断电压时，系统首先投入逆变吸收；逆变转换成 AC 380 V 电压，自动跟踪市电 AC 380 V 并网向用电负载供电，将再生能量消耗在用电设备上。一旦逆变吸收消耗不了该能量，将引起电网电压进一步的上升，当电网电压升到第二级判断电压时，电阻斩波器立即投入工作，电阻吸收装置将再生制动能量消耗，稳定电网不再上升，确保列车充分有效利用电制动。

## 第三章　供电系统运行及管理

1. 值班（巡视）人员要求做到的“五熟”“三能”：

（1）熟悉本所主接线和二次接线的原理及其布置和走向。

（2）熟悉本所电气设备型号、规格、工作原理、构造、性能、用途、检修标准、巡视项目、停运条件和装设位置。

（3）熟悉本所（区段）继电保护和自动、远动装置及仪表等的基本原理和装设位置。

（4）熟悉本岗位的各种规章、制度及标准化作业程序。

（5）熟悉本所（区段）正常和应急的运行方式、操作原则、操作卡片和事故处理原则。

（6）能分析、判断正常和异常的运行情况。

（7）能及时发现并排除故障、缺陷。

（8）能掌握一般的维护、检修技能。

2. 巡视检查的基本方法：

（1）目测检查法。

（2）耳听判断法。

（3）鼻嗅判断法。

（4）触试检查法。

（5）仪器检测法。

3. 变电设备倒闸操作的一般规定：

（1）倒闸操作须有值班负责人的命令（工作票或口头命令）。属电力调度管辖的设备，倒闸操作则须有电力调度的命令。电力调度的命令应由值班员受令，在复诵无误后电力调度给出命令编号和批准时间，上述命令授受双方均要认真记录并复诵，如有疑问须问清后才可执行。非电力调度管辖的设备，受令人倒闸完毕后应将倒闸时间、原因和操作人、监护人姓名记入单独的倒闸操作命令记录簿中。

（2）一次设备的倒闸操作以及单独进行继电保护及自动装置的投切操作，一般应分记于两个倒闸操作命令记录簿中。

（3）倒闸作业要按操作卡或倒闸表进行。

（4）一个变电所一次只能下达一个命令，一个命令只有一个倒闸操作（即一张操作卡或一张倒闸表上的倒闸操作）。

（5）倒闸操作人、监护人均应穿绝缘靴、戴安全帽、操作人还应戴绝缘手套。在拆装高压熔断器时操作人还应戴防护镜。操作人在倒闸操作时要做到坚定、迅速。

（6）倒闸操作期间严禁做与操作无关的其他事，以便精力集中，确保安全。

（7）遇有危及人身或设备安全的紧急情况，值班人员可先行断开有关的断路器和隔离开关，然后再报告电力调度，但合闸时必须有电力调度或值班负责人的命令才能进行。

（8）雷电天气时禁止进行室外高压设备的就地倒闸操作。

4. 当值人员可不经电力调度员许可自行操作，结束后再向电调汇报的情况：

（1）对威胁人身和设备安全的设备停电。

（2）对已损坏的设备隔离。

（3）恢复所用电。

5. 事故发生后要及时分析，对每一件供电事故都要按照“三不放过”“四查”（即“事故原因分析不清不放过，事故责任者和群众没有受到教育不放过，没有防范措施不放过”；“查思想、查纪律、查制度、查领导”）的要求，认真组织调查，弄清原因，确定责任者，制定出有效的防范措施。在进行事故调查分析时，除弄清事故原因、查明责任、制定防止措施、按规定填写事故（故障）报告向有关部门上报外，同时还要总结抢修工作的经验教训。对抢修中采用的先进方法、机具等应及时推广。对存在的问题要认真研究制定改进措施，不断完善抢修的组织和方法，提高抢修工作效率。

## 第四章　供电系统主要设备检修

1. 开关柜的检修保养、功能性测试、断路器操作机构的润滑、气室的气体压力值和微水含量测试等。

2. 1 mA 泄漏电流时电压值 $U_{1mA}$（标称电压）与初始值或制造厂规定值比较，变化不应大于 ±5%；0.75 倍的标称电压的实际泄漏电流 $I_{0.75U_{1mA}}$ 值不应大于 50 μA。

3. 呼吸器硅胶干燥时呈蓝色，稍微受潮呈紫色，受潮呈粉红色，完全受潮呈白色，按规定硅胶变粉红色（或白色）部分不能超过 2/3，否则需立即更换处理。

4. 如油箱焊接处渗油，处理方法则为找到渗漏处补焊；如接口或法兰处渗油，处理方法则紧固或更换胶垫。

5. 快速熔断器保护测试、特种熔断器故障报警测试、逆流保护跳闸测试、温度保护电路检验、开门报警功能测试、加热装置测试等。

6. 检查是否铁芯处落入异物，如有则清除异物，如是铁芯对地绝缘件移位则调整并紧固绝缘件。

## 第五章　变电设备电气试验

1. 绝缘电阻、介质损耗试验属于非破坏性绝缘试验，交直流耐压属于破坏性绝缘试验，电阻测量、变比试验、接触电阻试验属于非破坏性特性试验。

2. 测量电气设备的绝缘电阻和吸收比，是检查和了解设备绝缘状况的最简便的方法。实践证明，通过其测量绝缘电阻、吸收比和极化指数常能有效地发现电气设备普遍存在受潮、表面脏污、绝缘老化和贯穿性的缺陷。因此，测量绝缘电阻和吸收比是绝缘试验最基本的方法，是电气检修、运行和试验人员都应掌握的。

3.（1）被测线路在绝缘测试接线前必须停电、验电和放电；

（2）测试导线连同鳄鱼夹要保持良好、清洁、无破损；

（3）使用仪器过程中加压时应呼唤应答，并保持足够的安全距离，切勿触碰线路，防止人员触电；

（4）绝缘测试后，在取下仪器接线前一定要先放电；

（5）加压过程中如果发现问题则应迅速停止加压并关机。

4. 加电压前必须认真检查接线、表计量程，确认调压器在零位及仪表的开始状态均正确无误后，通知有关人员离开被试设备，并取得试验负责人许可，方可加压。加压过程中应有人监护并呼唱。高压试验人员在加压过程中，注意力应高度集中，随时注意防止异常情况的发生，操作人员应站在绝缘垫上。

5.（1）铁芯（有外引接地线的）绝缘电阻测试；

（2）测试高压绕组对低压绕组及地的绝缘电阻测试；

（3）测试低压绕组对高压绕组及地的绝缘电阻测试；

（4）测试低压绕组间的绝缘电阻测试。

## 第六章　变电设备继电保护

1. 国内地铁供电系统中，主要有用到了过流、差动、上升率保护、热保护、框架保护、各种联跳保护等保护类型。

2. 在主变的 35 kV 系统中主要配置有过流、零序电流保护等类型；系统装设接地变用于构造 35 kV 系统的接地点，为系统零序电流保护的装设创造条件，接地变本身装设过流保护，用于防御接地变自身内部出现的短路故障；同时，35 kV 系统母线配有母线分段自切功能。

3. 瓦斯保护是变压器内部故障的主保护，对变压器匝间和层间短路、铁芯故障、套管内部故障、绕组内部断线及绝缘劣化和油面下降等故障均能灵敏动作。当油浸式变压器的内部发生故障时，由于电弧将使绝缘材料分解并产生大量的气体，从油箱向油枕流动，其强烈程度随故障的严重程度不同而不同，反应这种气流与油流而动作的保护称为瓦斯保护，也叫气体保护。变压器在运行中，由于内部故障，有时候我们无法及时辨别和采取措施，容易引起一些事故，采取瓦斯继电器保护后，一定程度上避免了类似事件的发生。

4. 在直流 1 500 V 系统中主要有速断保护、过流保护、上升率保护、热保护、框架保护及双边联跳保护等保护类型，其中框架保护是直流牵引供电系统特有的保护类型。

5. 在中小容量的变压器中，瞬时电流速断保护可用作变压器的主保护。装设瞬时电流速断保护的目的是为了防御变压器一次绕组及其引线端出现的短路故障。对于油浸式变压器，通过装设电流速断保护和瓦斯保护，可切除变压器高压侧及其内部的各种故障。由于变压器相当于一个集中阻抗，对于小容量的变压器而言，在一次侧引线端和二次侧引线端发生故障时，流过故障点的短路电流相差很大，当故障点在一次侧时，保护具有足够的灵敏度，但故障点发生在二次侧时，则灵敏度往往不够，这是电流速断保护的不足。在这种情况下，还需通过带一定时限的过流保护，将保护范围延伸到二次侧。

# 参考文献


[1] GB 50157—2013 地铁设计规范[S]. 北京：中国建筑工业出版社，2014.

[2] GB/T 50062—2008 电力装置的继电保护和自动装置设计规范[S]. 北京：中国计划出版社，2009.

[3] GB 10411—89 地铁直流牵引供电系统[S]. 北京：中国建筑工业出版社，2004.

[4] 城市轨道交通供电系统技术[S]. 上海：上海科学普及出版社，2011.

# 附录　地铁直流牵引供电系统专业术语

附表　专业术语表

| 序号 | 专业术语 | 解　释 |
|---|---|---|
| 1 | 供电、馈电 | 在城市地铁牵引供电系统中，通常将交、直流配电系统称为供电，仅直流配电称为馈电 |
| 2 | 系统最高电压 | 指系统正常运行时，在任何时间内，系统中任何一点上出现的最高电压。不包括系统的暂时状态和异常电压 |
| 3 | 系统最低电压 | 指系统正常运行时，在任何时间内，系统中任何一点上出现的最低电压。不包括系统的暂时状态和异常电压 |
| 4 | 设备最高电压 | 指系统正常运行时，设备所承受的最高运行电压 |
| 5 | 供电制式 | 指系统中采用的电流制、馈电方式及电压等级等 |
| 6 | 牵引变电所 | 供给地铁一定区段内直流牵引电能的变电所 |
| 7 | 整流机组 | 整流器与牵引变压器组合在一起的电流变换设备 |
| 8 | 整流机组负荷等级 | 根据负荷曲线的性质特征所划分的整流机组过载能力等级 |
| 9 | 接触网最小短路电流 | 在最小运行方式下，接触网中离馈入点最远端发生正负极间短路时的电流 |
| 10 | 接触网最大短路电流 | 在最大运行方式下，接触网的馈入点处发生正负极间短路时的电流 |
| 11 | 末端电压 | 接触网中离馈入点最远端的电压 |
| 12 | 馈线 | 从牵引变电所向接触网输送直流电的馈电线 |
| 13 | 双边馈电 | 一个馈电区间由相邻两牵引变电所各经一路馈线同时馈电 |
| 14 | 单边馈电 | 一个馈电区间只同一路馈线馈电 |
| 15 | 受电器 | 电动客车上用以从接触网上取得电流的装置 |
| 16 | 接触网 | 经过受电器向电动客车供给电能的导电网 |

续表

| | | |
|---|---|---|
| 17 | 架空接触网 | 置于车辆限界的上限平面以上（或位于该平面），通过受电弓向电动客车输送电能的接触网 |
| 18 | 接触轨 | 用金属轨条制成的向电动客车供给电能的刚性导电体，其标高通常与走行轨的标高相接近 |
| 19 | 回流电路 | 用以供牵引电流返回变电所的电路 |
| 20 | 均流线 | 连接上、下行回流轨，使其均匀回流的跨越导线 |
| 21 | 杂散电流 | 不经回流电路而另取其他途径（如流经大地或管道）的回流电流 |
| 22 | 轨道回流电路 | 利用走行轨作为牵引电流回流的电路 |
| 23 | 联跳保护装置 | 在一个双边馈电区段内发生短路时，可使本区段两端馈电断路器联动跳闸的装置 |
| 24 | 电流增量保护装置 | 根据短时间内电流增量的不同自动区分工作电流与故障电流，实行选择分断的保护装置 |